城市轨道交通系列教材

地下工程监测和检测理论与技术

周晓军　编著

科学出版社

北京

内 容 简 介

本书介绍和论述了地下工程监测与检测的基础知识、基本理论和基本技术。全书共分为12章，包括测试技术基础知识及传感器原理、地下工程的特点与监测目的、地下工程监测项目及控制基准、地下工程的监测仪器、地下工程监测项目的实施方法、地下工程的声波测试技术、地下工程的无损检测技术、地面建筑物的变形监测、地下工程监测实例、地下工程监测信息反馈技术、地下工程监测的组织与实施及测量误差分析与数据处理。

本书可供隧道与地下工程、城市轨道交通、市政工程等专业方向的本科生和研究生教学使用，也可供从事隧道与地下工程专业的技术人员参考。

图书在版编目(CIP)数据

地下工程监测和检测理论与技术 / 周晓军编著. —北京：科学出版社，2014.2（2023.8 重印）
（城市轨道交通系列教材）

ISBN 978-7-03-039696-9

Ⅰ.① 地… Ⅱ.① 周… Ⅲ.① 地下工程测量–高等学校–教材 Ⅳ.①TU198

中国版本图书馆 CIP 数据核字(2014)第 020040 号

责任编辑：杨 岭 华宗琪 / 责任校对：彭 映
责任印制：罗 科 / 封面设计：墨创文化

科学出版社 出版
北京东黄城根北街16号
邮政编码：100717
http://www.sciencep.com

成都锦瑞印刷有限责任公司 印刷
科学出版社发行 各地新华书店经销

*

2014 年 2 月第 一 版　开本：787×1092 1/16
2023 年 8 月第十次印刷　印张：15 1/2
字数：369 000
定价：33.00 元
（如有印装质量问题，我社负责调换）

"城市轨道交通系列教材"编委会

主　　编　蒋葛夫　翟婉明
副 主 编　阎开印
编　　委　张卫华　高　波　高仕斌
　　　　　彭其渊　董大伟　潘　炜
　　　　　郭　进　易思蓉　张　锦
　　　　　金炜东

前　　言

　　人口的急剧增加带来了严峻的社会问题，尤其是城市建筑、环境和交通容量等已经不能适应和满足城市人口快速增长的需求。为解决城市社会与经济发展中因人口增加而带来的突出问题，地下空间资源的开发和利用得到了前所未有的重视，而以地下铁道为代表的城市轨道交通则集中体现了现代科学技术的发展水平和城市现代化的进程。地下空间资源的开发与利用需要与之相适应的科学技术作为支撑。鉴于地下工程所处环境的特殊性，其安全和质量就成为工程建设的永恒主题。而监测和检测是确保地下工程建设质量与安全和耐久的重要技术环节。

　　当前我国地下工程正处于蓬勃发展时期，急需大量从事地下工程监测和检测的专业技术人员。地下工程监测与检测涵盖了测量学、试验力学、土力学、岩体力学、结构力学、钢筋混凝土力学、计算机科学及土木工程设计和施工的理论和方法等学科，并以仪器仪表、传感器、测试技术等学科为技术支撑，同时融合了地下工程施工工艺和积累的工程实践经验，因此地下工程监测与检测是一门综合性和实践性很强的学科。

　　为满足土木工程专业的教学需要，培养既具有地下工程监测基础理论又具有工程监测与检测实践能力的专门技术人才，特编写了本教材。通过本课程的学习，学生能够全面了解和掌握地下工程监测和检测的基本知识和基本理论，提高从事地下工程监测与检测的基本技能，并服务于工程实践。

　　在本书的编写过程中引用了近年来国内同行在地下工程建设与科研中所取得的研究成果，在此向本书所引用参考文献的作者表示衷心感谢。此外，本书的编写还得到了科学出版社编辑和西南交通大学地下工程系全体教师的支持和帮助，在此也一并致谢！限于编者水平，书中难免存在不足之处，敬请读者批评指正。

编著者
2013.10

目　　录

第1章　测试技术基础知识及传感器原理 ·· 1
　1.1　测试系统的组成和特性 ··· 1
　　1.1.1　测试系统的组成 ·· 1
　　1.1.2　测试系统的主要性能指标 ·· 3
　　1.1.3　线性系统 ·· 4
　1.2　测试系统的静态传递特性 ··· 5
　　1.2.1　静态方程和标定曲线 ··· 5
　　1.2.2　静态传递特性 ··· 6
　1.3　传感器原理 ·· 7
　　1.3.1　应力计和应变计 ··· 8
　　1.3.2　电阻式传感器 ··· 9
　　1.3.3　钢弦式传感器 ··· 16
　　1.3.4　电容式、压电式和压磁式传感器 ·· 18
　　1.3.5　测试系统选择的原则与标定 ··· 22

第2章　地下工程的特点与监测目的 ··· 26
　2.1　地下工程的主要特点与施工方法 ·· 26
　　2.1.1　地下工程的主要特点 ··· 26
　　2.1.2　地下工程的主要施工方法 ·· 27
　2.2　监测的目的及国内外现状 ·· 32
　　2.2.1　监测的目的 ··· 32
　　2.2.2　监测的国内外现状 ·· 32
　　2.2.3　监测中存在的问题 ·· 33

第3章　地下工程的监测仪器 ·· 35
　3.1　监测仪器 ··· 35
　　3.1.1　经纬仪 ·· 35
　　3.1.2　水准仪 ·· 36
　　3.1.3　全站仪 ·· 36
　　3.1.4　收敛计 ·· 37
　　3.1.5　测斜仪 ·· 37
　　3.1.6　分层沉降仪 ··· 38
　　3.1.7　多点位移计 ··· 39
　　3.1.8　水位计 ·· 39
　　3.1.9　电阻应变仪 ··· 40

  3.1.10 钢弦式频率接收仪 ·············· 40
  3.1.11 爆破振动监测仪 ·············· 40
 3.2 监测传感器 ·············· 41
  3.2.1 钢筋计 ·············· 41
  3.2.2 土压力计 ·············· 42
  3.2.3 孔隙水压力计 ·············· 42
  3.2.4 轴力计 ·············· 43
  3.2.5 混凝土应力计 ·············· 43
  3.2.6 应变计 ·············· 44
  3.2.7 锚杆测力计 ·············· 44
  3.2.8 爆破振动速度传感器 ·············· 45

第4章 地下工程监测项目及其控制基准 ·············· 46
 4.1 地下工程主要监测项目 ·············· 46
  4.1.1 钻爆法的主要监测项目 ·············· 46
  4.1.2 盾构法的主要监测项目 ·············· 48
  4.1.3 明挖法的主要监测项目 ·············· 48
 4.2 监测控制基准的确定 ·············· 50
  4.2.1 控制基准确定的基本原则 ·············· 50
  4.2.2 地表沉降控制基准的确定 ·············· 51
  4.2.3 支护结构(围岩)位移控制基准的确定 ·············· 54
  4.2.4 明挖基坑工程变形控制基准的确定 ·············· 58

第5章 地下工程监测项目的实施方法 ·············· 62
 5.1 常规项目的监测方法 ·············· 62
  5.1.1 地表沉降监测 ·············· 62
  5.1.2 支护体系水平位移监测 ·············· 64
  5.1.3 支撑轴力监测 ·············· 66
  5.1.4 支护结构的钢筋应力监测 ·············· 67
  5.1.5 支护结构混凝土应变监测 ·············· 69
  5.1.6 土压力的监测 ·············· 69
  5.1.7 孔隙水压力的监测 ·············· 71
  5.1.8 地下水位监测 ·············· 72
  5.1.9 围护结构水平位移监测 ·············· 73
  5.1.10 深层土体位移监测 ·············· 76
  5.1.11 地下管线变形监测 ·············· 78
  5.1.12 拱顶下沉监测 ·············· 80
  5.1.13 净空收敛监测 ·············· 81
  5.1.14 爆破振动监测 ·············· 82
  5.1.15 地质状况观察和素描 ·············· 85
 5.2 地下工程的远程监测系统 ·············· 85

  5.2.1 近景摄影测量系统 ··· 85
  5.2.2 多通道无线遥测系统 ··· 87
  5.2.3 光纤监测系统 ·· 88
  5.2.4 自动全站仪非接触监测系统 ··· 89
  5.2.5 巴赛特(Bassett)结构收敛系统 ··· 91
  5.2.6 轨道变形监测系统 ··· 91
 5.3 光纤传感系统 ·· 92
  5.3.1 系统简介 ·· 92
  5.3.2 光纤系统组成 ·· 92
  5.3.3 工作原理 ·· 93
  5.3.4 光纤传感器的埋设 ··· 95

第6章 地下工程中的声波测试技术 ··· 98
 6.1 声波的传播规律 ·· 98
 6.2 波动方程 ·· 98
  6.2.1 纵波(primary wave) ··· 98
  6.2.2 横波(secondary wave) ·· 99
  6.2.3 表面波(rayleigh wave) ·· 99
 6.3 声波探测技术 ··· 100
  6.3.1 声波探测仪器及其使用 ··· 100
  6.3.2 测试技术 ·· 101
 6.4 声波测试在地下工程中的应用 ··· 103
  6.4.1 围岩松弛带测试 ·· 103
  6.4.2 利用弹性波评价岩体强度和完整性程度 ································ 104
  6.4.3 岩体力学参数测定 ··· 105
  6.4.4 测定张开裂隙的延伸深度 ··· 105
  6.4.5 声波测井 ·· 105
 6.5 声波测试在混凝土结构质量评价中的应用 ······································· 106
  6.5.1 结构混凝土厚度检测 ··· 106
  6.5.2 混凝土中空洞的检测 ··· 107
  6.5.3 混凝土裂缝检测 ·· 107
  6.5.4 深孔法检验混凝土质量 ··· 108
  6.5.5 声波测试在桩基完整性检测中的应用 ··································· 108

第7章 地下工程的无损检测技术 ·· 111
 7.1 概论 ·· 111
 7.2 回弹法检测 ·· 111
  7.2.1 回弹仪 ··· 112
  7.2.2 回弹值的量测 ·· 112
  7.2.3 碳化深度值的测量 ··· 114
  7.2.4 混凝土强度评定 ·· 114

		7.2.5 评定报告和有关表格	115

	7.3	超声波检测	116
		7.3.1 超声波检测仪	116
		7.3.2 超声波传播时间即声时值的测量	118
		7.3.3 测区声速值计算	118
		7.3.4 混凝土强度评定	118
	7.4	超声回弹综合检测	119
		7.4.1 测试仪器	119
		7.4.2 回弹值的测量与计算	119
		7.4.3 超声值的测量与计算	119
		7.4.4 测区混凝土强度换算值	119
		7.4.5 结构或构件的混凝土强度推定值	120
	7.5	地质雷达监测技术	120
		7.5.1 地质雷达原理及特点	120
		7.5.2 地质雷达仪器及其发展	121
		7.5.3 地质雷达数据采集的最优化分析	122
		7.5.4 地质雷达图像解释	126
	7.6	常见特殊地质体的地质雷达图像特征	128

第8章 地面建筑物的变形监测 133

8.1	工程建筑物变形监测	133
	8.1.1 变形监测的含义	133
	8.1.2 建筑物变形监测的项目	134
	8.1.3 沉降的原因及种类	134
8.2	变形监测的周期及其精度	135
	8.2.1 变形监测的周期	135
	8.2.2 变形监测的精度	136
	8.2.3 高程控制网的建立及沉降监测	137
	8.2.4 变形监测平面控制网的建立	142
8.3	建筑物的倾斜监测	144
	8.3.1 直接测定建筑物倾斜的方法	144
	8.3.2 测定建筑物基础相对沉降的方法	146
	8.3.3 液体静力水准测量方法	146
8.4	建筑物裂缝与挠度监测	147
	8.4.1 裂缝监测	147
	8.4.2 挠度监测	148

第9章 地下工程监测实例 150

9.1	南京地铁1号线某盾构区间隧道工程监控	150
	9.1.1 工程概况	150
	9.1.2 监测项目及控制标准	150

9.1.3　监测结果分析 ·· 151
　　　9.1.4　监测信息反馈 ·· 159
　9.2　广州地铁1号线某区间隧道工程监测 ··· 160
　　　9.2.1　工程概况 ·· 160
　　　9.2.2　监测项目及控制基准 ··· 160
　　　9.2.3　监测结果分析 ·· 161
　　　9.2.4　监测信息反馈 ·· 167

第10章　地下工程监测的信息反馈技术 170
　10.1　信息反馈的目的及内容 ·· 170
　　　10.1.1　信息反馈的目的 ·· 170
　　　10.1.2　信息反馈的内容 ·· 170
　10.2　监测数据的处理方法 ·· 171
　　　10.2.1　散点图与回归分析法 ·· 171
　　　10.2.2　位移监测数据分析中常用的回归函数 ·· 174
　10.3　信息反馈 ··· 175
　　　10.3.1　监测反馈的程序 ·· 175
　　　10.3.2　收敛约束法 ·· 176
　　　10.3.3　参数控制法 ·· 176
　　　10.3.4　工程类比法 ·· 178
　　　10.3.5　有限元法 ·· 180
　　　10.3.6　反分析法 ·· 182
　10.4　稳定围岩与支护结构的技术措施 ··· 185
　　　10.4.1　钻爆法施工的围岩与支护结构稳定技术措施 ······························ 186
　　　10.4.2　盾构法施工时围岩与支护结构的稳定措施 ·································· 193
　　　10.4.3　明挖法施工时地层与围护结构的稳定措施 ·································· 196

第11章　地下工程现场监测的组织与实施 199
　11.1　监测方案的编制 ··· 199
　　　11.1.1　监测方案的设计原则 ·· 199
　　　11.1.2　监测项目的确定 ·· 199
　　　11.1.3　监测方案的编制 ·· 200
　　　11.1.4　监测方案的主要内容 ·· 200
　　　11.1.5　编制监测方案的基础资料 ·· 200
　11.2　监测的组织与实施 ·· 201
　　　11.2.1　监测的前期准备 ·· 201
　　　11.2.2　监测工作的实施 ·· 202
　11.3　监测资料的整理与分析 ·· 205
　　　11.3.1　监测资料的种类 ·· 205
　　　11.3.2　监测数据的整理 ·· 206
　　　11.3.3　监测数据的分析与反馈 ·· 206

第12章	测量误差分析与数据处理	207
12.1	概述	207
12.2	测量误差及其分类	207
	12.2.1 误差分类	208
	12.2.2 精密度、准确度和精度	208
12.3	单随机变量的数据处理	209
	12.3.1 误差估计	209
	12.3.2 误差的分布规律	210
	12.3.3 可疑数据的舍弃	211
	12.3.4 处理结果的表示	212
12.4	多变量数据的处理	214
附录A	侧区混凝土强度值换算表	217
附录B	泵送混凝土测区混凝土强度值换算表	227
主要参考文献		236

第 1 章　测试技术基础知识及传感器原理

1.1　测试系统的组成和特性

没有试验和测试技术就没有科学，科学技术的发展需要试验和测试技术加以支撑。试验与测试技术和科学在各自发展与相互促进的对立统一关系中不断发展。现代科学研究的方法包括理论分析、试验测试和数值计算，因此，试验与测试技术是构成科学研究的重要方法之一。

现代测试技术包括测量和试验技术，是研究测试与试验技术的规律、方法、原理及其应用的一门学科。随着现代科学技术的快速发展和生产水平的提高，各种测试技术已越来越广泛地被应用于各种工程领域和科学研究当中。测试技术水平的高低已经成为衡量一个国家科学技术现代化的重要标志之一。现代测试技术的作用主要体现在四个方面：①各种参数的测定；②自动化过程中参数的监测、反馈、调节和控制；③现场实时检测和监控；④试验过程中的参数测量和分析。

现代科学技术的不断发展为测试技术水平的提高创造了物质条件，反之拥有高水平的测试理论和测试技术又会促进科技成果的不断创新。目前，随着半导体技术的新突破和大规模集成电路构成的微处理器的应用，测试技术正向高精度、小型化和智能化的方向发展，新型传感器的研制也是目前测试技术的重要内容。

只有对测试系统有一个完整的了解，才能按照实际需要设计或配置出一个有效的测试系统，以达到实际测试目的。按照信号传递方式来分，常用的测试系统可分为模拟式测试系统和数字式测试系统。

模拟式测试系统就是将被测物理量变换成电阻、电压、电磁、指针位移和记录曲线等模拟量的测试系统。而数字式测试系统就是将被测的物理量变换成二进制或十进制数码的测试系统。

1.1.1　测试系统的组成

一个测试系统可以由一个或若干个功能单元组成。图 1.1 为一个完整的力学测试系统，它由三大部分组成，即荷载系统、测量系统、显示与记录系统。荷载系统主要由加载体系和被测对象构成，测量系统主要包括传感器、信号变换与测量电路，显示与记录系统主要包括数据处理、打印机、存储器和绘图仪等外围设备。若要以最佳方案完成测试任务，就应该对整个测试系统的各个功能单元做全面和综合的分析与研究。

一个测试系统根据测试目的和要求不同，也可以只有其中的一至两个部分，如常用的弹簧秤，它只有一根弹簧、挂钩和刻度尺，仅仅包含了测量和显示功能。

图 1.2 为岩石和混凝土试件应力与应变测试系统,其是由多个测试单元组成的测试系统。

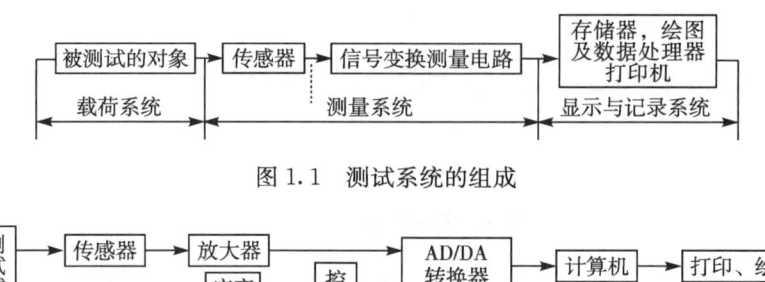

图 1.1 测试系统的组成

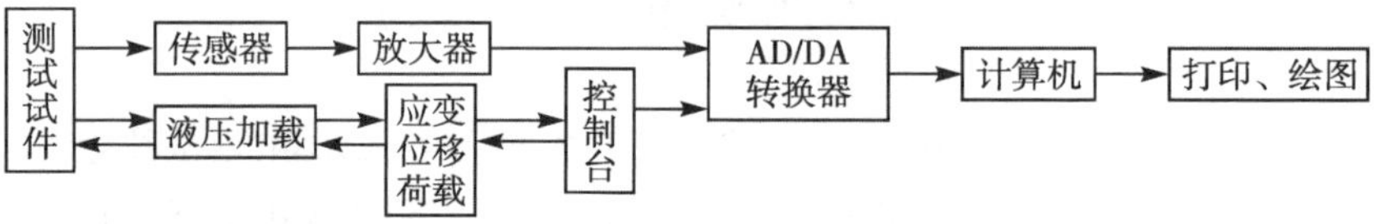

图 1.2 岩石和混凝土试件应力与应变测试系统

1)荷载系统

荷载系统也称加载系统,它是使被测对象处于一定的约束或受力状态,使之与被测对象(如试件等)有关的物理力学量之间的联系充分显现出来,以便进行有效测量的一种专门系统。

例如,在图 1.2 所示的测定岩石和混凝土抗压或抗剪试验系统中,液压加载系统就是一个荷载系统。它提供施加到试件上的荷载,液压控制系统则使荷载按一定速率平稳地进行施加,并在需要时保持恒定,从而使试件处于一定的法向应力水平下进行剪切试验。在隧道与地下工程中,荷载是通过施工和开挖等工程活动而施加的。

2)测量系统

测量系统由传感器和测量电路组成,其主要作用是将被测物理量如力、位移等通过传感器变换成电信号,并经过后接仪器的变换、放大和运算,变成易于处理和记录的电信号。传感器是整个测试系统中采集信息的关键环节,它的作用是将被测非电量转换成便于放大、记录的电量,因此,有时传感器也称为测试系统的一次仪表,其余部分为二次仪表或三次仪表。

例如,在图 1.2 所示的测试系统中,需要观察在不同正应力或法向应力作用下,试件在抗压或剪切过程中法向和剪切方向力和位移的变化。采用四只位移传感器分别测量试件在法向和剪切方向的位移,采用两只液压传感器分别测量试件在法向和剪切方向的荷载。其中,用荷载传感器和动态电阻应变仪组成力测量系统,而用位移传感器和位移变送器组成位移测量系统。

动态电阻应变仪和位移变送器内的中间变换和测量电路中通常设有电桥电路、放大电路、滤波电路及调频电路等。所以测量系统是根据不同的被测物理量,选用不同的传感器和后接仪器组成的。不同的传感器要求具备与其相匹配的后接仪器。

3)信号处理系统

信号处理系统是将测量系统的输出信号进一步进行处理以排除干扰,或输出不同的物理量,如对位移量的一次微分得到速度,二次微分得到加速度。在图 1.2 中,计算机中需要设计智能滤波等软件,以排除测量系统中产生的噪声干扰和偶然波动,以提高所获得信号的置信度。对模拟电路则需要用专门的仪器或电路,如滤波器等。

4)显示与记录系统

显示与记录系统是测试系统的输出环节,它是将对被测对象所测得的有用信号及其变化过程显示或记录或存储下来,数据显示可以用各种表盘、电子示波器和显示屏来实现,而数据记录则可采用函数记录仪、光线示波器、磁盘、存储器等设备来实现。例如,图1.2所示的测试系统中,以计算机屏幕、打印机和绘图仪等作为测试系统的显示与记录设备。

1.1.2 测试系统的主要性能指标

测试系统的主要性能指标有精度和误差、稳定性、测量范围(量程)、分辨率和传递特性等。测试系统的主要性能指标是经济合理地选择测试系统时必须明确提出的指标。

1)精度和误差

测试系统的精度是指测试系统示出的指示值和被测量的真值之间的接近程度。精度与误差是同一概念的两种不同表示方法。通常,测试系统的精度越高,其误差越小,反之,精度越低,则误差越大。实际中常用测试系统相对误差和引用误差的大小来表示其精度的高低。

绝对误差

$$E_a = x - X_0 \tag{1.1}$$

相对误差

$$E_r = \frac{E_a}{X_0} = \frac{x - X_0}{X_0} \times 100\% \tag{1.2}$$

引用误差

$$E_q = \frac{E_a}{X_m} = \frac{x - X_0}{X_m} \times 100\% \tag{1.3}$$

式中,x 为由仪器或传感器测量获得的测量值;X_0 为被测物理量的真实值;X_m 为测量仪器的测量上限值。

绝对误差越小,说明测量结果越接近被测量的真值。实际上真值是难以确切测量的,因此,常用更高精度的仪器来进行测量,并将测得的值 X_0 代替真值,也叫约定真值。在使用引用误差表示测试仪器的精度时,应尽量避免仪器在靠近测量下限的1/3量程内工作,以免产生较大的相对误差。

相对误差可用来比较同一仪器不同测量结果的准确程度,但不能用来衡量不同仪器的质量好坏,或不能用来衡量同一仪器在不同量程时的质量。因为对同一仪器在整个量程范围内,其相对误差是一个变值,随着被测量量程的减少,相对误差增大,精度随之降低。当被测量值接近到量程起始零点时,相对误差趋于无限大。实际中,常以引用误差来划分仪器的精度等级,可以较全面地衡量测量精度。

2)稳定性

仪器示值的稳定性有两种指标加以衡量。一是时间上稳定性,以稳定度表示。二是仪器外部环境和工作条件变化所引起的示值不稳定性,以各种影响系数表示。

(1)稳定性。

稳定性是由于仪器随机性变动、周期性变动、漂移等引起的示值变化,一般用精密度的数值和时间长短同时表示。例如,每8h内引起的电压波动为1.3mV,则写成稳定度为

$S_v = 1.3\text{mV}/8\text{h}$。

(2) 环境影响。

环境影响指仪器工作场所的环境条件，如大气压、室温、振动等外部状态以及电源电压、频率和腐蚀气体等因素对仪器精度产生的影响，统称为环境影响，用影响系数表示。例如，周围介质温度变化所引起的示值变化，可以用温度系数 β_r 即示值变化/温度变化来表示。电源电压变化所引起的示值变化，可以用电源电压系数 β_u 来表示，即示值变化与电压变化率的比值。如 $\beta_u = 0.02\text{mA}/10\%$，表示电压每变化 10% 所引起的电流示值变化为 0.02mA。

3) 测量范围或量程

测试系统在正常工作时所能测量的最大量值范围称为测量范围或量程。在动态测量时还需同时考虑仪器的工作频率范围。

4) 分辨率

分辨率是指系统能够检测到的被测量的最小变化值，也叫灵敏阈。例如，若某一位移测试系统的分辨率是 $0.5\mu\text{m}$，则当被测量的位移小于 $0.5\mu\text{m}$ 时，该位移测试系统没有反应。但并不是没有量的变化，只是测试仪器或仪表的分辨率大于被测量的变化而无法测出数据。通常要求测定仪器在零点和 90% 满量程点的分辨率，一般来说分辨率的数值越小越好。

5) 传递特性

传递特性是表示测量系统输入与输出对应关系的性能。了解测量系统的传递特性对于提高测量的精度和正确选用系统或校准系统是十分重要的。

对不随时间变化或变化很慢而可以忽略的量的测量叫做静态测量；而对随时间变化的量的测量叫做动态测量。与此相应，测试系统的传递特性又可分为静态传递特性和动态传递特性。

描述测试系统静态测量时输入与输出之间函数关系的方程、图形、参数等称为测试系统的静态传递特性。同理，描述测试系统动态测量时的输入与输出之间函数关系的方程、图形、参数等称为测试系统的动态传递特性。作为静态测量的系统，可以不考虑动态传递特性。而作为动态测量的系统，既要考虑动态传递特性，又要考虑静态传递特性，因为测试系统的精度很大程度上与其静态传递特性有关。

1.1.3 线性系统

为达到不同测试目的，可组成各种不同功能的测试系统，这些系统所具有的主要功能应保证系统的输出能够精确地反映输入。对于一个理想的测试系统，其应该具有确定的输入与输出关系，其中以输出与输入呈线性关系时为最佳，即理想的测试系统应该是一个时不变线性系统。

若系统的输入 $x(t)$ 和输出 $y(t)$ 之间关系可以用常系数线性微分方程式来表示，则该系统就称为线性时不变系统，简称线性系统。这种线性系统的方程的通式为

$$a_n y^n(t) + a_{n-1} y^{n-1}(t) + a_{n-2} y^{n-2}(t) + \cdots + a_1 y^1(t) + a_0 y^0(t) \\ = b_m x^m(t) + b_{m-1} x^{m-1}(t) + a_{m-2} x^{m-2}(t) + \cdots + b_1 x^1(t) + b_0 x^0(t) \quad (1.4)$$

式中，$y^n(t)$、$y^{n-1}(t)$、$\cdots$、$y^1(t)$、$y^0(t)$ 分别是输出函数 $y(t)$ 的各阶导数；$x^m(t)$、$x^{m-1}(t)$、

…、$x^1(t)$、$x^0(t)$分别是输入函数$x(t)$的各阶导数；a_n、a_{n-1}、a_{n-2}、…、a_1、a_0和b_m、b_{m-1}、b_{m-2}、…、b_1、b_0为常数，其与测试系统特性和输入状况、测试点的分布因素有关。

从式(1.4)可以看出，线性方程中的每一项都不包含输入输出以及它们的各阶导数的高次幂和它们的乘积。此外其内部参数也不随时间的变化而变化，信号的输出与输入和信号的加入时间无关。

在研究线性测试系统时，对系统中的任一环节（如传感器、运算电路等）都可简化为一个方框图，并用$x(t)$表示输入量，用$y(t)$表示输出量，用$h(t)$表示系统的传递关系，则三者之间的关系可用图1.3表示。$x(t)$、$y(t)$、$h(t)$是三个具有确定关系的量，若已知其中任何两个量，即可求出第三个量，这便是工程测试中常常需要处理的实际问题。

图1.3 系统的输入与输出关系

1.2 测试系统的静态传递特性

1.2.1 静态方程和标定曲线

当测试系统处于静态测量时，输入量x和输出量y不随时间而发生变化，因而输入和输出的各阶导数均等于零，则式(1.4)将变成代数方程：

$$y = \frac{b_0}{a_0}x = S \cdot x \tag{1.5}$$

式(1.5)称为系统的静态传递特性方程，简称静态方程。斜率S称为标定因子，其为常数。表示静态或动态方程的图形称为测试系统的标定曲线或特性曲线、率定曲线、定度曲线等。在直角坐标系中，标定曲线的横坐标为输入量x，即自变量；而纵坐标为输出量y，即因变量。图1.4是标定曲线的不同实例及其相应的曲线方程。

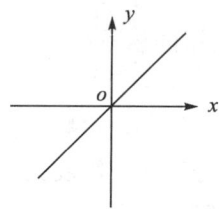

(a)曲线方程 $y = a_0 x$

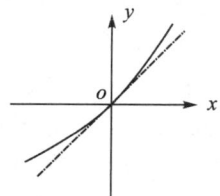

(b)曲线方程 $y = a_0 x + a_1 x^2 + a_3 x^4$

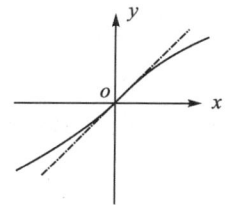

(c)曲线方程 $y = a_0 x + a_2 x^3 + a_4 x^5$

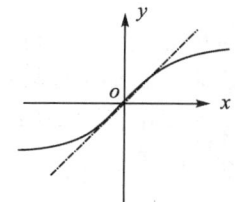

(d)曲线方程 $y = a_0 x + a_1 x^2 + a_2 x^3 + a_3 x^4$

图1.4 标定曲线的种类

图 1.4(a)为输出与输入呈线性关系，是理想状态，而其余的三条曲线则可看成是线性关系上叠加了非线性的高次分量。其中图 1.4(c)标定曲线包含了 x 的奇次幂，而且它在零点附近有一段对称的近似于直线的线段，可以作为近似标定曲线，图 1.4(b)和(d)的曲线则是不合适的。

标定曲线是反映测试系统输入 x 和输出 y 之间关系的曲线。一般情况下，实际的输出与输入关系曲线并不完全符合理论所要求的理想线性关系，所以定期标定测试系统的标定曲线是保证测试结果精确可靠的必要措施。对于重要的测试，需在测试前、后都对测试系统进行标定。当测试前、后标定结果的误差在允许的范围内时才能确定测试结果为有效。

求取静态标定曲线时常以标准量作为输入信号并测定出与其对应的输出量，将输入与输出数据绘制成散点图，再用统计法求出一条输入与输出的关系曲线。标准量的精度应比被标定系统的精度高一个数量级。

1.2.2 静态传递特性

根据标定曲线便可以分析测试系统的静态特性。描述测试系统静态特性的参数主要有灵敏度、线性度和回程误差。

1)灵敏度

对测试系统输入一个变化量 Δx，就会相应地输出另一个变化量 Δy，如图 1.5(a)所示，则测试系统的灵敏度为

$$S = \frac{\Delta y}{\Delta x} \tag{1.6}$$

对于线性系统，由式(1.6)可知

$$S = \frac{b_0}{a_0} = \text{Const} \tag{1.7}$$

即线性系统的测量灵敏度为常数。

无论是线性系统还是非线性系统，灵敏度 S 都是系统特性曲线的斜率。若测试系统的输出和输入的量纲相同，则常用"放大倍数"来代替"灵敏度"，此时，灵敏度 S 无量纲，但输出与输入是可以具有不同量纲的。例如，某位移传感器的位移变化 1mm 时，输出电压的变化为 300mV，则其灵敏度 $S=300$mV/mm。

此外，系统灵敏度还可以是系统能够检测出的最小量。例如，电阻应变片的灵敏度为 10^{-6}，则表示该应变片能够检测出的最小应变等于 $1\mu\varepsilon$。这时的灵敏度为测量系统有确切读数时所对应的被测值，因而它是在测量下限表示输出与输入之间的关系。

2)线性度

标定曲线与理想直线的接近程度称为测试系统的线性度，如图 1.5(b)所示。它是指系统的输出与输入之间是否保持理想系统那样的线性关系的一种度量。由于系统的理想直线无法获得，在实际中，通常用一条反映标定数据的一般趋势而误差绝对值为最小的直线来代替理想直线。

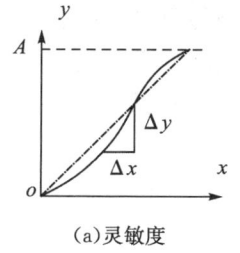 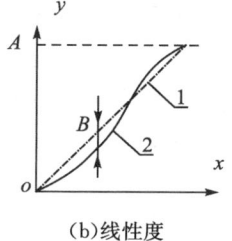 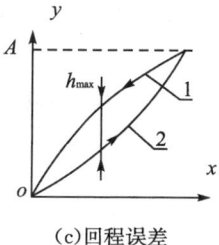

(a)灵敏度　　　　　　　　(b)线性度　　　　　　　　(c)回程误差

图 1.5　测试系统的主要静态特性参数

若在系统的标称输出范围即全量程 A 内，标定曲线与参考理想直线的最大偏差为 B，则线性度可表示为

$$\delta_f = \frac{B}{A} \times 100\% \tag{1.8}$$

参考理想直线的确定方法目前尚无统一标准，通常是取过原点且与标定曲线间的偏差 B 的均方值最小的最小二乘拟合直线为参考理想直线，以该直线斜率的倒数作为名义标定因子。

3)回程误差

回程误差是指在相同测试条件下和全量程范围 A 内，当输入量由小增大和由大减小的过程中，如图 1.5(c)所示，对于同一输入值所得到的两个输出值之间的最大差值 $h_{\max}$ 与 A 的比值的百分率，即

$$\delta_h = \frac{h_{\max}}{A} \times 100\% \tag{1.9}$$

回程误差是由滞后现象和系统的不工作区即死区引起的，前者在磁性材料的磁化过程和材料受力变形的过程中产生。系统的死区就是指输入变化时输出无相应变化的范围，其产生的原因主要是机械摩擦、间隙等。

1.3　传感器原理

在地下工程中所需测量的物理量大多数为非电量，如位移、压力、应力、应变等。为了使非电量能用电测的方法来加以测定和记录，必须设法将它们转换为电量，这种将被测物理量直接转换为相应的、容易检测、传输或处理的信号元件称为传感器，也称换能器(sensors)、变换器(transducers)或探头。

根据《传感器的命名法及代号》(GB/T7666－2005)的规定，传感器的命名应由传感器的主题词加四级修饰词构成。传感器的主称用字母 C 表示。第一级修饰语用于说明被测量，包括被测量的定语；第二级修饰语说明传感器的转换原理；第三级修饰语用于描述传感器的特征，指必须强调的传感器结构、性能、材料特征、敏感元件和其他必要的性能特征；第四级修饰语用于说明传感器的主要技术指标，如量程、精度等。

实际使用时，传感器的命名可以按照上述的相反顺序进行，即被测量主要技术指标－特征描述－变换原理－被测量。如 100mm 应变式位移传感器、35kPa 智能型谐振式差压传感器。此外，在实际应用中也可采用简称，即可省略四级修饰词中的任一级，但第一级修饰词即被测量是不可省略的。如可简称为电阻应变式位移传感器、荷重传感器等。

传感器一般可按被测量的物理量、变换原理和能量转换方式进行分类。按变换原理可分为电阻式、电容式、差动变压器式、光电式等。这种分类易于从原理上识别传感器的变换特性，对每一类传感器所配用的测量电路也基本相同。如果按被测量的物理量分类，可分为位移传感器、压力传感器、速度传感器等。

1.3.1 应力计和应变计

应力计和应变计是地下工程测试中常用的两类传感器，其主要区别是测试敏感元件与被测物体之间相对刚度的差异。其工作原理如下。

将一块无重量的平板采用弹簧与地面相连接，如图1.6(a)所示。

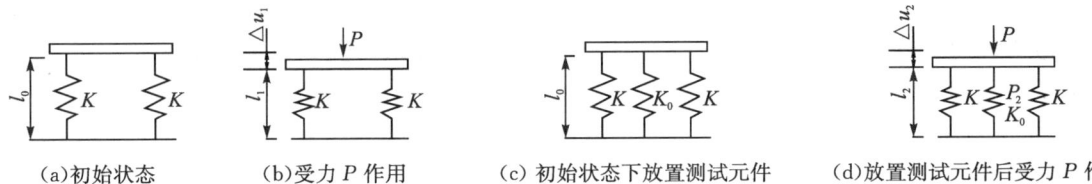

(a)初始状态　　(b)受力 P 作用　　(c)初始状态下放置测试元件　　(d)放置测试元件后受力 P 作用

图 1.6　应力计和应变计原理

设弹簧的刚度均为 K，长度为 l_0。现施加外力 P 作用在板上，将弹簧压缩至 l_1，如图1.6(b)所示，则 P 作用下弹簧产生的位移为

$$\Delta u_1 = \frac{P}{2K} \tag{1.10}$$

如果用一个测试元件来测量该元件承受的未知力 P_2 和其被压缩的变形量 Δu_2，可在两根弹簧之间放入一个刚度为 K_0 的弹簧元件，如图1.6(d)所示，则其变形 Δu_2 和压力 P_2 为

$$\Delta u_2 = \frac{P}{2K + K_0} \tag{1.11}$$

$$P_2 = K_0 \Delta u_2 \tag{1.12}$$

将式(1.10)代入式(1.11)得

$$\Delta u_2 = \frac{\Delta u_1 \times 2K}{2K + K_0} = \Delta u_1 \frac{1}{1 + \frac{K_0}{2K}} \tag{1.13}$$

将式(1.11)代入式(1.12)得

$$P_2 = \frac{PK_0}{2K + K_0} = P \frac{1}{1 + \frac{2K}{K_0}} \tag{1.14}$$

在式(1.13)中，若 $K_0 \ll K$，则 $\Delta u_2 = \Delta u_1$。说明弹簧元件加入前后，系统的变形几乎保持不变，弹簧元件的变形就能反映系统的变形，因而可将该元件看做一个测长计，把它测出来的值乘以一个标定系数就可以得出相应的应变值，因而它是一个应变计。

在式(1.14)中，若 $K_0 \gg K$，则 $P_2 = P$。说明弹簧元件加入前后，系统的受力与弹簧元件的受力几乎一致，弹簧元件的受力就能反映系统的受力，因而可将该元件看做一个测力计，把它测出来的值乘以一个标定系数就可以得出应力值，因而它是一个应力计。

在式(1.13)和式(1.14)中，若 $K_0 \approx 2K$，即弹簧元件与原系统的刚度相近，加入弹簧元件后，系统的受力和变形都有很大的变化。因此该元件既不能做应力计，也不能做应变计。

上述结果也很容易用直观的力学知识来解释，如果弹簧元件比系统刚度大很多，则力 P 的绝大部分就由元件来承担，因此，弹簧元件所受的压力与力 P 相等，在这种情况下，该弹簧元件适合做应力计。另一方面，如果弹簧元件比系统柔软很多，它将顺着系统的变形而变形，对变形的阻抗作用很小，因此，弹簧元件的变形与系统的变形几乎相等，在这种情况下该弹簧元件适合做应变计。

1.3.2 电阻式传感器

电阻式传感器是将被测量如位移、力等参数转换为电阻变化的一种传感器，按其工作原理可分为电阻应变式传感器、电位计式传感器、热电阻式传感器和半导体热能电阻传感器等。电阻应变式传感器是根据电阻应变效应先将被测量转换成应变，再将应变量转换成电阻，所以它也是电阻式传感器的一种。

1. 电阻应变式传感器

电阻应变式传感器的工作原理是基于电阻应变效应，其结构通常由应变片、弹性元件和其他附件组成。在被测拉、压力等的作用下，弹性元件产生变形，黏贴在弹性元件表面上的应变片随之产生一定的应变，其数值由应变仪读出，再根据事先标定的应变与力的对应关系，即可得到被测力的数值。弹性元件是电阻应变式传感器的主要组成单元，其性能好坏直接影响到传感器的精度和质量。弹性元件的结构形式可根据所测物理量的类型、大小、性质和安装传感器的空间等因素来确定。

1)测力传感器

测力传感器常用的弹性元件形式有柱或杆式、环式和梁式等。

(1)柱或杆式弹性元件。

柱或杆式弹性元件的特点是结构简单、紧凑，承载力大，主要用于中等荷载和大荷载的测力传感器。其受力状态比较简单，在轴力作用下，同一截面上所产生的轴向应变和横向应变符号相反。各截面上的应变分布比较均匀。应变片一般黏贴于弹性元件中部。图1.7是拉压力传感器结构示意图，图1.8是荷重传感器结构示意图。

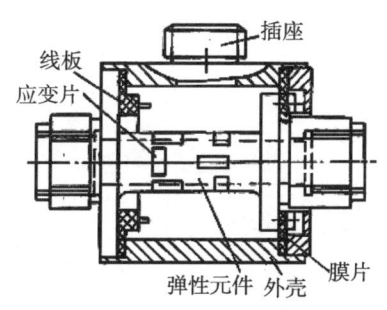

图 1.7 拉压力传感器

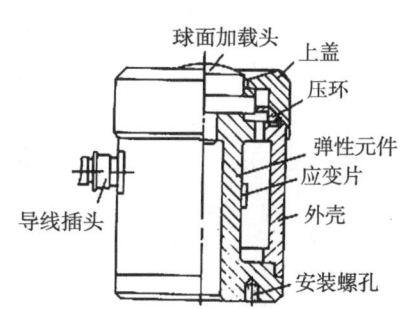

图 1.8 荷重传感器

(2) 环式弹性元件。

其特点是结构简单、自振频率高、坚固、稳定性好，主要用于中、小载荷的测力传感器。其受力状态比较复杂，在弹性元件的同一截面上将同时产生轴向力、弯矩和剪力，并且应力分布变化大。应变片应贴于应变值最大的截面上。

(3) 梁式弹性元件。

其特点是结构简单、加工方便，应变片黏贴容易且灵敏度高，主要用于小载荷、高精度的拉压力传感器。梁式弹性元件可做成悬臂梁、铰支梁和两端固定式等不同的结构形式，或者是它们的组合。其共同特点是在相同力的作用下，同一截面上与该截面中性轴对称位置点上所产生的应变大小相等而符号相反。应变片应贴于应变值最大的截面处，并在该截面中性轴的对称表面上同时黏贴应变片，一般采用全桥接片以获得最大输出。

2) 位移传感器

在适当形式的弹性元件上黏贴应变片也可以测量位移，其测量的范围可达到 0.1~100mm。弹性元件有梁式、弓式和弹簧组合式等。对位移传感器的弹性元件而言，其刚度要小，以免对被测构件形成较大反力而影响被测位移。图 1.9 是双悬臂式位移传感器或夹式引伸计及其弹性元件。

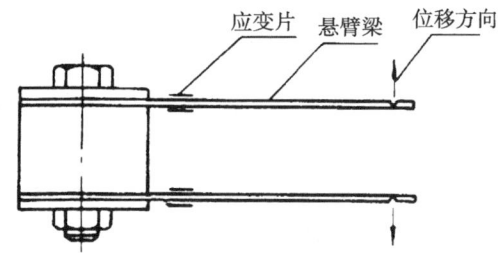

图 1.9 双悬臂式位移传感器

如果弹性元件上距离固定端为 x 的某点的应变读数为 ε，即可测定自由端的位移 f 为

$$f = \frac{2l^3}{3hx}\varepsilon \tag{1.15}$$

弹簧组合式传感器多用于大位移测量，如图 1.10 所示。

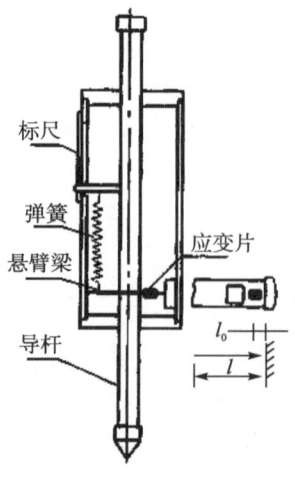

图 1.10 弹簧组合式传感器

当测点位移传递给导杆后使弹簧伸长，并使悬壁梁变形，这样从应变片读数即可测得测点位移 f，经分析两者之间的关系为

$$f = \frac{(k_1 + k_2)l^3}{6k_2(l - l_0)}\varepsilon \tag{1.16}$$

式中，k_1、k_2 分别为悬臂梁和弹簧的刚度系数。在测量大位移时，k_2 应选得较小，以保持悬臂梁端点位移为小位移。

3）液压传感器

液压传感器有膜式、筒式和组合式等，测量范围为 $0.1 \times 10^{-3} \sim 100 \text{MPa}$。膜式传感器是在周边固定的金属膜片上黏贴应变片，当膜片承受流体压力而产生变形时，通过应变片即可测出流体压力。周边固定，受有均布压力的膜片，其切向及径向应变的分布如图 1.11 所示，图中 ε_t 为切向应变，ε_r 为径向应变，在圆心处 $\varepsilon_t = \varepsilon_r$ 并达到最大值，即

$$\varepsilon_{t\max} = \varepsilon_{r\max} = \frac{3(1-\mu^2)PR^2}{8Eh} \tag{1.17}$$

在边缘处切向应变 ε_t 为 0，径向应变 ε_r 达到最小值，即

$$\varepsilon_{r\min} = -\frac{3(1-\mu^2)PR^2}{4Eh} \tag{1.18}$$

根据膜片上应变分布情况，可按图 1.11 所示的位置贴片，R_1 贴于正应变区，R_2 贴于负应变区，组成半桥，也可用四片组成全桥。筒式压强传感器的圆筒内腔与被测压力连通，当筒体内受压力作用时，筒体产生变形，应变片贴在筒的外壁，工作片沿圆周贴在空心部分，补偿片贴在实心部分，如图 1.12 所示。圆筒外壁的切向应变为

$$\varepsilon_t = \frac{P(2-\mu)}{E(n^2-1)} \tag{1.19}$$

式中，n 为筒的外径与内径之比，即 D/d。

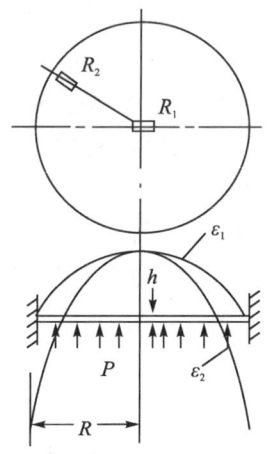

图 1.11 膜式压强传感器膜片上的应变分布

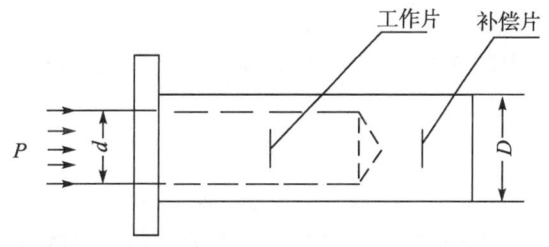

图 1.12 筒式压强传感器

对于薄壁筒，可按如下公式计算切向应变

$$\varepsilon_t = \frac{Pd(1-0.5\mu)}{SE} \tag{1.20}$$

式中，S 为筒的外径与内径之差，m。

此种形式的传感器可用于测量较高的液压。

4)压力盒

电阻应变片式压力盒也采用膜片结构,它是将转换元件即应变片黏贴在弹性金属膜片式的传力元件上。当膜片感受外力变形时,将应变传给应变片,通过应变片输出的电信号测出应变值,再根据标定关系算出外力值。图 1.13 为应变片式压力盒的构造。

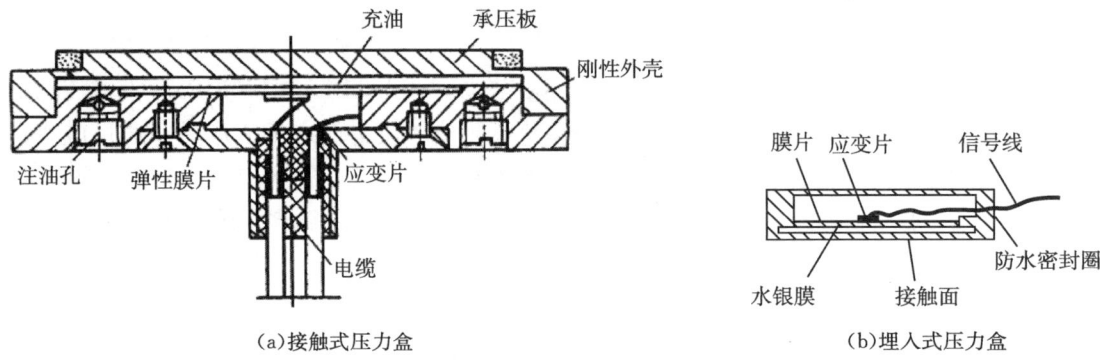

图 1.13 应变片式压力盒的构造

5)热电阻温度计

热电阻温度计是利用某些金属导体或半导体材料的电阻率随温度变化而变化的特性,制成各种热电阻传感器,用来测量温度,达到温度变化转换成电量变化的目的。因而,热电阻传感器是温度计。金属导体的电阻和温度之间的关系可表示为

$$R_t = R_0(1 + \alpha \Delta t) \tag{1.21}$$

式中,R_t、R_0 为温度为 $t\ ℃$ 和 $t_0\ ℃$ 时的电阻值;$\Delta t = t - t_0$,为温度的变化值;α 为温度在 $t_0 \sim t$ 时金属导体的平均电阻温度系数。

电阻温度系数 α 是温度每变化 1℃时,材料电阻的相对变化值。α 越大,电阻温度计越灵敏。因此,制造热电阻温度计的材料应具有较高、较稳定的电阻温度系数和电阻率,在工作温度范围内物理和化学性质稳定。常用的热电阻材料有铂、铜、铁等,其中铜热电阻常用来测量 $-50 \sim 180℃$ 的温度。可用于各种场合的温度测量,如大型建筑物厚底板温差控制测量等。其特点是电阻与温度呈线性关系,电阻温度系数较高,机械性能好,价格便宜。缺点是体积大,易氧化,不适合工作于腐蚀性介质与高温下。图 1.14(a)是铜电阻温度计结构,采用直径 $0.07 \sim 0.1$ mm 的漆包铜线,双绕在圆柱形塑料骨架上。由于铜的电阻率小,需多层绕制,因而它的体积和热惯性较大。图 1.14(b)是热敏电阻温度计结构。

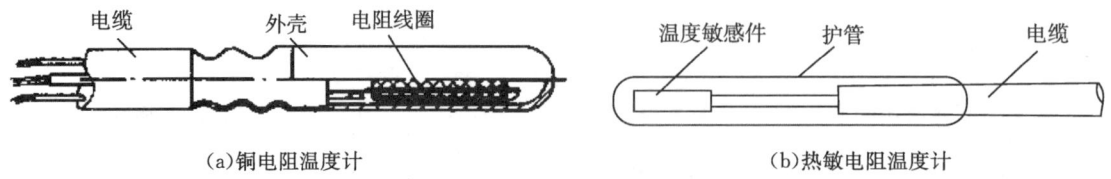

图 1.14 电阻温度计结构

热电阻温度计的测量电路一般采用电桥,把随温度变化的热电阻或热敏电阻值变换成电信号。由于安装在测温现场的热电阻有时与显示仪器之间的距离较大,引线电阻将直接

影响仪器的输出。在工程测量中常采用三线制接法来替代半桥电路的二线制接法，如图 1.15 所示。这样使热电阻两根引线电阻均匀地接入电桥的相邻两臂，引线电阻变化对温度指示的影响很小。图 1.15(a)是热电阻本身给出三根引线，图 1.15(b)是给出两根引线的三线制接法。

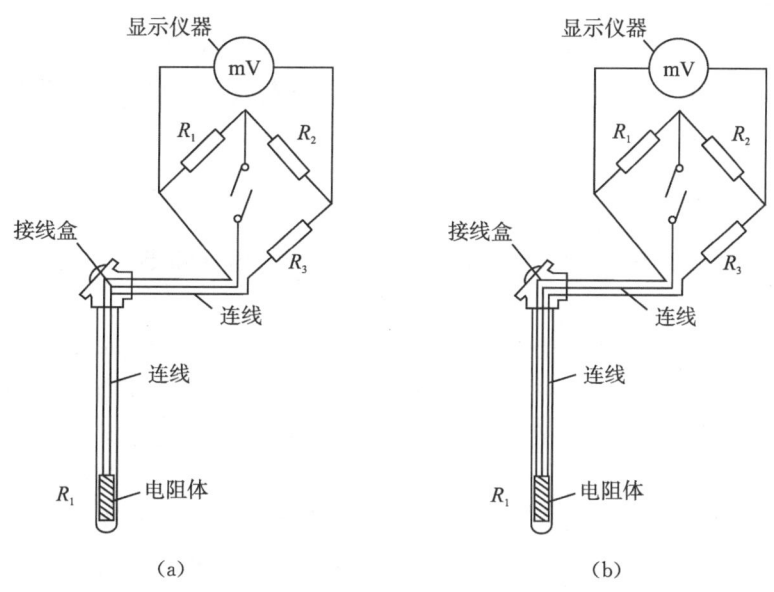

图 1.15　三线制热电阻测量电桥

2. 电感式传感器

电感式传感器是根据电磁感应原理制成的，它是将被测量的变化转换成电感中的自感系数 L 或互感系数 M 的变化，引起后续电桥桥路桥臂中阻抗 Z 的变化。当电桥失去平衡时，输出与被测位移量成比例的电压 U_c。电感式传感器常分成自感式（或称单磁路电感式）和互感式（或称差动变压器式）两类。

1) 单磁路电感传感器

单磁路电感传感器由铁芯、线圈和衔铁组成，如图 1.16(a)所示。

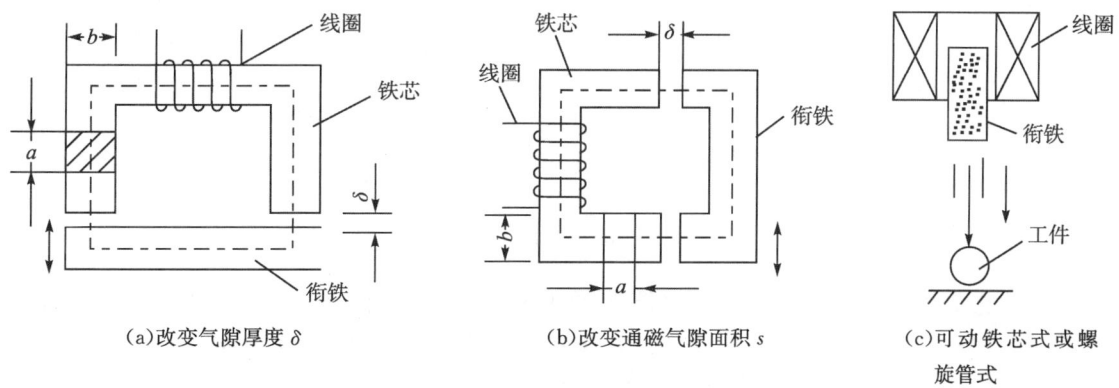

图 1.16　单磁路电感传感器

当衔铁运动时，衔铁与带线圈的铁芯之间的气隙发生变化，引起磁路中磁阻的变化。因此，改变了线圈中的电感。线圈中的电感量 L 的计算公式为

$$L = \frac{W^2}{R_m} = \frac{W^2}{R_{m0} + R_{m1} + R_{m2}} \tag{1-22}$$

式中，W 为线圈的匝数；R_m 为磁路的总磁阻，H^{-1}；R_{m0}，R_{m1}，R_{m2} 分别为空气隙、铁芯和衔铁的磁阻。

由于铁芯和衔铁的导磁系数远大于空气隙的导磁系数，所以铁芯和衔铁的磁阻 R_{m1}、R_{m2} 可略去不计。故有

$$L = \frac{W^2}{R_m} \approx \frac{W^2}{R_{m0}} = \frac{W^2 A_0 \mu_0}{2\delta} = \frac{K}{\delta} = K_1 A_0 \tag{1.23}$$

式中，A_0 为空气隙有效导磁截面积，m^2；μ_0 为空气的导磁系数；δ 为空气隙的磁路长度，m。

式(1.23)表明，电感量与线圈的匝数平方成正比，与空气隙有效导磁截面积成正比，与空气隙的磁路长度成反比。因此，改变气隙长度和气隙截面积都能使电感量发生变化，从而可形成三种类型的单磁路电感传感器：改变气隙厚度、改变通磁气隙面积、可动铁芯式的螺旋管式，分别如图1.16(a)、图1.16(b)、图1.16(c)所示。其中最后一种实质上是改变铁芯上的有效线圈数。在实际测试线路中，常采用调频测试系统，将传感器的线圈作为调频振荡的谐振回路中的一个电感元件。单磁路电感传感器可做成位移和压力电感式传感器，也可做成加速度电感式传感器。

2) 差动变压器式电感传感器

差动变压器式传感器是互感式电感传感器中最常用的一种，其原理如图1.17(a)所示。

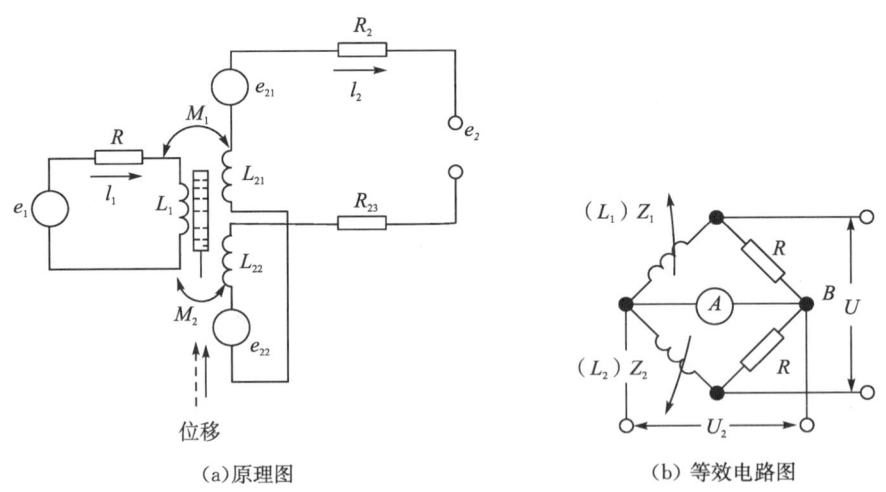

(a) 原理图　　(b) 等效电路图

图1.17　差动变压器式传感器

当初级线圈 L_1 通入一定频率的交流电压激磁时，由于互感作用，在两组次级线圈 L_{21} 和 L_{22} 中就会产生互感电势 E_{21} 和 E_{22}，其计算的等效电路如图1.17(b)所示。由于差动变压器的输出电压是交流量，其幅值大小与衔铁位移成正比，其输出电压如果用交流电压表来指示，只能反映衔铁位移的大小，不能显示位移的方向。为此，其后接电路应既能反映衔铁位移的方向，又能指示位移的大小。其次在电路上应设有调零电阻。在工作之前，使

零点残余电压调至最小。这样，当有输入信号时，传感器输出的交流电压经交流放大、相敏检波、滤波后得到直流电压输出，由直流电压表指示出与输出位移量相应的大小和方向，如图1.18所示。

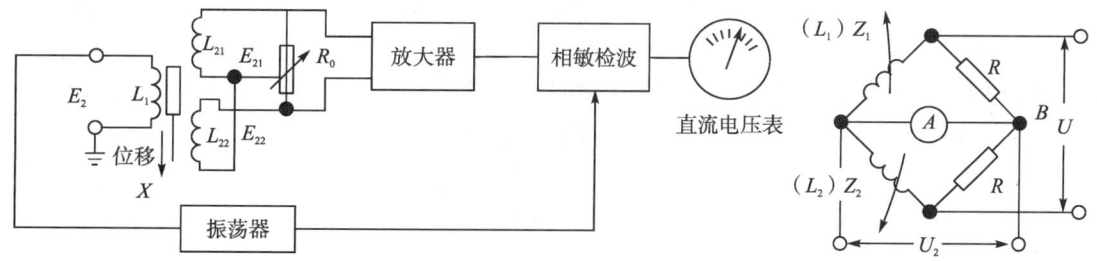

图1.18　差动变压器的输出电路

图1.19是差动变压器式位移传感器的结构，差动变压器式传感器在结构上做一些调整也可做成差动变压器式压力传感器，如图1.20所示。该传感器采用一个薄壁筒形弹性元件1，在弹性元件的上部固定铁芯2，下部固定线圈座5，线圈座5内安放有三只线圈4，线圈通过引线与测量系统相连。当弹性元件受到轴力图1.20中示出F的作用而产生变形时，铁芯就相对于线圈发生位移，从而它是通过弹性元件来实现力和位移之间的转换的。它也可以做成位移、压力和加速度传感器。

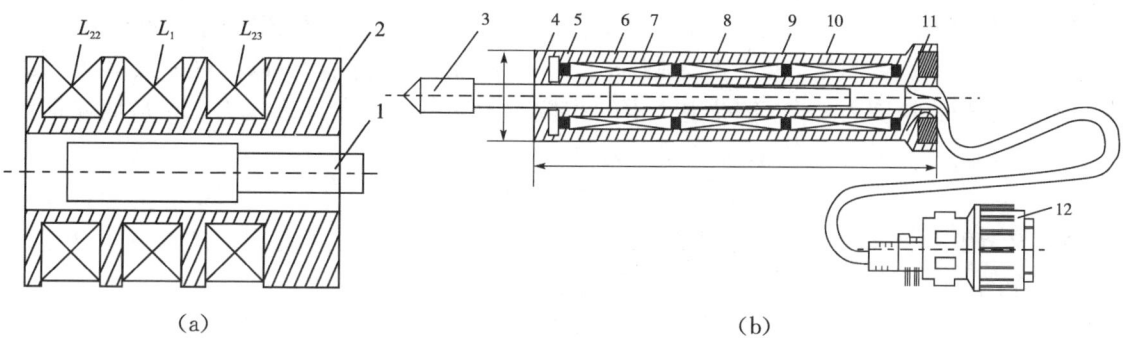

图1.19　差动变压器式位移传感器

1-衔铁；2-线圈架；3-触头；4-外壳；5-下端盖；6-磁屏蔽；7-次级线圈；8-初级线圈；9-骨架；10-衔铁；11-上端盖；12-插头

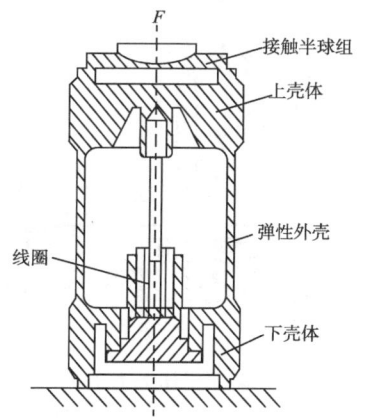

图1.20　差动变压器式压力传感器

由于差动变压器式传感器具有线性范围大、测量精度高、稳定性好和使用方便等优点，所以广泛应用于直线位移测量中，也可通过弹性元件把压力、重量等参数转换成位移的变化再进行测量。

在地下工程中量测隧道与地下硐室围岩不同深度的位移采用的多点位移计就是根据差动变压器式传感器原理制成的。它由位移计、连接杆、锚头的孔或孔底带有磁性铁的直杆产生相对运动，导致通电线圈中产生感应电动势变化。位移量一般以度盘式差动变压器测长仪直接读取，这种位移计可回收和重复使用，量测也较为方便。

1.3.3 钢弦式传感器

1. 钢弦式传感器原理

在地下工程现场测试中，常利用钢弦式应变计或压力盒作为量测元件，其基本原理是由钢弦内应力的变化转变为钢弦振动频率的变化。根据数学物理方程中有关弦的振动微分方程可推导出钢弦应力与振动频率之间的关系为

$$f = \frac{1}{2L}\sqrt{\frac{\sigma}{\rho}} \tag{1.24}$$

式中，f 为钢弦振动频率；L 为钢弦长度；ρ 为钢弦的密度；σ 为钢弦所承受的张力。

以压力盒为例，当压力盒已加工制作完成后，L 和 ρ 为定值，所以，钢弦频率 f 只取决于钢弦上的张拉应力 σ，而钢弦上产生的张拉应力 σ 又取决于外来压力 P，从而使钢弦频率 f 与薄膜所受压力 P 存在如下关系为

$$f^2 - f_0^2 = kP \tag{1.25}$$

式中，f 为压力盒受压后钢弦的频率；f_0 为压力盒未受压时钢弦的频率；P 为压力盒底部薄膜所受的压力；k 为标定系数，其与压力和构造等有关，一般由厂家给定。

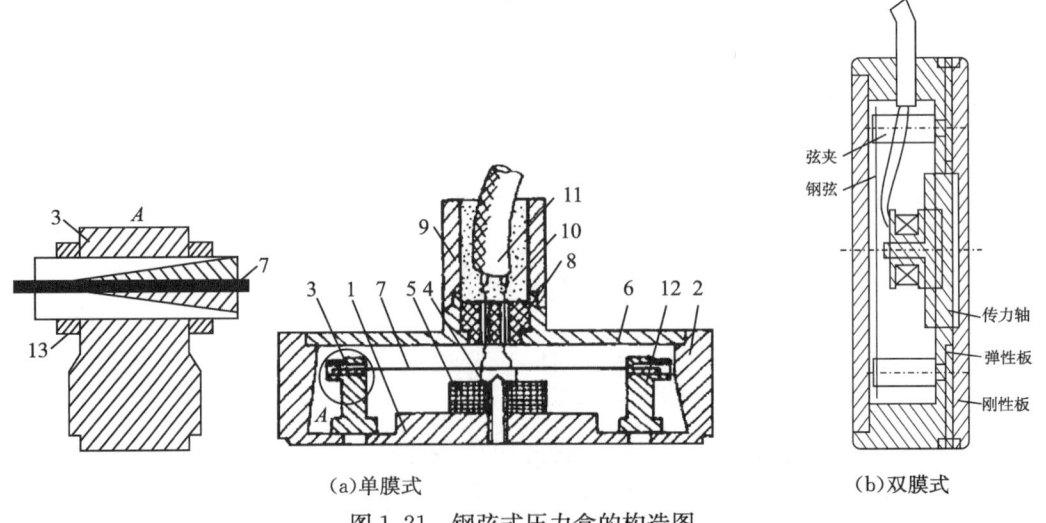

图 1.21 钢弦式压力盒的构造图

1-承压板；2-底座；3-钢弦夹；4-铁芯；5-电磁线圈；6-封盖；7-钢弦；8-塞；9-引线管；10-防水涂料；11-电缆；12-钢弦架；13-拉紧固定螺栓

钢弦式压力盒构造简单，测试结果比较稳定，受温度影响小，易于防潮，可做长期观测。故在地下工程现场测试和监测中得到广泛的应用。其缺点是灵敏度受压力盒尺寸的限制，并且不能用于动态测量。图1.21是测定结构和岩土体压力常用的调频钢弦式传感器——钢弦式压力盒的构造图。

钢弦式传感器还有钢筋应力计、表面应变计和孔隙水压力计等。图1.22为钢弦式钢筋应力计和孔隙水压力计的构造图。在测试钢筋混凝土内力中有广泛的应用。

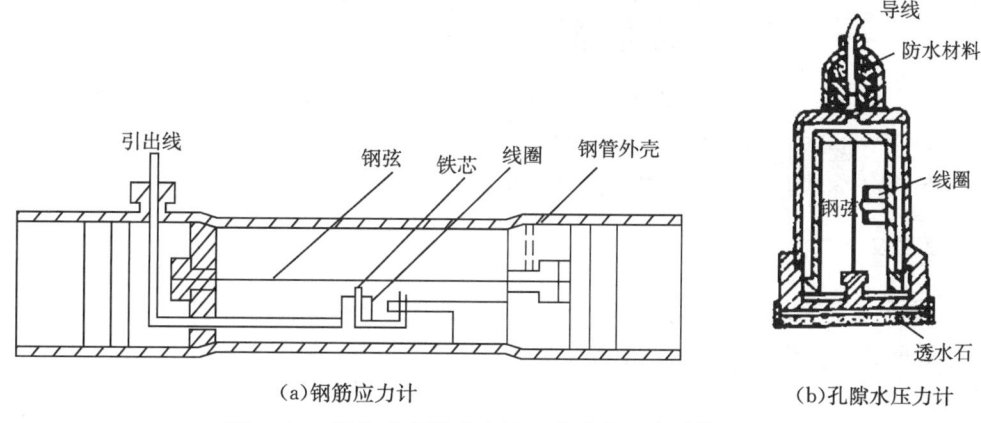

图1.22 钢弦式钢筋应力计和孔隙水压力计构造图

图1.23(a)是表面应变计结构简图，安装于金属或混凝土表面可测量支柱、压杆和隧道衬砌的应变；图1.23(b)是焊接式应变计结构简图，焊接在金属构件表面可测量构件表面的应变，焊接在钢筋上时，通过预先的标定，可测量钢筋应力；图1.23(c)是埋入式应变计结构，埋入混凝土内可以通过测量混凝土的应变来计算钢筋混凝土的内力。

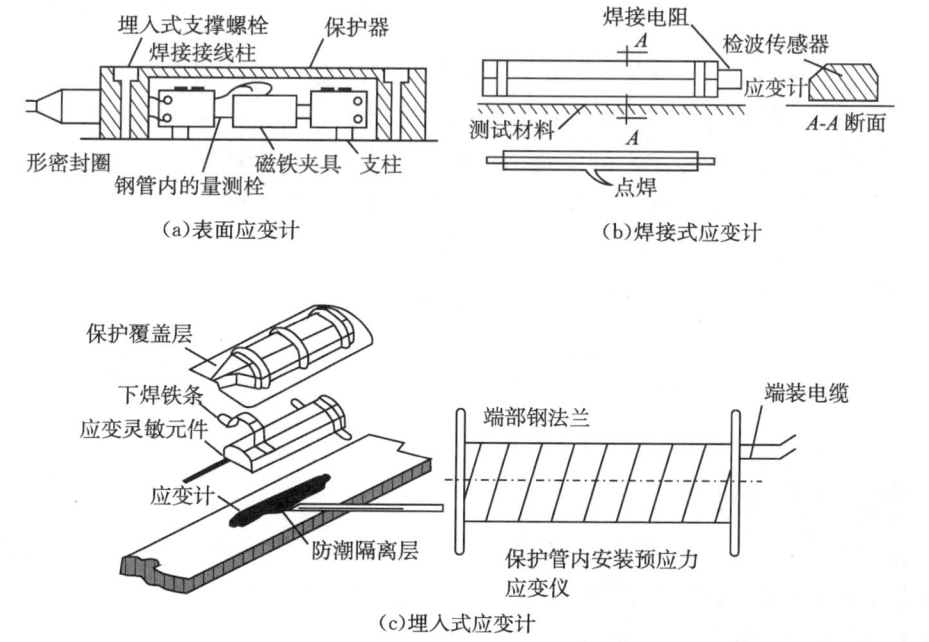

图1.23 钢弦式应变计结构简图

钢弦式位移计也是利用钢弦的频率特性而制成应变传感器,其构造如图 1.24 所示。采用薄壁圆管式,适用于钻孔内埋设。应变计用调弦螺母、螺杆和固弦销调节和固定,使钢弦的频率选择在 1000～1500Hz 为宜。每一个钻孔中可用几个应变计用连接杆连接一起,导线从杆内引出。应变计连成一根测杆后用砂浆锚固在钻孔中,可测得不同点围岩的变形。也可单个埋在混凝土中测量混凝土的内应变。

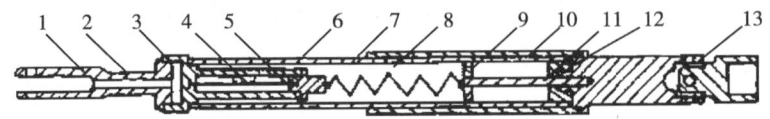

图 1.24 钢弦式位移计结构简图

1-拉杆接头;2-电缆孔;3-钢弦支架;4-电磁线圈;5-钢弦;6-防水波纹管;7-传动弹簧;8-内保护筒;9-导向环;10-外保护筒;11-位移传动杆;12-密封圈;13-万向节(或铰)

2. 频率仪

钢弦式压力盒的钢弦振动频率由频率仪进行测定。其主要由放大器、示波管、振荡器和激发电路等组成。若为数字式频率仪则还有一数字显示装置。频率仪的结构原理如图 1.25 所示。

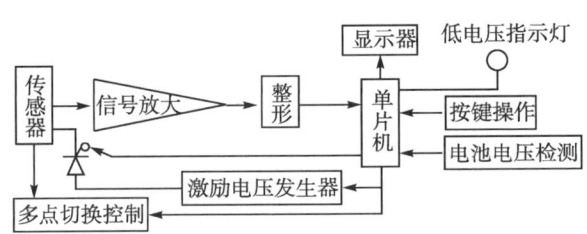

图 1.25 钢弦频率仪原理图

其测试过程为:先由频率仪自动激发装置发出脉冲信号并输入到压力盒的电磁线,激励钢弦产生振动。钢弦的振动在电磁线内感应产生交变电动势,输入频率仪放大器放大之后加在示波管的 y 轴偏转板上。调节频率仪振荡器的频率作为比较频率加在示波管的 x 轴偏转板上,使之在显示屏上可以看到一椭圆图形。此时,频率仪上的指示频率即为所测定的钢弦振动频率。国产频率计的主要技术性能指标:测量频率范围为 500～5000Hz,分辨率为 ±0.1Hz,灵敏度为接收信号 ≥300μV,持续时间 ≥500ms。

1.3.4 电容式、压电式和压磁式传感器

1. 电容式传感器

电容式传感器是以各种类型的电容器作为传感元件,将被测量转换为电容量的变化,最常用的是平行板型电容器或圆筒型电容器。平行板型电容器是由一块定极板与一块动极及极间介质组成的,它的电容量为

$$C = \frac{\varepsilon_0 \varepsilon A}{\delta} \tag{1.26}$$

式中，ε 为极板间介质的相对介电系数，对于空气，$\varepsilon=1$；ε_0 为真空中介电系数，$\varepsilon_0=8.85\times10^{-12}$，F/m；$\delta$ 为极板间距离，m；A 为两极板相互覆盖的面积，m^2。

式(1.26)表明，当三个参数中的任意两个保持不变，而另一个参数变化时，则电容量 C 就是该变量的单值函数，因此，电容式传感器分为变极距型、变面积型和变介质型三类。根据式(1.26)可得变极距型和变面积型电容传感器的灵敏度分别如下。

(1) 变极距型。

$$S = \frac{dC}{d\delta} = -\frac{\varepsilon_0 \varepsilon A}{\delta^2} \tag{1.27}$$

(2) 变面积型。

$$S = \frac{dC}{dx} = -\frac{\varepsilon_0 \varepsilon b}{\delta} \tag{1.28}$$

式中，b 为电容器的极板宽度。

变极距型电容传感器的优点是可以用于非接触式动态测量，对被测系统影响小，灵敏度高，适用于小位移即数百 μm 以下的精确测量。但这种传感器有非线性特性，传感器的杂散电容对灵敏度和测量精度影响较大，与传感器配合的电子线路也比较复杂，使其应用范围受到一定的限制。变面积型电容式传感器的优点是输入与输出呈线性关系，但灵敏度低于变极距型，适用于较大的位移测量。

电容式传感器的输出是电容量，尚需有后续测量电路进一步转换为电压、电流或频率信号。利用电容的变化来测试电路电流或电压变化的主要方法有调频电路、电桥型电路和运算放大器电路，其中以调频电路用得较多。其优点是抗干扰能力强、灵敏度高，但电缆的分布电容对输出影响较大。

2. 压电式传感器

有些电介质晶体材料在沿一定方向受到压力或拉力作用时发生极化，并导致介质两端表面出现符号相反的束缚电荷，其电荷密度与外力成比例，若外力取消时，它们又会回到不带电的状态，这种由外力作用而激起晶体表面荷电的现象称为压电效应，这类材料称为压电材料。压电式传感器就是根据这一原理制成的。当有一外力作用在压电材料上时，传感器就有电荷输出，因此，从它可得的基本参数而言是属于力传感器，但是也可测量通过敏感元件或其他方法变换为力的其他参数，如加速度、位移等。

1) 压电晶体加速度传感器

图 1.26 是压电晶体加速度传感器的结构图，主要由压紧弹簧 1、惯性质量块 2、压电晶体片 3 和金属基座 4 等元件组成。其结构简单，但结构的形式对性能影响很大。图 1.26(a)系弹簧外缘固定在壳体上，因而外界温度、噪声和实际变形都将通过壳体和基座影响加速度的输出。图 1.26(b)系中间固定型、质量块、压电片和弹簧装在一个中心架上，它有效地克服了图 1.26(a)的缺点。图 1.26(c)是倒置中间固定型，质量块不直接固定在基座上，可避免基座变形造成的影响，但这时壳体是弹簧的一部分，故它的谐振频率较低。图 1.26(d)是剪切型，一个圆柱形压电元件和一个圆柱形质量块黏结在同一中心架上，加速度计沿轴向振动时，压电元件受到剪切应力，这种结构能较好地隔离外界条件变化的影响，有很高的谐振频率。

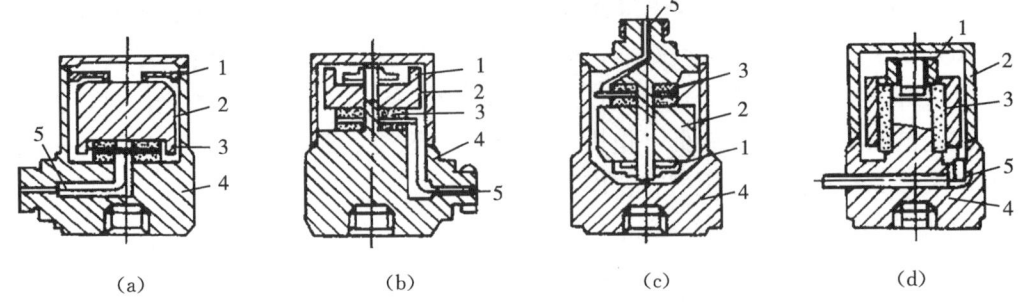

图 1.26 压电晶体加速度传感器
1-压紧弹簧；2-惯性质量块；3-压电晶体；4-基座；5-引出线

根据极化原理证明，某些晶体当沿一晶轴的方向有力作用时，其表面上产生的电荷与所受力的大小成正比，即

$$Q = d_x F = d_x \sigma A \tag{1.29}$$

式中，Q 为电荷，C；d_x 为压电系数，C/N；σ 为应力，Pa；A 为晶体表面积，m²。

作为信号源，压电晶体可以看做一个小的电容，其输出电压为

$$V = \frac{Q}{C} \tag{1.30}$$

式中，C 为压电晶体的内电容，C/V。

当传感器底座以加速度 a 运动时，则传感器的输出电压为

$$V = \frac{Q}{C} = \frac{d_x F}{C} = \frac{d_x m a}{C} = ka \tag{1.31}$$

即输出电压正比于振动的加速度。

压电晶体式传感器是发电式传感器，故不需对其进行供电，但它产生的电信号是十分微弱的，需放大后才能显示或记录。由于压电晶体的内阻很高，又需两极板上的电荷不致泄露，故在测试系统中需通过阻抗变换器送入电测线路。

2) 压电式测力传感器

图 1.27 为单向压电式测力传感器的结构简图。根据压电晶体的压电效应，利用垂直于电轴的切片便可制成拉、压型单向测力传感器。在该传感器中采用了两片压电石英晶体片，目的是为了使电荷量增加一倍，相应地灵敏度提高一倍，同时也为了便于绝缘。对于小力值传感器还可以采用多只压电晶体片重叠的结构形式，以便提高其灵敏度。

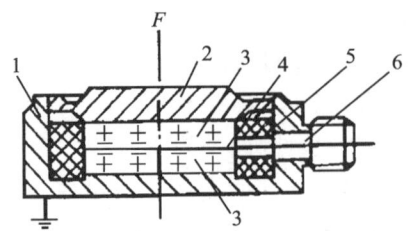

图 1.27 单向压电式测力传感器的结构图
1-壳体；2-弹性盖；3-压电石英；4-电极；5-绝缘套；6-引出导线

当传感元件采用两对不同切型的压电石英晶片时，即可构成一个双向测力传感器。两对压电晶片分别感受两个方向的作用力，并由各自的引线分别输出，也可采用两个单向压

电式测力传感器来组成双向测力仪。压电式测力传感器的特点是刚度高、线性好。当采用较大时间常数的电荷放大器时，可以测量静态力与准静态力。

压电材料只有在交变力作用下，电荷才可能不断得到补充，用以供给测量回路一定的电流，故只适用于动态测量。压电晶体片受力后产生的电荷量极其微弱，不能用一般的低输入阻抗仪表来进行测量，否则压电片上电荷就会很快地通过测量电路泄漏掉，只有当测量电路的输入阻抗很高时，才能把电荷泄漏减少到测量精确度所要求的限度以内。为此，加速度计和测量放大器之间需要加接一个可变换阻抗的前置放大器。目前使用的有两类前置放大器：一类是将电荷转变为电压，然后测量电压，称为电压放大器；另一类是直接测量电荷，称为电荷放大器。

3) 压磁式传感器

压磁式传感器是测力传感器的一种，它利用铁磁材料磁弹性物理效应，即材料受力后，其导磁性能受影响，将被测力转换为电信号。当铁磁材料受机械力作用后，在它的内部产生机械效应力，从而引起铁磁材料的导磁系数发生变化。如果在铁磁材料上有线圈，由于导磁系数的变化，将引起铁磁材料中的磁通量变化，磁通量的变化则会导致自感电势或感应电势的变化，从而把力转换成电信号。铁磁材料的压磁效应规律是：铁磁材料受到拉力作用时，在作用力的方向上导磁率提高，与作用力相垂直的方向导磁率略有降低，铁磁材料受到压力作用时，其效果相反。当外力作用消失后，其导磁性能复原。

在岩体孔径变形预应力法中，使用的钻孔应力计就是压磁式传感器，其工作原理如下。

设传感器是由许多如图 1.28(a) 所示形状的硅钢片组成。在硅钢片上开相互垂直的两对孔 1、2 和 3、4。在 1、2 孔中绕励磁线圈 W1.2 作为原阻绕，在 3、4 孔中绕励磁线圈 W3.4 作为副阻绕。当 W1.2 中流过一定的交变电流时，磁铁中将产生磁场。

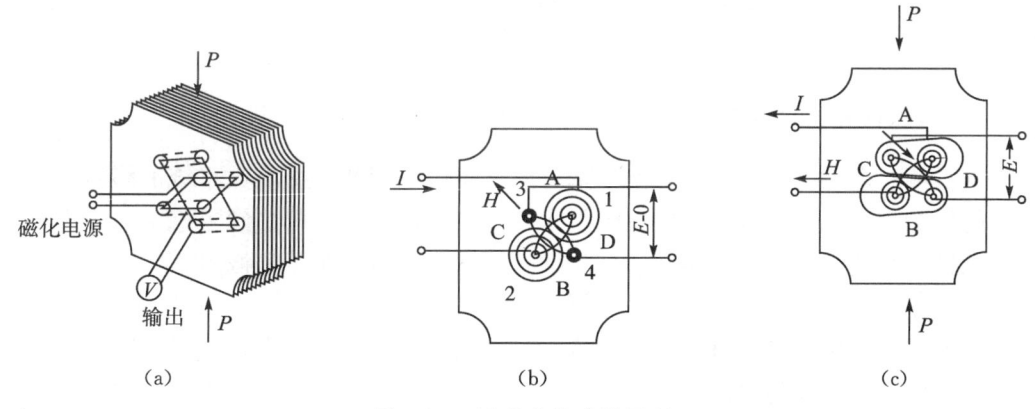

图 1.28 压磁式传感器原理

在无外力作用时，A、B、C、D 四个区的导磁率是相同的。此时磁力线呈轴对称分布，合成磁场强度 H 平行于 W3.4 的平面，磁力线不与阻绕 W3.4 交链，故不会感应出电势。在压力 P 的作用下，A、B 区将受到很大压应力作用，由于硅钢片的结构形状，C、D 区基本上仍处于自由状态，于是 A、B 区导磁率下降，即磁阻增大，而 C、D 区的导磁率不变。由于磁力线具有沿磁阻最小途径闭合的特性，这时在 1、2 孔周围的磁力线中将有部分绕过 C、D 而闭合，如图 1.28 所示。于是磁力线变形，合成磁场强度不再与 W3.4

平面平行，而是相交，在 W3.4 中感应电动势 E、压力 F 值越大，转移磁通越多，E 值也越大。根据上述原理和 E 与 P 的标定关系就能制成压磁式传感器。

图 1.29 是压磁式钻孔应力计的构造图，它包括磁芯和框架两部分，磁芯一般为工字型，磁芯受压面积应与外加压应力面积相近，以防止磁芯受压时发生弯曲，影响灵敏度。

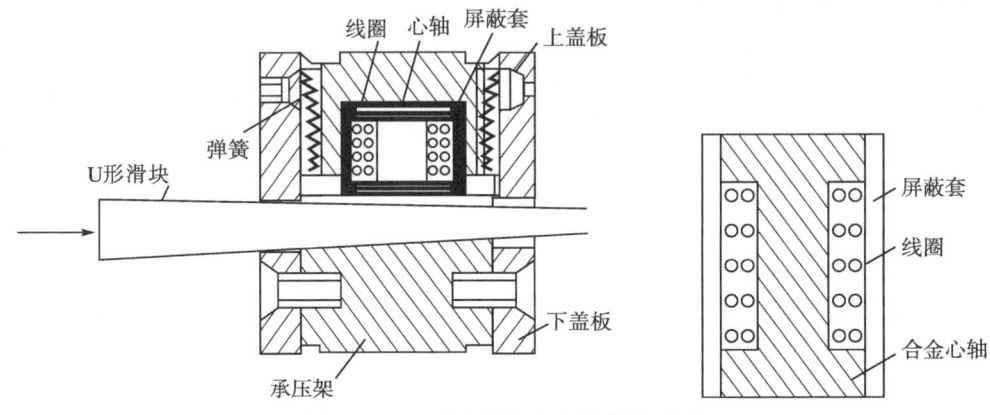

图 1.29　压磁式钻孔应力计的构造图

钻孔应力计的磁芯，在外加压力作用下将产生导磁率的变化，导磁率的变化能引起感应电动势，即阻抗(电感)的变化，其变化越大，越能提高测量的灵敏度。电感 L 的大小取决于磁芯上所绕线圈的匝数、磁芯的导磁率和尺寸。压磁式传感器可整体密封，因而具有良好的防潮、防油和防尘等性能，适合在恶劣环境条件下工作。此外，还具有温度影响小、抗干扰能力强、输出功率大、结构简单、价格低、便于维护、过载能力强等优点。其缺点是线性和稳定性较差。

1.3.5　测试系统选择的原则与标定

1. 测试系统选择的原则

根据被测对象和所要达到的目的来选择测试系统，因此选择测试系统的根本出发点就是测试的目的和要求。但是，若要达到技术可行和经济合理，则必须考虑一系列因素的影响。下面针对系统的各个特性参数，就如何正确选用测试系统予以概述。

1) 灵敏度

测试系统的灵敏度高意味着它能检测到被测物理量极微小的变化，即被测量稍有变化，测试系统就有较大的输出，并能显示出来。但灵敏度越高，往往测量范围越窄，稳定性也越差，对噪声也越敏感。在地下工程监测中，被测物理量的变化范围比较大，因此要求相对精度在一定的允许值内，而对其绝对精度的要求不高。在选择仪器时最好选择灵敏度有若干挡可调的仪器，以满足在不同测试阶段对仪器不同灵敏度的测试要求。

2) 准确度

准确度表示测试系统所获得的测量结果与真值的接近程度，并综合反映了测量中各类误差的影响。准确度越高，则测量结果中所包含的系统误差和随机误差就越小。测试仪器的准确度越高，价格也越昂贵。因此应从被测对象的实际情况和测试要求出发，选用准确度合适的仪器,以获得最佳的技术经济效益。在地下工程监测中,监测仪器的综合误差为全量程的 1.0%～2.5%时,这样准确度基本能满足施工监测的要求。误差理论分析表明,由若干台不同准确度组成的测试系统,其测试结果的最终准确度取决于准确度最低的那一台仪器。所以,从经济性来看,应选择同等准确度的仪器来组成所需的测量系统。如果条件有限,不可能做到等准确度时,则前面环节的准确度应高于后面环节,而不希望出现与此相反的配置。

3)线性范围

任何测试系统都有一定的线性范围。在线性范围内输出与输入成比例关系,线性范围越宽,表明测试系统的有效量程越大。测试系统在线性范围内工作是保证测量准确度的基本条件。然而,在实际测试时,很难将系统处于绝对线性状态。在有些情况下,只要能满足测量的准确度,也可以在近似线性的区间内工作,必要时可以进行非线性补偿或修正,非线性度是测试系统综合误差的重要组成部分,因此非线性度总是要求比综合误差小。

4)稳定性

稳定性指在规定的条件下,测试系统的输出特性随时间的推移而保持不变的能力。影响稳定性的因素有时间、环境和测试仪器的器件状况等。在输入量不变的情况下,测试系统在一定时间后其输出量发生变化,这种现象称为漂移。当输入量为零时,测试系统也会有一定的输出,这种现象称为零漂。漂移和零漂主要是由系统本身对温度变化敏感以及元件不稳定等因素造成的,它对测试系统的准确度将产生影响。

地下工程监测的对象主要是处于露天和地下环境中的岩土介质和结构,其温度、湿度变化大,持续时间长,因此对仪器和元件稳定性的要求比较高,所以应充分考虑到在整个监测的过程中,使被测物理量的漂移以及随温度、湿度等引起的变化与综合误差相比处于同一数量级。

5)各特性参数之间的配合

由若干环节组成的一个测试系统中,应注意各特性参数之间的恰当配合,使测试系统处于良好的工作状态。例如,一个多环节组成的系统,其总灵敏度取决于各环节的灵敏度以及各环节之间的联接形式,如串联、并联等,该系统的灵敏度与量程范围是密切关联的。当总灵敏度确定之后,过大或过小的量程范围,都会给正常的测试工作带来影响。对于连续刻度的显示仪表,通常要求输出量落在接近满量程的 1/3 区间内,否则即使仪器本身非常精确,测量结果的相对误差也会增大,从而影响测试的准确度。若量程小于输出量,很可能使仪器损坏。因此,在组成测试系统时要注意总灵敏度与量程范围的匹配。又如,当放大器的输出用来推动负载时,它应该以尽可能大的功率传给负载,只有当负载的阻抗和放大器的输出阻抗互为共轭复数时,负载才能获得最大的功率,这就是通常所说的阻抗匹配。

总之,在组成测试系统时,应充分考虑各特性参数之间的匹配关系。除上述必须考虑的因素,还应尽量兼顾体积小、重量轻、结构简单、易于维修、价格便宜、便于携带、通用化和标准化等一系列因素。

2. 传感器选择的原则

选择传感器首先是确定传感器的量程,为此应了解被测物理量在监测期间的最大值和变化范围，这项工作有三条途径可以实现：第一是查阅工程设计图纸、设计计算书和有关说明；第二是根据已有的理论估算；第三是可根据相似工程类比。传感器的量程一般应确定为被测物理量预计最大值的三倍。然后需要了解和掌握测试过程中对传感器的性能要求，一般来说，对传感器的基本要求如下。

①输出与输入之间成比例关系，直线性好，灵敏度高；
②滞后、漂移误差小；
③不因其接入而使被测试对象受到影响；
④抗干扰能量强，即受被测量之外量的影响小；
⑤重复性好，有互换性；
⑥抗腐蚀性好，能长期使用；
⑦容易维修和校准。

在选择传感器时，使其各项指标都达到最佳是最好的，但这样就不经济。实际上也不可能满足上述全部性能要求。在固体介质如岩体中测量时，由于传感器与介质的变形特性不同，且介质变形特性往往呈非线性，因此不可避免地破坏了介质的原始应力场，引起了应力的重新分布。这样，作用在传感器上的应力与未放入传感器前该点的应力是不相同的，这种情况称为不匹配。由此引起的测量误差叫做匹配误差。故在选择和使用固体介质中的传感器时，其关键问题就是要使传感器与介质相匹配。

为确定传感器合理的设计方法和埋设方式，以减小匹配误差和埋设条件的影响，需要解决如下两个问题。

(1)传感器应满足什么条件才能与介质完全匹配？

(2)在传感器与介质不匹配的情况下，传感器上受到的应力与原应力场中该点的实际应力的关系如何？以及在不匹配的情况下，传感器需要满足什么条件才适合测量岩土中的力学参数，使测量误差为最小？

由弹性力学可知，均匀弹性体变形时其应力状态可由弹性力学基本方程和边界条件确定。当传感器放入线性的均匀弹性岩土体中，并且假定其边界条件与岩体结合得很好，只有当弹性力学基本方程组有相同的解，传感器放入前后的应力场才完全相同，当边界条件相同时，对于各向同性弹性材料，决定弹性力学基本方程组的解的因素只有弹性常数，因此，静力完全匹配条件是传感器与介质的弹性模量 E 和泊松比 μ 相等，如静力问题要考虑体积力时，则还需密度 ρ 相等。而动力完全匹配条件是传感器与介质的弹性模量 E、泊松比 μ 和密度 ρ 相等。这样也满足波动力学中，只有当传感器的动力刚度 $\rho_g c_g$ 与介质的动力刚度 $\rho_s c_s$ 相等时(其中 c 为波速，对各向同性均匀弹性材料，只与 E、μ 有关，ρ 为密度)，才不会产生波的反射，也就是达到动力匹配。

显然，要实现完全匹配是很困难的，因此，选择传感器时只能是在不完全匹配的条件下，使传感器的测量特性按一定规律变化，由此产生的误差为已知的，从而可做必要的修正。

压力盒是最典型的埋入式传感器。根据国内外的研究，对压力盒的各结构参数选择有如下建议。

(1)压力盒的外形尺寸应满足厚度与直径之比 $H/D \leqslant 0.1 \sim 0.2$，压力盒直径 D 要大于土体最大颗粒直径的 50 倍，还应考虑压力盒直径 D 与结构特性尺寸的关系和与介质中应力变化梯度的关系。

(2) 传感器与介质变形特性间的关系——刚度匹配问题。理论研究和实践表明：传感器的等效变形模量 E_g 与介质的变形模量 E_s 之比应满足 $E_g/E_s \geqslant 5 \sim 10$。压力盒与被测岩体泊松比之间的不匹配引起的测量误差较小，可忽略不计。

(3) 带油腔的压力盒，传感器的感受面积 A_g 与全面积 A_0 之比 A_g/A_0 应介于 $0.64 \sim 1$，当传感器直径小于 10cm 时，应使 A_g/A_0 介于 $0.25 \sim 0.45$。当传感器的变形模量 E_g 远大于介质变形模量 E_s 时。d/D 不会对误差产生影响，故在这种情况下，关于 A_g/A_0 的条件在选择土压力传感器时并非主要控制因素。

(4) 由动态完全匹配条件得知，该条件过于苛刻。故在实际选择时，一般使传感器在介质中的最低自振频率为被测应力波最高谐波频率的 3～5 倍，并且使传感器的直径必须远远小于应力波的波长。同时应使传感器的质量与它所取代的介质的质量相等而达到质量匹配。

在埋设测斜管、分层沉降管、多点位移计锚固头、土压力盒和孔隙水压力计时，充填材料和充填要求也应遵循静力匹配原则，即充填材料的弹性模量、密度等都要与原来的介质基本一致，所以同样是埋设测斜管，在砂土中可以用四周填砂的方法，在软黏土中，最好分层将土取出，测斜管就位后，分层将土回填到原来的土层中，而在岩体中埋设测斜管，则要采取注浆的方法。注浆体的弹性模量与密度要与岩体相匹配，埋设其他元件时，充填要求与此类似。

3. 仪器和传感器的标定

传感器的标定又称率定，就是通过试验建立传感器输入量与输出量之间的关系，即求取传感器的输出特性曲线，又称标定曲线。由于传感器在制造上的误差，即使仪器相同，其标定曲线也不尽相同。因此，传感器在出厂前都做了标定，因此在购买传感器后，必须检验各传感器的编号和与其对应的标定资料。传感器在运输、使用等过程中，内部元件和结构因外部环境影响和内部因素的变化，其输入输出特性也会有所变化，在使用前或定期必须进行标定。

标定的基本方法是利用标准设备产生已知的标准值，如已知的标准力、压力、位移等作为输入量，输入到待标定的传感器中，得到传感器的输出量，然后将传感器的输出量与输入的标准量做比较，从而得到标定曲线。另外，也可以用一个标准测试系统，去测未知的被测物理量，再用待标定的传感器测量同一个被测物理量，然后把两个结果做比较，得出传感器的标定曲线。

标定造成的误差是一种固定的系统误差，对测试结果影响较大。故标定时应尽量设法降低标定结果的系统误差和减小偶然误差，提高标定精度。为此，应做到以下几点。

(1) 传感器的标定应该在与其使用条件相似的状态下进行。

(2) 为了减小标定中的偶然误差，应增加重复标定的次数和提高测试精度。对于自制或不经常使用的传感器，建议在使用前后均做标定，两者的误差在允许的范围内才确认为有效，以避免传感器在使用过程中因损坏而引起的误差。

按传感器的种类和使用情况不同，其标定方法也不同。对于荷重、应力、应变和压力传感器等静标定方法是利用压力试验机进行标定。更精确的标定则是在压力试验机上用专门的荷载标定器进行标定。位移传感器的标定则是采用标准量块或位移标定器进行标定。

第 2 章　地下工程的特点与监测目的

2.1　地下工程的主要特点与施工方法

2.1.1　地下工程的主要特点

随着国民经济的快速发展，我国地下工程进入了一个蓬勃发展的新阶段。预计 21 世纪初至中叶将是我国大规模建设地铁及其他地下工程的时代。与此相关，也会涌现出大量的岩土工程技术问题。特别是随着公路、铁路、水电、石油天然气长输管线的修建，势必修建众多的山岭和水下隧道，此外以地下铁道和轻轨为代表的城市轨道交通建设也必将遇到大量的地下工程。

地下工程施工引起的地表沉降可能危及周边建(构)筑物和地下管线等的安全，严重时会造成人员伤亡和经济损失，产生重大的社会影响。因此，如何在施工过程中防止坍塌，可靠地预测和有效地抑制施工所引起的地表沉降，确保周边建(构)筑物和地下管线等的安全已成为地下工程和城市地铁建设中必须解决的一项重要课题。

就地层软弱富水的复杂工程地质条件、暗挖结构呈洞群系统的复杂工程施工条件、近邻建(构)筑物和管线密布的复杂工程边界条件而言，其施工难度和风险极大，地表沉降机理及施工引起的地表沉降分布形态也极为复杂。归纳起来，地下工程具有以下特点。

1)地质条件差

我国地域广阔，地形、地貌和地层条件复杂多样。对地下工程的设计和施工带来诸多技术难题。此外，城市地下工程埋深多在 20m 以内，而在此深度范围内大多为第四系冲积或沉积层，或为全、强风化岩层，地层多松散无胶结，存在上层滞水或潜水。同时我国部分城市如武汉、南京、杭州、上海等部分区域承压水位高，承压水含水层顶板埋藏浅，对地下工程施工影响巨大。地下工程的基本特点就是地质条件复杂，多数情况下富含地下水。而在现阶段取得准确的地质及围岩力学参数以及设计荷载参数等数据也极其困难，给地下工程的结构设计与施工带来困难。

2)周边环境复杂

由于各种原因，地下工程的修建滞后于城市建设，尤其是城市地铁工程往往修建在地面建筑物高度密集的地区，在城市道路下面及各种管线附近通过。工程施工往往会引起地层变形和地表沉降。这些变形和沉降对邻近固有建(构)筑物和设施的损伤不可忽视。例如，施工将产生一定范围的地表沉降，当沉降达到临界值时会引起建筑物的倾斜、开裂等，严重时可导致建筑物功能丧失，城市中很多高层建筑采用的是桩基础，地下工程施工引起的地层移动会对桩基础施加轴向和侧向力，这种力将可能导致既有结构的损害。因此研究地下工程在施工过程中对周围环境的影响及其监测、控制技术就显得尤为重要。

3)结构埋深浅、与领近结构相互影响

就城市中的地下工程而言,其具有埋深浅的特点。多数地下工程修建在地下 3~20m 的范围内。城市地下的管网设施、商业街、停车场等建筑物和构筑物鳞次栉比,相互影响,相互制约,给工程的修建带来众多设计与施工技术方面的特殊难题。例如,城市中的地铁工程一般都处在密集的建筑群下,有些工程的基础与既有建筑物或构筑物的基础紧邻,产生相互作用;处于较浅位置的地下管线结构,与深部的大型停车场或地铁工程形成上、下位置领接关系;多座隧道工程在平面和立体上形成交叉和近接关系。而现有工程的设计理论(如强度控制设计和常规施工技术)已难以满足保护地下工程周围环境的要求。

研究隧道支护结构和周边建筑物及其他构筑物之间的共同作用,近邻建筑物的变形以及在开挖过程中围岩和周围建筑结构之间的内在反应,进而研究施工和控制技术是地下工程设计与施工中应该解决的主要问题。

4)围岩稳定性难于判断

地下工程的围岩稳定一直是地下工程设计与施工中研究的重点问题。对于地下工程,其地质、环境以及结构方面的特殊性给这一问题的研究增加了特殊的内容。现有较广泛使用的围岩稳定性理论认为:在地下工程施工过程中,地下工程周围岩体发生应力重分布,当这种重分布应力超过围岩的强度极限时,将造成围岩的失稳破坏。

在浅埋条件下围岩中是否存在承载拱对围岩和地下结构稳定性的判别非常重要,有必要通过现场监测与研究加以解决。因此,围岩稳定性评价是与地下工程施工和运营密切联系的一项极为重要的研究内容。

地下工程设计与施工的基本特点是"地质条件复杂,基础信息缺乏",而对城市地下工程又增加了"周边环境复杂",其施工存在着很大的不确定性和高风险性。很长一段时期主要依赖工程技术人员的工程经验;自新奥法提出以来,岩土理论及监测技术、数据库管理技术、计算机辅助设计技术等方面的发展,使地下工程设计与施工跨入了"信息化"时代。信息化设计与施工特别适合地下工程,具有解决不确定性问题的能力,可降低风险、建立针对重大坍塌和破坏事件的报警系统,从而实现地下工程施工安全和经济的目标。

随着地下工程支护设计与施工理论不断发展,新奥法已经成为现代隧道设计与支护理论的典型代表,尤其是现场监测与理论分析相结合,已发展为一种适应地下工程特点的和当前技术水平的新设计方法——信息化设计与施工方法。现场监测、动态设计、信息化施工已经成为当前地下工程设计与施工的发展方向。岩土工程安全监测是运用监测仪器和检测设备对工程及其周围环境相关的重要参数进行系统地定期监测,并对测得的资料进行计算与分析然后做出判断的全过程。

2.1.2 地下工程的主要施工方法

随着施工技术的不断进步和发展,地下工程的施工方法也越来越丰富。根据地质条件、周边环境条件和施工机械设备配套等情况,地下工程施工方法一般可分为三大类,即明挖法、暗挖法、沉管法和水中悬浮法。具体分类如图 2.1 所示。

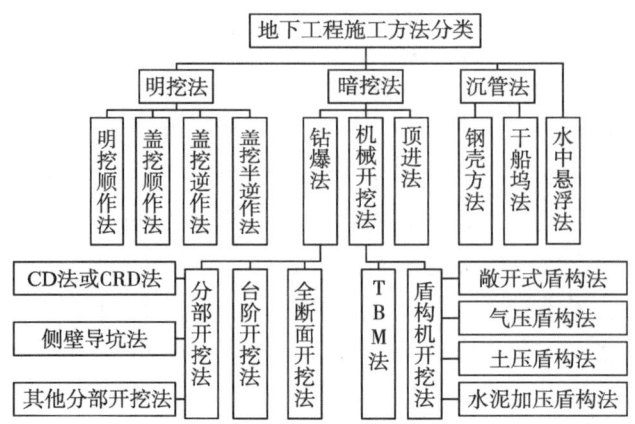

图 2.1 地下工程施工方法分类

浅埋暗挖法是在矿山法基础上发展演变而来的，其主要适合山岭隧道浅埋段和城市地下工程的施工。

不同的施工方法适用不同的地层和地质条件。可根据各种施工方法对地质条件的适应性、对周边环境的影响以及工程建设的安全性、经济性和工期等要求加以选择。上述几种施工方法各有优缺点，详细比较见表 2.1。下面分别叙述常用的几种施工方法。

表 2.1 几种施工方法对比表

对比指标	明挖法	钻爆法	盾构法
地质	各种地层均可	含水地层需要特殊处理	各种地层均可
场所	占用道路面积较多	占用道路面积较少	占用道路面积较少
开挖断面变化	适应	适应	适应性差
埋置深度	浅埋	深、浅埋均可	需要一定深度
防水施工	较容易	较容易	容易
地表下沉	小	浅埋大，深埋较小	较小
交通影响	影响大	影响小	影响小
地下管线	需要拆迁和保护	无须拆迁	无须拆迁
施工噪声	大	小	小
地表拆迁	大	小	小
地下水处理	降水、疏干	防、排、截、堵	防、堵、降、截
进度	拆迁征地受一定影响，总工期快	前期快，总工期慢	前期慢，总工期较快

1）钻爆法

钻爆法是一种传统的地下工程施工方法，是在矿山开采的实践中逐渐发展起来的。早期是以木或钢构件作为临时支撑，待隧道开挖成型后，逐步将临时支撑撤换下来，以整体式厚衬砌作为永久性支护的施工方法。木构件支撑的耐久性差，对坑道形状的适应性差，支撑撤换既麻烦又不安全，且对围岩有所扰动，因此，目前已很少使用。钢构件支撑具有较好的耐久性和对坑道形状的适应性等优点，施工中可以不撤换，也更安全。国内隧道界将以钢构件作为临时支撑的矿山法称为"背板法"。钢木构件支撑类似于地上的"荷载与结构"力学体系，它作为一种维持坑道稳定的措施是很直观和奏效的，也容易被施工人员理解和掌握。因此这种方法常应用于不便采用喷锚支护的隧道。由于衬砌的设计工作状态与实际工作状态不一致，以及临时支撑存在的一些缺陷等，在一定程度上限制了它的发展和应用。

矿山法的基本理论依据是：隧道以爆破或机械开挖后，一定范围内的围岩发生破损而形成松弛状态，产生松动或塌落而引起荷载。鉴于这种松弛荷载，其施工方法是采取分割式按分部顺序分部开挖，并要求边挖边支护以策安全，所以支撑复杂，材料消耗多，因而施工进度慢，建设周期长，机械化程度低，劳动强度高。

新奥法的出现使矿山法有了更进一步的发展，将喷锚支护应用到矿山法中并形成了钻爆法。钻爆法是隧道工程中通过钻眼、爆破、出渣而形成地下空间的一种开挖方法，是目前修建山岭隧道最常用的方法。按开挖分部情况分为全断面法、台阶法、环形开挖预留核心土法、双侧壁导坑法、中洞法、中隔壁法、交叉中隔壁开挖法等。

钻爆法开挖的施工要点是：在有可能的条件下，应尽量采用全断面或大断面分部的开挖方法。应尽量采用先修筑仰拱（或临时仰拱）或铺底的施工方法。为保证二次衬砌的施工质量和整体性，在任何情况下，都应该采用先墙后拱的施工顺序。

钻爆法的优点有：①适用于各种地质条件和地下水条件；②具有适合各种断面形式（如单线、双线及多线、车站等）和变化断面（如过渡段、多断面等）的高度灵活性；③通过分部开挖和辅助工法，可以有效地控制地表下沉和坍塌；④与盾构法比较，在较短的开挖地段使用，也很经济；⑤与掘进机法比较，对围岩匀质性质无要求；⑥与明挖法比较，可以极大地减少对地面交通和商业活动的影响，避免大量的拆迁；⑦从综合效益观点看，是一种较经济的方法。

但钻爆法也有缺点，主要是爆破开挖对围岩的损伤大；在浅埋条件下爆破引起的振动会影响到地表的建筑物；长隧道的出渣和支护作业时间长；隧道通风效果差，作业环境不易保证；施工安全风险高。

2) 浅埋暗挖法

浅埋暗挖法从方法的实质而言属于矿山法，其作为地下工程主要施工方法之一具有很多优点，特别适合于铁路、公路山岭隧道的浅埋段和城市地铁地下工程的施工。我国自1987年在北京地铁首先采用浅埋暗挖法施工了复兴门折返线工程，该隧道结构跨度达14.6m，覆土厚度6~12m。针对我国地下工程的特点，浅埋暗挖法经过多年的不断发展和完善，形成了一套适合浅埋隧道的施工方法。该方法可以避免明挖法对地表的干扰，而又较盾构法具有对地层较强的适应性和高度灵活性。因此，目前广泛应用于城市地铁区间隧道、车站、地下过街道、地下停车场等工程。在山岭隧道等地下工程中，钻爆法要求在围岩变形基本稳定后施作二次衬砌，以充分发挥围岩的承载能力。但对于城市地下工程，由于周边环境复杂，埋置深度浅，不允许有大的地层变形，地表沉降往往成为控制性的边界条件。因此，对于采用钻爆法修建的城市地下工程，当地层变形较大，加强支护难以奏效或成本较高时，应尽早施作二次衬砌，在地层稳定性较差时，还应采取超前加固措施，提高围岩强度，以抑制过大的结构及地层变形，故称其为浅埋暗挖法。该法配合各种辅助工法用于软弱地层的施工，效果更佳。根据开挖面土体挖除的顺序可划分为正台阶法、单侧壁导坑法、中隔墙法(CD法)和交叉隔壁法(CRD法)、双侧壁导坑法(眼镜工法)等。该法具有灵活多变,对地表建筑、道路及地下管网影响小,拆迁占地少,不污染城市环境等优点,是目前较先进的施工方法,但其缺点是造价较高,地下工程施工的工期较长。

(1)浅埋暗挖法的基本原理。

奥地利学者拉布塞维兹(Rabcewicz)等根据多年的矿山工程实践,开创和发展了新奥地利地下工程设计施工方法,简称新奥法。新奥法的力学原理属于地层结构法,认为地下结构周围的地层不仅对衬砌结构产生荷载,而且其自身也能承受荷载,地下结构安全与否,首先取决于周围地层的稳定状态,衬砌结构的作用是在地下工程结构周围应力重分布过程中对地层提供必要的支撑抗力,与地层共同组成受力的整体,以保持地下工程结构的稳定。

因此,采用新奥法设计与施工,首先应根据经验初步选定设计参数,在施工过程中通过监测地下工程结构受力与变形等数据,判断地下工程稳定性及支护结构对围岩的加固效果,并根据已修正结构的支护形式及参数,最终完成地下工程的施工,这一过程也称信息化施工过程。喷锚支护是加固围岩的重要手段,且能根据需要及时对围岩进行加固,因此在采用新奥法设计与施工的地下工程中喷锚支护得到了广泛的应用。施工过程中监测是新奥法设计和施工的重要工序,围岩变形能够综合反映地下工程开挖后围岩性态的变化,因此围岩变形的监测在新奥法施工中具有重要的作用。

(2)浅埋暗挖法的优缺点。

在我国,浅埋暗挖法已发展为城市地下工程的主要施工方法之一。浅埋暗挖法的优点主要有:①不需要太大的施工场地、拆迁少;②适应复杂多变的地质条件;③适应复杂多变的结构形式;④适应复杂的周边环境。

浅埋暗挖法的缺点也比较明显,其缺点主要有:①辅助工法施工成本高,导致工程造价偏高;②难以采用大型施工机械,施工速度慢;③工作环境差,不利于工作人员身心健康;④隧道与地下结构防水施工质量难以保证。

3)盾构法

由于盾构法具有机械化程度高、对地层扰动小、综合性强、掘进速度快和对周围环境影响程度低等特点,在欧洲、美国、日本等发达地区和国家得到广泛应用。20世纪初,盾构法在美国、英国、德国、法国、苏联等国得到广泛推广,大量用于公路隧道、地铁和下水管道等地下工程的施工,并在加气压施工和盾尾注浆等方面有了突破和发展。20世纪60年代后,盾构法在日本大量用于东京、大阪等城市的地铁和下水道等市政工程。盾构技术的迅速发展更加显示了盾构法的技术经济价值和社会效益,从而获得了更广泛的应用。

在我国,盾构技术发展开始于20世纪50年代,首先应用于修建煤矿巷道。1963年上海结合地下铁道的筹建,开始进行盾构技术开发,并于1990年开始在地铁一号线大量引进盾构进行施工,经过多年的发展,在上海等软弱地层的盾构施工技术已相当成熟。近年来,随着我国综合国力的提升,很多城市大力发展地铁,如北京、上海、广州、南京、深圳、成都等38个重点城市,基本采用盾构法用于地铁区间隧道的施工。盾构发展主要在机械化方面,从敞开式盾构发展到气压盾构和泥水盾构及土压平衡盾构。在盾构发展初期,较多采用气压式盾构,通过压力气体来稳定开挖面地层。如此将造成操作者必须在高气压下工作,对人体伤害很大,施工速度较慢。

随着盾构技术的发展,研究出了用泥水来平衡开挖面的方法,出现了泥水盾构,大大改善了工作条件,提高了防坍塌和控制地表沉降的效果,但泥浆系统较复杂,场地面积大,使用造价高,泥浆也经常沿盾构隧道泄漏而影响盾构密封和管片背后的注浆效果。因此,出现了利用流塑状土来稳定开挖面的土压平衡盾构,土压平衡盾构的出现克服了泥水盾构的许多不足。近20年以来,土压平衡盾构的辅助施工措施得到了高速的发展,如添加剂注入装置及注入材料的发展,以及土仓加压措施的应用等,使此类盾构几乎能够适用于所有地层,因而发展很快,应用越来越多。随着信息技术在盾构领域的应用,盾构正在向全自动化发展,进一步减小劳动强度,提高工作效率。

(1)盾构法基本原理。

盾构法的基本原理是基于圆柱形钢筒装置沿隧道轴线向前推进的同时进行开挖。在隧道初期支护或二次衬砌施工前,圆柱形钢筒装置保证开挖所需的空间。盾构必须承受周围地层的压力,阻止地下水的侵入。盾构法施工,根据地层和地下水情况,有五种稳定开挖面的方法:①自然支撑;②机械支撑;③压缩空气支撑;④泥浆支撑;⑤土压平衡支撑。

(2)盾构法优缺点。

盾构法的主要优点有:①机械化程度高,施工速度快;②开挖的隧道断面内轮廓能精确符合设计要求;③对环境影响时间短、程度小;④施工人员安全程度高;⑤防水工程施工方便、质量好;⑥隧道衬砌质量易于控制。

但是盾构法也有缺点,其缺点主要体现在以下几个方面:①盾构机设计、制造、安装等周期长,前期投资大;②操作要求高;③隧道长度短时综合造价高;④浅埋隧道和地层条件多变时,施工风险高;⑤隧道断面形式多变地段施工困难,改变断面的代价高;⑥盾构设备后期的维护和保养成本高。

4)明挖法

明挖法也称基坑开挖法,其施工方法为:首先从地表向下开挖出基坑,在基坑内进行结构施工,然后回填恢复地表。包括放坡明挖法、基坑支护开挖法等。这种方法简单易行,施工作业面宽敞,施工速度较快,在覆盖层薄,地面建筑和人口稀少以及车辆不多的地区采用是最经济的。但明挖法的最大缺点是破坏地表、中断交通、拆迁工作量大,易受到气候条件的影响。同时施工产生的噪声、震动等公害对附近居民的生活和工作带来干扰。为了最大限度地减少施工对地面交通和附近居民的干扰,提出了盖挖法。盖挖法是一种先做围护结构,如旋挖钻孔桩、地下连续墙等支撑与钢横撑、长锚索等组成支挡结构,并设置中间临时竖向支撑体系,在该结构围护下再做桩顶纵梁、盖顶板,恢复地面,然后在桩及盖板的支持下施工主体结构的一种施工方法。根据开挖及结构施工顺序的不同,又可分为盖挖顺作、盖挖逆作和盖挖半逆作法。它是一种较快速、经济、安全的施工方法。

明挖法作为地下工程主要施工方法之一具有很多有优点,相对于浅埋暗挖法和盾构法而言,其具有工期短、造价低、对地层适应性强和工程结构高度灵活的特点。但其缺点是对地面干扰较大,由于其影响交通、环境污染大等缺点,在繁华城区的应用受到一定限制。

5)沉管法

城市交通的发展,由此带来跨越江河。所谓沉管法施工,就是在水底开挖沟槽,把在船坞中预制的隧道管体浮运到沉放现场,按顺序沉放到沟槽中,将分节的管段连接成整体,并在管段上回填土体从而形成隧道的施工方法。沉管法是修建水底隧道经常采用的方法之一。

6)水中悬浮法

该方法主要用于水域中隧道工程的建设。首先在地面船坞预制隧道的管段,然后浮运至现场。利用水的浮力和特殊支撑体系将预制的管段悬浮于水下一定深度处,逐段完成水下连接而形成悬浮于水中的隧道。该方法是水中隧道的施工方法之一,因涉及问题的复杂性,目前世界上尚无工程应用的先例。

2.2 监测的目的及国内外现状

2.2.1 监测的目的

在岩土体中修建地下工程时,由于对地下工程设计合理性进行的理论分析需要涉及众多的技术问题,一般比较困难,其主要原因是:①地层和地质条件的复杂多样性;②岩土物理力学参数的离散型;③施工过程的复杂性;④围岩与支护结构相互作用的复杂性。因此,所确定的结构设计和施工方法均只是一个预设计。特别对于城市地下工程而言,其周围的环境一般比较复杂,因此有必要通过信息化施工及时了解施工过程中围岩与支护结构的工作状态,并及时反馈到设计与施工中去,及时、合理地调整设计参数和施工方法,确保地下工程施工和周围建(构)筑物安全。作为信息化设计与施工的最基础工作,现场监测就显得非常重要。地下工程监测的主要目的如下。

(1)通过监测了解地层在施工过程中的动态变化。明确工程施工对地层的影响程度及可能产生失稳的薄弱环节。

(2)通过监测了解支护结构及周边建(构)筑物的变形及受力状况,并对其安全稳定性进行评价。

(3)通过监测了解施工方法的实际效果,并对其进行适用性评价。及时反馈信息,调整相应的开挖、支护参数。

(4)通过监测,收集数据,为以后的工程设计、施工及规范修订提供参考和积累经验。

2.2.2 监测的国内外现状

近年来,我国相继颁布实施的有关地下工程设计和施工的规程和规范都对监测做了具体规定,监测是地下工程施工中必不可少的组成部分。其应贯穿地下工程设计、施工和运营的全过程。地层力学参数的不确定性和离散型及施工过程的不可预见性使地下工程设计和施工中难免出现与实际地层条件不相符合的情况,需要在施工过程中通过监测信息的反馈来修正设计和指导施工。

20世纪60年代,奥地利学者和工程师总结出了以尽可能不恶化地层中应力分布为前提,在施工过程中密切监测地层及结构的变形和应力,及时优化支护参数,以便最大限度地发挥地层自承能力的新奥法施工技术。经过长期的实践发现,地下工程周边位移和浅埋地下工程的地表沉降是围岩与支护结构系统力学形态最直接、最明显的反应,是可以监测并控制的。因此普遍认为地下工程周边位移和浅埋地下工程的地表沉降监测最具有价值,既可全面了解地下工程施工过程中的围岩与结构及地层的动态变化,又具有易于观测和控制的特点,并可通过工程类比总结经验,建立围岩与支护结构的稳定判别标准。基于以上认识,我国现行规范中的围岩与结构稳定的判据都是以周边允许收敛值和允许收敛速度等形式给出的,作为评价施工、判断地下工程稳定性的主要依据。监测以位移监测(A项)为主,应力、应变监测(B项)等为辅。

此外,城市地下工程无论采用何种施工方法都借鉴了山岭隧道新奥法有关信息化设计与施工的理念,在实施过程中不仅要考虑地下工程结构的稳定,而且还要考虑地下工程施工对周围环境的影响,因此城市地下工程的监测内容还包括以下三类:

(1)结构变形和应力、应变监测。
(2)结构与周围地层即围岩与结构之间的相互作用。
(3)与结构相邻的周边环境的安全监测。

目前,在地下工程设计中,都有较完善的监测设计,包括监测管理、监测方法及监测设备等,但在实施过程中仍然存在很多问题。由于监测与信息反馈技术对技术人员专业水平要求较高,因此国内外在监测管理方面开始走专业化的道路,将监测作为一个独立的工序从工程项目中分离出来,由有资质的专业队伍来实施,以保证监测的客观性与公正性。目前,在地下工程建设中,开始引入了第三方监测。监测方受业主委托,对地下工程施工影响范围内的建筑物、地下管线、地下水位等进行监测,其目的主要有以下两个方面:

(1)对施工单位的监测进行复核,以便对环境的影响进行客观、公正地评估,提供给业主或主管部门作为施工决策的依据。
(2)当发生重大环境安全事故时,监测结果是判定责任的主要依据。因此在地下工程建设中开展第三方监测具有重要意义。

随着地下工程施工技术的发展,地下工程安全监测技术的发展也非常迅速。主要表现为监测方法的自动化和数据处理的软件化。监测设备及传感器不断发展与完善,监测技术向系统化、远程化、自动化方面发展,从而实现实时数据采集、数据分析,监测精度不断提高,数据分析与反馈更具有时效性,如远程监测系统等。目前发展的远程监测系统主要有:①近景摄影测量系统;②多通道无线遥测系统;③光纤监测技术;④非接触监测系统;⑤电容感应式静力水准仪系统;⑥巴赛特结构收敛系统;⑦轨道变形监测系统。

2.2.3 监测中存在的问题

目前国内监测与信息反馈技术在应用过程中主要存在以下几个方面的问题:

(1)部分工程未把监测与信息反馈作为重要工序纳入施工组织设计中,有的虽然作为工序编入,但实施不规范、不彻底,应用效果较差。
(2)施工技术人员没能真正领会和掌握信息化设计与施工技术,实施过程中缺少专业人员。特别是在信息反馈方面有所欠缺,很少能结合施工情况对监测信息进行合理分析,进而对工程设计和施工起到指导作用。
(3)缺乏施工对环境影响的评估标准,因此有必要就地下工程施工对周围环境影响的评估程序、评估方法以及控制标准进行研究。

（4）在部分地下工程施工中引入了第三方监测，这对确保工程建设的安全和质量、促进监测技术健康发展均具有一定的积极意义，但还要在实施过程中不断规范监测组织、完善监测与反馈的实施技术。

第 3 章 地下工程的监测仪器

3.1 监测仪器

在地下工程施工监测中,需要监测的物理量主要有位移、应变、压力、应力和温度等。因此用于地下工程监测的仪器主要包括以下几类。

(1)用于地下结构和岩土体宏观位移的监测仪器,主要有经纬仪、水准仪、全站仪、收敛计、测斜仪、分层沉降仪、位移计、裂缝观测仪、建筑物倾斜仪等。

(2)用于地下结构和围岩压力、应力、应变的监测仪器,主要有电阻应变仪、钢弦式频率接收仪等。

(3)用于地下水参数的监测仪器,主要有水位计和渗水压力计。

(4)用于其他参数监测的仪器,如监测爆破振动参数的爆破振动仪、探测地下管线位置的探测仪等。

在实际工作中,可根据监测项目和精度的要求,按照经济、安全、适用和耐久等因素来选择合适的监测仪器。不同型号的监测仪器和仪表的使用说明以及主要技术参数和指标可详见由生产商提供的使用说明书。本书不再逐一赘述。

3.1.1 经纬仪

经纬仪(theodolite)是一种精密的光学仪器,它可以精密地测定水平角度、垂直角度及距离。一般现场采用国产的 DJ6 系列经纬仪或 Leica T2 经纬仪,如图 3.1 所示。

(a)国产经纬仪　　(b) Leica T2 经纬仪

图 3.1　经纬仪

在监测过程中,经纬仪用来建立平面控制网,可以监测以下几个项目。

(1)浅埋地表和基坑围护结构及支撑系统的水平位移。

(2)道路、管线的水平位移。

(3) 地下工程施工引起的周围建筑物的水平位移和倾斜。
(4) 测斜管管口的水平位移。

3.1.2 水准仪

水准仪(level gauge, gradienter)是能提供水平视线，用以测量各测点之间高差的光学仪器。水准仪实物如图 3.2 所示。

 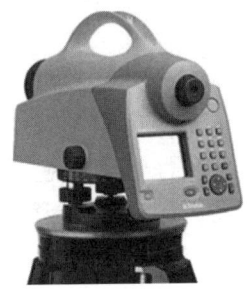

(a) 光学水准仪　　　　　　(b) 电子水准仪

图 3.2　水准仪

在监测工作中，水准仪可用来建立沉降控制监测网。主要监测项目如下。
(1) 浅埋地面和基坑围护结构及支撑立柱的沉降。
(2) 地表管线的沉降。
(3) 由于地下工程施工引起的周围建筑物、构筑物及周围地表的沉降。
(4) 分层沉降管管口的沉降。

实际工程中一般采用瑞士 WILDLEICO 公司的 NA2002 或 N3 或苏州第一光学仪器厂生产的带有附件测微器的 DSZ2 水准仪。

3.1.3 全站仪

全站仪，即全站型电子速测仪(electronic total station)，是一种集光、机、电为一体的高技术测量仪器，是集水平角、垂直角、距离(斜距、平距)、高差测量功能于一体的测绘仪器系统。因其一次安置仪器就可完成该测站上的全部测量工作，所以称之为全站仪，如图 3.3 所示。其广泛用于地上大型建筑和地下工程施工等精密工程测量或变形监测领域。在监测过程中可用来建立平面控制网，测量项目基本与经纬仪相同，也可用于沉降监测。

全站仪可用于地下工程的主要监测项目如下。
(1) 基坑围护结构周边及支撑系统的水平位移。　　　图 3.3　全站仪
(2) 地表、管线的水平位移。
(3) 由于地下工程施工引起的周围建筑物的水平位移、倾斜与沉降。
(4) 测斜管管口的水平位移与沉降。

(5) 地下工程拱顶下沉与收敛。

(6) 盾构隧道管片水平位移与沉降。

新近发展起来的全站仪除具有经纬仪及测距仪的技术性能，而且配机载软件，测量操作更方便、直观。根据测量项目的不同要求可选择测量程序，以直接测监测点的坐标和距离。

3.1.4 收敛计

收敛计（convergence gauge/tape extensometer）是用于测量和监控暗挖隧道周边变形的主要仪器。由连接转向、测力弹簧、测距装置三部分组成，如图3.4所示。

图3.4 收敛计

(1) 连接转向，其是由微轴承实现的，可实现空间的任意方向转动。

(2) 测力弹簧，用来标定钢尺张力，从而提高读数的精度。

(3) 测距装置，其是由钢尺与测微千分尺组成的。钢尺用于测量大于25mm的距离。钢尺上每间隔25mm设有一定位孔，螺旋千分尺最小的读数为0.01mm。测量时，收敛计悬挂于两测点之间，旋紧千分尺，使钢尺张力增大，直至达到规定的张力时，即可进行读数。

3.1.5 测斜仪

测斜仪（clinometer）是一种能有效且精确地测量土体内部水平位移或变形的工程监测仪器。应用其工作原理同样可以监测临时或永久性地下结构（如桩、连续墙、沉井等）的水平位移。测斜仪分为固定式和活动式两种。固定式是将测头固定埋设在结构物内部的固定点上；活动式即先埋设带导槽的测斜管，间隔一定时间将测头放入管内沿导槽滑动，测定斜度变化，计算水平位移。活动式测斜仪按测头传感器不同可细划分为滑动电阻式、电阻应变片式、钢弦式及伺服加速度计式四种。滑动电阻式测斜仪的特点是测头坚固可靠，缺点是测量精度不高，其性能受电位计分辨力的影响和限制。电阻应变片式测斜仪的优点是产品价格便宜，缺点是量程有限，耐用时间不长；钢弦式的特点是受湿度、温度和外界环境的干扰影响较小；伺服加速度计式测斜仪具有精度高、量程大和可靠性好等优点。

测斜仪由以下四大部分组成，如图3.5所示。

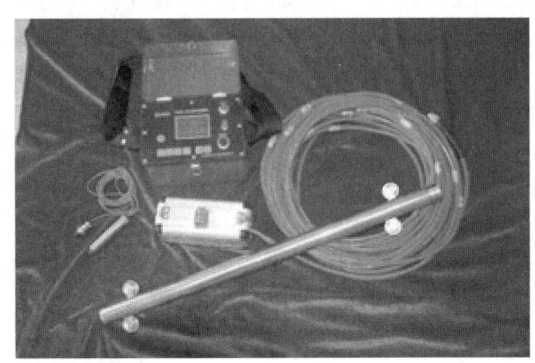

图 3.5 测斜仪

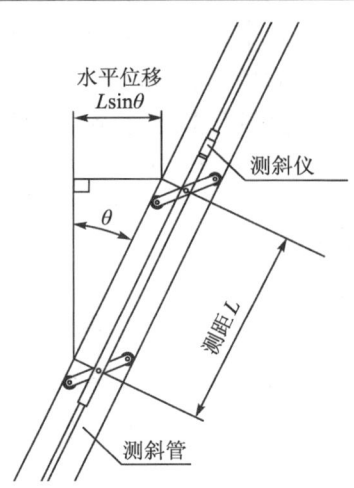

图 3.6 测斜传感器的测头

(1) 装有重力式测斜传感器的测头。

(2) 测读仪。测读仪是二次仪表，需要与测头配套使用，其测量范围、精度和灵敏度可根据工程需要而定。

(3) 电缆。连接测头和测读仪的电缆主要有以下作用，即向测头供给电源，给测读仪传递监测信号，测量测头所在测点处距孔口的距离，作为下放和提升测头的绳索。

(4) 测斜管。测斜管一般由塑料管或铝合金管制成。常用直径为 50～75mm，长度每节 2～4m。管口接头有固定式和伸缩式两种，测斜管内有两对相互垂直的纵向导槽，如图 3.6 所示。测量时，测头导轮在其中一对导槽内可上下自由滑动。

3.1.6 分层沉降仪

分层沉降仪(layered settlement instrument)是通过电感探测装置，根据电磁频率的变化来观测埋设在土体不同深度内的钢环即磁环的确切位置，再由其所在位置深度的变化计算出地层不同高程处的沉降变化，其外观如图 3.7 所示。

图 3.7 分层沉降仪

分层沉降仪可用来监测由开挖、打桩等地下工程引起的周围深层土体的垂直位移，如沉降或隆起。土体分层沉降仪由两大部分组成。

(1) 地表接收仪器即钢尺沉降仪，包括测头、测量电缆、接收系统和绕线盘。

(2) 地下埋入的部分，包括分层沉降管、接头、封盖及沉降磁环，分层沉降管通常由波纹状软塑料管或 PVC 硬管制成。

3.1.7 多点位移计

多点位移计(multipoint displacement meter)主要用于地下工程围岩表面和围岩内部位移观测、地表和地中沉降观测以及结构物的位移观测。多点位移计有单点锚杆式位移计、机械式多点钻孔位移计、杆式多点位移计等。其工作原理是当被测结构物发生变形时将会通过多点位移计的锚头带动测杆，测杆拉动位移计产生位移变形，变形传递给振弦式位移计转变成振弦应力的变化，从而改变振弦的振动频率。电磁线圈激振振弦并测量其振动频率，频率信号经电缆传输至读数装置，即可计算出被测结构物的变形量；并可同步测量埋设点的温度值，如图3.8所示。

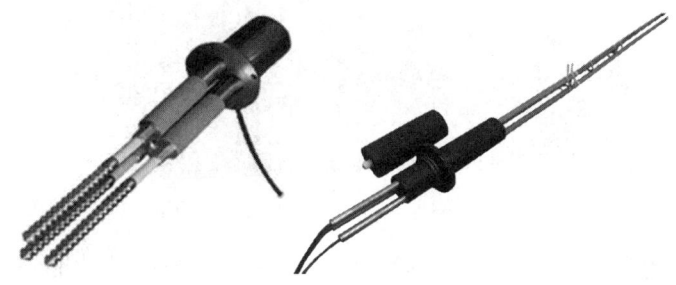

图 3.8 振弦时多点位移计

3.1.8 水位计

水位计(nilometer)是观测地下水位变化的仪器。它可用来监测由降水、开挖以及其他地下工程施工作业所引起的地下水位的变化。水位计是由地表接收仪器即钢尺水位计和地下埋入部分即水位管组成，如图3.9所示。

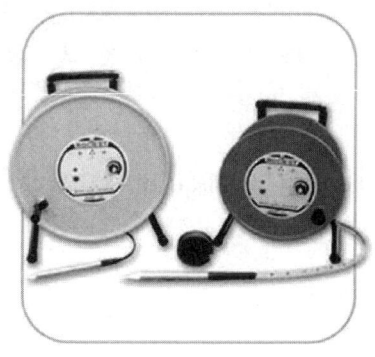

图 3.9 水位计

(1)测头部分。其外壳由有色金属车制而成，内部安装了水阻接触点，当触点接触水面时接收系统发出信号。

(2)水位管。由PVC工程塑料制成，包括主管和连接管及封盖。主管内径45mm，外径53mm。主管上打有四排$\Phi 7mm$的孔，连接管内径53mm，外径63mm。连接管套于两节主管的接头处，起着连接、固定作用，埋设时应在主管外包上土工布，起到滤层的作用。其余钢尺电缆、接收系统、绕线架等部分的结构同分层沉降仪。

3.1.9 电阻应变仪

电阻应变仪(strain indicator)是用来测读电阻应变片应变值的二次仪表。在工程监测中，它有着广泛的用途，配用相应的监测传感器可以通过测读到应变值，计算出应力、应变、温度等多种非电量的变化。应变仪一般配有多路平衡箱，平衡箱还可多只连接使用，以便多点测量时的测点切换，电阻应变仪如图3.10所示。

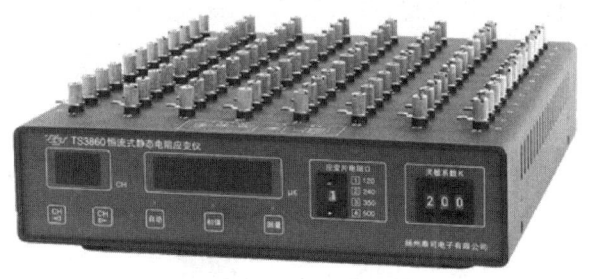

图3.10 电阻应变仪

近年发展起来的智能应变仪除了包括一般静态应变仪所有的功能，还集应变测量和应力分析于一体，并具有条件测量、定时测量、连续测量等功能，具有与微机联机的标准接口，可根据特殊的使用要求进行功能扩展。智能应变仪在应力、应变分析方面，特别是多点测量、数据处理方面具有很大的优势。

3.1.10 钢弦式频率接收仪

钢弦频率接收仪(cymometer)是用来测读钢弦式传感器中钢弦振动频率值的二次仪表。用测定钢弦式传感器中钢弦振动周期的方法提高测量精度，实现晶体数字化。该仪器采用了可控硅元接触点开关激发器，具有防外界干扰的特点。近期更是采用单片计算机技术，数字的测量精度达±0.008Hz，仪器可选择手动单次测量和连续测量。采用连续测量时，一次可自动巡测16个测点，仪器的记忆存储功能可使320个点(16×20组)的测量数据掉电保存50年不消失。采用专用电缆微机通信，由软件进行数据分析处理。振弦式频率仪如图3.11所示。

3.1.11 爆破振动监测仪

爆破振动监测仪(vibration monitor)主要用于监测爆破引起的对周围环境和建筑物的振动影响，其包括振动速度、位移和加速度等参数的监测。一般常用爆破振动速度来衡量。其一般有数字记录和磁带记录两种，常用数字记录仪，如图3.12所示。

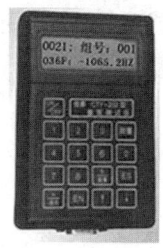 

图 3.11 CTY-202 型振弦频率仪　　　　　图 3.12 爆破振动监测仪

3.2 监测传感器

监测传感器是地下工程施工前或施工过程中直接埋设在地层及结构物中,用以监测其在施工阶段受力和变形的传感器。按照它们的工作原理可分成差动电阻式(或称卡尔逊式)、钢弦式、电阻应变式、电感式等多种。目前地下工程中使用较多的是钢弦式和电阻应变片式传感器。

地下工程施工过程的应力、应变观测包括:混凝土应力观测、土压力观测、孔隙水压力观测、钢筋应力观测、岩土体应力或地应力及岩土工程的荷载或集中力的观测等。混凝土应力分布是通过观测应变计的应变而采用计算方法得到的。为了校核应变计的计算成果,有时通过埋设应力计来测量基础的垂直应力与之比较,当然这种应力计只能测量压应力。

土压力的观测对研究土体内各点应力状态的变化是非常重要的。观测的仪器有边界式土压力计和埋入式土压力计两类。土压力计测得的土压力均为总压力,如果要求得到土体有效应力,在埋设土压力计的同时还应该埋设孔隙水压力计。孔隙水压力计又叫渗压计,可以了解土体孔隙水压力及其压力分布和消散的过程。

3.2.1 钢筋计

钢筋计又称钢筋应力计(stress gauge),用于测量钢筋混凝土内的钢筋应力。国内常用的有钢弦式和差动电阻式两类。钢筋计与受力主筋一般通过连杆电焊的方式连接,容易产生电焊高温,会对传感器产生不利影响以及带来偏心问题。所以,在实际操作时应保证钢筋计两端的连杆有足够长度的焊接段。有条件时应先将连杆与受力钢筋碰焊对接,再旋上应力计。为了方便现场的施工,还可以采用定位杆,连接螺母装置,首先将连接螺母与受力钢筋碰焊对接,然后旋入定位计,并将该钢筋按其位置绑扎在钢筋笼上。最后在下钢筋笼或浇筑混凝土前,用钢筋计换下定位杆,可以有效地保证钢筋计的安装质量。

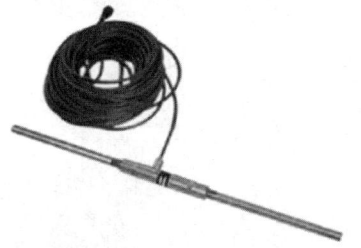

图 3.13 钢弦式钢筋应力计

根据其内部结构不同，钢筋计主要有钢弦式、差动电阻式和电阻应变片式三类。接收仪表分别为频率仪和电阻应变仪。常用的钢筋计有钢弦式、差动电阻式。钢弦式钢筋应力计外观如图 3.13 所示。

3.2.2　土压力计

土压力监测是土力学理论与实验研究的一个重要方面，是地下工程监测的重要内容。土压力计又称土压力盒(pressure cell)，按埋入方式分为埋入式和边界式两种。土压力计可适用于长期测量土石坝、土堤、边坡、路基、围岩内部和支护与围岩接触部位等的土体压应力。当被测结构物内土应力发生变化时，土压力计感应板同步感受应力的变化，感应板将会产生变形，变形传递给振弦转变成振弦应力的变化，从而改变振弦的振动频率。电磁线圈激振振弦并测量其振动频率，频率信号经电缆传输至读数装置，即可测出被测结构物的压应力值，同时可同步测出埋设点的温度值。

土压力盒是置于土体与结构界面上或埋设在自由土体中，用于测量土体对结构的土压力及地层中土压力变化的测量传感器。常用压力盒如图 3.14 所示。

图 3.14　土压力计

根据其内部结构的不同，土压力盒有钢弦式、差动电阻式、电阻应变式等多种。土压力盒又可分为单膜和双膜两类。单膜式土压力盒受接触介质的影响较大，而使用前的标定要与实际土体一致，往往不宜做到，因而测试误差较大，一般仅用于测量界面土压力。目前采用较多的是双膜式土压力盒，其对各种介质具有较强的适应性，因此多用于测量土体内部的土压力。

3.2.3　孔隙水压力计

孔隙水压力计又称渗压计(pore pressure cell)，是用于测量由于打桩、基坑开挖、地下工程开挖等作业扰动土体而引起的孔隙水压变化的测量传感器，如图 3.15 所示。

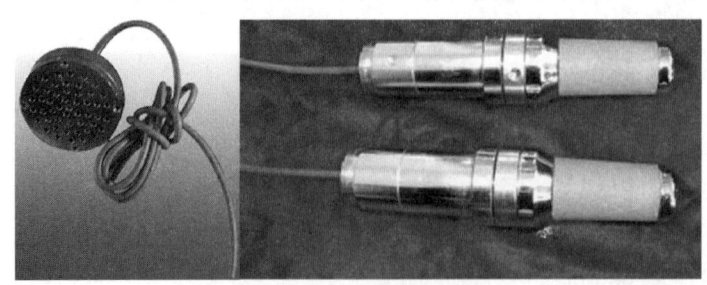

图 3.15　孔隙水压力计

孔隙水压力计由金属壳体和透水石组成，孔隙水渗入透水石并作用于传感器上。根据其工作原理，一般分为竖管式、水管式、气压式和电测式四类，其中电测式根据传感器的不同又可分为差动电阻式、钢弦式、电阻应变式和压阻式。目前，国内一般常采用差动电阻式、钢弦式两类。

3.2.4 轴力计

在地下工程中，轴力计（ergometer）主要用于测量钢支撑的轴力、基础对上部结构的反力及静压桩试验时的加载控制。轴力计的外壳是一个经过热处理的高强度钢筒，如图3.16 所示。

在筒的周边设有 3~6 个应变计，用来测读作用在钢筒上的荷载。这种轴力计可精确测出偏心荷载。如果把各应变计的读数相加后取平均值，即可得到轴力值。轴力计一般采用 6 芯即三个传感器的屏蔽电缆。根据测量原理不同，轴力计可分为钢弦式和电阻应变式，与其配套使用频率计和电阻应变仪进行测读。

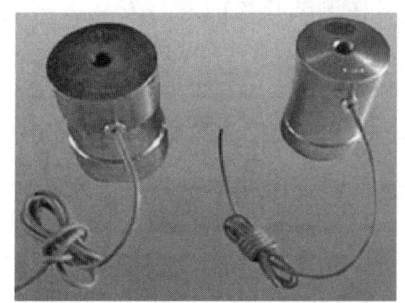

图 3.16 轴力计

图 3.17 混凝土应力计

3.2.5 混凝土应力计

混凝土应力计（stress gage）埋设在混凝土结构物内，直接测量混凝土内部压应力，并可同时兼顾测量埋设点的温度，如图 3.17 所示。

混凝土应力计由感应板组件和差动电阻式传感部件组成。感应板组件和面板焊接而成，两板之间有 0.3mm 的空腔，其中灌满传压的特种溶液。传感器部件与差动电阻式应变计的内部结构相同。压应力计形状扁平，受压板直径 185mm，仪器厚度 12mm，直径与厚度比为 15∶1，这种形状的压应力计感受非应力应变的影响较小。其外壳刚度大，又套有橡胶套，使传感器部件中的钢丝电阻值只随感应板的变形而变化，确保其压应力能准确地变换为电阻的变化量而不受干扰。应力计安装时，应特别注意应力计的受压面板与混凝土完全接触，用应力计测量水平应力时，其受压面板垂直放置，用支架固定在测定位置，再把 8cm 以上的粗骨剔除后将混凝土振捣密实；测量垂直或倾斜方向应力时应在混凝土硬化后埋设。目前，国内一般常采用差动电阻式和钢弦式两类。

3.2.6 应变计

应变计(strain gage)是用于监测结构承受荷载、温度变化而产生变形的监测传感器。与应力计所不同的是，应变计中传感器的刚度要远远小于监测对象的刚度。与传统的电阻应变计相比，钢弦式应变计的突出优点是其输出的是频率信号，电缆最大长度可达1.5km，可以长距离传输而不会受电缆电阻、接触电阻或电缆受潮引起的衰变影响，而且其精度、灵敏度高、长期稳定性好。根据应变计的布置方式，可分为表面应变计和埋入式应变计。

(1)表面应变计。

表面应变计主要用于钢结构表面，也可用于混凝土结构表面的应变测量。其外观形状如图3.18(a)所示。表面应变计由两块安装钢块、微振线圈和电缆组件及应变杆组成，其微振线圈可以从应变杆卸下，这样就使得传感器的安装、维护更为方便，并且可以调节测量范围即标距。安装时使用一个定位托架，用电弧焊将两端的安装钢块焊接在待测结构的表面即可。表面应变计的特点在于安装快捷，可在测试开始前进行安装，避免前期施工造成的损坏，传感器成活率高。

(2)埋入式应变计。

埋入式应变计可在混凝土结构浇筑时直接埋入混凝土内部，用于地下工程的长期应变测量，如图3.18(b)所示。埋入式应变计的两端有两个不锈钢圆盘，圆盘之间用柔性的铝合金波纹管连接，中间放置一根张拉好的钢弦，将应变计埋入混凝土内，混凝土的变形即应变使两端圆盘相对移动，这样就改变了其张力，用电磁线圈激振钢弦，通过监测钢弦的频率即可求得混凝土的变形。埋入式应变计因完全埋入混凝土内部，不受外界施工的影响，稳定性、耐久性好，使用寿命长。

(a)混凝土表面应变计　　　　　　　(b)埋入式应变计

图3.18　应变计

3.2.7 锚杆测力计

锚杆测力计(bolt dynamometer)是用于测量地下工程中的荷载或集中力的传感器，称为测力计，如图3.19所示。在地下工程中为了观测锚杆加固效果和荷载的形成与变化，采用锚杆测力器进行测量。根据锚杆测力计采用传感器的不同可分为差动电阻式、钢弦式和电阻应变片式测力计。

3.2.8 爆破振动速度传感器

爆破振动监测一般采用电磁式振动速度传感器。电磁式振动速度传感器是一种惯性式传感器。当传感器随同被测振动物体一起振动时,其线圈与永久磁钢之间发生相对运动,从而在线圈中产生与振动速度成正比的电压信号,因此可以测定振动速度。电磁式振动速度传感器采用特殊的高强磁钢材料和独特的结构设计,如图 3.20 所示。其具有体积小、结实可靠、寿命长、不需要电源和润滑油、自带强力磁座,具有互换性等优点,与一般二次仪表均可配套使用。适用于机械设备振动、爆破工程的振动监测等。

图 3.19 锚杆测力计

图 3.20 爆破振动速度传感器

第4章 地下工程监测项目及其控制基准

4.1 地下工程主要监测项目

为分析地下工程的结构稳定性及施工对周边环境的影响，地下工程主要监测的项目可以分成三类：

①对支护结构的变形、应力和应变监测；
②对支护结构与周围地层即围岩与结构相互作用的监测；
③对受地下结构施工影响的周边环境的安全监测。

确定监测内容的原则应该是简单易行、结果可靠、成本低、便于实施。此外，所选择的被测物理量要概念明确、量值显著、数据易于分析、易于实现反馈。下面根据不同的施工方法分别论述相应的监测内容。

4.1.1 钻爆法的主要监测项目

监测项目应根据具体工程的特点来确定，主要取决于隧道与地下工程的规模、重要性；地下工程的形状、工程结构和支护特点；地应力大小和方向；工程地质条件；施工方法；在尽量减少施工干扰的情况下，要能监控整个工程的主要部位。位移监测是最直接易行的，因而应作为监测的重要项目。对于浅埋地下工程，地表沉降和支护结构的受力状况监测是极其重要的。我国《铁路隧道监控量测技术规程》（TB10212-2007）、《公路隧道施工技术规范》（JTG F60-2009）以及《地下铁道工程施工与验收规范》（GB50299-1999）中将监测项目分为应测项目和选测项目。以地铁为例，其监测项目如表4.1所示。其中必测项目是必须进行监测的项目，而选测项目是根据实际情况选用的监测项目。钻爆法的监测项目与浅埋暗挖法基本相同，可根据实际加以选取。

对于地下工程，如城市地铁、过街通道、地下停车场等，地表沉降是判断周围地层稳定性的一个重要标志。地表沉降监测方法简便，监测结果能反映地下工程施工过程中围岩变形的全过程，因此可以把地表沉降作为一个主要的监测项目，监测的重要性随埋深变浅而加大，如表4.2所示。对于深埋岩石地下工程，水平方向位移的监测往往比较重要，可以采用收敛计进行，也可以在边墙设置水平方向的位移计监测。

表 4.1 浅埋暗挖法主要的监测项目

类别	监测项目	监测仪器	测点布置	监测目的	监测频率
应测项目	围岩与支护结构工作状况	地质素描及支护结构工作状况观察	每一开挖循环	了解施工过程中实际地质和支护结构变形状况，为变更支护参数提供依据	①开挖面距监测断面前后<2D时，1~2次/d ②开挖面距监测断面前后<5D时，1次/d ③开挖面距监测断面前后>5D时，1次/周
应测项目	地表、地表建筑、地下管线及结构物沉降	水准仪和水准尺	每10~50m一个断面	了解施工过程中地表、地下管线、建筑物沉降与倾斜情况，评估周边环境是否安全	
应测项目	拱顶下沉	水准仪和水准尺	每5~30m一个断面，每断面1~3对测点	了解施工过程中初期支护结构变形状况	
应测项目	周边净空收敛	收敛计	每5~100m一个断面，每断面2~3测点	了解施工过程中初期支护结构变形状况	
应测项目	岩体爆破地表质点振动速度和噪声	声波仪及测振仪	质点振动速度根据结构要求设点，噪声根据规定的测距设置	了解爆破引起地表及建筑物的振动及噪声情况，为爆破设计提供参数	依据爆破作业随时进行
选测项目	围岩内部位移	多点位移计、测斜仪等	选择代表性地段设监测断面，每断面2~3个测孔	了解施工过程中地层不同深度的变形，研究施工引起的地层位移规律	①开挖面距监测断面前后<2D时，1~2次/d ②开挖面距监测断面前后<5D时，1次/2d ③开挖面距监测断面前后>5D时，1次/周
选测项目	围岩与支护结构之间的压力	压力传感器	选择代表性地段设监测断面，每断面10~20个测点	了解施工过程中初期支护结或二次衬砌的荷载分布状况	
选测项目	钢筋格栅与钢拱架内力	钢筋计或其他测力计	选择代表性地段设监测断面，每断面10~20个测点	了解施工过程中初期支护结构的内力分布状况	
选测项目	初期支护、二次衬砌内力及表面应力	混凝土应变计或应力计	选代表性地段设监测断面，每断面10~20个测点	了解施工过程中初期支护结构的内力分布状况	
选测项目	锚杆内力、抗拔力及表面应力	锚杆测力计及拉拔器	必要时进行	检查和检验锚杆的安装质量和了解抗拉拔强度是否符合设计要求，要进行锚杆拉拔测试。用于测试锚杆的锚固强度是否达到设计和规范的要求	

注：D为隧道的直径，m

表 4.2 地表沉降监测与结构埋深的关系

结构埋深	重要性	监测与否
$3D<h$	小	非必要
$2D<h<3D$	一般	必要
$D<h<2D$	重要	必须开展
$H<D$	非常重要	必须列为主要检测项目

注：D为地下工程直径；h为结构埋深

4.1.2 盾构法的主要监测项目

对于采用盾构法修建的地下工程,其监测的对象主要是地层、支护结构和周围环境,监测项目主要是地表和深层土体的沉降和水平位移、地下水压力和水位、建筑物沉降与倾斜、地下管线沉降、支护结构内力、变形等。对于具体工程,应根据地层和地表环境条件选择监测项目,对地层和支护结构及周围环境进行动态监测。盾构法施工的地下工程主要监测项目如表 4.3 所示。

表 4.3 盾构法施工的主要监测项目

类别	监测项目	监测仪器	测点布置	监测目的	监测频率
必测项目	地表隆沉	水准仪和水准尺	每 30m 一个断面,必要时加密	监测盾构施工引起的地表沉降、确保施工安全	①开挖面距监测断面前后＜20m 时,1～2 次/d ②开挖面距监测断面前后＜50m 时,1 次/2d ③开挖面距监测断面前后＞50m 时,1 次/周
	隧道隆沉		每 5～10m 一个断面	监测盾构施工时隧道的位移状况,确保隧道线形符合设计要求	
选测项目	土体内部位移,即内部的垂直和水平位移	水准仪、测斜仪、分层沉降仪	选择代表地段设监测断面	监测盾构施工引起的地层垂直及水平变形,了解地层的变形特征,并反馈施工,调整盾构机的掘进参数,确保施工安全	
	衬砌环内力与变形	压力计和应变传感器	选择代表地段设监测断面	了解施工过程中结构的内力状况	
	土层压力	压力计和传感器	选择代表性地段设监测断面	了解施工过程衬砌结构的荷载分布状况	

4.1.3 明挖法的主要监测项目

基坑工程监测的内容分为两大部分:围护结构和支撑体系、周围地层和相邻环境。围护结构主要是围护桩墙和圈梁,支撑体系包括支撑或土层锚杆、锚索、土钉、围檩和立柱等部分。相邻环境包括相邻土层、地下管线、相邻建筑物等。对于具体工程,监测项目应根据其具体情况而确定,主要取决于工程的规模、重要程度、地质条件及周边环境等。

基坑工程监测方案的制订应充分满足如下要求:确保基坑工程的安全和质量,对基坑周围的环境进行有效的保护,并为优化设计提供技术依据。

上海市工程建设规范《地基基础设计规范》(DGJ07-1999)建议基坑工程监测项目可参照表 4.4 选择。表中分必测和选测两个类别。对工程施工具有一定的指导意义。其中,必测表示每个基坑工程的基本监测项目,选测则可视工程的重要程度和施工难度选用。对于具体基坑工程可以根据地质条件、结构型式、周围环境以及允许的经费投入等有目的、有侧重地选择其中的一部分。近年编制颁布的基坑工程设计施工规程一般都按照破坏后果和工程复杂程度将工程区分为若干等级，由工程所属的等级选择相应的监测内容。

表 4.4 基坑工程主要监测项目

序号	监测项目		监测目的	围护结构施工	基坑开挖		
					水泥土围护墙	板式支护体系	放坡开挖
1	围护墙(边坡)顶水平位移		了解支护结构的顶面最大水平位移量，必要时调整基坑开挖顺序和速度，确保基坑和周围环境的安全		△	△	△
2	围护墙(边坡)顶沉降		了解支护结构的最大沉降量，必要时调整基坑开挖顺序和速度，确保基坑和周围环境的安全		△	△	△
3	立柱沉降					△	
4	围护墙水平位移		了解支护结构的最大水平位移量，必要时调整基坑开挖顺序和速度，确保基坑和周围环境的安全		☆	△	
5	土体深层侧向位移				☆	☆	☆
6	支撑或锚杆、锚索轴力		了解支撑或锚杆、锚索轴力状况，判断支护结构的受力与安全状况			△	
7	基坑内外地下水		基坑、隧道开挖降水对周围地下水位下降的影响范围和程度		△	△	△
8	孔隙水压力		通过监测孔隙水压力变化，为开挖掘进提供依据		☆	☆	☆
9	围护墙体的土压力		监测挡土结构在各个工况下的变化状况，及时采取措施确保安全			☆	
10	坑底隆起(回弹)		优化施工方案，确保基坑支护结构和周围环境的安全			☆	
11	裂缝监测	邻近建筑物	了解施工过程中地表、地下管线、建筑物沉降与倾斜状况，评估周边环境是否安全	☆	☆	△	☆
12		邻近地表		☆	☆	☆	☆
13	邻近建筑物沉降			△	△	△	△
14	地下管线水平、竖向位移			△	△	△	△

注：△为必测项目，☆为选测项目

表 4.5 是国家行业标准《建筑基坑支护技术规程》(JGJ 120—2012)规定的基坑侧壁安全等级及重要性系数，以及据此等级确定的基坑监测项目表。

表 4.5 基坑工程等级划分及变形监控项目

安全等级	一级	二级	三级
破坏后果	很严重	一般	不严重
重要性系数	1.10	1.00	0.90

续表

安全等级 监测项目	一级	二级	三级
支护结构水平位移	O	O	O
周围建筑物、地下管线变形	O	O	※
地下水位	O	O	※
桩、墙内力	O	※	▲
锚杆拉力	O	※	▲
支撑轴力	O	※	▲
立柱变形	O	※	▲
土体分层竖向位移	O	※	▲
支护结构界面上的侧向压力	※	▲	▲

注：①破坏后果是指支护结构破坏、土体失稳或过大变形对基坑周边环境和地下结构施工影响程度

②有特殊要求的建筑基坑侧壁安全等级可根据具体情况另行确定

③O 为应测；※为宜测；▲为可测

4.2 监测控制基准的确定

地下工程的施工必然扰动周围岩土体，使其失去原有的平衡状态而发生新的应力状态转化。在这个过程中地下岩土体及地表势必发生不同程度的位移或变形。不同的建（构）筑物具有不同的结构强度和安全度，具有不同程度的抵抗地层位移或变形的能力。各种不同类型的建（构）筑物，因其基础及结构不同而抵抗地层变形的能力有差异。因此，根据工程和周边环境的具体条件制定建（构）筑物的沉降控制基准与保护等级也是信息化施工的内容之一。目前我国主要采用建筑物沉降值作为控制标准，但实践证明一般建（构）筑物对地表均匀沉降并不敏感，应该根据被保护对象的保护等级和要求，确定各种变形（如垂直沉降、水平位移、建筑物倾斜、地表沉降曲率等）的控制基准值。笼统地采用沉降值作为控制的唯一指标，往往会过于严格，施工困难，增加工程造价。

4.2.1 控制基准确定的基本原则

监测控制基准值是监测工作实施的前提，是为确保被监测对象安全而确定的允许的最大值。在监测过程中一旦监测数据超过控制基准值，监测部门应在报表中醒目地标注出，予以报警。控制基准一般参照以下原则确定。

（1）监测控制基准值应在监测工作实施前，由建设、设计、监理、施工、市政、监测等相关部门共同确定，列入监测方案。

（2）有关结构安全的监测控制基准值应满足设计计算中对强度和刚度的要求，一般应小于或等于设计值，并保证其安全和正常使用。

（3）有关周边环境保护的控制基准值，应考虑被保护对象如建筑物、地下工程、管线

(4) 监测控制基准值的确定应具有工程施工的可行性，在满足安全的前提下应考虑提高施工速度和减少施工费用。

(5) 监测控制基准值应满足现行的相关设计、施工规范和规程的要求。

(6) 对一些目前尚未明确规定控制基准值的监测项目，可参照国内外类似工程的监测资料确定。

在监测实施过程中，当某一监测值超过控制基准值时，除了及时报警，还应与有关部门共同研究分析，必要时可对控制基准值进行调整。

4.2.2 地表沉降控制基准的确定

地表沉降对城市环境造成的危害主要表现在地表建筑物倾斜过大、地中管线的变形过大、断裂而影响正常使用。通常在招标文件中给出的地表沉降控制基准值是出于环境要求考虑的，其根据是已有的建筑规范和以往的工程实例。但由于地表建筑及地下管线种类繁多，建筑结构各异，均采用同一控制基准值难免对某些地段过于保守，增加工程造价，而某些地段则会出现险情，甚至造成灾难性的后果。为了使确定的沉降控制基准值既能保证建筑物及地下管线的安全，又能降低工程造价，有必要对控制基准值做较深入的分析，制定合适的沉降控制基准值。通常地表沉降控制基准值应综合考虑地表建筑物、地下管线和地层以及结构稳定等因素，分别确定其允许地表沉降值，并取其中最小值作为控制基准值。

1) 根据环境保护要求确定最大允许地表沉降值

(1) 从考虑地表建筑物安全角度来确定最大允许地表沉降值。

地下工程施工时，在工程影响范围内经常遇到地表建筑物或地下管线。施工过程引起的地层变形往往导致这些设施的损坏，如不采取有效措施，有时可能产生灾难性的后果。由地下工程施工引起的地层差异沉降所引发的建筑物倾斜，则是判断建筑物是否安全的一个重要标准。根据实际经验总结的地层差异沉降和相应建筑物的反应见表4.6。

表4.6 地层差异沉降和相应建筑物的反应

建筑物结构类型	δ/L	建筑物的反应
一般砖墙承重结构，包括有内框架及建筑物长与高之比小于10，有圈梁，有基础	1/150	分隔墙和承重墙出现相当多的裂缝，可能发生结构破坏
一般钢筋混凝土框架结构	1/150，1/500	发生严重变形开始出现裂缝
高层刚性建筑（箱型基础、桩基）	1/250	可观察到建筑物倾斜
有桥式行车的单层排架结构的厂房，浅基础或桩基	1/300	桥式行车运转困难，若不调整轨面水平方向，行车难以运行，分隔墙有裂缝
有斜撑的框架结构	1/600	处于安全极限状态
对差异沉降反应敏感的机器基础	1/850	机器使用可能发生困难，处于可运行的极限状态

注：L 为建筑物长度，m；δ 为差异沉降，mm

处理这类问题通常有三种方法：①对建筑物或管线等设施进行加固处理，常采用改良地下工程受影响范围内的地层，以提高其抵抗不均匀下沉和倾斜的能力；②采取措施尽可能控制地下工程开挖引起的地层变形；③前两种方法同时采用。

当地下工程影响范围内的地表存在建筑物时，可根据建筑物在地表沉降影响范围内的位置分别确定允许的地表最大沉降值。具体确定方法如下。

当地表建筑物基础位于地下工程施工引起的沉降边缘处时，沉降影响范围如图 4.1 所示。

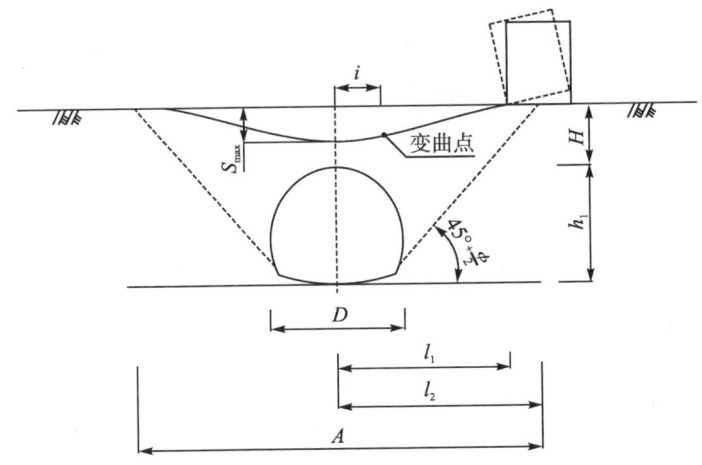

图 4.1 地下工程施工对地表建筑物的影响

假定隧道两侧的破裂面与地表的交点为地表沉降的不动点，则有

$$l_2 = \frac{A}{2} \tag{4.1}$$

$$A = D + 2(H + h_1)/\tan\left(45° + \frac{\varphi}{2}\right) \tag{4.2}$$

式中，H 为隧道上部的覆土厚度，m；h_1 为开挖的高度，m；D 为开挖的直径，m；A 为受影响的地表横向沉降槽宽度，m。

不均匀沉降可根据 Peck 公式进行计算：

$$\Delta u = S_{\max}\left\{\exp\left(-\frac{l_1^2}{2i^2}\right) - \exp\left(-\frac{A^2}{8i^2}\right)\right\} \tag{4.3}$$

如果令 $i = D/2$，则允许的地表最大沉降为

$$S_{\max} = \Delta u / \left\{\exp\left(-\frac{2l_1^2}{D^2}\right) - \exp\left(-\frac{A^2}{2D^2}\right)\right\} \tag{4.4}$$

根据图 4.1 可得，与 l_1 对应点的地表曲线的斜率最大，因而由 Peck 公式可得该点的斜率为

$$U' = \left(\frac{l_1}{i^2}\right) S_{\max} \exp\left(-\frac{l_1^2}{2i^2}\right) \tag{4.5}$$

如果令 U' 等于建筑物的容许倾斜率 $[\xi]$，则最大的地表允许沉降值为

$$[S_{\max}] = \frac{[\xi] i^2}{l_1 \exp\left(-\frac{l_1^2}{2i^2}\right)} \tag{4.6}$$

当建筑物基础位于沉降槽的中心部位时，存在两种状况。

①当建筑物的相邻桩基距离 L 小于或等于沉降曲线的拐点位置 i 时，极限坡度小于相

应建筑物的允许倾斜值,即

$$\frac{\Delta S}{L} \leqslant [f] \tag{4.7}$$

则地表的最大允许沉降值为

$$S_{\max} = \frac{i}{0.61}[f] \tag{4.8}$$

式中,$[f]$ 为建筑物允许倾斜。

②当建筑物相邻桩基 L 大于沉降槽的拐点位置 $2i$ 时,此时地表沉降对建筑物引起倾斜,同时基础发生弯曲,如图 4.2 所示。

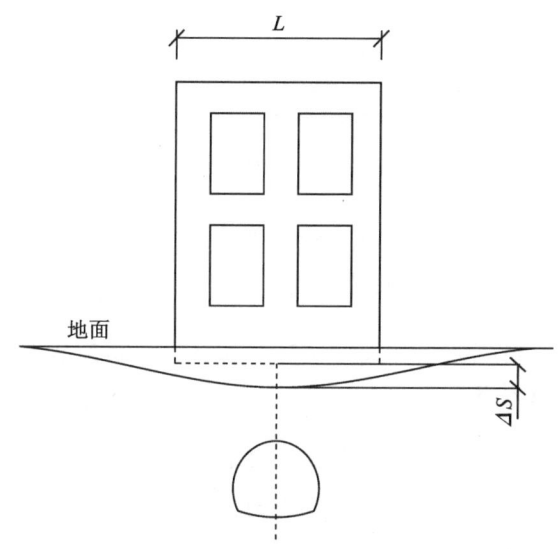

图 4.2 建筑物的倾斜($2i < L$)

以建筑物基础的极限应变计算得到地表允许最大差异沉降值为

$$[\Delta S] = \sqrt{([\varepsilon]i + i^2)^2 - i^2} \tag{4.9}$$

式中,$[\varepsilon]$ 为建筑物的极限拉应变。

(2)从考虑地下管线的安全角度确定最大允许地表沉降值。

地下管线一般是指供水管、排水管、煤气管、暖气管、工业管道和各类电缆等。过大的地表沉降会导致管线的断裂,影响其正常使用甚至引起灾难性事故。由于各种管线对沉降的敏感性和耐受力因其材质、连接方式、接口材料、变形的允许指标及施工质量、使用年限不同而有较大的差异。

沉降槽上方的管线变形类似于建筑物地基梁 $L > 2i$ 的情况。随着地层的沉降,其受力条件发生转化,这时可视为受垂直均布荷载的梁来考虑。

根据结构在正常使用时受到的应力应小于其允许的设计应力这一标准,可有

$$[\varepsilon] = [\sigma]/E \tag{4.10}$$

式中,$[\varepsilon]$ 为允许拉应变;$[\sigma]$ 为允许拉应力;E 为材料弹性模量。

可知,管线在地层沉降时产生的变形应小于或等于其允许应力的相应变形范围,即可按式(4.11)计算沉降允许值。

$$[S] = \sqrt{([\varepsilon]m + m^2) - m^2} \tag{4.11}$$

式中，m 为计算长度，m。

当管线走向垂直于地下工程纵向时，$m=i$，$[S]$ 值最小。此时，式(4.11)可简化为

$$[S] = \sqrt{([\varepsilon]i + i^2) - i^2} \tag{4.12}$$

2) 根据地层及支护结构稳定性来确定最大允许地表沉降值

从考虑地层及支护结构稳定性角度确定最大允许地表沉降值就是从保证施工安全的角度，以地下工程侧壁正上方土体不发生坍塌时允许产生的最大地表沉降值作为控制基准。这时采用"地层梁理论"，推导出剪应变的方法来确定最大允许地表沉降值。

地下工程施工经验及国内外的经验均表明：软弱地层浅埋地下工程典型的地表沉降曲线可用 Peck 公式描述。

$$S = S_{max}\exp\left(-\frac{x^2}{2i^2}\right) \tag{4.13}$$

对 Peck 公式求导可得沉降曲线的最大斜率，其发生在 $x=i$ 处，为

$$\eta = S_{max}\left(\frac{0.61}{i}\right) \tag{4.14}$$

如果假定地层的极限剪应变 Y_p 与 η 相等，则有

$$Y_p = \frac{[\tau]}{G} = \eta = S_{max}\left(\frac{0.61}{i}\right) \tag{4.15}$$

于是得到最大允许地表沉降计算式(4.16)。式(4.16)即为从地下工程施工本身的安全稳定性推出的最大允许地表沉降值。

$$[S_{max}] = \frac{i[\tau]}{0.61G} \tag{4.16}$$

式中，$[\tau]$ 为地层抗剪强度；G 为地层的剪切模量；S_{max} 为最大允许地表沉降；i 为曲线拐点到中心的距离，可通过回归求得。

从上面的分析可知，地表沉降控制基准值随工程条件，尤其是周边环境条件而变。目前多数招标文件中笼统地要求地表沉值小于某一数值是不适宜的。应针对具体工程，通过类比和计算相结合的方法获得相应的控制基准值。

4.2.3 支护结构(围岩)位移控制基准的确定

地下工程周边位移是围岩-支护体系中最直接、最明显的反应。因此普遍认为周边位移是地下工程支护结构稳定性最有效的判别基准，既可全面了解地下工程施工过程中的围岩和支护结构变形的状态，又具有易监测、可控制的特点，并较易于通过工程类比方法建立判别基准。基于以上认识，现行规范中的支护结构稳定性判据都以周边允许收敛值和允许收敛速度等作为评价施工和判断地下工程支护结构稳定性的主要依据。对于城市浅埋地下工程，还应综合考虑保护周边环境，如周围建(构)筑物及地下管线的安全等，确定适宜的位移控制基准。城市地下工程多处于软弱地层，而且埋深较浅。因此确定支护结构和围岩允许位移基准值必须考虑周边环境和周围建(构)筑物及地下管线的安全。

1) 根据地表沉降控制要求确定

日本根据施工经验和对已建工程的监测资料分析，对位移基准值确定建议如下。

(1) 在硬岩中，最适宜的位移基准值可确定为数毫米，若围岩节理裂隙发育时，最适

宜的位移基准值可确定为十余毫米至数十毫米。但在施工中应密切注意,当开挖工作面前进到超过监测断面1~2倍洞径时,位移速率应有明显的收敛趋势。

(2)在没有大塑性流动的软岩中,最适宜的位移基准值可确定为数毫米至十余毫米。但施工中,当开挖工作面前进到超过监测断面1~2倍洞径时,位移速率应有明显的收敛趋势。

(3)在有大塑性流动的地层或膨胀性地层中修建地下工程时,位移基准值可确定为数十毫米至数十厘米。当开挖工作面前进到超过监测断面3~4倍洞径时,位移速率应有明显的收敛趋势。

(4)在土质地层或硬岩中的断层破碎带地层中,位移基准值可确定为数毫米至数十毫米。但在施工期间,在构筑仰拱使断面闭合后的数天之内位移速率应有明显的收敛趋势。

在上述各种情况下,如果位移速率没有明显的收敛趋势,则说明可能会产生超过位移基准值的位移,甚至造成崩塌事故。

我国铁路隧道采用允许相对位移值的方法。隧道周边任意点的实测相对位移值或用回归分析推算的最终位移值均应小于《锚杆喷射混凝土支护技术规范》(GB50086-2001)规定值,即表4.7所列的数值。

表4.7 洞周允许相对收敛值 (单位:%)

覆土厚度/m 围岩级别	<50	50~300	>300
Ⅱ级	0.1~0.3	0.2~0.5	0.4~1.2
Ⅲ级	0.15~0.5	0.4~1.2	0.8~2.0
Ⅳ级	0.2~0.8	0.6~1.6	1.0~3.0

注:①相对位移值是指实测位移值与两测点距离之比,或拱顶位移值与隧道宽度之比
②脆性围岩取小值,塑性围岩取大值

当位移速率无明显下降,而此时实测相对位移值已接近表4.7规定的数值,或者支护混凝土表面已出现明显裂缝时,必须采取补强措施,并改变施工方法或设计参数。

根据工程类比法,一般收敛监测的基准值确定为:收敛变形速度为3~4mm/d,最大变形值为20~50mm。法国工业部制定的隧道位移基准值如表4.8所示,适用于隧道断面50~100m²,可作为初选位移基准值的参考,更重要的是要结合工程实测加以确定。

表4.8 法国不同埋深的拱顶和地表容许下沉值

隧道埋深/m	洞内拱顶容许下沉/mm		地表容许下沉/mm	
	硬岩	软岩	硬岩	软岩
10~50	10~20	20~50	20~50	10~20
50~100	20~60	100~200	150~300	20~60
100~500	50~100		200~400	50~100
500~750	40~200	200~400	300~600	40~120

日本"NATM设计施工指南"提出按测得的总位移量值或根据已测值预计最终位移值,给出围岩的级别,然后确定与围岩相应的支护系统。表4.9给出了隧道施工中各级围岩允许的收敛值。

表 4.9　日本"NATM 设计施工指南"不同类别围岩隧道允许位移值

围岩级别	净空变化值/mm	
	单线	双线
Ⅵ级～Ⅴ级	>75	>150
Ⅴ级～Ⅳ级	25～75	50～150
Ⅳ级～Ⅱ级	<25	<50

日本新宇佐美隧道对软弱膨胀性岩体位移基准值的规定如表 4.10 所示。

表 4.10　日本新宇佐美隧道位移基准值

地层条件	覆盖层厚度/m	位移基准值/cm	开挖半径/m
变质安山岩等	0～100	5	3.45
	100～200	5	3.50
	>200	10	3.60
温泉余土	0～100	10	3.50
	100～200	15	3.60
	>200	20	3.70

国外工程师根据现场监测位移值的大小确定了危险控制标准，如表 4.11 所示。

表 4.11　弗朗克林控制标准

等级	标准	措施
三级控制	任一点的位移>10mm	报告管理人员
二级控制	两个相邻测点的位移均>15mm，或任一测点的位移速率>15mm/月	口头汇报，召开会议，提出书面报告和建议
一级控制	位移>15mm，并且多处测点的位移均在加速	召开现场会议研究应急措施

苏联学者通过对大量监测数据的整理，得出了用于计算隧道周边允许最大位移值的经验公式。

隧道拱顶允许最大位移值 δ_1 为

$$\delta_1 = 12\frac{b_0}{f^{1.5}} \tag{4.17}$$

边墙允许的最大位移值 δ_2 为

$$\delta_2 = 4.5\frac{H^{1.5}}{f^2} \tag{4.18}$$

式中，f 为普氏系数；b_0 为隧道跨度，m；H 为边墙自拱脚至底板的高度，m。

允许位移速率目前尚无明确的统一规定，一般多以现场的具体情况，根据经验确定。美国对某些工程的允许位移速率做了如下规定：第一天的位移值不能超过位移基准值的 1/5～1/4；第一周内平均每天的位移值应小于位移基准值的 1/20。

我国的南岭隧道、大瑶山隧道、下坑隧道、金川矿区运输平巷、张家港矿主要运输巷道的稳定位移速率为 0.1mm/d。此外，一般规定在工作面通过监测断面前后一天内允许出现位移加速，其他时间内都应减速，达到一定程度后，才能修建二次衬砌结构。我国《公路隧道施工技术规范》(JTG F60-2009)中规定，当隧道周边位移速率低于 0.1~0.2mm/d，或拱顶下沉速率低于 0.07~0.15mm/d 时方可施作二次衬砌。

我国北京、广州等地根据地区经验，提出地铁工程施工相应的监测控制基准，见表 4.12~表 4.14。

表 4.12 北京地铁浅埋暗挖法施工监测控制基准值

监测项目		基准值/mm	位移平均和最大速度控制值/(mm/d)
地表沉降	区间	30	平均为 2 最大为 5
	车站	60	
隧底隆起	区间	10	
	车站	10	
拱顶下沉	区间	60	平均为 2 最大为 5
	车站	120	
水平收敛	区间	20	平均为 1 最大为 3
	车站	20	

表 4.13 北京地铁盾构法施工监测控制基准值

监测项目	基准值/mm	位移平均和最大速度控制值/(mm/d)
地表沉降	20	平均为 1 最大为 3
拱顶下沉	20	平均为 1 最大为 3

表 4.14 广州地铁施工监测控制基准

监测项目	控制范围	控制基准
地表沉降	Ⅴ、Ⅵ级围岩	30mm
	Ⅳ、Ⅲ级围岩	19mm
拱顶下沉	Ⅵ级围岩	50mm
	Ⅴ级围岩	30mm
	Ⅳ、Ⅲ级围岩	19mm
变形速度	Ⅵ、Ⅴ级围岩	5mm/d
	Ⅳ、Ⅲ	3mm/d
建筑物倾斜	全线	3‰

2)利用现场监测结果和工程经验对预先确定的位移值进行修正

在预先确定位移允许值的条件下，应根据具体工程的现场监测结果和工程经验，分析围岩及支护结构的稳定状态及周边环境的安全状况。对预先确定的位移允许值进行修正，以确保最终确定的位移基准值是安全、经济、合理的。

4.2.4 明挖基坑工程变形控制基准的确定

基坑工程监测的变形控制基准值就是设定一个变形值，在其容许的范围之内认为工程是安全的，并对周围环境不产生有害影响，否则认为工程施工将对周围环境产生有害影响。因此，建立合理的基坑工程监测的变形控制基准值是十分重要的，变形控制基准值的确定应遵循下列原则。

(1) 满足现行的相关规范、规程要求，大多是位移或变形控制值。
(2) 对于围护结构和支撑内力、锚杆拉力等，不能超出设计允许值。
(3) 满足工程管理部门的相关要求。
(4) 在满足工程结构和周边环境安全的前提下，综合考虑工程规模、工程地质和水文地质条件、施工方案、工程质量、施工进度和工程造价等因素。

变形控制基准值的确定主要参照现行的相关规范和规程、经验类比法以及结合工程特性的设计计算值。随着基坑工程经验的积累，各地区的工程管理部门陆续以地区规范、规程等形式对基坑工程变形控制基准值做了规定。其中，大多以最大允许位移或变形值为控制对象。上海市和深圳市基坑设计规程规定将基坑工程按破坏后果和工程复杂程度区分为三个等级，各级基坑变形的设计和控制值见表 4.15。

表 4.15 基坑工程等级划分及变形控制基准值

项目			一级		二级		三级
			很严重		严重		不严重
基坑深度/m			>14		9~14		<9
地下水埋深/m			<2		2~5		>5
软土层厚度/m			>5		2~5		<2
基坑边缘与邻近建筑浅基础或重要地下管线的边缘净距/m			<0.5H		(0.5~1.0)H		>1.0H
			监控值	设计值	监控值	设计值	
上海市	墙顶位移/mm		30	50	60	100	宜按照二级基坑的标准进行控制，当环境条件允许时可适当放宽
	墙体最大位移/mm		60	80	90	120	
	地表最大沉降/mm		30	50	60	100	
	最大差异沉降/mm		6/1000		12/1000		
深圳市	墙体最大水平位移/mm	排桩、地下连续墙、土钉墙	0.0025H		0.0050H		0.0100H
		钢板桩、深层搅拌桩	—		0.0100H		0.0200H

注：H 基坑开挖的深度

确定变形控制基准时还应考虑变形的时空效应、变形的变化速率等。

通常一级基坑工程宜控制在 2mm/d 之内，二级基坑工程宜控制在 3mm/d 之内。当变化速率突然增加或连续保持高速率时应及时分析原因,并采取相应对策。

深圳市建设局还对深圳地区建筑深基坑的地下连续墙制定了稳定判别标准,见表 4.16。表 4.16 给出的判别标准有两个特点:①各物理量的控制值均为相对量,如水平位移与开挖深度的几何比值等,采用无量纲数值;②给出了安全、注意、危险三种指标,利于现场施工工程技术人员操作。

表 4.16 深圳地区建筑深基坑地下连续墙安全与稳定判别标准

监测项目	安全或危险的判断内容	安全性判别			
		判断标准	危险	注意	安全
侧压力(水土压力)	设计所采用的侧压力	$F_1 = \dfrac{\text{设计水土压力}}{\text{实测水土压力}}$	$F_1 \leqslant 0.6$	$0.8 \leqslant F_1 \leqslant 1.2$	$F_1 > 1.2$
墙体变形	墙体变形与开挖深度之比	$F_2 = \dfrac{\text{实测变位}}{\text{开挖深度}}$	$F_2 > 1.2\%$ $F_2 > 0.7\%$	$0.4\% \leqslant F_2 \leqslant 1.2\%$ $0.2\% \leqslant F_2 \leqslant 0.7\%$	$F_2 < 0.4\%$ $F_2 < 0.2\%$
墙体应力	钢筋拉应力	$F_3 = \dfrac{\text{钢筋抗拉强度}}{\text{实测拉应力}}$	$F_3 \leqslant 0.8$	$0.8 \leqslant F_3 \leqslant 1.0$	$F_3 > 1.0$
	墙体弯矩	$F_4 = \dfrac{\text{墙体容许弯矩}}{\text{实测弯矩}}$	$F_4 \leqslant 0.8$	$0.8 \leqslant F_4 \leqslant 1.0$	$F_4 > 1.0$
支撑轴力	允许轴力	$F_5 = \dfrac{\text{容许轴力}}{\text{实测轴轴}}$	$F_5 > 1.0$	$0.4\% \leqslant F_5$	$F_5 < 0.4\%$
基底隆起	隆起量与开挖深度之比	$F_6 = \dfrac{\text{实测隆起值}}{\text{开挖深度}}$	$F_6 > 1.0\%$ $F_6 > 0.5\%$ $F_6 > 0.2\%$	$0.4\% \leqslant F_6 \leqslant 1.0\%$ $0.2\% \leqslant F_6 \leqslant 0.5\%$ $0.04\% \leqslant F_6 \leqslant 0.2\%$	$F_6 < 0.4\%$ $F_6 < 0.2\%$ $F_6 < 0.04\%$
沉降值	沉降值与开挖深度之比	$F_7 = \dfrac{\text{实测沉降值}}{\text{开挖深度}}$	$F_7 > 1.2\%$ $F_7 > 0.7\%$ $F_7 > 0.2\%$	$0.4\% \leqslant F_7 \leqslant 1.2\%$ $0.2\% \leqslant F_7 \leqslant 0.7\%$ $0.04\% \leqslant F_7 \leqslant 0.2\%$	$F_7 > 0.4\%$ $F_7 > 0.2\%$ $F_7 > 0.04\%$

注:①F_2 上行适用于基坑旁无建筑物或地下管线,下行适用于基坑旁有建筑物和地下管线
②F_6 与 F_7 上、中行与 F_2 同,下行适用于对变形有特别严格要求要求的情况

我国国家建设行业标准《建筑基坑支护技术规程》(JGJ120—2012)确定的重力式挡墙最大水平位移的控制值见表 4.17。

表 4.17 重力式挡墙最大水平位移控制值

墙的纵向长度/m		<30	30~50	>50
地层条件	良好基础	$(0.005 \sim 0.01)H$	$(0.010 \sim 0.015)H$	$>0.015H$
	一般基础	$(0.015 \sim 0.02)H$	$(0.02 \sim 0.05)H$	$>0.05H$
	软弱基准	$(0.025 \sim 0.035)H$	$(0.035 \sim 0.045)H$	$>0.045H$

相邻建筑物的安全与正常使用判别标准应参照国家或地区的建筑物监测标准确定,表 4.18 为上海地区相邻建筑物的基础倾斜允许值,表 4.19 为日本浅埋隧道地面建(构)筑物沉降变形控制基准,可以在工程中参考采用。地下管线的允许沉降和水平位移值由管线主管单位根据管线的性质和使用情况确定。

表 4.18 建筑物地基变形控制基准值和实测变形值

建筑结构和地基基础类型			变形控制基准值			实测变形值			建筑物说明
			按乙类计算的建筑物地基或基础中心沉降/mm	沉降差或相对倾斜		沉降值/mm	相对倾斜	局部倾斜	
				纵向	横向		纵向	横向	
砖承重结构	天然地基		25~30			20~40	0.007~0.03；相对弯曲 0.0003~0.0008		6层及6层以下房屋一般有圈梁
	条形地基		15~20			10~20			
单层排架框架，柱距6m	天然地基		20~30	桥式吊车轨面 0.003		20~50	0.004~0.008	0.003~0.006	天然地基压力包括上覆土重 70~110kPa
	桩基		—	—		10~30	0.001~0.004	0.0005~0.003	桩长 21~40m，桩台总压力包括上覆土重 100~250kPa
露天跨柱基				0.003		10~20	0.008~0.015		地表堆载 50kPa
多层框架结构	天然地基	现浇结构							
		独立基础或条形基础	20~30	—		15~30	0.004~0.005	0.001~0.002	3~6层工业建筑，无吊车。基础总压力 90~130kPa
		筏板基础	20~30	—		10~20	0.001~0.003	0.0005~0.003	2~5层民用或工业建筑，无吊车。基础总压力 60~70kPa
		箱型基础	25~35	0.003~0.004		16~42	—		5~10层民用或工业建筑，无吊车。基础总压力 60~80kPa
	装配结构	独立基础或条形基础	15~25	—		—	—		2~6层工业建筑，无吊车。基础总压力 60~80kPa
多层和高层建筑	桩基		15~25	—		5~35	相对倾斜 0.001~0.002；基础底板相对弯曲 0.0001~0.0004		6~26层民用或工业建筑，框架，剪力墙结构，钢筋混凝土预制桩、钢筋混凝土管桩、钢管桩、桩长 8~50 m，基础总压力 60~80 kPa

表 4.19 日本浅埋隧道地面建筑物沉降变形控制基准

既有建筑物			允许值	管理制	施工管理标准
用途	所属单位	形式			
铁路	国铁 大阪市交通局 名古屋市交通局	新干线高架桥 高架桥 桥台、桥脚 轨道 地下铁 地中建筑物	相对垂直变位 5mm 水平变位 3mm 垂直 3mm 柱下沉降量 3mm 柱相对下沉量 2.3mm 下沉 10mm 倾斜 3′20″ 竖直变位 下沉 10mm 隆起 10mm 下沉 9mm	±3～5mm ±20mm 倾斜 1° 下沉、隆起±20mm/d 垂直 9mm/d、5mm/d 水平 7mm/d、4mm/d 倾斜 86′ 下沉 5mm 倾斜 180′	① 拱顶下沉 10mm 以内，收敛值 20mm 以内正常 ②拱顶下沉 10～20mm，收敛 20～40mm，增加量测次数，注意 ③拱顶下沉 20～30mm，收敛 40～60mm，加强、喷厚等 ④ 拱顶下沉 30mm 以上，收敛 60mm 以上，加强量测，变更设计
道路	建设省	立交桥 立交桥基础 桥脚 不均匀下沉 桥台	水平变位 10mm 垂直变位 30mm 垂直变位 13mm 8.7mm 水平变位±50mm 垂直±37mm 倾斜±160′ 下沉±17mm 变位±50mm	±15mm、±120″、±20mm	
建筑物	—	钢筋混凝土 RC 板式基础 货物 房屋 管道	下沉 5mm 下沉 5mm 拐角 1/300～1/500 倾斜±160′ 标准值 15mm 最大 30mm 绝对值 20～30mm 相对下沉值 25mm 变形 $(1～2)×10^{-3}$ rad 水管垂直±20～−40mm 污水管下沉 20mm	±120″	

第 5 章　地下工程监测项目的实施方法

前面分别论述和介绍了钻爆法、浅埋暗挖法、明挖法、盾构法在施工期间的监测项目、监测传感器和监测仪表，并说明了各项监测项目的控制基准值。本章重点介绍这些检测项目在施工现场的具体实施方法。

5.1　常规项目的监测方法

5.1.1　地表沉降监测

沉降监测是地下工程监测中最主要的监测项目之一。地基加固、基坑开挖、浅埋隧道开挖、盾构法施工的隧道工程等均需要进行地表沉降监测。

1) 水准点的设置

地表沉降监测是根据监测施工对象周围水准点的高程而进行的。可以利用城市中的永久水准点或工程施工时使用的临时水准点作为基准点或工作基点。如果施工区域没有水准点，则应根据现场的具体条件和沉降监测的时间要求埋设专用水准点。水准点的形式和埋设可参照三等、四等水准点的要求进行，地表水准点的埋设方法如图 5.1 所示。

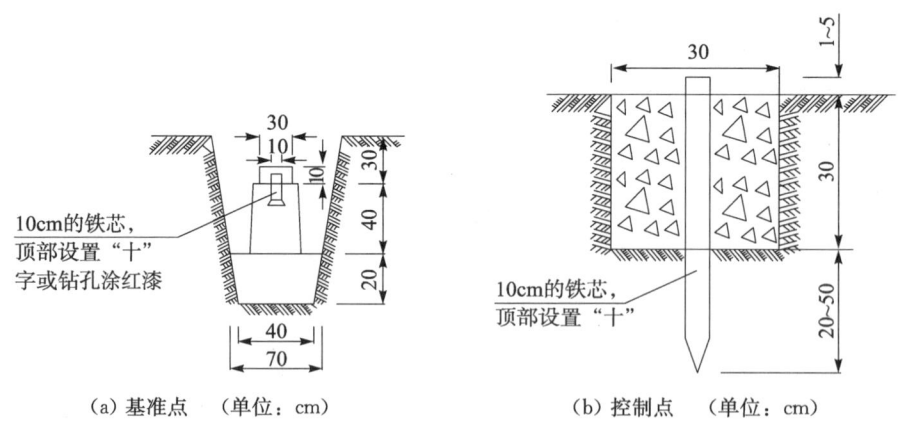

(a) 基准点　（单位：cm）　　　　(b) 控制点　（单位：cm）

图 5.1　地表监测水准点的埋设

地表和地中沉降观测点应布置在地下结构轴线上部的地表或钻孔中，在横断面上也应布置必要的监测点，如图 5.2 所示。

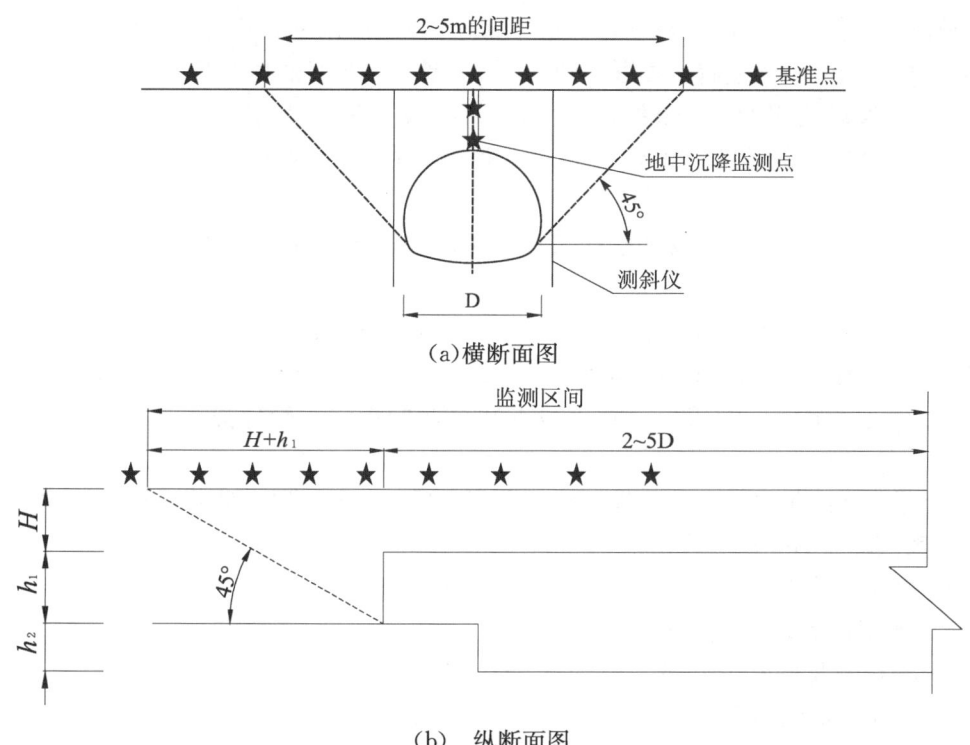

图 5.2 地表下沉测量范围及地中沉降测点布置

地表水准点的数目应不少于 3 个，以便组成水准控制网，对水准点定期进行校核，防止其本身发生变化，以保证沉降监测结果的正确性。水准点应在沉降监测之前一个月埋设。当工程中出现意外情况，需对突发的急剧沉降目标进行监测时，若来不及设置上述水准点，可在已有房屋或建筑物上设置标志作为临时水准点，但这些建筑物的沉降必须已趋于稳定。埋设水准点应考虑下列因素。

(1)水准点应布设在监测对象的沉降影响范围以外，保证其坚固稳定。

(2)水准点应尽量远离道路、铁路、空压机房等，以防受到碾压和振动的影响。

(3)水准点应力求通视良好，与观测点接近，其距离不宜超过 100m，以保证监测精度。

(4)避免将水准点埋设在低洼容易积水处。同时，在高寒地区，为防止土层冻胀的影响，水准点的埋设深度至少要在冰冻线以下 0.5m。

2)地表沉降监测的精度控制

测量精度对沉降监测的质量起着重要的作用。同时也关系到测量效率、工作量以及监测费用。应根据监测对象的性质、允许沉降值、沉降速率、仪器设备等因素进行综合确定。一般可分为高精度和中等精度两类。

(1)高精度。主要用于严格控制不均匀沉降的建筑物、地下管线以及城市中的深大基坑监测。使用的精密水准仪通常带有光学测微器，放大倍率不小于 40 倍，如苏光 DS6、WILD N3 和 Leica NA3000 等仪器。使用时，i 角控制在 $\pm 15''$，视线长度不大于 50m，闭合差应小于 ± 0.5mm，测量数据保留至 0.1mm。水准尺均需要采用线条式钢钢尺。

(2)中等精度。用于对不均匀沉降一般性控制的建筑物、地下管线以及周边条件良好的基坑监测。所使用的水准仪精度等级应不低于国产 S3 水平，最好带有倾斜螺旋和符合水准器，放大率在 30 倍左右。如国产的 NS3-1 型、DZ2 型带测微器、WILD N2 和 Leica NA3000 等。仪器使用时，i 角控制在 $\pm 20''$，视线长度不大于 75m，闭合差应小于 ± 1.0mm，测量数据保留至 1.0mm，水准尺必须用带圆水准器的红、黑双面木尺。

3)地表沉降监测的基本要求

(1)观测前对所用的水准仪和水准尺按有关规定进行校验，并做好记录，在使用过程中不得随意更换。

(2)首次观测应适当增加观测回数，一般取 2～3 次的数据作为初始值。

(3)固定观测人员、观测线路和观测方式。

(4)定期进行水准点的校核、测点检查和仪器的校验，确保监测数据的准确性和连续性。

(5)记录每次测量时的气象条件、施工进度和现场工况，以供监测数据分析时参考。

4)地表沉降监测应提供的资料

(1)包括水准控制网和测点平面布置图的沉降监测方案。

(2)监测仪器设备一览表及校验资料。

(3)监测记录及报表。

(4)各种沉降曲线、图表。

(5)对监测结果的计算分析资料。

(6)沉降监测报告书。

5.1.2 支护体系水平位移监测

1)围护结构顶部水平位移和支撑系统的水平位移监测

围护结构（如围护桩或地下墙）向基坑内的水平位移主要由支撑架设或浇筑前开挖土体引起的变形和支撑杆件受压引起的变形两部分组成。前者引起的位移量取决于围护结构本身的刚度和支撑施筑前的挖土深度，后者引起的位移量取决于作用在围护结构上的水土压力和支撑材料的刚度。围护结构过大的水平位移会影响基坑内主体结构的施工空间以及周围环境的安全。支撑系统的水平位移主要是由支撑杆件平面布置的不对称性和基坑开挖顺序的不同而引起的。支撑节点之间的相对水平位移过大则会引起支撑杆件产生较大的附加弯矩，从而降低其轴向承载力，严重时会引起支撑系统失稳。

2)支护体系水平位移的监测目的

(1)及时了解支护结构的最大水平位移，必要时调整基坑开挖顺序和速度，确保基坑和周围环境的安全。

(2)验算支护结构的变形量，推算地层的水土压力。

(3)作为测斜管监测计算的起始依据。

3)支护体系水平位移的监测方法

支护体系水平位移的监测主要使用全站仪或经纬仪及觇牌，或是带有读数的觇牌，基座都应有光学对中器，以提高对中精度。监测中配合使用的还有带圆水准器的 T 型尺和钢卷尺。仪器上的光学对中器、水准器等应定期检查，发现有误差时应及时校正。所用的觇牌最好与测点对号使用,以消除误差。支护体系水平位移监测基准点的埋设方法可参考图 5.1。支护结构上的测点可独立埋设,也可利用沉降监测点在测点端面锯上十字刻痕或凿出中心位置。监测同一条边所用的测点应尽量埋设在一条直线上以便监测。每次监测时应对其基准点和测点进行检查,保证监测数据的稳定与可靠。水平位移的监测方法很多,可根据现场情况和工程要求灵活应用。下面介绍几种常用的监测方法。

(1) 直接丈量法。

直接丈量法适用于边长不大于 50m 的小型基坑。基坑开挖前,在监测部位埋设测点,用钢卷尺丈量出位移方向上相关测点的距离,对无支撑基坑采用悬空法测量,对有支撑的基坑可采用平铺法测量。无论采用哪一种方法,钢尺要用测力计控制拉力,一般为钢尺鉴定时的拉力级 49N,并记录测量时的现场气温,对距离进行温度修正。基坑开挖后,再对这些测点之间的距离进行测量,将测量结果与初始值相比较,其差值即为测点间的相对位移。若基坑是对称的结构,可取其值的 1/2 分别作为测点的位移量。

虽然用此方法测量可直接获得相对位移值,但使用器具单一,操作简便、直观。只要每次测量时,对每一测线重复测量两次,若两次测量的误差值不大于 1/20000,则可取其平均值作为测量结果,监测的精度可满足工程要求。

(2) 视准线法。

视准线法适用于基坑直线边及直线支撑杆体的水平位移监测,如图 5.3 所示。如果场地允许,可沿基坑某一测量边后退两倍开挖深度的距离外设置测站。当场地狭小时,可将测站设在基坑围护结构的转角上,所测得的位移值是相对基坑转角处的位移值。当经纬仪架设调平后,在基坑相反方向找一个固定的目标作为后视方向,用带有刻度的读数觇牌或 T 形尺,设置在观测点上,读取数值。一般用经纬仪正倒镜四次读数,取中数作为一次观测。初始值要测两遍,以保证无误。以后每次监测结果与初始值比较,求得测点的水平位移量。

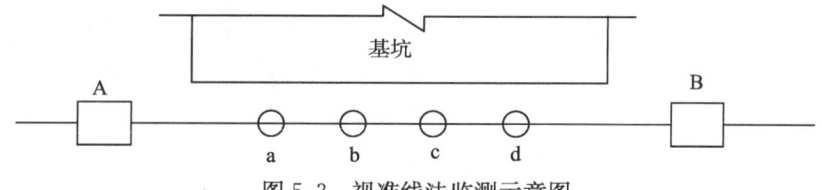

图 5.3 视准线法监测示意图

A、B 为基坑两端的工作基点;a、b、c、d 为位移监测点

(3) 小角度法。

小角度法适用于监测点零乱、不在同一直线上的情况,如图 5.4 所示。

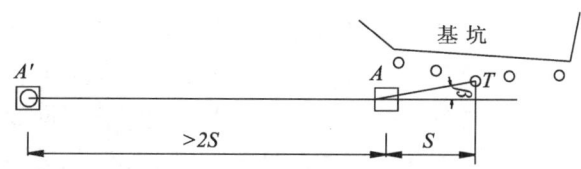

图 5.4 小角度法观测示意图

在距基坑两倍开挖深度距离的位置,选设测站 A,若测站至监测点 T 的距离为 S,则在不小于 $2S$ 的范围之外,选设后方向点 A'。为方便起见,一般可选用建筑物棱边或避雷

针等作为固定目标。A'用J2级经纬仪测定转角,角度测量的测回数可根据距离S及监测点的精度要求而定,一般用2~4测回测定,并丈量监测站点A至监测点T的距离。为保证β角初始值的正确性,需要测量两次。以后每次测定β角的变动量,按式(5.1)计算T的位移量,即

$$\Delta T = \frac{\Delta \beta}{\beta} \times S \tag{5.1}$$

式中,$\Delta \beta$为角的变动量,″;β为换算常数,$\beta = 3600 \times 180/\pi = 206265$;$S$为测站至观测点的距离,mm。

如果按β角测定中误差为$\pm 2''$,S为100m,代入式(5.1)得位移值的中误差约为± 1mm。

(4)控制网法。

控制网法适用于需要测出基坑整体绝对位移量的情况。控制网的建立可根据施工现场的通视条件、工程的精度要求,采用角边交会法、基准线法或附合导线法等。各种布网均应考虑图形强度,长短边不宜悬殊。先采用平面控制网求出基坑各角点的位移值,再叠加用前述方法求得各监测点的相对位移值,即基坑的整体绝对位移值。采用此方法要求测量仪器具有较高的精度,监测工作量大,但可求得前述三种方法不易求出的测点绝对位移量。工程中可视需要选用。

5.1.3 支撑轴力监测

支撑轴力监测的目的在于及时掌握基坑施工过程中,支撑的内力(如弯矩、轴力)的变化情况。当内力超出设计最大值时,应及时采取有效措施,以避免支撑因内力超过极限强度破坏而引起局部支护系统的失稳乃至整个支护系统的失败。

1)监测方法

根据支撑杆件所采用的材料不同,所采用的监测传感器和方法也有所不同。对于目前钢筋混凝土支撑杆件,主要采用钢筋计监测钢筋的应力或采用混凝土应变计监测混凝土的应变,然后通过钢筋与混凝土共同工作、变形协调条件来反算支撑的轴力。对于钢支撑杆件,目前较普遍的是采用轴力计直接监测支撑的轴力。

2)传感器布置形式

对于钢筋混凝土支撑体系,轴力监测传感器的埋设断面一般选择在轴力比较大的杆件上,或在整个支撑系统中起关键作用的杆件上。如果支撑形式是对称的结构则可布置在基坑开挖较早且支撑受力较早的一半结构上,以减少传感器的数量,进而降低监测费用。除此之外,选择监测断面也要兼顾埋设和监测工作的便利性,减少对基坑施工的影响。当监测断面选定后,监测传感器应布置在该断面的四个角上或四条边上,以便必要时可计算轴力的偏心距,且在求取平均值时更可靠,但需要考虑个别传感器埋设失败或遭施工破坏等意外情况。如果同一工程中的监测断面较多,每次监测工作时间有限时,也可在一个监测断面内按照上下对称、左右对称或在对角线方向布置两个监测传感器。对于钢结构支撑体系,监测断面一般布置在支撑的端头,以方便施工和监测。

3)轴力计算公式

采用轴力计直接监测支撑轴力。轴力计算公式为

$$N = K_i \sqrt{f_i^2 - f_0^2} \tag{5.2}$$

式中，N 为支撑杆件的监测轴力；K_i 为钢弦式轴力计的标定系数；f_0 为轴力计埋设后的初始自振频率；f_i' 为轴力计的监测自振频率。

5.1.4 支护结构的钢筋应力监测

采用钢筋计监测钢筋的应力，然后通过钢筋与混凝土共同工作、变形协调条件反算支护结构的轴力和弯矩。对于明挖基坑，围护结构在支护体系中属于受弯构件。由于受土压力和集中荷载支撑反力的共同作用，围护结构可近似看做连续梁，在无支撑围护结构中则可近似看做悬臂梁。作为梁构件，其抗弯能力的大小决定了围护体系的稳定和安全。而对围护结构的弯矩进行监测则可随时掌握结构在施工过程中的最大弯矩是否超过设计值，以便必要时能及时采取措施。对于钢筋混凝土围护结构，如地下连续墙、灌注桩等可通过钢筋计的应力计算来监测其内部弯矩的变化。而对于搅拌桩、钢板桩一类的围护结构，则可通过监测其挠曲来计算弯矩的变化。对于暗挖隧道工程，通过测量初期支护钢拱架或二次衬砌钢筋的应力，可计算其所受轴力和弯矩值，并可检验衬砌结构的安全性和合理性。

1)钢筋计埋设

监测断面应选在围护结构中出现弯矩极值的部位。在平面上可选择围护结构位于两支撑的跨中部位、开挖深度较大以及水土压力或地表超载较大的部位。在立面上，可选择支撑处和每层支撑的中间，此处往往发生较大的正、负弯矩。若能取得围护结构弯矩设计值，则可参考最不利工况下的最不利截面位置进行布设。当钢筋笼绑扎完毕后，将钢筋计串联焊接到受力主筋的预留位置上，并将导线编号后绑扎在钢筋笼上顺主筋导至地表，从传感器引出的测量导线应留有足够的长度，中间不宜有接头。在特殊情况下采用接头时，应采取有效的防水措施。钢筋笼下沉前应对所有钢筋计进行测定，核查焊接位置及编号无误后方可施工。对于桩内的环形钢筋笼，要保证焊有钢筋计的主筋位于开挖时的最大受力位置，即一对钢筋计的水平连线与基坑边线垂直，并保持下沉过程中不发生扭曲。钢筋笼焊接时，要用湿麻袋对测量电缆进行遮盖保护。浇筑混凝土的导管应与钢筋计错开，以免导管上下时损伤监测传感器和电缆。电缆露出围护结构时应套上钢管，以免在凿除浮渣时损坏电缆。混凝土浇筑完毕后，应立即复测钢筋计，核对编号，并将同一立面上的钢筋计导线接在同一块接线板不同编号的接线柱上，以便日后监测。

钢筋计主要有钢弦式和电阻应变式两种。钢弦式钢筋计应与支撑主筋串联焊接。而应变式钢筋计可与主筋串接，也可与主筋平行。平行设置时需要绑扎或点焊在箍筋上，要求传感器两边的钢筋长度应不小于 $35d$，d 为钢筋计钢筋的直径，保证钢筋计有足够的锚固长度来传递黏接应力。钢筋计一般在绑扎钢筋笼的同时进行焊接，焊接时应采取降温措施，避免焊接钢筋时高温引起钢筋计技术参数的变化。在浇筑混凝土前应对钢筋笼上的钢筋计逐一进行检测，并对同一断面的钢筋计进行位置核定和编号，最好对不同位置钢筋计选用不同颜色的导线，以便在日后施工中万一损坏导线后还可根据其颜色来判断导线的位置。

2)钢筋应力计算

(1)钢筋计的监测应力计算。

钢弦式

$$\sigma_i = K_{1i}\sqrt{f_i^2 - f_0^2} \tag{5.3}$$

应变式

$$\sigma_i = K_{2i}\sqrt{\varepsilon_i^2 - \varepsilon_0^2} \tag{5.4}$$

式中,σ_i 为第 i 个钢筋计的监测应力;K_{1i} 为钢弦式钢筋计的标定系数;K_{2i} 为应变式钢筋计的标定系数;f_0 为钢筋计埋设后的初始自振频率;f_i 为钢筋计的监测自振频率;ε_0 为钢筋计埋设后的初始应变值;ε_i 为钢筋计的监测应变值。

(2)换算成弯矩

根据监测应力按式(5.5)近似计算构件的弯矩

$$M_c = \frac{E_c}{E_s}\left(\frac{\sigma_1 - \sigma_2}{d}\right)I \tag{5.5}$$

式中,M_c 为围护或支护结构监测断面处的计算弯矩,连续墙或暗挖隧道衬砌以每延米计,灌注桩以单桩计;d 为每对钢筋计之间的中心距离;σ_1、σ_2 分别为每对钢筋计的应力计算值,以拉为正、压为负;E_c、E_s 分别为混凝土和钢筋计的弹性模量;I 为监测断面的惯性矩。

(3)换算成轴力。

一般按式(5.6)计算构件的轴力

$$N_c = \sigma_s\left(\frac{E_c}{E_s}A_c + A_s\right) \tag{5.6}$$

式中,N_c 为围护或支护结构监测断面处的计算轴力,连续墙或暗挖隧道衬砌以每延米计,灌注桩以单桩计;σ_s 为每对钢筋计的平均应力值;E_c、E_s 分别为混凝土和钢筋的弹性模量;A_c、A_s 分别为支撑结构混凝土面积和钢筋的截面面积。

3)安全判别条件

(1)弯矩安全判别条件。

弯矩安全判别公式为

$$\sigma_i \leqslant f_y \cdot f'_y \tag{5.7}$$

$$M_c \leqslant [M] \tag{5.8}$$

式中,f_y,f'_y 分别为钢筋的抗拉、抗压强度设计值;$[M]$ 为结构的弯矩设计值。

(2)轴力安全判别条件。

轴力安全判别公式为

$$\sigma_i \leqslant f_y \cdot f'_y \tag{5.9}$$

$$N_c \leqslant [N] \tag{5.10}$$

式中,f_y,f'_y 分别为钢筋的抗拉、抗压强度设计值;$[N]$ 为结构的轴力设计值。

4)监测注意事项

(1)无论采用哪一种监测传感器,在埋设前都应进行严格标定,并观察其从埋设后至开挖前的稳定性,一般以开挖前的监测值作为初始值。

(2)连接监测传感器的电缆线需用金属屏蔽线,减少外界因素对信号的干扰。

（3）由于地下工程的特殊性，选择监测传感器的量程时应比最大设计值大50%～100%。

（4）直接根据监测数据计算出来的轴力值和弯矩值，有时不能完全反映实际支护结构的受力状态，应对计算公式中未能考虑的结构温度变化、混凝土的收缩和徐变等因素进行综合分析。

5.1.5 支护结构混凝土应变监测

1）混凝土应变计的布置

混凝土应变计主要有埋入式和表面式两种类型。埋入式应变计是在支护结构混凝土浇筑时埋设，应保证其有一定厚度的混凝土保护层，应变计应与支护结构的轴线平行。为避免混凝土振捣时应变计转向和位移，一般可在埋设断面附近的工段混凝土振捣完毕后，及时进行手工埋设。表面式应变计主要设置在混凝土结构的表面，用于量测混凝土的表面应变。当结构施工时未及时安装或新增监测断面时，可在设计的监测断面上设置预埋件，待围岩或基坑开挖前进行安装。未设置预埋件的，可用冲击钻及时安装基座，再布设应变计。由于表面式应变计完全暴露在外，极易受到损坏。因而，在设置表面式应变计的部位应设置醒目的标志，并采取一定的保护措施。当机械在附近施工时，应安排专人在现场维护。对于无特殊要求的基坑工程，一般应选用埋入式应变计。

2）应变计应变值的计算

应变计算公式为

$$\varepsilon_i = K_i \sqrt{f_i^2 - f_0^2} \tag{5.11}$$

式中，ε_i 为第 i 个应变计的监测应变；K_i 为第 i 个应变计的标定系数；f_0 为应变计埋设后的初始自振频率；f_i 为应变计的监测自振频率。

3）轴力计算

根据测试的应变值可按式（5.12）计算支护结构的轴力，即

$$N_c = \varepsilon(E_c A_c + E_s A_s) \tag{5.12}$$

式中，N_c 为支护结构监测断面处的计算轴力，连续墙以每延米计，灌注桩以单桩计；ε 为应变计的平均应变值；E_c、E_s 分别为混凝土和钢筋的弹性模量；A_c、A_s 分别为支护结构混凝土面积和钢筋的截面面积。

5.1.6 土压力的监测

地下结构承受的压力是直接作用在支护体系上的荷载，是支护结构的设计依据。此外，地下工程的施工如基坑开挖、隧道开挖、盾构掘进和打桩等都会引起周围地层水、土压力的变化和地层变形。目前，计算地下水、土压力的方法很多，但各种方法都有其特定的条件，加上地质条件和施工方法的多变性，要精确计算作用于支护结构上的水、土压力以及地下工程施工所引起的地层变形是十分困难的。所以，对于重要的地下工程，在较完善的理论计算基础上，通过对施工期间水、土压力和变形进行监测，对于确保地下工程的经济、合理与安全至关重要。

1)土压力的监测

通过对地层土压力监测,一方面可分析支护结构在各种施工工况下的受力状况,以便及时采取相应的措施,确保施工安全。另一方面也可寻求地下工程施工引起的不同开挖工况下地层压力的变化规律,为验证结构设计、理论计算提供依据。

在进行土压力监测前,需要分析和收集以下基础资料:①地下结构的平面和剖面图;②周围地层的工程地质勘探报告;③地下工程施工方法;④地层压力计算的基本模式、挡土结构的强度安全系数、稳定安全系数和允许变形值等;⑤土压力监测传感器及仪表的技术指标和说明书。

2)压力盒的埋设

在平面上,压力盒应紧贴监测对象布置,如挡土结构的表面、被保护建筑的基础、地下工程支护的接触面。若有其他监测项目(如测斜、支护内力等)时应布置在与之相近的部位,以便进行综合分析和对比。在立面上,应考虑计算土压力的模式。监测挡土结构接触面土压力时,可选择在支撑处和围檩的中点以及水平位移最大处。暗挖隧道初期支护压力盒布置应使压力盒的受压面朝向围岩。

当监测围岩施加给喷混凝土层的径向压力时,先用水泥沙浆或石膏将压力盒固定在岩面上,再谨慎施作喷射混凝土层。不要使喷混凝土与压力盒之间存在间隙,压力膜应与所测土压力的方向对应。采用钻孔法监测土压力时,应向孔内回填细砂堆至孔口。由于回填砂需要一定的固结时间,因而,采用钻孔法监测土压力时,前期监测的数据偏小,只有当回填材料充分固结后才能较为准确地反映实际土压力,所以,采用钻孔法时需要提前 $30d$ 进行埋设。另外,考虑到钻孔位置与桩(墙)本身存在一定的距离,因而测读到的数据与桩(墙)实际所受到的土压力有一定的近似性。一般认为,测读到的主动土压力值偏大,被动土压力值偏小,因此在成果资料整理时应予以注意。

当监测基底反力或地下室侧墙的回填土压力时可用埋置法进行。在结构物基底埋置压力盒时,可先将其埋设在预制的混凝土块内,整平地表,然后放置预制混凝土块,并将预制块浇筑在基底内。在结构物侧面安装土压力盒时,应在混凝土浇筑到预定高程处,将压力盒固定到测量位置上,压力膜必须与结构外表面平齐。采用埋置法施工时,应尽量减少对原有土体的扰动。压力盒周围回填土的性状要与附近土体一致,以免引起地层应力的重分布。

3)监测注意事项

(1)压力盒的量程。

压力盒的量程应满足式(5.13)或式(5.14)的要求。

$$P = P_0 + P_g + P_s \tag{5.13}$$

$$P = P_0 + P_p + P_s \tag{5.14}$$

式中,P 为选择的压力盒量程;P_0 为计算的静止土压力;P_g 为打(压)入或夯土填实引起的挤压压力;P_p 为挡土结构位移引起的被动土压力增量;P_s 为施工工艺引起的附加应力增量。

(2)压力盒的选用。

选用构造合理的压力盒,即受压板直径 D 与板中心变形 S 之比要大,以减小应力集中的影响。根据研究:D/S 的下限,对土中压力盒为 2000,对接触式土压力盒为 1000。

监测土体的压力应采用直径与厚度之比较大的双膜土压力盒。而监测接触面土压力时，可采用直径与厚度之比较小的单膜土压力盒。

(3) 压力膜的保护。

为避免颗粒粗、硬度高的回填材料直接冲击压力膜，且使压力膜均匀受压，常用沥青囊间接传力结构加以保护。沥青囊大小视挡土结构的形式、回填材料及回填工艺而定。当压力盒承压膜直径 D 为 100mm 时，采用 $(4\sim5)D$ 的边长。当宽度不足时，如板桩的宽度，可取与最大承受面相当的宽度。对于降水基坑，间接传力膜的设置也可采用细颗粒材料。无论采用哪种材料的间接传力介质，都必须密实，在使用过程中不允许挤出或流失。

5.1.7 孔隙水压力的监测

1) 监测目的

地下工程如隧道开挖引起的地表沉降、明挖基坑的变形、地层注浆加固引起的隆起等都与岩土体中孔隙水压力的变化有关。饱和土受荷载后首先产生的是孔隙水压力的变化或迁移，随后才是颗粒的固结变形。孔隙水压力的变化是土体运动的前兆。通过监测孔隙水压力在施工过程中的变化状况，可为控制隧道掘进速度、注浆压力和固结沉降等提供可靠的依据，从而达到为施工服务的目的。同时结合土压力监测，可以进行土体的有效应力分析，作为土体稳定计算的依据。

2) 孔隙水压力计的埋设

孔隙水压力监测一般采用孔隙水压力计进行，其埋设方法与压力盒基本相同。可采用挂布法、顶入法、弹入法、埋置法和钻孔法。下面就其与压力盒埋设的不同之处进行介绍。

(1) 在确定孔隙水压力计量程时，除了按孔深计算孔隙水压力的变化幅度，还要考虑大气降水、井点降水等影响因素，以免造成超出孔隙水压力计量程或者量程选用过大而影响测量精度。

(2) 采用钻孔法施工时，原则上不得采用泥浆护壁工艺成孔。如因地质条件差，确实需采用泥浆护壁时，在钻孔完成之后，需要用清水洗孔，直至泥浆全部清除。此后在孔底填入部分净砂，将孔隙水压力计送至设计高程，再在其周围填上约 0.5m 高的净砂作为滤水层。

(3) 封口是影响孔隙水压力计埋设质量好坏的关键工序。封口材料宜使用直径为 $1\sim2$cm、塑性指数 I_p 不小于 17 的干燥黏土球，最好采用膨润土。封口时应从滤层顶封至孔口，如在同一钻孔中埋设多个传感器，则封至上一个孔隙水压力计的深度。一般来说，为保证封口质量，孔隙水压力计之间的间距应大于 1m，以免水压力贯通。在地层分界处埋设孔隙水压力计时，滤层不得穿过隔水层，避免上下层水相互贯通。

(4) 如果所测地层土质较软，则可用压入法进行埋设。用外力将孔隙水压力计缓缓压入土中至设计埋设高程。如土质稍硬，则可先用钻孔法钻入一定深度后，再用压入法将水压力计送至高程。此法的优点在于节省钻孔的时间和费用。

(5) 无论采用哪种方法埋设，都要扰动地层，使初始孔隙水压力发生改变。为减少对初始孔隙水压力的影响，一般应在正式监测前 30d 进行埋设。

3)孔隙水压力的计算

目前采用的孔隙水压力监测方法有电测法、液压法和气压法。由于各自监测的原理不同,计算公式也不尽相同。

(1)电测法。

电测法计算孔隙水压力的公式为

$$p_p = K(f_i^2 - f_0^2) \tag{5.15}$$

式中,p_p 为监测的孔隙水压力;K 为传感器标定系数;f_0、f_i 分别为初始和监测的自振频率。

(2)液压法。

液压法计算孔隙水压力的公式为

$$p_p = p + \rho_w h \tag{5.16}$$

式中,p_p 为监测的孔隙水压力;p 为压力表的读数;h 为探头至压力表基准面的距离或高度;ρ_w 为水的密度。

(3)气压法。

气压法的孔隙水压力计算公式为

$$p_p = \alpha + \beta P_a \tag{5.17}$$

式中,p_p 为监测孔隙水压力;α,β 为标定常数;P_a 为气压值,用压力表测量。

5.1.8 地下水位监测

1)影响地下水位变化的因素

(1)自然气候条件的变化,如降雨量大小和持续时间、季节变化。
(2)江、河、湖、泊中水位的涨落。
(3)人工降水,如井点管的深度、真空度等。
(4)地下工程开挖引起地下水流失。
(5)围护结构的抗渗漏能力。

2)监测地下水位的作用

(1)检验降水方案实施的效果,如降水速率和降水深度。
(2)控制地下工程施工降水对周围地下水的影响。
(3)防止地下工程施工中的水土流失。

3)水位孔的布设

检验降水措施实施效果的水位孔应布置在降水区内。采用轻型井点时可布置在总管的两侧,采用深井降水时应布置在两孔深井之间,水位孔的深度应在最低设计水位以下。保护周围环境的水位孔应围绕围护结构和被保护对象如建筑物、地下管线等或在两者之间进行布置,其深度应在允许最低地下水位以下或根据不透水层的位置而定。

水位孔一般用小型钻机成孔,孔径应略大于水位管的直径。孔径过小会导致下管困难,孔径过大会使观测产生一定的滞后效应。成孔至设计高程后应放入裹有滤网的水位管,管壁与孔壁之间用净砂回填至离地表 0.5m 处,再用黏土进行封填,以防止地表水流入。

4)水位管的构造

水位管选用直径 50mm 左右的钢管或硬质塑料管,管底加盖密封,防止泥沙进入。下部留出长度为 0.5~1.0m 的沉淀段,其上不钻孔,用来沉积滤水段带入的少量泥沙。中部管壁周围钻出 6~8 列直径为 6mm 左右的滤水孔,纵向孔距 50~100mm。相邻两列的孔交错排列,呈梅花状布置。管壁外部包扎过滤层,过滤层可选用马尾、土工织物或网纱。上部再留出 0.5~1m 作为管口段,也不打孔以保证封口质量。

5)监测注意事项

(1)由于地下水位的变化除受地下工程施工影响,还受自然气候等诸多因素的影响。为了排除非工程因素的干扰,可在工程施工影响范围之外再布置 1~2 个水位孔,以便进行对比分析。

(2)在监测一段时间后,应对水位孔逐个进行抽水或灌水试验,检查其恢复至原水位所需的时间,以判断其工作的可靠性。

(3)当地层渗透系数大于 1×10^{-6}m/s 时水位孔的监测效果良好,当地层的渗透系数介于 $10^{-6}\sim10^{-8}$m/s 时,水位孔的监测效果具有滞后现象。当地层的渗透系数小于 10^{-8}m/s 时,监测的数据仅能作为参考。

(4)水位管的管口应高出地表,并加盖保护,以防止雨水和杂物进入管内。同时监测的水位管处应有醒目的标志,防止损坏监测孔。

5.1.9 围护结构水平位移监测

围护结构的水平位移常用测斜仪进行监测。其主要用于明挖基坑围护结构水平位移的监测,在基坑周围钻孔,并在孔内安装测斜仪。

1)测斜孔的布设原则

(1)测斜孔一般布置在基坑平面上挠曲计算值最大的部位,如悬臂式围护结构的长边中心以及设置水平支撑结构的两道支撑之间。

(2)当基坑周围有重点保护的监测对象如建筑物、地下管线时,监测孔应布置在离其最近的围护结构上。

(3)当基坑挖深加大或基坑开挖时其围护结构较早的部位宜设置监测点,根据监测结果可对后续区段的施工进行指导。

(4)测斜管中有一对槽口应自上而下始终垂直于基坑的边线,以测得围护结构挠曲的最大值。

(5)因测斜仪的探头在管内每隔 0.5m 进行读数,故应精确计算测斜管的接口位置,避免将其设在探头滑轮停留处。

2)测斜管的埋设

测斜管的埋设应符合以下要求。

(1)为了真实地反映围护结构的挠曲状况,测斜管应尽量埋设在构成围护的桩体或墙体之中,如图 5.5 所示。

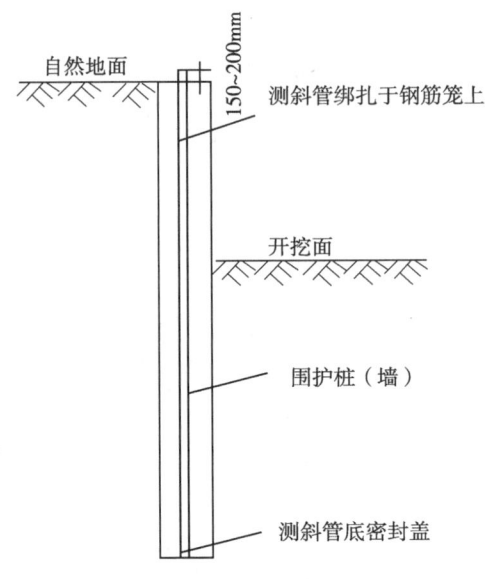

图 5.5 测斜管的埋设

当围护结构施作至测点的设计桩位或连续墙的槽段时,将测斜管绑扎在其钢筋笼上,同时送入槽(孔)内。由于受到泥浆的浮力作用,测斜管的绑扎定位必须牢固可靠,以免在浇筑混凝土时发生上浮或侧向移动而影响测试数据的准确性。当结构较深、测斜管较长时,还要注意避免测斜管自身的轴向旋转,以保证监测数据能真正反映在基坑边缘垂直平面内的挠曲。在进行测斜管管段连接时,必须将上、下管段的滑槽相互对准,使测斜仪的探头在管内平滑运行。为了防止泥浆从缝隙中渗入管内,接头处应涂抹柔性密封材料或密封条进行密封处理。

(2)当测斜管未能在围护结构施工时及时埋设在桩(墙)体内或测量钢板桩围护挠曲变形时,则可采用钻孔法进行埋设。当围护结构混凝土达到一定强度后,在紧靠所需监测的桩(墙体)后的土层中用小型钻机钻孔,孔深大于或等于所测围护结构的深度,孔径比所选的测斜管大 5～10cm。在土质较差地层钻孔时应用泥浆护壁。在钻孔的同时,将测斜管用专用接头连接好,并对接缝处进行密封处理。然后在管内充满清水。钻孔结束后立刻将其沉入孔内,并在测斜管与钻孔的空隙内填入细砂或水泥和膨润土拌合的灰浆,其配合比取决于土层的物理力学性能和地质状况。刚埋设完的前几天内,孔内充填物会固结下沉,因此要及时补充,保持其高出孔口。管口一般高出地表 20cm 左右,在其周围设有保护井和警示牌。

根据土层中设置测斜管所监测得到的围护结构挠曲值在时间上具有滞后性,其数值一般小于实际挠曲值。

(3)对于采用打入预制排桩作为围护结构的地下工程可采取在预制阶段时就将测斜管放入钢筋笼内,在排桩运至现场后按所需位置打入地层。采取这一方案需要对桩端进行加固处理,以避免锤击时损伤测斜管。此方法仅适用于开挖深度较浅、排桩长度短的地下工程。随着沉桩锤数的增大,即使是经过端头加固的桩体也难免在桩端受到损坏,并导致测斜管的破坏。

3) 测斜的方法与步骤

监测开始前,测斜仪应按规定进行严格标定,以后根据使用情况每隔 3~6 个月标定一次。测斜管应在工程开挖前 15~30d 埋设完毕,在开挖前的 3~5d 内重复监测 2~3 次。待判明测斜管已处于稳定状态后,将其作为初始值,开始正式测试工作。每次监测时将探头导轮对准与所测位移方向一致的槽口,缓缓放至管底,待探头与管内温度基本一致、显示仪读数稳定后开始监测。一般以管口作为起算点,按探头电缆上的刻度匀速提升,每隔 500mm 或 1000mm 的距离进行读数,并做记录。待探头提升至管口并旋转 180°后,再按上述方法测量一次,以消除测斜仪自身引起的误差。

4) 测斜资料的整理

(1) 计算原理。

通常使用的活动式测斜仪采用带导轮的测斜探头,再将测斜管分成 n 个测段,每个测段的长度为 L_i,一般为 500~1000mm。在某一深度位置上所测得的是两对导轮之间的倾角,通过计算可得到这一区段的变形。计算公式为

$$\Delta u_i = L_i \sin\theta_i \tag{5.18}$$

某一深度的水平变形值可通过区段的变形 Δu_i 的累计得出,即

$$\delta_i = \sum \Delta u_i = \sum L_i \sin\theta_i \tag{5.19}$$

设初次监测的变形计算结果为 δ_i,则在进行第 j 次监测时所得的某一深度上相对前一次监测时的位移值 Δx_i 为

$$\Delta x_i = \delta_i^{(j)} - \delta_i^{(j-1)} \tag{5.20}$$

相对初次监测时的总位移值为

$$\sum \Delta x_i = \delta_i^{(j)} - \delta_i^{(0)} \tag{5.21}$$

(2) Δu_i 的计算。

部分仪器直接测读到的并不是 Δu_i 值,而是其他物理量,如应变 ε。因为每一次测斜,总要进行二次测量,即探头旋转 180°后再测一次。所以能够得到 ε^+ 和 ε^- 两个值,取其平均值。

另外,对同一根测斜管而言,监测时 L_i 总为定值,即 500~1000mm。所以,只要将 ε_i 乘上一个仪器的常数 α,就可得到某一区段的变形值 Δu_i,其值可能为正也可能为负,其正负方向视 δ_i 的计算方法而定。

(3) δ_i 的计算。

δ_i 是某一深度上测斜管的累计变形值,其累计时应从测斜管的基准点开始。基准点位置的设定分管底和管顶两种情况。对于无支撑的自立式围护结构,一般入土深度较大,若测斜管埋设到底,则可将管底作为基准点,由下而上累计计算某一深度的变形值 δ_i,直至管顶。对于单支撑或多支撑的围护结构,在进行支撑施作或未达到设计强度前的开挖时,围护结构的变形类似于自立式围护,仍可将管底作为基准点。当顶层支撑施作后,情况就发生了改变。此时管顶变形受到限制,而原先作为基准点的管底随开挖深度的加大将发生变形,因而应将基准点转至管顶,由上向下累计某一深度的变形值,直至开挖结束。按此方法测得的围护结构的挠曲曲线在开挖高程附近出现峰值,能够观测到桩(墙)体入土端踢脚现象。无论基准点设在管顶或管底,计算累计变形值,总以向基坑侧变形为正,反之为负。

(4)测斜曲线。

根据围护或支护结构中同一测斜管在不同深度所测得的变形值可绘制初始变形曲线,即深度 H 与位移 δ 曲线,该 $H-\delta$ 曲线反映了不同监测时刻围护结构在基坑中发生的实际变形状态。若是开挖前测得的曲线就是初始变形曲线,它反映了测斜管在桩(墙)体中或钻孔沉放时的挠曲状态,而并不是一根垂线。以后每监测一次,就可增加一根 $H-\delta_i$ 曲线。根据前后两次监测的变形差值可绘制位移挠曲的 $H-\Delta x_i$ 曲线,它将初始变形状态视为位移为零的纵坐标轴,以后根据每次监测后计算得出的位移值就可绘出一条挠曲曲线。$H-\Delta x_i$ 曲线能直观地反映围护结构由于基坑施工而产生的变形,其沿深度方向各点的水平位移值、挠曲线便反映出基坑围护结构的水平位移状况。

5.1.10 深层土体位移监测

地下工程施工所引起的地表沉降很多是由深层土体位移造成的。如打桩、围岩注浆、基坑开挖时围护结构底部位移或基坑坍塌、隧道塌方以及盾构推进过程中在地层中形成的空隙等都是引起深层土体位移的重要原因。地下工程开挖引起的土体位移对地表的影响存在时间上的滞后现象。因此,如果能及时掌握深层土体的位移,在必要时采取适当的控制措施对保障地下工程施工和周围环境安全具有重要的作用。开展深层土体位移监测的目的就在于此。

深层土体位移可分为水平位移和垂直位移。深层土体水平位移的监测可通过在土体中埋设测斜管,使用测斜仪进行,详见围护结构水平位移监测一节。而深层土体垂直位移的监测可通过在土体中埋设分层沉降标进行监测。

1)深层土体水平位移监测

(1)测斜管埋设。

测斜管埋设如图 5.6 所示。首先在地层中钻孔,孔径略大于所选用的测斜管外径,然后将测斜管封好底盖逐节放入孔内,并同时在测斜管内灌满清水,直至放到预定的高程。随后在测斜管与钻孔之间孔隙内回填细砂或水泥与黏土拌和料以固定测斜管,其配合比应与地层的物理力学性质相匹配。在埋设过程中应避免测斜管发生纵向旋转。测斜管管节之间的滑槽应相互对准,防止导槽堵塞。埋设就位时必须使测斜管的一对导槽与测量位移的方向一致。测斜管埋设完毕后应测量斜管导槽的方向、管口位置及高程,并做好保护工作。在测斜管上部设置金属保护套,在管口处浇注混凝土窨井,并加保护盖。

(2)测斜的方法与步骤。

同围护结构水平位移监测。

(3)测斜资料的整理。

同围护结构水平位移监测。

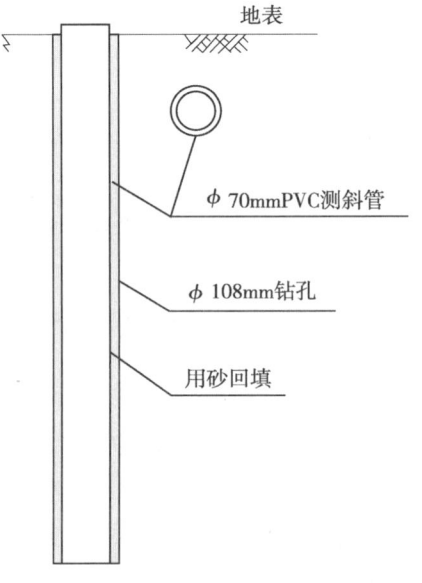

图 5.6 测斜管埋设示意图

(4)应提交的监测资料。

①水平位移测点平面图、剖面图。

②水平位移监测成果表。

③水平位移、深度、时间($S-Z-t$)曲线。

2)深层土体垂直位移监测

(1)分层沉降标的埋设。

深层土体垂直位移的监测即分层沉降监测可采用分层沉降标进行监测。分层沉降标可分为磁锤式或测杆式和磁环式。前者埋设时为一孔一标;后者为一孔多标。磁环数量可视地层分布而定,也可等间距设置。磁锤式或测杆式的标志埋设方法为:用钻机在预定位置钻孔至预测土层的高程后,将护筒放入孔内,以防孔壁坍塌,再将标头放入孔底,压入土层内,采用测杆式时放入测杆,并使其底面与标志顶部紧密接触,使上部的水准气泡居中,最后用三个定位螺丝将测杆在护筒中定位,如图 5.7 所示。

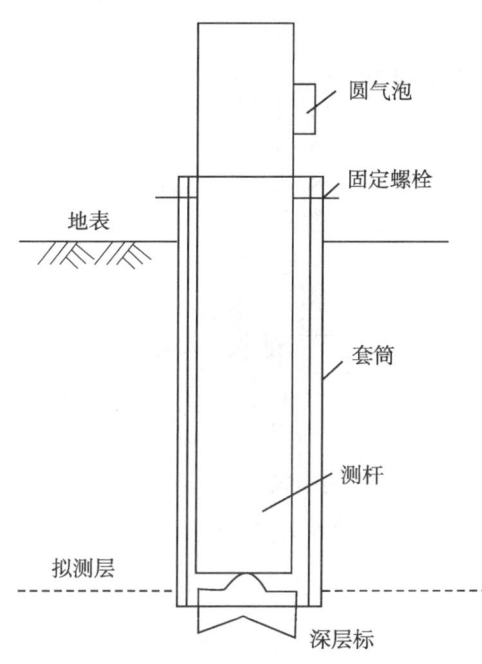

图 5.7 磁锤式埋设示意图

磁环式标志的埋设方法之一是用钻机在预定孔位上钻孔,孔深由沉降管长度而定,孔径要大于磁环,然后放入沉降管。沉降管连接时要用内接头或套接式螺纹,使外壳光滑而不影响磁环的上、下移动。在沉降管和孔壁之间用膨润土球充填并捣实,至底部第一个磁环的高程,再用专用工具将磁环套在沉降管外送至填充的黏土面上,施加一定压力使磁环上的三个铁爪插入土层,然后再用膨润土球充填并捣实至第二个磁环的高程,按上述方法安装第二个磁环,直至完成整个钻孔中的磁环埋设。

埋设磁环的方法之二是在沉降管下孔前将磁环按设计距离埋设在导管上,磁环之间可利用沉降管外接头进行隔离,成孔后将带磁环的沉降管插入孔内,磁环在接头处遇阻后被迫随导管送至设计高程,然后将沉降管向上拔起 1m,这样可使磁环在上、下各 1m 范围内移动时不受阻,然后用细砂在导管和孔壁之间进行填充至管口高程。

(2)监测方法。

磁锤式分层标是通过钢尺和水准仪进行监测的,如图5.8所示。孔内重锤靠底部磁块的吸力与标头紧密接触,孔外重锤利用自重通过滑轮将钢尺拉直,用水准仪监测基准点与分层标之间的高差,计算出深层土体的沉降值,所用钢尺在监测前应进行尺长鉴定,同时要考虑拉力、尺长、温度变化的影响。

测杆式分层标也是采用水准法进行监测的,在测杆上竖立水准尺,用水准仪监测高程,计算深层土体沉降。在监测时测杆应保持垂直,水泡居中。磁环式分层标监测时应先用水准仪测出沉降管的管口高程,然后将分层沉降仪的探头缓缓放入沉降管,当接收仪发生蜂鸣或指针偏转最大时,就是磁环的位置,自上而下依次逐点测出孔内各磁环至管口的距离,换算出各点的高程,如图5.8所示。

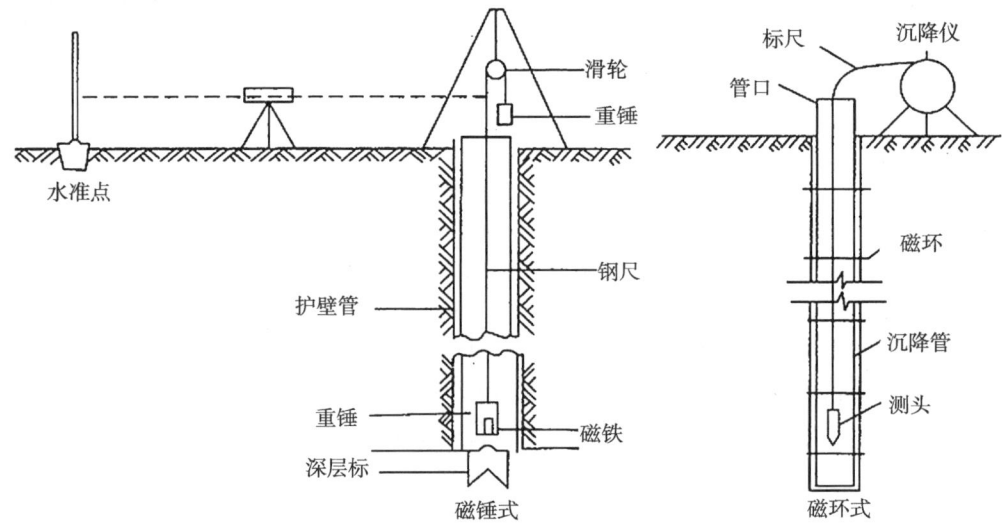

图5.8 磁锤式分层标测量示意图

深层土体垂直位移的初始值应在分层标埋设稳定后进行,一般不少于一周。每次监测应重复进行两次,两次误差值不大于±1.0mm。对于同一个工程,应固定监测仪器和人员,以保证监测精度。

(3)应提交的监测资料。

①分层沉降标埋设平面图与剖面图。

②分层沉降监测成果表。

③沉降值、深度、时间曲线。

5.1.11 地下管线变形监测

地下管线是城市的生命线。一旦遭到破坏将会给城市居民生产、生活带来严重的影响,甚至造成严重的经济损失和社会事件。由于地下工程施工不可避免地要对地层岩土体产生扰动,因而埋设在地层中的地下管线将随岩土体变形并产生垂直位移和水平位移。地下管线变形监测的目的在于掌握地下管线的变形量和变化速率,及时调整施工方案,采取有效措施加以保护。

1)地下管线的调查

在制定测点布置方案和确定监测方法及频率前,首先应调查与管线监测有关的基础资料,其内容如下。

(1)管线的用途、材料和规格,以便选择重要管线进行监测。

(2)管线的平面位置、埋深和埋设年代。

(3)管线的接头形式、对位移的敏感程度,以便确定位移控制基准值。

(4)管线所在道路的交通状况,以便确定测点埋设方式。

(5)采用土力学与地基基础有关的公式估算地下管线最大位移值。

(6)城市管理部门对于地下管线的沉降允许值。

获取上述资料的途径主要是通过工程建设单位向有关管线管理或产权单位进行调研,收集管线分布图和现状。在缺乏图纸资料时,可采用管线探测仪进行现场勘查,也可向附近的管线用户进行询查。

2)测点的埋设

目前地下管线测点主要有以下三种监测方法。

(1)抱箍式。

由扁铁做成直径稍大于管线的抱箍固定在管线上,抱箍上焊一测杆,测杆顶端不应高出地表,路面处布置窑井,既用于测点保护,又便于地面交通通行。抱箍式测点具有监测精度高的特点,能如实反映管线的变形情况,但埋设时必须进行开挖,且要挖至管底,对交通繁忙的路段影响甚大。抱箍式测点主要用于一些次干道和十分重要的地下管道,如高压煤气管、压力水管等,如图 5.9 所示。

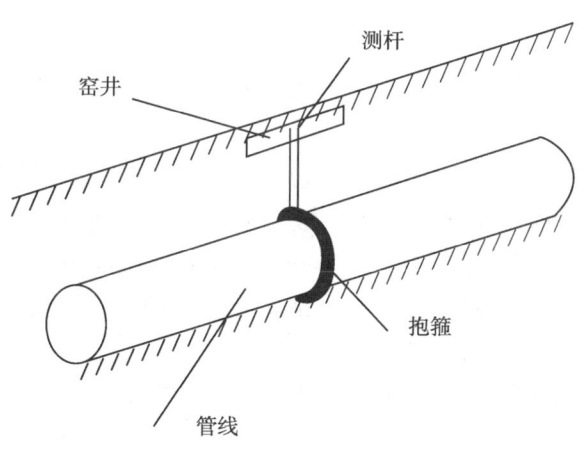

图 5.9 抱箍式埋设方案

(2)直接式。

用敞开式开挖和钻孔取土的方法挖至管线顶面,露出管线接头或闸门开关,利用凸出部位涂上红漆或黏贴金属物如螺帽等作为测点。直接式测点主要用于沉降监测,其特点是开挖量小,施工便捷。但管线埋深较大时容易受地下水或地表积水的影响,立尺困难,影响测量精度。直接式测点适用于埋深浅、管径较大的地下管线。

(3)模拟式。

对于地下管线排列密集且管底高程相差不大或因种种原因无法开挖的情况,可采用模拟式测点。方法是选有代表性的地下管线，在其邻近施作 $\Phi 100mm$ 的钻孔。孔深至管底高程，取出浮土后用砂铺平孔底，先放入不小于钻孔面积的一片钢板，以增大接触面积，然后放入 $\Phi 200mm$ 的一根钢筋作为测杆，周围用净砂填实。模拟式测点的特点是简便易行，避免了道路开挖对交通的影响。但因测得的是管底地层的变形，因此模拟性差，精度较低。

上述三种形式的测点均可用于垂直位移的监测。抱箍式和直接式也可用于水平位移的监测，但应注意抱箍式测点的测杆周围不得回填，否则会引起监测误差。

3）监测注意事项

（1）在管线变形监测中，由于允许变形量小，一般在 10～30mm。故应使用精度较高的仪器和监测方法，如采用精密水准仪和铟钢尺测量垂直位移，测量水平位移用的经纬仪应有光学对中装置。

（2）计算位移值时应精确至 0.1mm，同时应计算同一点上的垂直位移值和水平位移值的矢量和，求出最大值，然后与允许值进行比较。

（3）当最大位移值超出控制值时应及时报警，并会同有关方面研究对策，同时加密监测频率，防止意外突发事故，直至采取有效措施。

5.1.12 拱顶下沉监测

1）监测目的

拱顶下沉监测值是反映地下工程结构安全和稳定的重要数据，是围岩与支护结构力学形态的最直接、最明显的反应。

2）沉降点埋设与测试

（1）沉降点的埋设应能反应结构的受力状态和变形，并尽量与地表沉降测点相对应，以利于对比分析。

（2）拱顶下沉的水准基点可布设在洞内或洞外，应固定牢靠和易于测量。

（3）拱顶下沉测点一般用 $\Phi 6mm$ 钢筋弯成三角形，固定在待测面上的拱顶部位。根据隧道或地下开挖洞室的高度准备钢卷尺。其一段接上挂钩，监测时将钢卷尺用挂钩挂在拱顶测点上。对测点在地下工程施工期间采取措施加以保护，防止测点损坏，确保监测数据不中断。

（4）测量应在水准仪及挂尺检验合格后进行，如果在测点和挂尺附近有振动等其他作业时暂停监测，待周围环境对测量无影响时再进行监测工作。隧道内拱顶下沉的量测方法如图 5.10 所示。

3）数据分析与处理

对同一测点而言，拱顶沉降计算按照式(5.22)进行。

$$\Delta u_i = H_i - H_{i-1} \tag{5.22}$$

式中，Δu_i 为第 i 次的沉降值；H_i 为第 i 次测量的高程，H_{i-1} 为第 $i-1$ 次的测量高程。

数据分析与处理的方法和过程与地表沉降监测的过程相同。

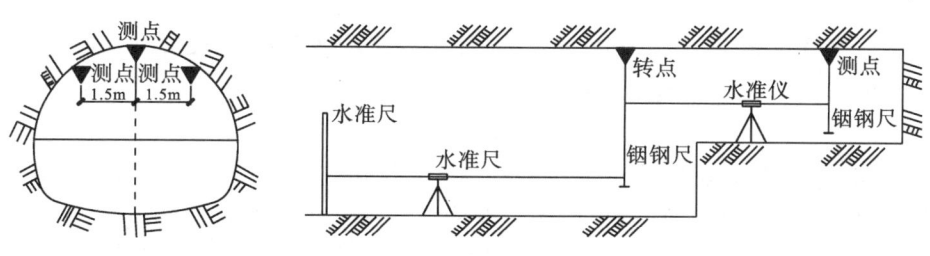

图 5.10 拱顶下沉的量测方法

5.1.13 净空收敛监测

1)监测目的

地下工程开挖后,其洞室内部的净空收敛也是反映围岩与支护结构力学形态变化的最直接、最明显的参数。通过监测可了解围岩和支护结构的稳定状态。

2)测点布设原则

净空收敛的测点应与结构拱顶下沉测点布置在同一个断面上。在同一断面内,收敛基线的布设应根据开挖断面大小选择不同的布置形式,通常情况下可以采用图 5.11 所示的测线布设形式。

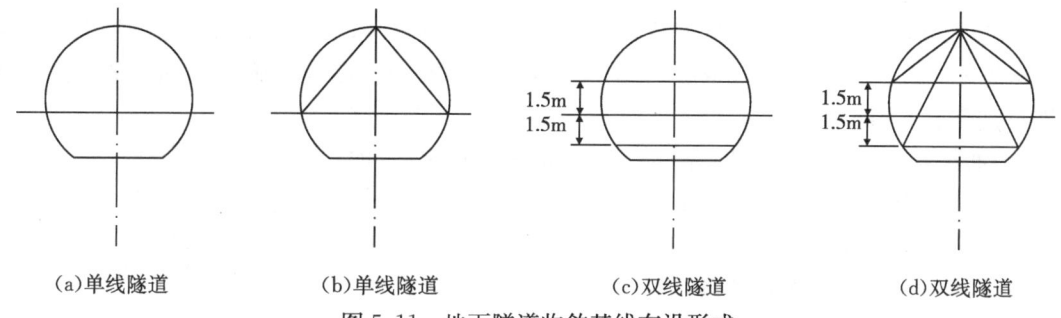

(a)单线隧道　　(b)单线隧道　　(c)双线隧道　　(d)双线隧道

图 5.11 地下隧道收敛基线布设形式

具体可按照地下工程所采用的开挖方法和断面大小加以确定。安装测点时,在被测结构断面的岩壁或土体上用钻机或冲击钻成孔,孔径为 40~80mm,孔深 20mm。在孔中填塞水泥沙浆后插入收敛预埋件,尽量使两个预埋件的轴线在基线方向上,待孔内的砂浆凝固后即可进行监测。

3)监测与数据处理

每次测量时取下测杆保护帽,将收敛计用销子连接于基线两端的测杆上,张紧钢尺读数,重复三次读数应在 ±0.05mm 之内。初次测量在钢尺上选择一个适当孔位,将钢尺套在尺架的固定螺杆上。孔位的选择应能使得钢尺张紧,此时收敛计百分表或数显表顶端读数在 0~25mm。拧紧钢尺压紧螺帽,并记下钢尺孔位读数。再次测量,按前次钢尺孔位,将钢尺放在支架的固定螺杆上,按上述相同程序操作,得到测量值 L_n。按式(5.23)计算洞室的净空变化值。

$$\Delta l_i = L_i - L_0 \tag{5.23}$$

式中，Δl_i 为第 i 次测量的净空变化值；L_i 为第 i 次测量的净空值；L_0 为初始测量的净空值。

洞内外温度变化会引起钢尺的变形，进而影响监测的精度。为此在监测的同时应考虑温度对变形的影响，收敛计温度的影响按式(5.24)加以考虑。

$$l_{it} = \alpha L(t_i - t_0) \tag{5.24}$$

式中，l_{it} 为第 i 次测量的温度修正值；α 为钢尺的线膨胀系数，$\alpha = 12 \times 10^{-6}/℃$；$L$ 为测量基线的长度，m；t_i 为第 i 次测量时测点温度，℃；t_0 为初始测量时的温度，℃。

为了提高监测精度，每次测量时应尽可能使支架和销子处于某一固定方向。此外，在测量时还需要注意一下事项。到达测试地点后取出收敛计，并拉出其钢尺，钢尺长度稍长于测量基线，停放约 20min，以使环境温度与钢尺温度达到相同，并使百分表或数显表归零。

当百分表或数显表读数大于 25mm，钢尺需另换一个孔位与尺架连接。为了消除换孔间距的误差，换孔前先测读一次并计算净空变化值，换孔后再测读一次。以后计算净空变化时以后一次读数为准，再加上换尺时的净空变化值。

5.1.14 爆破振动监测

1）监测目的

钻爆法是山岭隧道和硬岩地层中地下工程最常用的施工方法。在距离地表只有数米或数十米埋深的地下作业，爆破所产生的地震波对地表各种不同的建筑结构将产生不同程度的振动影响，甚至引起结构破坏。为了确保建筑物的安全，在爆破施工期间需要对爆破振动进行监测。其目的如下。

(1)通过现场的爆破振动监测，了解爆破振动的速度(加速度)分布与变化规律，判断爆破振动对结构和周边建筑物的振动影响。

(2)通过振动速度监测，及时调整爆破参数，为优化爆破设计提供技术依据。

2）爆破振动监测应具备的条件

(1)传感器的要求和安装。

①传感器频率要求。

爆破产生的振动频率要高于自然地震的振动频率，远离爆源其值逐渐减小，一般情况下爆破振动频率范围在 30~300Hz。国内市场可供选择的振动速度传感器频率量程一般在 1~500Hz，基本能满足现场爆破振动监测的需要。另外，在监测爆源附近和坚硬岩体中的爆破振动时，应选择更高频率范围的传感器，其频率范围在 1000Hz 以上。若传感器的频率范围不能满足要求，可改为加速度传感器，将加速度波形积分可得到速度波形。一般加速度传感器频率范围很大，可达 10kHz 以上，可满足高频率振动监测的要求。

②传感器的安装。

通常爆破施工引起的地表振动振幅值不大，频率较低，监测时只需将传感器直接置于地表，在其周围用石膏黏贴即可。而监测地下工程结构内部的强烈爆破振动时，可在内部侧壁上用钻孔将钢钎嵌入岩体，并将传感器固定在钢钎上。对于一般地段，可直接将传感器安装在岩体表面，不推荐安装在钢钎上，以免使振动波形失真。目前一些传感器带有安装磁座,在现场安装比较方便。此时,可埋入或胶结一块小铁板,将传感器磁座直接吸附和固定在铁板上。

③传感器的其他要求。

传感器属于敏感器件,在现场和野外条件下使用时,因周边环境条件差,颠簸振动较大,容易受损,因此传感器每年应标定一次。当发现线性度偏差较大时,不再使用。传感器有竖向和横向之分,在监测三向振动分量时应注意传感器的方向性。现国外已研究出三向速度或加速度传感器,一个传感器同时监测出 x、y 和 z 轴三个方向的振动分量,能方便准确地求出合速度,这种传感器是今后爆破振动测试的发展方向。目前因价格高且标定困难,不易推广。但爆破振动监测应以三向监测为主,三向合速度更能反映振动强度。

(2)记录仪的要求。

爆破振动记录仪目前多为数字式,具有质量轻、便于携带且功能齐全的特点。在选择爆破振动自动记录仪时,应按照下列要求选取。

①有可靠的自触发装置。现场爆破振动自动记录仪一般放置在传感器附近,可省去较长的电缆线。因此自记仪的触发方式一般选择自动内触发,若内触发有误将导致监测失败。

②记录仪应具有负延时记录功能。若由自触发启动记录并存储时,如果没有负延时设置,则有可能丢失振动波头的记录信号,而波头信号往往比较重要。一般负延时记录应达到 0.25s 左右。

③一台记录仪至少应有三个通道。通常为监测某点三个方向的振动分量,需要三个传感器接入同一台记录仪,它可保证三个方向同步进行记录,便于求合速度。

②具有较大的内存,能够满足现场多次和大量的监测。

3)监测报告的内容

一份完整的爆破振动监测报告应包括如下内容。

(1)监测工程的概况。包括时间、地点、环境温度、湿度、风向、风力、监测单位、监测人员。

(2)爆破网络参数。总装药量、分段数、分段炮孔数和药量、爆区范围、起爆方式。

(3)监测场地状况。测点方位、离爆源距离、测点地形和地质条件以及周围环境。

(4)传感器安装情况。传感器的安装方法、安装方向、传感器型号、传感器灵敏度、线性度、编号。

(5)记录仪器情况。记录仪名称、型号、编号、触发方式、量程选择、采样频率、通道数及编号。

(6)记录波形输出。振动波形应有时间标尺,标出最大振幅值和其所处时刻。

(7)振动衰减规律的回归分析。根据经验公式 $v = K \left(\dfrac{Q^m}{R} \right)^\alpha$ 求出 K、α 值。

(8)描述爆破前后监测仪和建筑物有无损坏。

(9)附上仪器传感器标定证书。

4)爆破振动效应的安全判据分析

描述爆破振动效应的参数较多,如振动速度、加速度、位移、频率等。用哪种参数作为评价爆破振动效应的判据,目前尚无统一标准。我国工程界普遍认同以爆破引起的振动速度为判据。但国外评价标准已发展到采用多参数作为判据，如瑞典的评判标准综合考虑了振速、频率、位移、加速度等多项指标；美国矿业局、德国和芬兰则将振速和频率两个指标作为主要判据。以振速和频率两项作为判据是必要的，幅值和频率是描述振动效应的最基本物理量。从振动反应分析，不同地基和结构具有不同的固有频率，考虑到共振效应，振动判据应包括频率参数。在实际工作中常遇到此类问题，如某采石场爆破开采时，曾多次接到距离爆源1~2km远处住户反映振动较大的问题，而距离爆源500m以内的住户却尚未感觉到房屋受到了强烈振动。经过分析可认为振动频率随距离而降低，远处低频的振动波因接近房屋固有频率，因此房屋产生共振反应，振动较大。

5) 爆破振动速度衰减公式的分析

目前，普遍采用萨道夫斯基公式来近似计算爆破引起的振动速度 v，即

$$v = K\left(\frac{Q^m}{R}\right)^\alpha \tag{5.25}$$

式中，Q 为单段起爆的装药量，kg；R 为测点与爆破点之间的距离，m；K 为爆破场地系数；m 和 α 为回归系数。当药包尺寸或同段炮孔的分布范围与测点距离的比值相当小时，比例尺寸不到 1:10 时，可以认为同段爆破药包为点药包，取 $m=1/3$；更近距离范围趋于 $1/2$。当测点距离与同段药包相当分散时，取 $m=1/2$。

K、α 值与爆区地形、地质条件和爆破条件等有关，但 K 值更取决于爆破条件的变化，α 值主要取决于地形、地质条件的变化。爆破临空条件好，夹制作用小，K 值就小，反之 K 值大。地形平坦，岩体完整且坚硬，α 值趋小；反之破碎、软弱岩体且地形起伏时，α 值趋大。

K 值的范围大部分在 50~1000，α 值为 1.3~3.0。实际监测时，建议将近距离振动衰减规律和远距离衰减规律分开考虑，当比例距离 $R'=R/Q^m \leq 10$ 时即可认为是近距离振动，而当 $R'=R/Q^m > 10$ 时即认为是远距离振动。近距离振动 K 值较大，可达 500 以上，而 α 值较大，可取 2.0~3.0；远距离爆破振动的衰减指数 $K=130$~500，$\alpha=1.3$~2.0。

6) 爆破振动安全评价应注意的问题

在应用国家标准《爆破安全规程》(GB6722—2003)中的安全振动速度标准时，应注意如下问题。

(1) 在评价爆破振动安全时，不仅要考虑地面建筑物结构形式，更要考虑地基基础。应该说大部分振动破坏都不是建筑结构的直接振裂破坏，而是由于地基基础的振动变形和位移所致。因此除考虑不同结构类型的振速标准，还应考虑不同地基类型的振动标准。如瑞典的"标准"规定为

散松的冰碛、砂、卵砾石、黏土层，　　　　$[v] \leq 1.8$cm/s；
紧密冰碛层、砂岩、软弱灰岩，　　　　　　$[v] \leq 3.5$cm/s；
花岗岩、片麻岩、石灰岩、石英砂岩，　　　$[v] \leq 7$cm/s。

(2) 对于特别重要的建筑物应进行专项评审和鉴定，并根据调查报告或试验报告经论证后确定振动安全控制标准，并根据现场监测的结果加以调整。

(3) 在爆源 50m 范围以内有保护建筑物时，应做振动监测。因爆源近区振动危害较大，振动衰减规律变化较大，只有通过监测结果随时调整爆破设计方案才能确保建筑物的安全。

5.1.15 地质状况观察和素描

1)监测目的

通过对地下工程开挖工作面地质状况的观察和素描可准确了解施工过程中所遇到的实际地质问题,并根据工作面的地质状况如围岩级别、断层、节理、裂隙以及地下水发育状态等对施工技术和支护参数做出及时的调整。

2)监测实施过程

开挖后对工作面围岩观察的内容包括以下三个方面。

(1)围岩类型及其产状、节理裂隙发育程度和方向性、节理裂隙填充物的性质和状态等。

(2)开挖工作面的稳定状态,围岩有无剥落现象。

(3)工作面的地下水状况,如有无渗、涌水等。

3)分析与处理

(1)绘制掘进工作面的地质素描图,编录地质状况,并据此判定实际围岩级别。

(2)根据判定的实际围岩级别,分析支护设计参数的合理与经济性,为变更设计和调整施工工艺提供技术依据。

5.2 地下工程的远程监测系统

5.2.1 近景摄影测量系统

用于监测地下结构变形的近景摄影测量摄影机有两种类型:①带有框标和定向设备的测量相机即摄影经纬仪;②没有框标和定向设备的非测量相机即普通照相机。

近景摄影测量地下工程位移的实质就是测算出目标点的空间坐标,测算出相应点空间坐标的变化,即为相应的三维位移矢量。近景摄影测量已从模拟法发展到解析法。

根据摄影测量的基本原理,按照测定已知元素的不同,近景摄影测量有四种:①测定地表控制点的方法;②测定摄影外方位元素的方法;③直接线性变换的方法;④手持相机监测地下工程位移的近景摄影测量新技术。

其中前三种方法由于监测设备购置费用高、监测时间长以及在监测期间对施工和运营的干扰严重而难以推广。第四种方法的基本原理是:在地下工程整个监测断面上布置若干个变形测点,并放置1~2把基尺,利用普通相机对监测断面内的不同部位进行拍照,并将照片扫描成数字图形输入计算机,并输入若干个参数后,计算机会自动计算出各变形点的物理空间坐标。监测时不设固定的监测摄影站,各次监测摄影站和基尺位置可任意选择,但各变形点的编号不能变更。计算机能自动识别未产生位移的标志点,并使其各坐标系统一致,计算出各变形点的三维位移量。

由于地下工程施工环境条件多变而且工艺复杂,近景摄影测量技术不易实施,而且其测量的精度难以达到要求。因此,尚需要开展进一步的研究工作。

下面对三维隧道影像扫描仪（简称 DIBIT 系统）做一简要介绍。DIBIT 为可携带式隧道影像记录器，是由奥地利 ILF 与 Tunei Conslt 公司合作研制的测量系统，曾应用于德国、奥地利境内高速铁路隧道的施工监测。采用三维隧道影像扫描仪不仅可全面并精确地摄录隧道开挖面的地质与支撑施作状况，改善传统施工方法中有关监测或记录方法的缺点，而且还可以提供隧道开挖的高精度资料，建立施工质量的资料库，有助于提升隧道施工的质量控制与工程管理效率。

1) DIBIT 系统特性

(1) 系统外观。

DIBIT 系统的外观如图 5.12 所示。其主要元件及功能如下：

图 5.12 DIBIT 系统外观

①使用高解析度、配备数码耦合件（CCD）的相机，即数码相机。

②玻璃棱镜可配合自动定位经纬仪（self targeting servo-theodolite）进行坐标位置的确认。

③工业型电脑进行资料的搜集、记录与储存，配备触控式屏幕，简化及加快操作程序。

④配备有高阶影像处理软件，可做影像资料分析与储存。

(2) DIBIT 系统特性。

①现场扫描时间短，且资料涵盖范围广。

②可由一般技术人员在现场单人操作。

③配合隧道施工掘进，扫描开挖面。

④隧道半径约为 10m 时，其资料解析度一般可达 1cm。隧道越小，解析度越高。

⑤影像资料处理流程全自动化，无须人为处理。

⑥影像资料的储存、搜寻及调阅方便且快速。

⑦影像资料的评估简易快捷。

⑧影像结果表达方式明确且易于了解。

2) 系统操作

(1) 影像资料记录。

DIBIT 系统使用固定于相机架上的两台数码相机与三组玻璃棱镜组成主机上的主要元件，如图 5.13 所示。

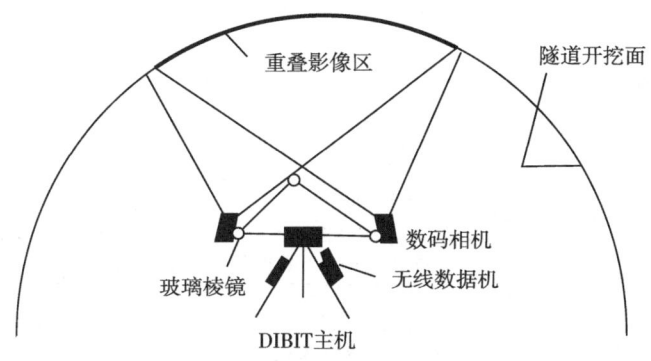

图 5.13　DIBIT 系统主机元件

模拟航空摄影的原理，两台数码相机对相同目标摄取重叠影像，借以取得隧道表面的影像素(pixel)立体坐标。玻璃棱镜用于仪器本身的定位，透过置于主机附近的自动定位经纬仪完成。主机与经纬仪之间的数据传输是利用内置无线数据机，进行自动化信息交换与指令操控，将定位资料同步储存至相关影像资料中。对一般山岭隧道而言，大约需要划分为五段进行断面扫描，分别摄取重叠影像，进而组合成全断面影像。

现场影像资料的收集、记录与储存由工业型电脑控制。DIBIT 系统总质量约 18kg，携带方便且可单人操作。为使影像有高的品质，通常在现场拍摄时附加卤素灯以增强照度。若使用自备电池，主机拍摄时间可维持约 40min，也可外部接电源。在摄取隧道开挖面重叠影像时，将 DIBIT 主机大致置于隧道开挖面中心，输入隧道拍摄里程、高度与拍摄角度等资料，即可启动记录器逐段进行开挖面扫描与空间定位，每段扫描所需时间约为 40s。

(2) 资料整理。

将现场所摄录的地质资料，通过 MO 磁碟机输入室内主机即可进行资料的处理与分析。各段的数码原始影像资料经处理软件分析后可得正交影像，影像中每一像素均具三维绝对空间坐标，其资料解析度可达 1cm。处理的结果可显示、列表以便进行分析、展示、储存或其他应用。对隧道施工管理而言，DIBIT 系统应用于隧道时不仅可以取得施工过程的完整实况录像，如开挖面地质、喷射混凝土与二次衬砌混凝土等表面的影像，也可通过三维坐标的几何分析获得工程量相关资料，包括隧道超挖与欠挖量、喷混凝土厚度、隧道收敛变形量、超挖或欠挖体积、喷混凝土体积、喷射与回弹量等。此外，分析开挖面地质影像，可取得层面与不连续面的产状和构造状况，以便进行地质资料的统计与分析。

5.2.2　多通道无线遥测系统

利用无线遥测系统可以对地下工程施工期间的围岩位移变化进行监测。经过机械传动使装在无线遥测数据采集发射装置中的容栅式位移传感器输出的信号发生变化。传感器同时输出两路不同的信号即数据信号和同步信号。而用无线方式同时传输这两路信号是极为困难的,因此,先将这两路信号送入单片计算机,经过转换得到一路标准的异步串行通信信号。为了实现无线数据的传输,在发送前将数字信号变成模拟信号,在接收端再把模拟信号转化成数字信号。该系统使用专门设计的单片小型调制解调电路,便携式遥测主机电路图如图 5.14 所示。

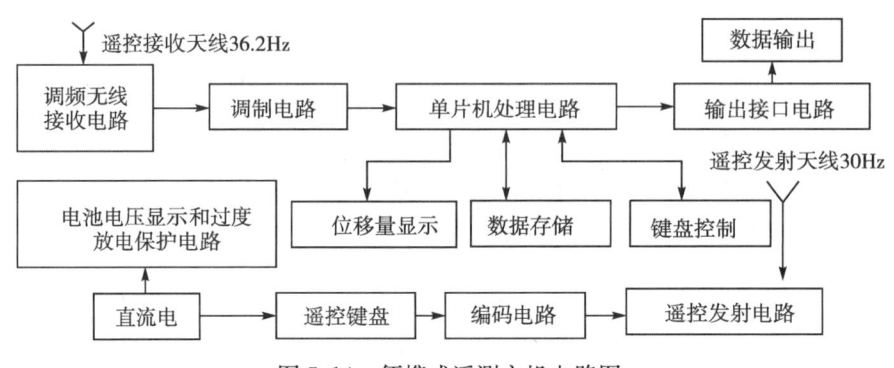

图 5.14 便携式遥测主机电路图

无线遥测隧道围岩位移测试系统具有以下特点:
(1)整个系统的信号传输全部采用数字化传输,因此抗干扰能力强,监测结果准确。
(2)使用电容式(容栅式)新型位移传感器。
(3)专用小型调制解调器。
(4)功能齐全、操作简便,能够适应恶劣的工作环境。具有防尘、防水、抗爆以及体积小、成本低的特点,并设有电池电压显示及过度放电的保护电路等。

为了实现多通道数据遥测,在系统中设计了无线遥控发射接收电路,带有数码编码、解码和延时开关功能。用于准确控制多个遥测数据采集发射装置。数据采集发射装置中有遥控接收电路,此电路和容栅式位移传感器一直工作,随时准备接收遥控指令。当收到装在遥测主机上遥控发射电路发出的编码指令,并且确认解码正确后,无线遥测数据采集发射装置自动开启遥测发射电源,开始发射信号。由于延时开关电路的作用,2s 自动断电停止工作。每个数据采集发射装置均有不同的编码,监测人员可以使用遥测便携式主机上的键盘,非常方便地启动对应的发射电路,实现多通道逐点监测。多通道无线遥测隧道围岩位移系统的研制成功为隧道位移监测提供了一种精确、可靠、便捷的方法。

5.2.3 光纤监测系统

利用外界因素使光在光纤中传输时的光强、相位、偏振态以及波长(或频率)等特征量发生变化,从而对外界因素进行监测和信号传输的技术称为光纤监测技术。轻细、柔韧并具有良好可埋入性的光纤,能集信息传输与传感于一体,由它构成的传感器,只需一个光源和一条探测线路就可以对沿光纤传输路径上长达数米甚至数千米的信息如应力、温度、位移、损伤状况等进行监测与控制。光纤监测技术与传统传感技术在岩土工程中应用的优缺点如表 5.1 所示。

表 5.1 光纤传感技术与传统传感技术比较

比较项目	光纤传感技术	电磁传感技术
监测环境	可用在水下、潮湿、易燃、易爆、电磁干扰、高能辐射等环境中无须采取任何防护措施即可进行长期监测	不适用于复杂环境,如做特殊防护可进行短期监测
灵敏度	位移达到 $10^{-2} \sim 10^{-4}$ 量级,压力 $0.01 \sim 0.001$MPa	位移达到 $10^{-2} \sim 10^{-4}$ 量级,压力 $0.01 \sim 0.001$MPa
连接成网	需要进行无源联结,连接器件价格高,维修困难	易于连结和维修,费用低
智能化	易于实现	易于实现
施工干扰	需要进行防护,但体积小易于隐蔽,元件维修困难	需要防护,故障易排除,设备占用空间较多
服务年限	>10 年	1~2 年
监测费用	在同一精度与测试量测内,仅为电磁法的 1/2~1/3	费用较高

从表 5.1 可以看出,光纤传感技术与传统传感技术相比,有明显的优越性和巨大的发展潜力。

5.2.4 自动全站仪非接触监测系统

全站仪非接触监测系统采用先进的全自动全站仪,具有自动目标识别、自动跟踪、无棱镜测距的功能。通过数据线与远处控制室连接,通过控制室电脑发出指令控制全站仪对目标进行监测。该系统具有获取信息及时、监测精度高、监测与施工测量可共用一套仪器的优势。

1)无尺监测系统的构成

为了满足地下工程变形监测的需要,全站仪的测角精度应达到 ±1″,分辨率达到 0.1″,而测距精度为 1mm+1ppm,分辨率达到 0.1mm。这样对于几十米长的隧道范围内的观测点,其定位精度用 1~2 个测回可达毫米级。也可采用测角精度为 2″,测距精度为 2mm+2ppm 的全站仪,但要达到 1mm 的定位精度,必须增加测回数。

与全站仪配合使用的反射片是一种具有回复反射性能的反射膜片。反射膜片由丙烯酸酯制成,厚度为 0.28mm,呈银灰色,大小可根据测距加以选择。监测中常使用的反射片技术参数如表 5.2 所示。

表 5.2 反射片技术参数

反射片大小/(mm×mm)	测量范围/m	精度/mm
20×20	2~40	1.0
40×40	20~100	1.0
60×60	60~180	1.0

反射片最大测距可达 180m,而且当视线与反射片垂直时,不会降低测距精度。当反射片 45°放置时,监测精度为 ±1.0mm,在两个位置监测时,精度还会提高。

2)测量原理

(1)自由测站法的原理。

全站仪自由测站三维测量是指从任一测站上观测若干已知基准点的方向与距离,通过坐标变换或按最小二乘法算出该测站上仪器中心的坐标及正北方向,然后以此测出其他监测点的坐标。

自由测站原理图如图5.15所示。全站仪机载有自由测站程序,该程序最多可利用10个后视点的测量值来推求测站点的三维坐标及正北方向,给出其精度并能将定向值和测站坐标设置在仪器中,然后可进一步测量其他变形点相对测站中心的极坐标,经坐标变换得测点在直角坐标系中的三维坐标。如图5.15所示,A是任意一监测点。

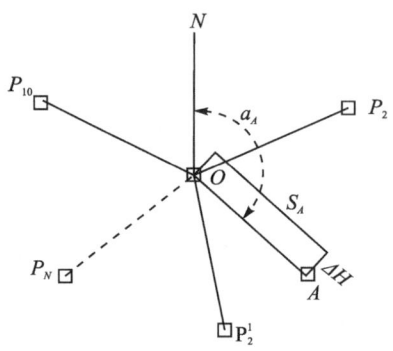

图5.15 自由测站法原理图

假设仪器中心点O的坐标为(x_0, y_0, z_0),由自由测站法测得。设全站仪测得距A点平距S_A、方位角α_A、高差ΔH,则A的坐标为

$$\begin{cases} x_A = x_0 + S_A \sin\alpha_A \\ y = y_0 + S_A \cos x_A \\ z_A = z_0 + \Delta H \end{cases} \quad (5.26)$$

这种方法的优点是可任意放置仪器,仪器操作比较方便,但测站点的定位精度不易保证,从而影响最终监测点的测量精度,且多个后视基准点在隧道这种狭长的空间中比较难以确定。

(2)固定测站法原理。

如图5.16所示,A是任意一监测点。

假设仪器架设在固定点O,O点为坐标原点$(0,0,0)$,仪器高为H;以O点和基准点连线为y轴建立局部坐标系。并设全站仪测得距A点的平距为S_A、方位角α_A、高差为ΔH。A点的空间三维坐标为

$$\begin{cases} x_A = S_A \sin\alpha_A \\ y_A = \cos x_A \\ z_A = H + \Delta H \end{cases} \quad (5.27)$$

这种方法的优点是后视基准点只需要一点,定向比较准确和方便。但每次监测时需要将仪器对中和测量仪器高度,其精度直接影响监测点精度,而且固定点需要加以保护。

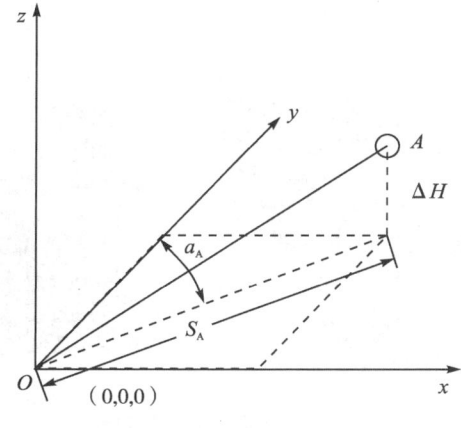

图 5.16　固定测站法原理图

5.2.5　巴赛特(Bassett)结构收敛系统

巴赛特结构收敛系统可以进行隧道断面变形的连续监测,该系统可安装在隧道典型断面,用于监测因结构变形而引起的变形破坏,如图 5.17 所示。该系统能够适应于高烈度地震区、地下水发育、温度变化较大的交通隧道和存在电磁辐射的地下环境。

 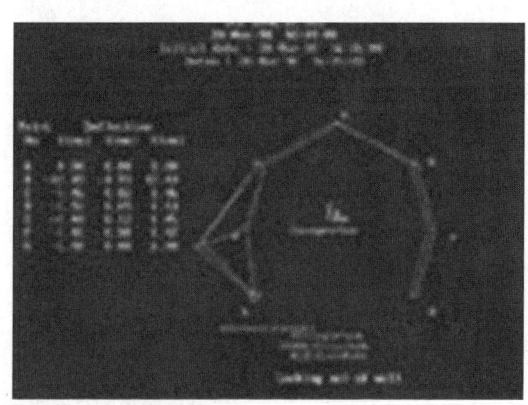

图 5.17　巴赛特结构收敛系统

5.2.6　轨道变形监测系统

轨道沉降监测系统专门用于监测铁路轨道的沉降和扭转,用于监测和维护铁路和路基的安全,如图 5.18 所示。采用数据记录仪进行远程读数。

1)仪器性能

EL 电解质式轨道沉降监测传感器,量程 40 分,SINCO96806350 分辨率 ls(0.005mm),测试精度 0.015mm。

2)系统性能指标

(1)实时性。24h 全天候实时监测,完全可以实现无人值守测量。

(2)实用性。系统可靠、稳定、适应性强,可以在列车正常运行的环境及潮湿环境中稳定监测。

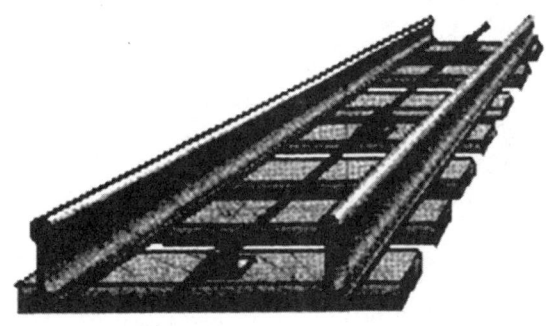 

图 5.18 轨道沉降监测系统

(3)自动化程度和效率高。对于经常性的、工作量较大的作业，可选批处理功能自动完成，提高工作效率。

(4)功能齐全。该系统可实现与在线监控系统之间数据的自动转换。

5.3 光纤传感系统

5.3.1 系统简介

光纤光栅传感器是目前正在研发的新型传感器，与传统传感器相比，其集信息感应和传输于一体，具有防爆、抗电磁干扰、抗腐蚀、耐高温、体积小、质量轻、灵活方便的特点，特别适合在恶劣环境下使用。其克服了电阻应变片易受电磁干扰、容易损坏、寿命短和不能重复使用的缺点。

光纤光栅传感器与传统的传感系统的不同之处在于它是波长编码，因此其测量精度不受光源起伏、光纤弯曲、连接损耗和探测器老化等因素的影响。目前美国、加拿大、瑞士、德国、英国等已将光纤光栅传感技术成功地应用在隧道、桥梁、大坝、电站、高层建筑等基础设施的安全检测中，美国和日本甚至将此项技术列为 21 世纪先导性的战略产品。目前光纤光栅传感器已被公认为结构安全检测中最有前途、最理想的检测手段。通过利用光纤传感器技术可准确地将地震、不均匀沉降、动荷载等对建筑结构产生的不利影响进行实时、长期、直观地监控。

5.3.2 光纤系统组成

光纤系统主要包括光纤光栅传感头及传感测量两部分。传感测量部分主要包括探测光源即宽带光源或 LED 和光纤光栅波长分析器。后者完成光纤光栅波长和光强的光电接受放大、数据处理、网络控制和传输、计算机显示、输出及储存。

1)光纤光栅传感头

光纤光栅传感头主要采用 Bragg 光纤光栅或其他类型光纤光栅如长周期光纤光栅、啁啾光纤光栅等。Bragg 光纤光栅的基本结构如图 5.19 所示。纤芯中的条纹代表折射率的周期性变化。

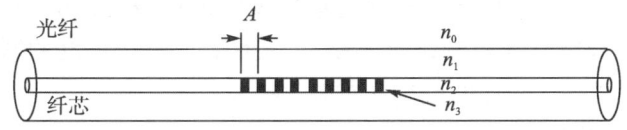

图 5.19　Bragg 光纤光栅

2）探测光源

探测光源即宽带光源或 LED，图 5.20 所示的宽带光源可实现大功率稳定输出，满足大型传感网络光源的需要，具有双冷却系统和特殊设计的散热封装，可满足长期稳定运行的要求。

图 5.20　宽带光源

3）光纤光栅传感监测系统

光纤光栅传感器监测系统可以把数百个甚至上万个传感头组成网络而进行远程在线实时监测。为提高监测系统的可靠性，利用柔性及模块化，利用网络化计算机的电控系统。监测系统采用了 CAN（controller area network）总线网络技术连接各传感探测器的子系统，构成一个分布式的网络控制系统，网络结构如图 5.21 所示，其中每个传感器含有多个传感头。各种传感器由具有 CAN 总线网络接口功能的传感器组成，可按需要加以扩展。该系统可实现现场组网实地测量。

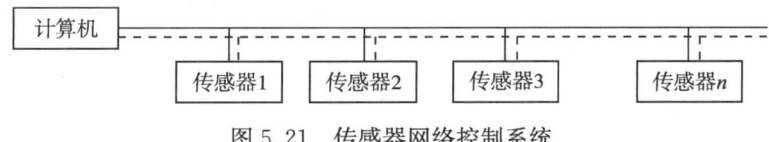

图 5.21　传感器网络控制系统

5.3.3　工作原理

1）白光干涉式

利用一段经过特殊加工的光纤作为传感器，采用光纤白光干涉绝对测量技术，不断监测该光纤段绝对长度的变化，并通过建立建筑物变形而导致的光纤长度变化的相关关系来确定监测量。该方法比较方便，但需要对光纤进行特殊加工。

2）Bragg 光栅技术

将一宽带光源发出的光注入光纤后,只有特定波长的光才被 Bragg 光栅反射。该反射光波长与光栅栅距成正比。当结构受力导致光纤变形,则栅距也将发生改变,从而导致光波长变化。通过光谱仪监测反射光波长移动量就可以求得该处的应变值。Bragg 光栅的应变监测精度可达到纳米级,其监测结果不受光源强度、光纤长度的影响,结果的可靠性高。但光谱仪的价格较高,光栅的刻制成本高。

3)布里渊散射光时域分析法

光纤的布里渊背向散射频率对光纤所受的应力、应变非常敏感,而且具有较好的线性关系,测试精度高。这种方法的优点是不需要对光纤进行加工,测试费用低,是真正意义上的分布式监测技术。只需要对光纤沿线返回的光信号做出处理即可。但难点在于光纤中的自然布里渊散射光强度很弱,需要对光信号进行放大处理,使整个系统的造价非常昂贵。目前该技术在国内尚处于开发阶段。

光纤光栅传感头主要用 Bragg 光纤光栅或其他类型光纤光栅,如长周期光纤光栅、啁啾光纤光栅等。Bragg 光纤光栅基本结构如图 5.22 所示,纤芯中的条纹代表折射率的周期性变化,所用光纤是一种在纤芯中掺有光敏材料如锗、硼等的特殊光纤。紫外曝光会使纤芯的折射率增加。光纤光栅就是利用光敏光纤的这一特性,用位相模板法或全息干涉法,用紫外激光器将光栅从光纤侧面写入纤芯。根据入射光、反射光、透射光和与之相关的能量与动量守恒定律得 Bragg 的反射波长。在一级近似的情况下,得到 Bragg 条件为

$$\lambda_B = 2n_{ef}T \tag{5.28}$$

式中,λ_B 为 Bragg 波长,即光栅反射对应于自由空间中的中心波长;T 为光栅周期,如图 5.22 所示,n_{ef} 为纤芯的有效折射率。

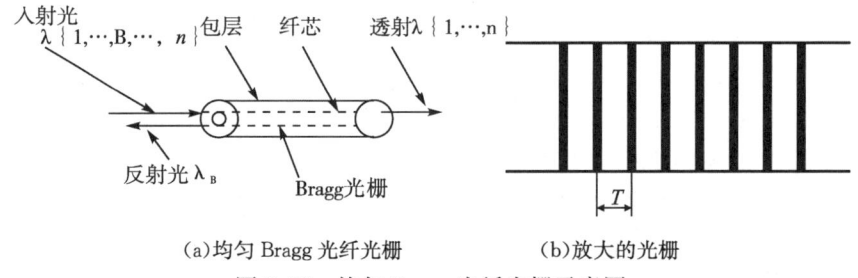

(a)均匀 Bragg 光纤光栅   (b)放大的光栅

图 5.22 均匀 Bragg 光纤光栅示意图

当入射光满足上面的 Bragg 条件时它将被反射。对于均匀的 Bragg 光纤光栅,其波长的相对变化量可以写成

$$\frac{\Delta \lambda}{\lambda_B} = (\alpha + \xi)\Delta t + (1-P)\varepsilon \tag{5.29}$$

式中,α,ξ 分别为光纤的热膨胀系数和热光系数,其值分别为 $\alpha = 0.55 \times 10^{-6}$,$\xi = 8.3 \times 10^{-6}$,故在 λ_B 为 1550nm 时,光纤光栅的温度灵敏度大约是 0.0136nm/℃;P 为有效光弹系数,大约为 0.22,从而应变灵敏度为 0.001209nm/$\mu\varepsilon$,$\mu\varepsilon = 10^{-6}$,无单位。

Bragg 波长随温度 t 或轴向应变 ε 的变化而变化。温度 t 和应变 ε 可以是很多不同的物理量如压力、形变、电流、电压、振动、速度、加速度、流量等的函数,因而测量光栅反射波长的变化就可以计算出相应的待测物理量的变化,所以式(5.29)是光栅传感的基本方程。目前光纤光栅传感器有位移、应变、温度和加速度等多种类型,如图 5.23 所示。

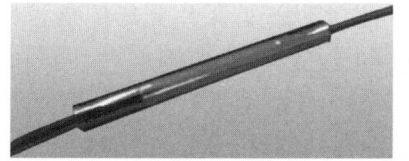 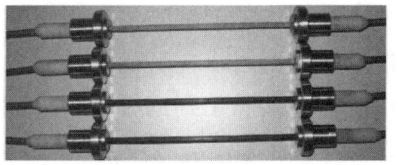

(a)温度传感器　　　　　　　(b)应变传感器

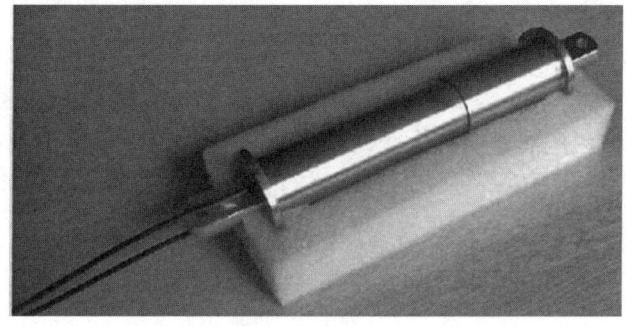

(c)位移传感器

图 5.23　光纤光栅传感器

5.3.4　光纤传感器的埋设

将光纤合理、无损地埋入地下工程进行监测需要考虑和解决以下几个基本问题。
(1)如何将光纤无损伤地埋入地下工程。
(2)光纤的合理布置。
(3)当埋入光纤传感器的力学性质与岩土力学性质不一致时,需要考虑和分析光纤监测数据的合理性。

在光纤传感器埋设后,工程结构中的粗骨料、混凝土的振捣和硬化都会对传感器造成损伤。为避免损伤可采取以下方法。
(1)先将传感光纤埋入一小型预制件中,再将这一小型预制件埋入工程中,预制件材料的力学性质应与工程材料一致。
(2)对于钢筋混凝土结构,可将光纤黏贴到钢筋上,一方面钢筋可保护光纤,另一方面钢筋的受力、变形足以反映结构的内部应力、应变状态。
(3)在工程结构中埋入经过特殊保护的光纤。
(4)先用小导管保护,在黏结剂固化之前将导管拔出。

为了合理埋设光纤传感器,事先应对工程结构进行力学分析,找出其受力与变形的关键点和关键段。一般而言,光纤的物理力学性能不同于岩土介质,如材料弹性模量的不同会导致光纤传感器所在处的混凝土产生应力集中。当温度膨胀系数不同时,温度变化会导致热应力差。以往的研究表明:当光纤直径较小时,这些影响是可以忽略的。特别是将光纤黏贴于混凝土结构中的钢筋上时,其测试效果较好。此外,也可以先将光纤黏贴或埋设于与工程介质力学性质相似的构件中,然后再埋置于工程中。

现以实例加以说明。北京地铁某站采用暗挖法施工,车站下穿地铁二号线区间隧道。新建车站与既有区间隧道结构底板仅 1.9m。为了确保既有线的运营安全,采用 $\Phi 600mm$

管棚进行超前支护。为了了解施工过程中管棚的变形状况,采用光纤传感器对管棚的应力进行监测。依据监测要求,在管棚中的三根钢管上设置 54 个监测点。

将光栅传感器直接黏贴到钢管上,外面采用 10 号槽钢进行防护。第一个光栅距钢管端口 1m 处黏贴,其他光栅的间隔为 2m。一根钢管共铺设 18 个光栅测点。为避免将槽钢焊接到钢管时产生的高温破坏光纤光栅,采用先焊防护槽钢后黏贴光栅的方法。具体要求如下。

(1)槽钢的焊接。

在焊接前截断槽钢,第一段长度为 92.5cm,其后每间隔 185cm 截下长 15cm 的一段槽钢,如图 5.24 所示,并配备同样大小的槽钢作为防护盖,顶部焊 80cm 长的钢筋,在光栅、光纤黏接工作结束后用电焊在钢筋两端进行点焊,槽钢端面及槽钢与钢管的连接处采用防水密封胶进行密封固定。

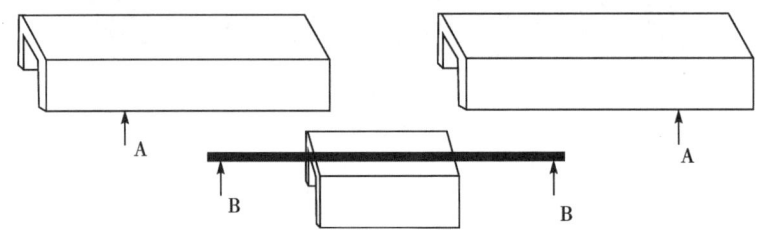

图 5.24 光纤安装示意图

(2)光纤光栅的黏贴。

单根钢管的光纤光栅黏贴工作应在钢管顶进前完成,并做好光栅的连接,同时完成预留光纤的连接。在光栅黏贴前应对钢管表面使用手砂轮、砂布等进行处理,然后采用 353 胶进行黏贴。同时应对包层、涂敷层、护套进行黏贴或使用卡子固定。此外对光栅进行测量,同时做好标记和记录。

(3)光纤光栅的连接。

对所监测的三根钢管的光纤光栅连接工作应在钢管顶进时同步进行。在焊接时钢管与钢管之间所产生的高温会对邻近的光栅产生损伤,因此必须采取降温措施。例如,使用石棉布或其他吸水耐高温材料在距焊口两端 0.4m 处各缠绕数圈,并浇水加以冷却,确保光纤光栅处的温度不超过 150℃。在钢管焊接完成并冷却后,采用熔接法连接光纤,并检测光栅。如果发生意外事故如光纤折断、光栅损伤等,应停止作业,分析原因并采取补救措施;如果在钢管推进前已发现光栅损坏则应立即更换光栅。当测量用钢管完全推进后测试整路光栅,如果发生光栅损坏则应立即进行修复,一旦无法修复,应在下一根钢管上重新布设备用光栅,其作业方法同上。

(4)光纤引出处的固定。

槽钢的尾部可用 0.5cm 厚的钢板加以焊接密封。在钢板的中部,可打两个 Φ5mm 的孔,在圆孔上安装 SC 胶尾固定光纤,使用乳胶加以密封,如图 5.25 所示。

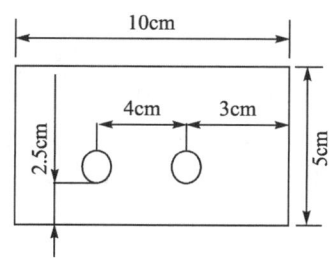

图 5.23　槽钢尾部防护板

待管棚顶进完成后，可进行光源、测试设备的安装，并做整体调试，完成第一次监测。监测采用光纤光栅应变传感测试仪进行数据采集。由宽带光源、光纤光栅传感头、光纤光栅波长解调系统、数据处理、显示系统和相应的软件组成完整的光纤光栅智能应变监测系统，如图 5.26 所示。

图 5.26　光纤光栅应变传感测试仪

通过光纤光栅检测仪得到的应变值与光纤光栅改变量之间的关系，可以得到管棚的挠度变化状况，现场监测结果如表 5.3 所示。

表 5.3　现场监测结果

序号	位置	初值	测试值	应变
1	1	1539.13	1538.334	−0.138
2	3	1544.93	1543.882	−0.182
3	5	1547.73	1547.309	−0.159
4	7	1551.33	1550.349	0.041
5	9	1553.43	1553.013	0.511
6	11.8	1557.47	1555.763	0.386
7	13.8	1544.06	1543.059	−0.284
8	15.8	1552.03	1552.552	−0.258

第6章 地下工程中的声波测试技术

6.1 声波的传播规律

声波测试技术是近年来发展非常迅速的一项新技术。它的基本原理是用人工方法在岩土介质和结构中激发一定频率的弹性波，这种弹性波便以各种波的型式在材料和结构内部传播并由接收仪器接收。通过分析研究接收和记录下来的波动信号，来确定岩土介质和结构的力学特性，了解它们的内部缺陷。由于声波测试与其他材料试验方法相比具有轻便、灵活和范围广的系列优点，因而在交通、铁路、水利、矿业、市政等地下工程中得到广泛的应用。

在弹性介质内某一点由于某种原因而引起初始扰动或振动时，这一扰动或振动将以波的形式在弹性介质内传播，形成弹性波。声波是弹性波的一种，若视岩土和混凝土介质为弹性体，则声波在岩土和混凝土介质中的传播服从弹性波传播规律。

6.2 波动方程

根据弹性力学可知，经过静力学、几何、物理三方面的综合分析以后，可以得出拉密运动方程。当不计体积力时，该方程可表示为

$$\begin{cases} (\lambda+G)\dfrac{\partial H}{\partial x}+G\nabla^2 u=\rho\dfrac{\partial^2 u}{\partial t^2} \\ (\lambda+G)\dfrac{\partial H}{\partial y}+G\nabla^2 u=\rho\dfrac{\partial^2 u}{\partial t^2} \\ (\lambda+G)\dfrac{\partial H}{\partial z}+G\nabla^2 u=\rho\dfrac{\partial^2 u}{\partial t^2} \end{cases} \quad (6.1)$$

式中，$H=\varepsilon_x+\varepsilon_y+\varepsilon_z=\dfrac{\partial u}{\partial x}+\dfrac{\partial v}{\partial y}+\dfrac{\partial w}{\partial z}$；$G=\dfrac{E}{2(1+\mu)}$；$\lambda=\dfrac{\mu E}{(1+\mu)(1+2\mu)}$；$u$，$v$，$w$ 分别为质点在 x，y，z 轴向的位移；ρ 为介质的密度；∇^2 为拉普拉斯算子，$\nabla^2=\dfrac{\partial^2}{\partial x^2}+\dfrac{\partial^2}{\partial y^2}+\dfrac{\partial^2}{\partial z^2}$。

根据式(6.1)可以推导得出弹性波纵波和横波的波动方程，并据此求得波的传播速度。

6.2.1 纵波(primary wave)

质点的振动方向与波的传播方向一致时，此种波称为纵波。对于纵波，其运动特征有

$u=u(x, t)$，$v=0$，$w=0$，从而式(6.1)可写成

$$(\lambda + G)\frac{\partial^2 u}{\partial x^2} + G\frac{\partial^2 u}{\partial x^2} = \rho \frac{\partial^2 u}{\partial t^2} \tag{6.2}$$

或者

$$\frac{\partial^2 u}{\partial t^2} = \nu_p^2 \frac{\partial^2 u}{\partial x^2} \tag{6.3}$$

式中，

$$\nu_p = \sqrt{\frac{E(1-\mu)}{\rho(1+\mu)(1-2\mu)}} \tag{6.4}$$

式(6.4)即为在弹性介质中纵波的传播速度。

6.2.2 横波(secondary wave)

如质点的振动方向与波的传播方向垂直时，此种波称为横波。对于横波，其运动特征有 $u=0$，$v=0$，$w=w(x, y, t)$，从而式(6.1)可写成

$$G\frac{\partial^2 w}{\partial x^2} = \rho \frac{\partial^2 w}{\partial t^2} \tag{6.5}$$

或者

$$\frac{\partial^2 w}{\partial t^2} = \nu_s^2 \frac{\partial^2 w}{\partial x^2} \tag{6.6}$$

式中，

$$\nu_s = \sqrt{\frac{E}{2\rho(1+\mu)}} \tag{6.7}$$

6.2.3 表面波(rayleigh wave)

沿介质表面和交界面传播，波动振幅随深度增加而迅速衰减的波称为表面波，又称 R 波或瑞利波。表面波质点振动的轨迹是椭圆形，长轴垂直于传播方向，短轴平行于传播方向。表面波在介质中的传播速度为

$$\nu_R = \frac{0.87 + 1.12\mu}{1+\mu}\sqrt{\frac{E}{2\rho(1+\mu)}} = \frac{0.87 + 1.12\mu}{1+\mu} \cdot \nu_S \tag{6.8}$$

设震源辐射出的能量为 100%，则沿表面方向上纵波、横波和瑞利波所占的能量分别为 7%、26%和 67%，又因表面波的能量衰减较慢，故在介质表面上表面波是最强的优势波，其次是横波和纵波。

比较 ν_p 和 ν_s 可以得出，$\nu_p > \nu_s$。故纵波波速总是大于横波波速。因此纵波又称 P 波，即初至波，横波又称次至波或 S 波。

由波速的表达式可知，弹性介质的性质及种类不同，弹性常数及密度也不同，因此，弹性波在介质中传播的速度也不同。这样，当用人工如爆破、锤击等方法产生弹性波，并设法用接收仪表测定其波速，则可以用来判别岩体的特性及状态，如岩体的坚硬或松软，

裂隙发育与完整等以及混凝土桩基的完整性和承载力等,这就是工程上经常使用的"弹性波探测法"的理论依据。实测时,由于S波的发生和接收都比较困难,以及其他原因,多以测P波为主。所谓P波也就是声波,因此,弹性波探测又称为声波探测。它在各个工程领域内已得到广泛的应用。

6.3 声波探测技术

岩体中往往包含有各种层面、节理和裂隙等结构面,岩体中存在的这些软弱结构面在动荷载的作用下产生变形,对岩体中波动的传播会产生一系列的影响,如反射、折射、绕射和散射等。因而岩体中各种结构面起着消耗能量和改变波的传播途径的作用,并导致岩体波动的非均质性及各向异性。因此,岩体结构影响着岩体中弹性波的传播过程,也就是说岩体弹性波的波动特性反映了岩体的结构特征。因此弹性波探测技术已成为工程岩体研究中一项有效而简便可靠的手段。岩体在动应力作用下产生三种弹性波,即纵波(P波)、横波(S波)和面波(R波)。它们的传播可以用波速、振幅、频率和波形来描述。目前采用的弹性波测试主要是纵波波速,其次是横波波速。由现场和试验室研究表明,弹性波在岩体中的传播速度与岩体的种类、弹性参数、结构面、物理力学参数、应力状态、风化程度和含水量等有关,具有如下规律。

(1)岩体的弹性模量降低时,岩体声波速度也相应降低,这与波速理论公式相符。

(2)岩石越致密,岩体中的声速越高。在波速公式中,波速与密度成反比,但密度增高,弹性模量将有大幅度的增高,因而波速也将越高。常见的几种完整岩石的纵波波速:变质岩为5500~6000m/s;火成岩、石灰岩及胶结好的砂岩为5000~5500m/s;沉积岩、胶结差的碎屑岩为1500~3000m/s。

(3)结构面的存在使得声速降低,并使声波在岩体中传播时存在各向异性。垂直于结构面方向声速低,而平行于结构面方向声速高。

(4)岩体风化程度大则声速低。

(5)压应力方向上声波速度高。

(6)孔隙率n大,则波速低;密度高、单轴抗压强度大的岩体波速高。

声波振幅同样与岩体特性有关,当岩体较破碎、节理裂隙发育时,声波振幅小,反之,声波振幅较大。垂直于结构面方向传播的声波振幅要小于平行方向传播的声波振幅。

6.3.1 声波探测仪器及其使用

岩体声波探测的过程就是声波发射、传播和接收的过程。其相应的仪器有发射换能器、接收换能器和声波仪。

1)声波换能器

换能器是声电能量的转换器件,俗称探头。换能器一般采用压电陶瓷晶体的压电效应原理进行工作。其中发射换能器是将声波仪发射机输出的具有一定功率的电信号转换成声信号发射到岩体中。

它的工作原理是利用晶体的逆压电效应。而接收换能器是将岩体中传播的声信号转换成电信号，输入到声波仪接收机的输入系统中，其工作原理是利用了晶体的压电效应。由于实测中对换能器和频率频带、工作方式的要求不同，做成了具有不同结构和不同振动方式的压电换能器。增压式换能器的构造如图6.1所示。其外形为圆环杯，适合在钻孔内进行测试，具有轻便和灵敏度高等特点。图6.2和图6.3是用于岩石试件测试的小型换能器。

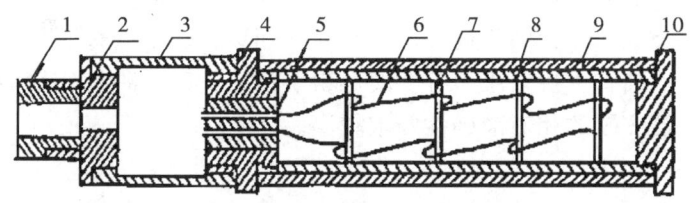

图 6.1 增压式换能器的构造

1-螺栓；2-连接件；3-连接套筒；4-后法兰盘；5-接线柱；6-电极引线；7-压电陶瓷片；8-增压管；9-玻璃钢；10-前法兰盘

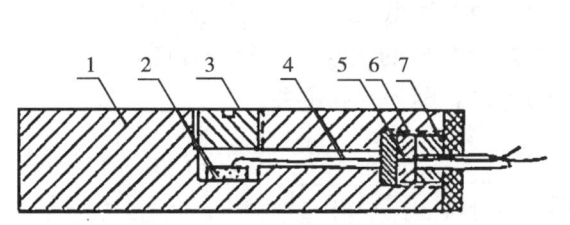

图 6.2 试件纵向用换能器

1-外壳；2-陶瓷片；3-螺栓；4-电缆；5-电缆屏蔽线；6-垫片；7-螺栓

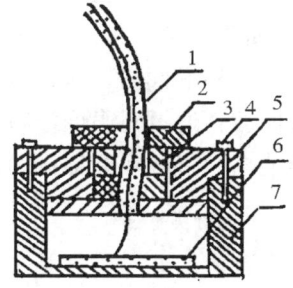

图 6.3 试件横向用换能器

1-电缆；2-螺栓；3-垫片；4-螺栓电缆；5-上盖；6-陶瓷片；7-底壳

2) 声波仪

声波仪是声波测试的主要仪器。其主要部件是发射机和接收机。发射机的作用是根据使用要求向声波测试探头输出一定频率的声波脉冲，接收机的功能是将接收探头接收到的微弱信号进行放大，并在示波器上显示或以数字的形式显示。

声波测试的工作方式有换能器内触发发射、锤击外触发发射和电火花外触发发射三种，并同时能对现场岩体和室内试件进行测量。目前我国已经研制了多种声波测试仪，如SYC-1型和SYC-2型声波仪。

声波测试中的声波可由声波仪发出同步触发信号由压电换能器产生，也可由锤击、电火花和爆炸激发产生。

6.3.2 测试技术

1. 换能器的布置方法

换能器的布置主要有以下几种，如图6.4所示。

(1)穿透法。

它是将声波发射换能器和接收换能器放置在介质相对的两个表面上,根据声波穿透介质后波速和能量的变化来判断介质的质量,如图6.4(a)所示。这种方法可以用于厚度比较大,并且两个表面都易于安放换能器的情况。在地下工程围岩松动圈的测试、围岩分级、岩体物理力学参数测定和地下大体积混凝土构件质量检测等测试中,常采用钻两个平行的钻孔或埋设两根平行的测管,发射换能器和接收换能器分别放入两个钻孔或两根管内,孔中充满流动性的油类或水作为耦合剂,称为双孔孔间穿透法,简称双孔法。该穿透法灵敏度高,波形单纯、清晰,干扰较小,各类波形易于辨认,是一种使用较为广泛的方法。但是,该方法对换能器安装的相对准确性要求较高。

(2)反射法。

它是换能器向介质发射声波,波动沿发射方向传播到介质的底面后被反射回来再由换能器接收。根据反射波传播的时间和显示的波形来判断介质内部的缺陷和材料性质的方法,如图6.4(b)所示。这种方法适用于介质的另一面无法安放换能器的情况,在结构混凝土厚度检测和桩基完整性检测中常采用反射法。

(3)剖面法。

该方法又称沿面法,这种方法是发射换能器发射纵波通过一定角度入射到介质中,被转换成表面波,通过对表面波特性的测定来判断介质的缺陷和材料的性能,如图6.4(c)。若发射换能器和接收换能器同时放入一个钻孔时,即为单孔测井。

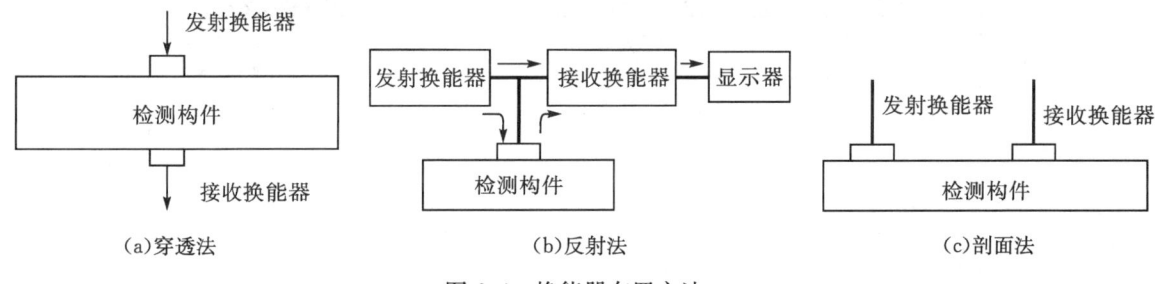

图6.4 换能器布置方法

2. 测试方法的确定

(1)测试地点的选择。

根据测试目的的不同,所选择测试的地段能代表某一段的地质状况,测点或测孔应布置在岩性比较均匀、表面平坦、没有局部断裂破碎的地方,防止局部的地质因素对声波的干扰,若需双孔测量时,两孔应选择在地质情况比较相似的地方,并有足够的间距。

(2)对测孔的要求。

孔壁要圆滑、顺直、清洁,孔径大小要适当,双孔成一组孔联合测试时,要求各孔尽量相互平行。精确测量和记录孔的位置坐标、方位,如倾角、孔距,并做好测孔周围的地质素描图和地质剖面图。

(3)表面处理。

测点处的表面要清理干净,粗糙不平的地方要打磨平整,如果是不易打平的表面可以用环氧胶泥把测点处抹平,硬化后再涂上耦合剂。测量时换能器应使耦合剂尽量薄,以减少耦合剂对声波传播时间和振幅的影响。

(4)耦合剂。

为了使声波有效地发射到被测介质或结构中，及时有效地接收到从被测介质或结构中传来的声波，必须使发射和接收换能器与被测表面有良好的接触，需对被测表面平整后，用传声性能良好的耦合剂涂在换能器与被测表面之间，以紧密地填充换能器与被测表面间的空隙。常用的耦合剂为机油、黄油或其他油类。将探头放在液体中对介质或结构进行探测时，其耦合剂就是水或液体，若测孔位于边墙或拱顶上，则需专门的供水和上水设备。

(5)探测频率的选择。

为了在测距短、波速较高的情况下保证有较高的测量精度，则要求有足够高的探测频率。在岩体破碎、吸收衰减严重时所使用的频率应小一些。频率越低，传播的距离越远，穿透深度较大，但如果声波频率过低，就会使分辨率降低，并使指向性变差。测试岩石、混凝土类介质时，采用的频率一般为 20kHz，其最高频率的上限为 100kHz。

6.4 声波测试在地下工程中的应用

6.4.1 围岩松弛带测试

对于采用钻爆法开挖的地下工程，洞室围岩由于开挖及爆破作用，会引起洞壁附近岩体完整性和强度下降，形成应力降低区，或称松弛区。围岩松弛带厚度是评价岩体稳定性和支护结构设计的重要依据。声波测定松弛带是根据声速与岩体的完整性和应力状况等关系，在同一地段围岩原始性质相同的条件下，根据波速的变化就可确定松弛带的厚度。松弛带的测试一般是在被测洞室中的横断面上布置测孔，各部位测孔倾角为：拱顶为 90°，拱脚为 45°，边墙为 −5°，如图 6.5 所示。并可采用双孔或单孔法进行测试。为了了解岩体的各向异性，可沿洞轴线方向增加一些测孔。

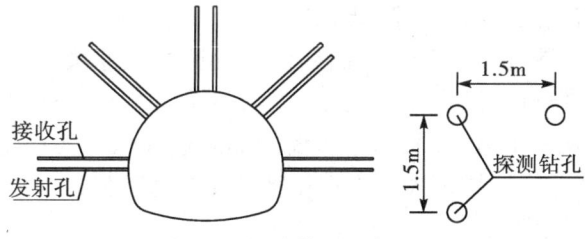

图 6.5 松弛带测孔布置图

通常认为，洞室围岩中波速小于原岩波速的范围称松弛带或应力降低区 I，大于原岩波速的范围即为压密带，或称应力增高区，实测的纵波波速与测孔深度的关系曲线可归纳为如下几种，如图 6.6 所示

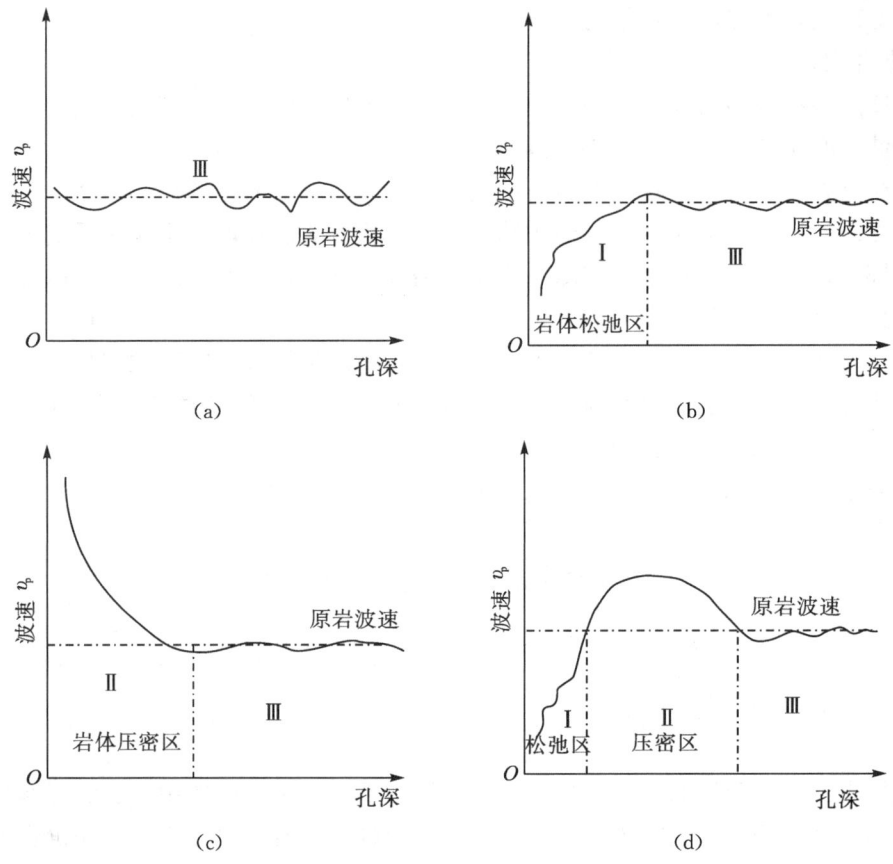

图 6.6 纵波波速与测孔深度的关系曲线

(1) 一字形曲线，如图 6.6(a)所示。波速与孔深关系的曲线基本上保持在原岩波速值，说明岩体完整，洞室开挖后围岩完整性和应力没有明显的变化，因此可认为围岩没有松弛。

(2) 厂字形曲线，如图 6.6(b)所示，曲线前部波速较低，后段较高，且接近于原岩波速值，说明围岩表面有松动，有应力降低区产生。

(3) 衰减型曲线，如图 6.6(c)所示。曲线前段比原岩波速高，而后部逐渐接近于原岩波速值，表明岩体完整坚硬，围岩无松弛带，相反却有应力增高区出现。

(4) 峰值型曲线，如图 6.6(d)所示，曲线前部波速较低，而中部却高于原岩波速值，而后接近于原岩波速值。说明围岩表面出现松弛带和应力降低区，中部为压密带，即为应力增高区，而后为原岩压力区。

关于波速与深度的关系曲线，当节理裂隙比较发育时，会出现比较复杂的形态，应注意其总趋势。当探测深度中有几种岩层时，应注意岩性和各向异性对波速的影响，正确地确定围岩松弛带、压密带和原岩应力区的划分，判断围岩的稳定性，为设计和施工提供依据。

6.4.2 利用弹性波评价岩体强度和完整性程度

首先在现场采集岩块试样，测定弹性波在岩块及采样地点岩体一定区域内的传播速度

分别为 v_c 和 v_m，则岩体的完整性系数（或称龟裂系数）为

$$C_m = \left(\frac{v_m}{v_c}\right)^2 \tag{6.9}$$

式中，C_m是岩体分类中常用的指标之一。也可用来直接评价岩体完整性程度，具体如下：$C_m > 0.75$ 时岩体完整性好，裂隙小；$C_m = 0.75 \sim 0.45$ 时岩体完整性较好，裂隙间距在 20~30cm 以上；$C_m < 0.45$ 时岩体的完整性差，裂隙间距介于 20~30cm。

6.4.3 岩体力学参数测定

通过测定岩体中的纵、横波速度，根据岩体纵、横波速与弹性模量、泊松比的关系计算出弹性模量和泊松比。

此外，还可以通过测出现场岩体和室内岩石试块的弹性波波速、抗压和抗拉强度，就可估算出岩体的抗压和抗拉强度。

$$\sigma_{cm} = \sigma_c C_m^2 \tag{6.10}$$
$$\sigma_{tm} = \sigma_t C_m^2 \tag{6.11}$$

式中，σ_{cm}，σ_{tm} 分别是岩体的抗压和抗拉强度；σ_c，σ_t 分别是岩石试块的单轴抗压和抗拉强度。

6.4.4 测定张开裂隙的延伸深度

已知岩体表面有张开裂隙，并知其倾向和倾角 α，如图 6.7 所示。先在裂隙一侧由已知间距测得岩体波速 v_c，然后在裂隙两侧布置声波发射和接收探头，声波由发射点 S_1 到接收点 S_2 是在张开裂隙的闭合点 P 而绕射的。所以由岩体波速 v_0 及时间可以算得绕射的路程长度 l，$l = l_1 + l_2$。由几何学可知，与某两个定点的距离之和为常数的轨迹是椭圆，而 S_1 和 S_2 为椭圆的焦点，因此，可在做出椭圆之后，由张开裂隙的位置和倾角 α，按延伸方向做一直线，即可以得到该绕射点 P，从而可求得张开裂隙的深度 h。为了检验其准确性，可以改变 S_1 和 S_2 的位置，做出另一椭圆进行对比，但当裂隙中有坚硬充填物时，测试结果就不可靠。

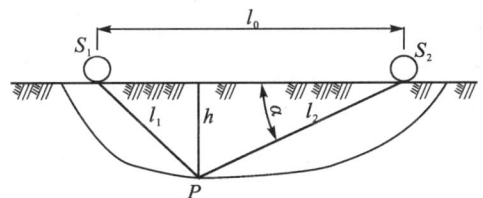

图 6.7 张开裂隙延伸深度的测定

6.4.5 声波测井

应用声波测井技术可以查明地层层位、构造和破碎带情况、基岩风化程度和风化深度、各个地层的物理力学参数等，探测方法用"单孔高差同步法"。在充满水或泥浆的同

一孔内放置发射换能器和接收换能器，两者之间保持一定距离，如图 6.8(a)所示。沿井壁同时上下移动，测出声波的传播速度，据此可绘制出地质剖面图，分析岩层的工程地质状况。实践证明，声波测井对于钻孔剖面的分层精度较高，尤其是当岩芯很不完整且取不到岩芯时更显示出声波测井的优点，图 6.8(b)是声波测井结果实例。

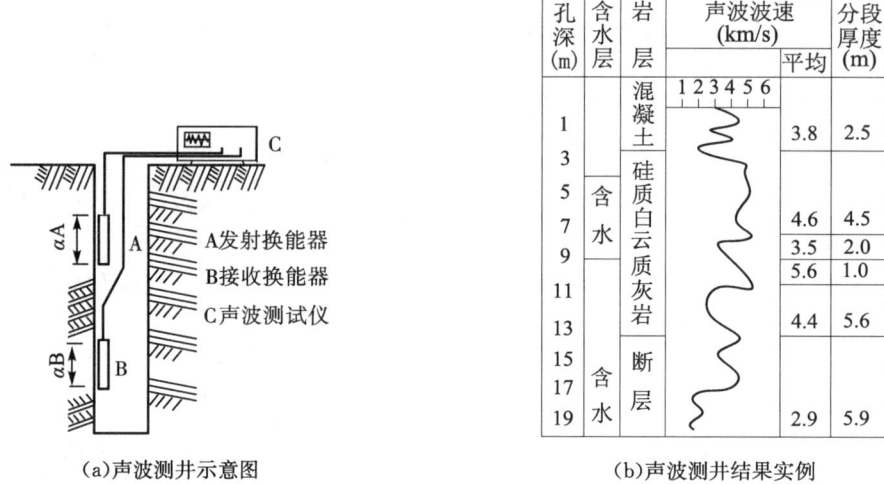

图 6.8 声波测井和实例

6.5 声波测试在混凝土结构质量评价中的应用

6.5.1 结构混凝土厚度检测

在岩体和混凝土构件中传播的弹性波，当遇到两种不同介质的分界面时，弹性波将产生入射、折射和反射的物理现象。超声脉冲速度法是利用弹性波在两种介质分界面上的反射效应来测量介质的厚度。在均质各向同性或近似均质各向同性介质中，两个刚性相连接的固体在半空间平滑的分界面上，倾斜地入射平面纵波，倾斜的弹性波部分能量将被反射，检测反射纵波在介质中的传播时间或者检测反射纵波和横波在介质中传播所产生的时差，均可计算介质的厚度，如图 6.9 所示。

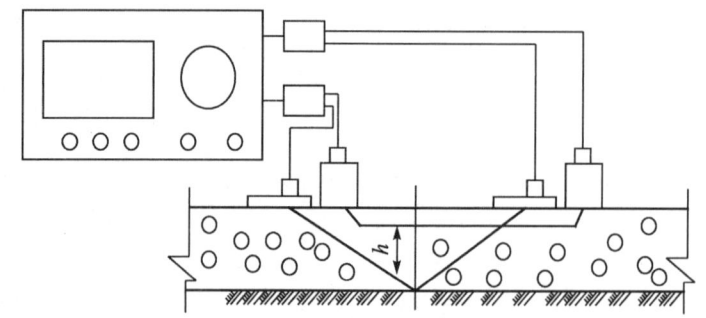

图 6.9 混凝土厚度检测原理

采用反射纵波在介质中传播的时间来检测混凝土结构厚度 h 的计算公式为

$$h = kv_p t \tag{6.12}$$

式中，h 为被检测介质的厚度，cm；v_p 为纵波速度，km/s；t 为反射纵波在介质中传播的时间，μs；k 为经验修正系数。

6.5.2 混凝土中空洞的检测

对于混凝土内部大于 10cm 的空洞，可以通过测量声波传播时间的突然变化来判定它的存在，并计算出空洞的尺寸，计算空洞半径的公式为

$$R = \frac{l}{2}\sqrt{\left(\frac{t_d}{t_c}\right)^2 - 1} \tag{6.13}$$

式中，l 为直达声路长度；t_d、t_c 为有空洞处与无空洞处声波的传播时间。

采用平行网格测点可判定空洞的形状、大小和所在部位。

6.5.3 混凝土裂缝检测

若混凝土结构中有裂缝存在，声波在裂缝处产生反射和通过裂缝顶端绕射，使接收到的声波信号幅度减小。由于绕射使声程增加，传播时间也有所增加，有如下两种检测方法。

(1) 直接检测。

当构件的截面不大而且有裂缝构件的两个侧面都能放置换能器时，可以对裂缝直接进行检测，如图 6.10(a)所示。

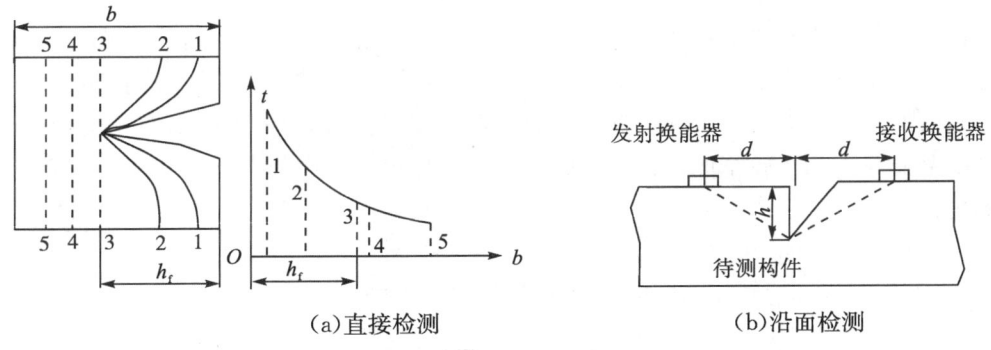

(a) 直接检测　　(b) 沿面检测

图 6.10　混凝土裂缝检测

当发射、接收两个探头在两个侧面相对位置发生移动时，测出不同位置声波传播的时间 t，并做出 $b-t$ 曲线，曲线转折处的横坐标即为裂缝的深度。

(2) 沿面检测。

当构件断面很大或只有开裂的那个表面能够安置换能器时，可以采用沿面检测。首先在裂缝附近完好的表面处选择一定长度作为校准距离，设这段距离为 $2d$，在这段距离的两端放置换能器，测出声波通过 $2d$ 的时间为 t_0，然后把发射和接收换能器放置于裂缝的两侧，并使两个探头至裂缝的距离均为 d，如图 6.10(b)所示，测得此处的声波传播时间 t_1，如果裂缝与表面正交，则可得下列方程

$$4\frac{(d^2+h^2)}{t_1^2} = \frac{4d^2}{t_0^2} \tag{6.14}$$

则裂缝深度的计算公式为

$$h = d\sqrt{\frac{t_1^2}{t_0^2} - 1} \tag{6.15}$$

上述方法假定裂缝面与被测的结构表面正交，这对于大部分受弯构件是合理的，当不正交时，可采用与测试岩体裂隙深度相似的方法。

6.5.4 深孔法检验混凝土质量

这种方法一般用来检验浇注在地下的大体积构件，如钻孔灌注桩等。在浇注混凝土时，在桩径相对的两侧埋设两根测管，如图 6.11 所示。发射和接收换能器分别放入两根管内，管内充满流动性的油或水作为耦合剂。两管之间的距离最大不超过 1.5m。一般以 1.0m 为宜，管径应略大于换能器的外径，管子横截面积总和应小于桩截面积的 1%。以免削弱桩基础，测管需固定在钢筋骨架上。由于管内径限定了换能器的尺寸，所以必须选择截面较小的环形水换能器。

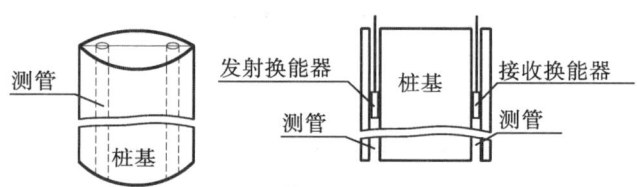

图 6.11 桩基础检测

测试时，使接收和发射换能器等距离移动，兼做吊缆的导线长应有距离标尺，观察声波传播时间的变化。当换能器之间的混凝土有缺陷时，声波传播的时间将有明显的变化，接收的信号幅度也将有大的变化。据此可以判断缺陷的位置和估计缺陷的尺寸。在检验大直径的桩基础时，为了较全面地判断桩的缺陷，可以埋设三个测管，并按三角形顶点的位置来布置。

6.5.5 声波测试在桩基完整性检测中的应用

在灌注桩施工过程中会产生夹层、空洞、离析以及横断面缩小和扩大甚至桩身断裂等现象，影响桩基的承载力，将对上部结构产生不利影响，因此需及时了解桩的质量。桩完整性测试也称低应变桩基动测，其设备已日趋轻便、简单、快速。现以测试桩完整性为例来介绍。桩基完整性测试仪由加速度传感器、阻抗变换器和放大、A/D 转换器、微机、打印机、绘图仪及小锤等组成。

1）测试

测试前需收集地层断面图、桩的横截面积、长度和总体布置以及打桩工程项目的一般性能等资料。测试前消除海绵状的突出部分和松散混凝土，使桩的表面干净平整，使桩头上有压贴加速度计和用锤敲击的表面。测试步骤如下。

(1) 连接仪器和电源，打开电源开关，预热数分钟，调测试仪器至待命工作状态。
(2) 将加速度传感器安装在桩头的平整部位。
(3) 用小锤短促而有力地锤击桩头数次，由 PIT 采集每次锤击所得的信号。
(4) 从微机屏幕上选取满意的波形曲线并存盘。
(5) 根据波的反射特性，对记录曲线进行分析、计算，评价桩身质量及完整性。

测试过程由一名操作人员就可完成，若有一名辅助操作人员则更好。

2) 结果分析

当一根桩检测完毕，取得现场检测记录后，在原始波形曲线上按下列特性分析桩的完整性。

(1) 完整无缺陷的好桩，整个原始波形曲线均匀、频率高、衰减快。当波形即将衰减完毕并经过一段平静之后，在波形曲线的尾部又出现与初至波同相位的波峰或波谷，这就是桩底反射波的到达，由此可直接读出反射波的到达时间。如果预先不知道施工桩长，则可根据经验初步假定一个桩身混凝土波速值，预制桩可假定 $v_p=4000\sim4100\mathrm{m/s}$，灌注桩可假定 $v_p=3300\sim3600\mathrm{m/s}$，由此计算桩长。如果已知施工桩长，可精确地计算出桩身混凝土波速值，以此评价桩身混凝土强度。

(2) 对于上部出现扩颈、缩颈以及轻微的薄层夹泥等的桩，可在波形曲线的尾部找到桩底反射波，然后在波形曲线的前部进一步判断桩身缺陷界面的反射波，并读出反射波的到达时间，按已知的施工桩长计算出桩身混凝土的波速值，再计算出各缺陷界面在桩身的位置，即桩顶以下的深度。

(3) 在上部或中部出现严重断裂或夹泥层，或者有严重扩颈或缩颈等缺陷的桩，这时波形曲线上可能不会出现桩底反射波，而在波形曲线的前部仅出现各种缺陷界面的反射波。读出这些反射波的到达时间，假定一个桩身混凝土波速值，可计算出桩身严重断裂、严重扩颈、严重缩颈界面的位置。也就是说，波形曲线仅反映缺陷界面以上的桩身，对缺陷界面以下的桩身没有反映。

根据有关规范：桩基完整性质量评定等级可分为四类：Ⅰ类无缺陷的完整桩；Ⅱ类有轻度缺陷，但不影响或基本不影响原设计桩身结构强度的桩；Ⅲ类有明显缺陷，影响原设计桩身结构强度的桩；Ⅳ类有明显缺陷的桩。

图 6.12(a) 是完整 Ⅰ 类桩的完整性实测曲线，图 6.12(b) 是桩头下 5.3m 附近有轻微缺陷的 Ⅱ 类桩的完整性实测曲线。

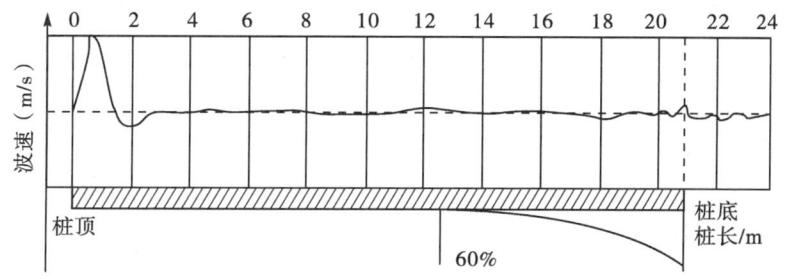

(a)

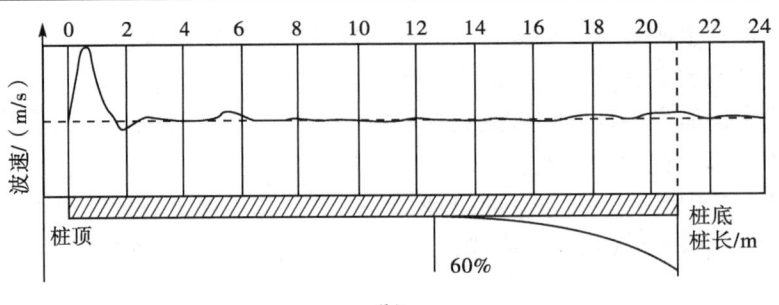

(b)

图 6.12 桩的完整性实测曲线

第 7 章 地下工程的无损检测技术

7.1 概 论

地下工程的最大特点就是结构物建造在岩土介质当中，结构物所处的地质条件直接决定了地下工程的设计与施工，同时将影响工程的长期使用。作为地下工程的设计依据，地质勘察起到十分重要的作用，这是工程技术人员了解和掌握地下结构周围环境的主要渠道。然而，地质勘察在描述地层概貌和揭示介质物理力学性质方面还是存在着相当的局限性和近似性，这一不足通常可以通过在施工过程中采取相应的测试方法加以弥补。无损检测技术的特点就是在不扰动介质性状、不损害材料承载能力的条件下实现对相邻土层分布和性质的测定，如对滑坡面的确定和地下工程掘进工作面前方岩土性质的预测等。

在隧道与地下工程施工期间的地质预报与预测方面，无损检测技术成功地得到应用。采用矿山法或盾构法施工的公路、铁路隧道、煤矿巷道、水电隧洞、水下隧道等，由于地质条件的复杂多变，对工作面前方地层的地质状况，如含水量、不良地质构造如断层、破碎带和瓦斯等不利构造，必须预先加以掌握，并提前采取相应措施或改变施工方法，则可以减少对施工带来的不利影响。目前将声发射或地质雷达技术应用于隧道开挖的地质超前预报中，对开挖面前方几十米甚至几百米的地质条件进行探测和剖析，确保地下工程开挖的安全，这在国内外已有相当多的成功经验。

与一般土建工程一样，施筑完成后的地下工程，其质量验收大都采用无损检测技术，所不同的是地下工程的质量检测在时间上有一定的限制。地下工程施筑于地表以下，属隐蔽工程，施筑完成后，通常要被岩土材料或地面建筑所覆盖，如钻孔灌注桩桩基、地下连续墙等是直接在土层中浇筑的，因而必须在后道工序开始之即将已施筑结构的质量检测完毕。相邻岩土介质的存在，使得地下工程的无损检测更为复杂和困难，需要在检测结果中消除介质边界的影响，提高检测精度和准确度。

需要指出，无损检测技术在地下结构和岩土工程中的应用还处于发展过程之中。然而，鉴于无损检测技术所具有的不可替代的潜在优势，随着对方法本身研究的提高以及在地下工程中的推广应用，这一先进手段必将在地下工程建设中发挥越来越大的作用。

7.2 回弹法检测

回弹法检测是指以在结构或构件混凝土上测得的回弹值和碳化深度来评定结构或构件混凝土强度的方法。通常，在对试块试验有疑问时，作为混凝土强度检验的依据之一。采用回弹法检测不会影响结构与构件的力学性质和承载能力，因而被广泛应用于工程验收的质量检测中。

结合回弹法在工程结构无损检测中的应用，我国于 2001 年制定了《回弹法检测混凝土抗压强度技术规程》(JGJ T23-2001)。

7.2.1 回弹仪

回弹法检测需要的仪器就是回弹仪。图 7.1 为常用的指针直读式混凝土回弹仪，其工作原理为：将弹击杆 1 顶住混凝土的表面，轻压仪器，使按钮 22 松开，弹击杆缓慢伸出，使挂钩 13 挂上弹击锤 4。使回弹仪对混凝土表面缓慢均匀施压，待弹击锤脱钩，冲击锤击杆后，弹击锤即带动指针向后移动直至到达一定位置时，指针块的刻度线即在刻度尺 8 上指示某一回弹值。使回弹仪继续顶住混凝土表面，进行读数并记录回弹值，如果条件不利于读数，可按下按钮，锁住机芯，将回弹仪移至其他处读数处。逐渐对回弹仪减压，使弹击杆自机壳 23 内伸出，挂钩挂上弹击锤，待下一次使用。回弹仪必须经过有关检定单位检定并获得检定合格证后在检定有效期即一年内使用。

每次现场测试前后，回弹仪须在洛氏硬度 $H_{RC}=60\pm2$ 的标准钢砧上标定。标定时，钢砧应稳固平放在刚度大的混凝土地坪上，回弹仪向下弹击，弹击杆分四次旋转，每次旋转 90°，弹击三次后进行回弹值平均。每旋转一次标定的回弹平均值应在 80 ± 2 范围内，否则需送检定单位重新检定。累计弹击次数超过 6000 次或回弹仪的主要零件被更换后，应送检定单位重新检定。

7.2.2 回弹值的量测

1) 试样、测区、测面和测点

被测试构件和测试部位应具有代表性，试样的抽样原则为：当推定单个结构或构件的混凝土强度时，可根据混凝土质量的实际情况测定数量。当用抽样法推定整个结构或成批构件的混凝土强度时，随机抽取的试样数量不少于结构或构件总数的 30%。

测点布置采用测区和测面的概念。在每个试样上均匀布置测区，测区数不少于 10 个，相邻测区的间距不宜大于 2m。每个测区宜分为两个测面，通常布置在结构或构件的两相对浇筑侧面上，如果不能满足这一要求时，一个测区允许只有一个测面，测区的大小以能容纳 16 个回弹测点为宜，一般取为 $400 cm^2$。

混凝土的回弹表面应清洁、平整、干燥，不应有裂缝、接缝、饰面层、粉刷层、浮浆、油垢以及蜂窝、麻面等，必要时可用砂轮打磨清除表面上的杂物和不平整处，测面上不应有残留的粉末或碎屑。结构或构件的试样、测区均应标有清晰的编号，测区在试样上的位置和外观质量均应进行详细记录。

2) 测读回弹值

在测试时，应使回弹仪的轴向与测试面垂直，每一测区弹击 16 点。当一个测区有两个测面时，则每一个测面弹击 8 点。测点应在测面上均匀分布，避开外露的石子和气孔，相邻测点间距不小于 3cm。测点距离构件边缘或外露钢筋、铁件的距离一般不小于 5cm，同一个测点只允许弹击一次。

第7章 地下工程的无损检测技术

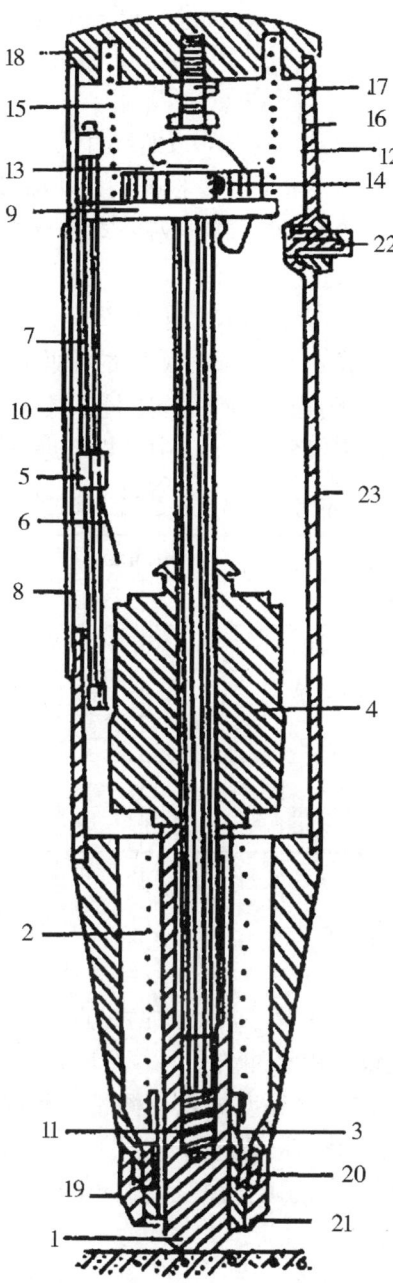

图 7.1 回弹仪构造和工作原理

1-弹击杆；2-弹击拉簧；3-拉簧座；4-弹击重锤；5-指针块；6-指针片；7-指针轴；8-刻度尺；9-导向法兰；10-中心导杆；11-缓冲压簧；12-挂钩；13-挂钩压簧；14-挂钩销子；15-压簧；16-调零螺丝；17-紧固螺母；18-尾盖；19-盖帽；20-卡环；21-密封毡圈；22-按钮；23-外壳

3) 整理回弹值

当测完一个测区的 16 个测点后，将其中三个最大值和三个最小值的回弹值剔除，然后按式(7.1)计算测区内的平均回弹值：

$$R_{\mathrm{m}} = \frac{\sum_{i=1}^{10} R_i}{10} \tag{7.1}$$

式中，R_{m} 为测区平均回弹值，精确到 0.1；R_i 为第 i 个测点的回弹值。

当回弹仪非水平方向测试混凝土表面时，根据回弹仪轴线与水平方向的夹角 α，应将测区平均回弹值加上角度修正值 $\triangle R_\alpha$，再按下列公式换算为水平方向测试时的测区平均回弹值：

$$R_{\mathrm{m}} = R_{m\alpha} + \Delta R_\alpha \tag{7.2}$$

式中，$R_{m\alpha}$ 为回弹仪与水平方向成 α 角测试时测区的平均回弹值，按式(7.1)进行计算；ΔR_α 为按表7.1查出的不同测试角度的回弹值修正量。具体的修正要求可按照《回弹法检测混凝土抗压强度技术规程》(JGJ T23-2001)中的规定进行。

表 7.1 不同测试角度 α 的回弹修正值 ΔR_α

ΔR_α	测试角度 α							
	向上				向下			
	+90°	+60°	+45°	+30°	-30°	-45°	-60°	-90°
20	-6.0	-5.0	-4.0	-3.0	+2.5	+3.0	+3.5	+4.0
30	-5.0	-4.0	-3.5	-2.5	+2.0	+2.5	+3.0	+3.5
40	-4.0	-3.5	-3.0	-2.0	+1.5	+2.0	+2.5	+3.0
50	-3.5	-3.0	-2.5	-1.5	+1.0	-1.5	+2.0	+2.5

7.2.3 碳化深度值的测量

回弹值测量完毕后，用凿子等工具在测点内凿出直径约 15mm、深度约 6mm 的孔洞，除去孔洞中的粉末和碎屑，建议不用水冲洗孔洞。然后先用浓度为 1%~2% 的酚酞酒精溶液滴在孔洞内壁的边缘处，再用碳化深度测量仪测量自混凝土表面至未碳化混凝土的距离，即已呈紫红色部分的垂直深度 d，测量精度至 0.25mm，平均碳化深度小于 0.4mm 时，取 $d=0$，即按无碳化考虑。平均碳化深度大于 6mm 时，取 $d=6$mm。

测区的平均碳化深度值 d_{m} 为

$$d_{\mathrm{m}} = \frac{\sum_{i=1}^{n} d_i}{n} \tag{7.3}$$

式中，d_i 为第 i 次测量的碳化深度值，mm；n 为测区的碳化深度测量次数。

7.2.4 混凝土强度评定

1. 测强基准曲线与测区混凝土强度值

回弹值与混凝土抗压强度的相关关系称为测强基准曲线，为了使用方便，通常以测区混凝土强度值换算表的形式给出，即按测区平均回弹值 R_m 及平均碳化深度取 d_m 查换算表得出测区混凝土强度值 R_n。国家住房城乡建设部标准给出的非泵送混凝土的全国通用测强曲线为

$$R_n = 0.025 R_m^{2.0108} \times 10^{-0.035 d_m} \tag{7.4}$$

式中，R_m 和 d_m 分别按照式(7.1)和式(7.3)计算。

按式(7.4)制成的换算表如本书的附录 A 所示。根据测区的平均回弹值 R_m 和平均碳化深度 d_m，可由附录 A 查得测区混凝土强度值 R_m。

而对于泵送混凝土，其测强曲线采用幂指数的表达式，具体为

$$R_n = 0.034488 R_m^{1.9400} \times 10^{-0.0173 d_m} \tag{7.5}$$

泵送混凝土的回弹强度根据测区的平均回弹值 R_m 和平均碳化深度 d_m，可由《回弹法检测混凝土抗压强度技术规程》(JGJ T23-2001)查得测区混凝土强度值 R_m。

2. 混凝土试样强度评定

混凝土试样的强度平均值按下式进行计算

$$\bar{R}_n = \frac{\sum_{i=1}^{n} R_{ni}}{n} \tag{7.6}$$

式中，R_{ni} 为第 i 测区的混凝土强度值；n 为测区数，对于单个评定的结构或构件，取一个试样的测区数，对于抽样评定的结构和构件，取各个抽样试样测区之和。

试样混凝土强度第一条件值和第二条件值按以下各式分别进行计算：

$$R_{n1} = 1.18(\bar{R}_n - KS_n) \tag{7.7}$$

$$R_{n2} = 1.18(R_{ni})_{\min} \tag{7.8}$$

式中，$\bar{R}_n$ 为试样混凝土强度平均值，按式(7.6)计算；S_n 为试样混凝土强度标准差，按式(7.9)计算，精确至两位小数。

$$S_n = \sqrt{\frac{\sum_{i=1}^{n}(R_{ni}^2) - n(\bar{R}_n)^2}{n-1}} \tag{7.9}$$

式中，$(R_{ni})_{\min}$ 为各测区混凝土强度值中的最小值；K 为合格判定系数值，按表 7.2 取值。

表 7.2 合格判定系数值 K

n	10～14	15～24	≥25
K	1.70	1.65	1.60

结构或构件混凝土强度 R_n 的评定应按以下规定进行。

(1)对于单个评定的结构或构件，取第一条件值式(7.7)和第二条件值式(7.8)中的较低值。

(2)对于抽样评定的结构或构件，在各抽检试样中取式(7.7)和或(7.8)中的较低值。

7.2.5 评定报告和有关表格

采用回弹法检测最终以评定报告的形式提交检测结果，评定报告应包括以下内容：

①建设单位名称;
②工程名称;
③施工日期;
④检测原因;
⑤试样抽检范围及试样名称编号。如果有必要,列出测区的位置及其强度值;
⑥出具报告的单位名称、测试负责人、报告审定人;
⑦测试及出具报告的日期;
⑧其他需要说明的事项。

报告应包括回弹法测试原始记录表和结构或构件试样混凝土强度计算表,具体如表7.3和表7.4所示。

表7.3 回弹法测试原始记录表

建设单位名称:　　　　　　　　　　　　　　　　　　　　　　　　　编号:
单位工程名称:　　　　　　　　　　　　　　　　　　　　　　　　　第　页共　页

编号		回弹值 R_i																碳化深度/mm
构件	测区	1	2	3	4	5	6	7	8	9	10	11	12	13	14	15	16	R_m	d_m
	1																		
	2																		
	3																		
	4																		
	5																		
	6																		
	7																		
	8																		
测面状况		潮湿、光滑、粗糙、风干									回弹仪	型号				备注			
测试角度 α		水平、向上、向下										编号							
													标定值						

测试:　　　　　记录:　　　　　计算:　　　　　　　　测试日期:　年　月　日

7.3 超声波检测

7.3.1 超声波检测仪

超声波在混凝土中传播时,其纵波速度的平方与混凝土的弹性模量成正比,与混凝土的密度成反比。声波振幅随其传播距离的增大而减弱;声波遇到空洞、裂缝时,界面产生波的折射、反射,边缘产生波的绕射,使接收的声波振幅减小,传播时间读数加长,产生畸形波等。据此特征可以判断混凝土的强度和质量。

超声波检测系统包括超声波检测仪和换能器即探头及耦合剂,如图7.2所示。工程中常用的检测仪为汕头超声波仪器厂生产的CTS-25型非金属超声波检测仪,声时范围0.5~9999μs,测读精度0.1μs,电压220V,换能器频率50~100kHz。常用耦合剂为黄油。

表7.4 构件或试件试样混凝土强度计算表

建设单位名称：　　　　　　　　　　　　　　　　　　　　　编号：
单位工程名称：　　　　　构件或试件名称及编号　　　　　　第　页共　页

项目		测区号									
		1	2	3	4	5	6	7	8	9	10
回弹值 R_i	测区平均值										
	角度修正值 ΔR_a										
	角度修正后										
	浇筑面修正值 ΔR_a										
	浇筑面修正后										
碳化深度值 d_m											
测区强度值 p_{ni}(MPa)											
强度计算值(MPa) $n=\qquad K=$		$R_n = \frac{1}{n}\sum_{i=1}^{n} R_{ni} =$ $R_{ni} = 1.18(\bar{R}_n - KS) =$					$S_n = \sqrt{\dfrac{\sum\limits_{i=1}^{n}(R_{ni}^2) - n(\bar{R}_n)^2}{n-1}} =$ $R_{n2} = 1.18\,(R_{ni})_{min} =$					
强度评定制											
使用测区强度换算表名称		规程			地区			专用		备注	

测试：　　　　记录：　　　　计算：　　　　测试日期：　　年　月　日

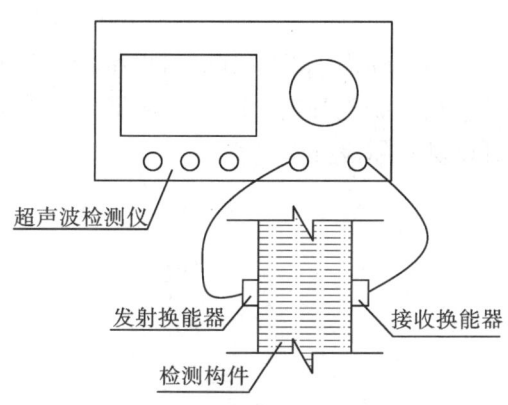

图7.2 超声波检测系统

在进行超声波测试前，应了解设计施工情况，包括构件尺寸、配筋、混凝土组成、施工方法和混凝土龄期等。选择探头频率，如采用500KC探头并将仪器置"自振"工作频率一档，已能满足要求。测试应选择在配筋少、表面干燥、平整及有代表性的部位上，将发射与接收探头测点互相对应画在构件两侧，编号并涂黄油，即可测试。测试时，要注意零读数和掌握超声波传播时间精确读法：测定超声波在混凝土内的传播时间时，将仪器中"增益"调节到最大，容易取得较精确的时间读数。另外还需在平时凭借衰减器熟悉不同振幅下第一个接收波讯号起点的位置，这样在测定低强度等级或厚度较大的混凝土时，就能对振幅小的波形读出较精确的读数。

7.3.2 超声波传播时间即声时值的测量

超声波检测的现场准备及测区布置与回弹法相同。在每个测区相对的两侧面选择相对的呈梅花状的五个测点。对测时，要求两探头的中心同置于一条轴线上。涂于探头与混凝土监测面之间的黄油是为了保证两者之间具有可靠的声耦合。测试前，应将仪器预热10min，并用标准棒调节首波幅度至30～40mm后测读声时值作为初读数。实测中，应将探头置于测点并压紧，将接收信号中扣除初读数后即为各测点的实际声时值。

7.3.3 测区声速值计算

取各测区五个声时值中三个中间值的算术平均值作为测区声时值的测试值 $t_m(\mu s)$，则测区声速值为

$$v = \frac{L}{t_m} \tag{7.10}$$

式中，L 为超声波的传播距离，可用钢尺直接在构件上测量，mm。

7.3.4 混凝土强度评定

根据混凝土材料强度 R 与声速 v 的标定曲线，可以按检测所得的声速查得测区混凝土强度值，进而推断结构或构件的混凝土强度。图7.3和图7.4分别为卵石混凝土和碎石混凝土的 $R-v$ 标定曲线，可以供实际检测中参考。

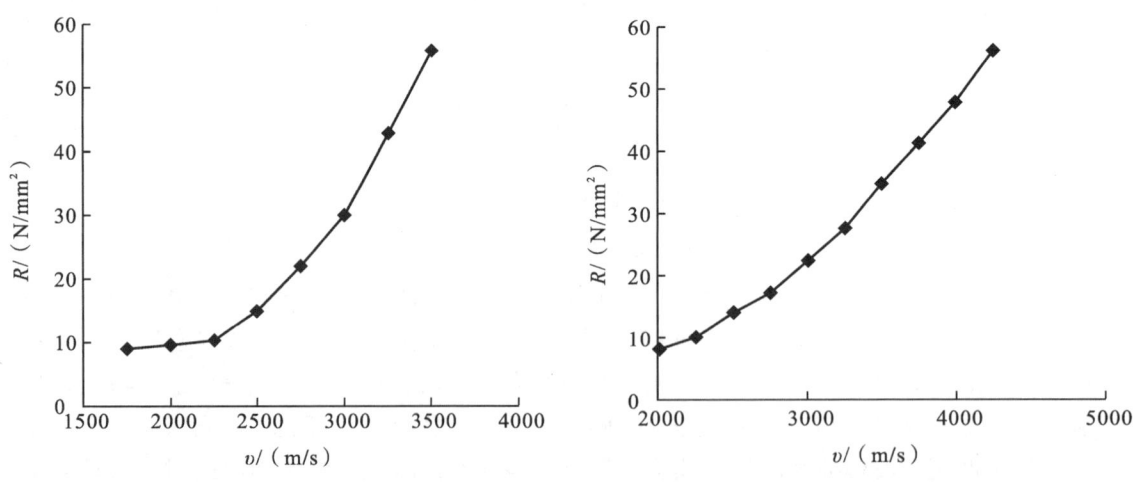

图7.3　卵石混凝土的 $R-v$ 标定曲线　　　图7.4　碎石混凝土的 $R-v$ 标定曲线

标定曲线的制作是一项十分重要又相当繁重的工作，需要通过大量不同配合比和不同龄期混凝土试件的超声波测试与抗压试验，由数理统计方式对测试数据进行回归、整理和分析后才能得到。由于受材料性质离散性的影响，标定曲线具有一定的误差，同时还受到检测仪器种类的限制。对于一般检测人员，应尽可能参照与检测对象和条件较为一致的标定曲线，同时还应结合其他检测手段，如试块强度测试、回弹法检测等综合判定。我国现

今尚未颁布超声法测强的全国标准,但江苏、上海等省、市已编制了地区规范,有关资料可以参照采用。

7.4 超声回弹综合检测

从工程检测的实例可以看出,同一结构采用回弹法检测和超声法检测所得到的混凝土强度值相差较多。究其原因,回弹检测反映的主要为构件表面或浅层的强度状况,回弹值受构件表面影响较大。超声波法检测反映的是构件内部的强度状况,但声波速度值受骨料粒径、砂浆等影响较大。由此认为,基于这两种检测方法的综合分析,建立在超声波传播速度和回弹值基础上的综合反映混凝土抗压强度,对于反映材料强度更为全面和真实,同时具有相当的测量精度。与单一方法相比,超声回弹综合法的优点是精度高,适应范围广,对混凝土工程无任何破坏,故在我国混凝土工程中已被广泛使用。目前国内已正式颁布有关超声回弹综合法检测混凝土强度的地方标准。

7.4.1 测试仪器

超声回弹综合检测的测试仪器及现场准备分别与超声波和回弹法的要求相同。超声波测点布置在回弹测试的同一测区内,先进行回弹测量,后进行超声测量。测区数量及抽样的要求与回弹法相同。

7.4.2 回弹值的测量与计算

在测区内混凝土回弹值的测量、计算及其修正均与回弹法相同。

7.4.3 超声值的测量与计算

测区声时值的测量及计算方法与超声法完全相同。当在混凝土结构的顶面和底面测试时,测区声速值的修正公式为

$$v_x = \beta V \tag{7.11}$$

式中,v 为测区声速值,km/s;v_x 为修正后的测区声速值,km/s;β 为超声测试面修正系数。在混凝土结构顶面和底面测试时,$\beta=1.034$;在混凝土侧面测试时,$\beta=1$。

7.4.4 测区混凝土强度换算值

根据测区的回弹值 R_{ai},回弹法中用 N 表示,包括测区声速值 v_{ai},优先采用专用或地区的综合法测强曲线推定测区混凝土强度换算值。

当无该类测强曲线时,计算公式为

$$f_{cu,i}^c = \begin{cases} 0.0038(v_{ai})^{1.23}(R_{ai})^{1.95}, & \text{粗骨料为卵石} \\ 0.008(v_{ai})^{1.72}(R_{ai})^{1.57}, & \text{粗骨料为碎石} \end{cases} \tag{7.12}$$

式中，$f^c_{cu,i}$ 为第 i 个测区混凝土强度换算值，MPa；v_{ai} 为第 i 个测区修正后的超声波声速值，km/s；R_{ai} 为第 i 个测区修正后的回弹值。

7.4.5 结构或构件的混凝土强度推定值

当按单个构件检测时，取该构件各测区中最小的混凝土强度换算值作为构件混凝土强度推定值，$f_{cu,\theta}$；当按批抽样检测时，该批构件的混凝土强度推定值按下式计算，并取两者中较大值作为该批构件的混凝土强度推定值。

$$f_{cu,\theta} = mf^c_{cu} - 1.645 sf^c_{cu} \tag{7.13}$$

$$mf^c_{cu,\min} = \frac{1}{m} \sum_{j=1}^{m} f^c_{cu,\min,j} \tag{7.14}$$

式中，mf^c_{cu} 为所有测区混凝土强度换算值的平均值；sf^c_{cu} 为所有测区混凝土强度换算值的标准差；$f^c_{cu,\min,i}$ 为第 i 个构件中的最小测区混凝土强度换算值；n 为抽取构件的测区总数；m 为抽取的构件数。

其中

$$mf^c_{cu} = \frac{1}{n} \sum_{i=1}^{n} f^c_{cu,i} \tag{7.15}$$

$$sf^c_{cu} = \sqrt{\frac{\sum_{i=1}^{n} (f^c_{cu,i})^2 - n(mf^2_{cu})^2}{n-1}} \tag{7.16}$$

7.5 地质雷达监测技术

地质雷达是近年来发展得非常迅速的一项探测新技术，以其高分辨率和高工作效率正逐渐成为地下隐蔽工程调查的一种有力工具。随着信号处理技术和电子技术的发展以及实践操作经验的丰富积累，地质雷达测试技术也不断发展。地质雷达仪器不断更新，应用范围也不断扩大，现已广泛应用于工程地质勘察、建筑结构调查、无损检测、水文地质调查、生态环境等众多领域。

7.5.1 地质雷达原理及特点

地质雷达(ground probing/penetrating radar，GPR)是一种对地下或物体内不可见目标体或界面进行定位的电磁技术。其工作原理如下：高频电磁波以宽频带脉冲形式，通过发射天线被定向送入地下或目标体，经存在电性差异的地下地层或目标体反射后返回地面，由接收天线所接收。高频电磁波在介质中传播时，其路径、电磁场强度与波形将随所通过介质的电性特征及几何形态而发生变化。故通过对时域波形的采集、处理和分析，可确定地下界面或地质体的空间位置及结构。地质雷达的探测原理如图 7.5 所示。

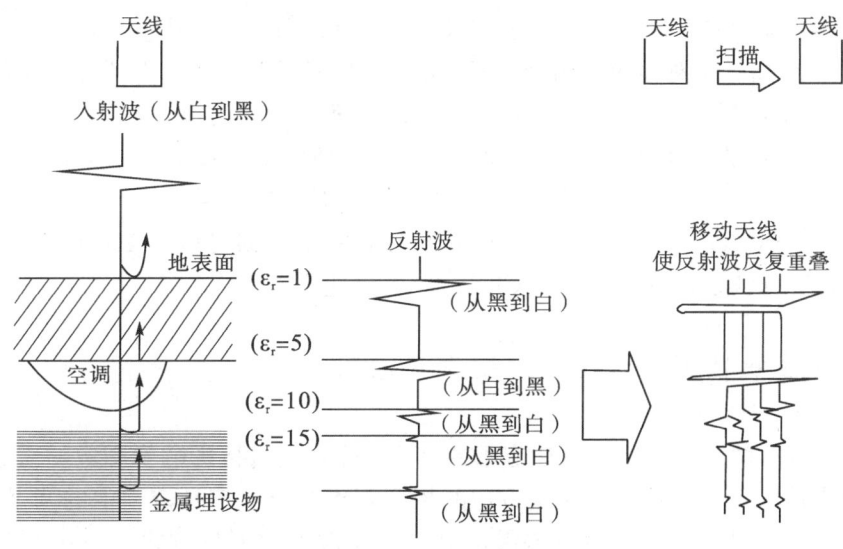

图 7.5　地质雷达探测原理

地质雷达的特性主要表现在以下几方面。

(1) 高分辨率。地质雷达的工作频率可高达 5000MHz，分辨率可达数 cm。

(2) 无损性。地质雷达是一种非破损性的探测技术。它通过从地表向地下或目标体发射高频电磁波，处理分析回波信号来达到探测目的。对地表和目标体没有任何损伤与破坏。

(3) 高效率。地质雷达仪器轻便，从数据采集到成像处理一体化，人员少，因而效率高。

(4) 抗干扰能力强。地质雷达可在各种环境下工作。

但是，由于高频电磁波在介质中的高衰减性，使得地质雷达的探测深度受到一定的限制。

7.5.2　地质雷达仪器及其发展

地质雷达与探空或通信技术相类似，但它是从地表向地下发射电磁波来实现探测，故称之为地质雷达。它的产生和发展经历了将近一个世纪。由 Hulgmeyer(1904) 首先使用电磁信号来确定地下金属目标体的存在。Leimbach 和 Lowy(1910) 在一项德国专利中第一次描述了用电磁波来定位埋藏的物体。Hulsenbeck 第一次使用脉冲技术确定地下物体的结构，他指出：地表下任何介电常数的变化将导致电磁波的反射，他的这一结论成了目前地质雷达工作的物理基础。但鉴于地下介质具有较强的电磁波衰减特性，加之地质情况的复杂多样，很长时间以来，地质雷达仅作为冰、淡水、盐层、沙漠地带的应用工具。在 20 世纪 60 年代末期，阿波罗登月计划的实施及研究月球表面岩性地质构造的需要给地质雷达技术的发展带来了新的动力。20 世纪 80 年代以来，Annan 等许多学者先后做了大量的理论研究及实验工作，为这项技术的进步奠定了基础。仪器的发展导致地质雷达实践应用不断扩大，尤其是在工程地质探测、工程无损检测及生态环境保护等方面取得了较大的进展，而且地质雷达的应用又有力地推动了地质雷达设备的更新和完善。现在市场上有多种商用地质雷达,如加拿大探头与软件公司(SSI)的 Pulse EKKO 系列、美国地球物理公司(GSSI)的 SIR 系列、瑞典地质公司(SGAB)的 RAMAC 系列等。这些雷达使用的中心频率为 25~1000MHz,时窗范围为 0~2000ns,雷达脉冲宽度为 0.5~10ns,脉冲间隔为 1×10^4~5×10^4ns,脉冲幅值达 100~150V。目前,地质雷达仪器又有了长足的发展,如变频天线的雷达系统,多道地质雷达系统和步进频率信号雷达系统。

国内地质雷达仪器发展较慢,主要有电子工业部第 22 研究所的 LTD—3 型地质雷达、北京爱迪尔国际探测技术有限公司的 CBS—9000 型地质雷达。

7.5.3 地质雷达数据采集的最优化分析

地质雷达数据的采集是地质雷达应用的首要工作,它直接影响到图像的质量,有时甚至决定了地质雷达应用的成败。地质雷达的探测距离与分辨率是应用中的两个重要参数,直接受天线中心频率的影响。而地质雷达应用中最常用的测量方式为单次覆盖剖面法采集,因此正确选择天线频率与设置天线发射-接收分离距是双天线地质雷达采集中最重要的问题。其最优化分析包括在高噪音的环境中获得最佳信号及增大深部弱信号两个方面。

1. 地质雷达的技术参数

地质雷达的技术参数包括地质雷达的探测深度和地质雷达的分辨率。它是由地质雷达方程决定的。

1) 雷达方程

在衰减介质中地质雷达方程为

$$P_R = \frac{P_T G_T G_R \lambda^2 g \mathrm{e}^{-2\alpha R}}{(4\pi)^3 R^4} \tag{7.17}$$

式中,P_R、P_T 分别为接收天线与发射天线的功率;G_R、G_T 分别为接收天线与发射天线的增益,一般 $G_R=G_T$;λ 为雷达子波在介质中的波长;g 为目标体的雷达波散射截面;α 为介质的衰减系数;R 为天线到目标体的距离。

系统的信噪比为

$$\frac{s}{N} = \frac{2P_R}{N_0} = 2\frac{P_T G_T G_R \lambda^2 g \mathrm{e}^{-2\alpha R}}{(4\pi)^3 R^4 N_0} \tag{7.18}$$

式中,N_0 为背景噪声的功率谱密度。

功率谱密度依赖于雷达接收天线的系统噪音,定义为

$$\frac{N_0}{2} = K_B T_0 F_N \tag{7.19}$$

式中,K_B 为 Boltzman 常数,1.38×10^{-13}J/K;T_0——系统温度,290K;F_N——系统噪声系数。

如果接收天线不完全匹配,耦合系数 $C_M<1$。如果接收天线完全匹配,耦合系数 $C_M=1$,则信噪比可表示为

$$\frac{s}{N} = \frac{P_T G_T G_R}{F_N K_B T_0} \cdot \frac{\lambda^2 g \mathrm{e}^{-2\alpha R}}{(4\pi)^3 R^4} = A \cdot B \tag{7.20}$$

式中,A、B 分别与雷达系统、介质性质有关。

2) 地质雷达的探测距离

地质雷达所能探测到的目标体的深度称为地质雷达的探测距离,当 $s/N=11$ 时为最大探测距离。由式(7.20)可知,当一个地质雷达系统选定后,因子 A 也就随之确定了。因此地质雷达波在介质中传播的距离 R,主要由电磁波长 λ、目标体向后散射截面因子 g 和媒介质的衰减系数 α 决定。下面定性地分析同一目标体在衰减介质中传播的距离。

在均匀的衰减介质中,电磁波传播的波长 λ 与衰减系数 α 为

$$\lambda = \frac{v}{f} = \frac{C}{f\sqrt{\mu_r \varepsilon_r}} \tag{7.21}$$

$$\alpha = \frac{\sigma z_0}{2WR\varepsilon_r} \tag{7.22}$$

式中,C 为电磁波在自由空间中传播的速度;μ_r 为介质的相对导磁率;ε_r 为介质的相对介电常数;σ 为电导率;z_0 为自由空间的波阻抗;W 为能量衰减系数。

由式(7.20)、式(7.21)和式(7.22)可知,地质雷达的传播距离仅与介电常数、磁导率、电导率以及电磁波的频率有关。

相关试验表明,地质雷达磁导率的影响可忽略,电磁波在介质中的传播距离实际仅由介电常数、电导率与雷达波的频率决定。可由能量衰减系数 W 来表示为

$$W = 2\pi f \varepsilon_r \sigma \tag{7.23}$$

当电磁波的频率越高,它在介质中衰减越快,传播距离越短;当电磁波的频率一定,介质的相对介电常数较大,电导率较大时,地质雷达波会很快衰减,传播距离短,地质雷达探测的深度浅。反之,介质的相对介电常数较小,电导率也较小时,地质雷达波衰减慢,传播距离远,地质雷达探测的深度较深。表7.5列出了一些常见介质的相对介电常数、电导率、电磁波在介质中的传播速度与吸收系数。据此可知地质雷达波在金属中传播会很快衰减,而在空气中几乎不会衰减。

表7.5 介质的相对介电常数、电导率、电介质中的传播速度与吸收系数

介质	ε_r	σ/(ns/m)	v/(m/ns)	β/(dB/m)
空气	1	0	0.0	0
淡水	80	0.5	0.033	0.1
海水	80	3×10^4	0.01	1000
干砂	3~5	0.01	0.15	0.01
饱和砂	20~30	0.1~1.0	0.06	0.03~0.3
石灰岩	4~8	0.5~2.0	0.12	0.4~1.0
泥岩	5~15	1~100	0.09	1~100
粉砂	5~30	1~100	0.07	1~100
黏土	5~40	2~1000	0.06	1~300
花岗岩	4~6	0.01~1.0	0.13	0.01~1.0
盐岩	5~6	0.01~1.0	0.13	0.01~1.0
冰	3~4	0.01	0.16	0.01
金属	300	10^{10}	0.017	10^8
PVC塑料	3.3	1.34	0.16	0.14

3）地质雷达的分辨率

分辨率的定义是分辨最小异常体的能力，分辨率可分为垂向分辨率与横向分辨率。垂向分辨率是指地质雷达剖面上所能够区分一个以上反射界面的能力。一般把地层厚度 $b=\lambda/4$ 作为垂直分辨率的下限，当地层厚度 $b<\lambda/4$ 时，复合反射波形变化很小，其振幅正比于地层厚度，这时已无法从时间剖面上确定地层厚度。水平分辨率是指地质雷达在水平方向上所能分辨的最小异常体的尺寸。根据波的干涉原理，水平分辨率通常由第一菲涅尔带确定，即

$$r_r = \sqrt{\frac{\lambda h}{2}} \tag{7.24}$$

式中，λ 为雷达子波的波长；h 为异常体的埋藏深度。

地质雷达对于单个异常体的横向分辨率要远小于第一菲涅尔带半径。然而要区分两个水平的相邻异常体所需的最小横向距离要大于第一菲涅尔带半径。在噪音较强的场地环境中，地质雷达分辨率将减小。

2. 地质雷达的信号采集方案分析

地质雷达的信号采集方案涉及场地环境分析、测量方式分析及测量参数的优选。

1）场地环境分析

每接受一个地质雷达测量任务都要对目标体特征与所处环境进行分析，以确定地质雷达测量能否取得预期效果。目标体的电性即介电常数与电导率等必须明确，地质雷达应用的成功与否取决于目标介质是否有足够的反射与散射能量为系统所识别。当围岩与目的体相对介电常数分别为 ε_h 与 ε_t 时，目标体的功率反射系数 P_r 的估算式为

$$P_r = \left| \frac{\sqrt{\varepsilon_h} - \sqrt{\varepsilon_t}}{\sqrt{\varepsilon_h} + \sqrt{\varepsilon_t}} \right|^2 \quad (P_r \geqslant -0.01) \tag{7.25}$$

一般情况下可参考表 7.5，特殊应用时应对介质的介电常数进行测试。围岩的不均一性尺度必须有别于目标体的尺度，否则目标体的响应将淹没在围岩变化特征之中而无法识别。测区的工作环境必须明确。当测区内存在大范围金属体或无线电射频源时，将对地质雷达的探测产生严重干扰。由于地质雷达信号在介质中以指数衰减，在空气中以几何级数衰减，地面上大的物体如大石块、树等会形成较强的散射。此外测区的地形、地貌、温度、湿度等条件也将影响到测量能否顺利进行，测试时必须加以考虑或排除。

2）测量方式

按研究内容及目的的不同，地质雷达通常可以采取三种方式探测，如图 7.6 所示。

（1）反射探测方式，其原理与反射地震方法相似。按接收天线相对发射的位置不同可分为平行排列、正交排列等多种组合。

（2）透射探测方式，主要用于对介质进行透射研究。其原理类似于无线电波透视法。由于信号频率高、衰减快，一般只用于古建筑物、桥梁等的状态监测以及近距离的孔间透射。

（3）共中心点探测方式，主要用于获取地质雷达波在地下介质中的传播速度。其应用前提是地下介质相对均匀并存在近于水平的反射界面。

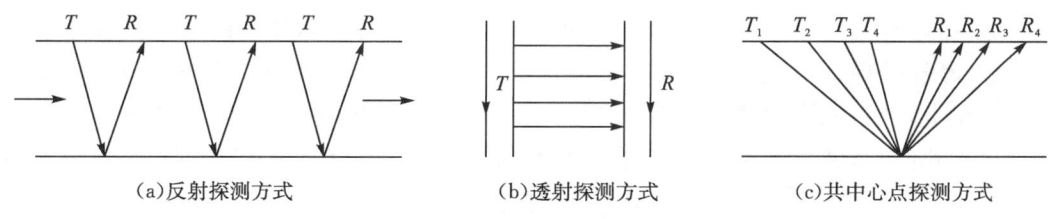

(a)反射探测方式　　　　(b)透射探测方式　　　　(c)共中心点探测方式

图 7.6　地质雷达的三种探测方式

从以上各种测量方式定义可知，不同的测量方式有不同的应用目的。然而地质雷达最终目的是提取地下地层结构。因此反射探测方式用得最广。由于介质对电磁波的吸收，来自深部界面的反射波会由于信噪比过小而不易识别，同时由于地面上物体散射的强干扰常掩盖了正常的地面信息，提取地下有用的弱信号是地质雷达中需要亟待提高的技术。

多次叠加技术是提高信噪比的有力手段，有助于识别地表散射，所达到的深度是单道采集的 2~3 倍。在多次叠加技术中影响地质雷达分辨率的主要参数有：最大反射—接收距、最小发射—接收距、叠加次数。然而，在实践应用中多次叠加技术的低效率常常限制了地质雷达的应用。

3)测量参数的优选

测量参数选择合适与否关系到地质雷达测量的应用效果。选取的测量参数包括天线频率、发射接收天线间距、时窗、采样率、测点点距等。大量的工程实践表面，选择天线频率与发射—接收天线间距是极其重要的。

(1)天线中心频率的选择。

天线中心频率的选择应兼顾目标体深度、最小尺寸以及天线尺寸是否符合场地要求。一般而言，在满足分辨率且场地条件又许可时，应该尽量使用中心频率较低的天线。如果要求的空间分辨率为 x m，围岩相对介电常数为 ε_r，则天线中心频率可由下式初步选定

$$f = \frac{150}{x\sqrt{\varepsilon_r}} \tag{7.26}$$

根据初选频率，利用雷达探测距离方程式(7.19)，可计算出探测深度。如果探测深度小于目标深度，则需降低频率以获得适宜的探测深度。

(2)发射—接收天线间距的选择。

①偶极天线辐射方向图，不同介质电常数地表面上的偶极天线辐射方向图分别如图 7.7 所示。

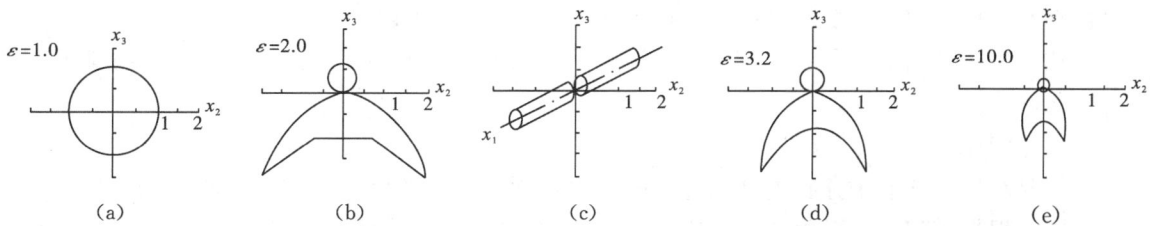

图 7.7　不同介电常数地表面上偶极天线辐射方向图

从图 7.7 中可以看出：地下介质的介电常数愈大，偶极子源的辐射功率就愈往地下集中；地下辐射场在临界角方向上的辐射强度最大。

②天线间距选择。

在设计地质雷达探测方案时,发射—接收天线间距是一个很重要的参数。适当选取发射、接收天线间的距离可使来自目标体回波信号增强。由图7.7可知在介电折射率随深度而增加的情况下,反射振幅系数随入射角度增大而增加,在临界角时达到最大。地质雷达的记录振幅由于几何波前扩散与衰减项增大的影响会趋于减少,存在有一个使反射振幅最大的最优天线间距。在不同地区,由于地层衰减的不同,该发射—接收间距一般是不同的。

③天线的极化方向。

偶极子接收天线对地下目标体散射波的极化方向比较敏感,它依赖于入射电磁波的极化方向。这意味着在设计测量方案、数据处理、地质解释中,极化是一个需考虑的重要因素。天线的取向要保证电场的极化方向平行于目标体的长轴方向或走向方向。在某些情况下,当目标体的长轴方向不明或要提取目标体的方向特性时,最好使用两组正交方向的天线分别进行测量。

7.5.4 地质雷达图像解释

地质雷达应用范围现已覆盖工程地质勘察、建筑物结构的无损检测、水文地质调查、环境调查、考古、军事等众多领域。相对于仪器研制和数据处理,地质雷达图像的解释研究相对落后。目前,绝大部分地质雷达资料仍处于时间剖面的简单运动学特征对比,限制了地质雷达高分辨率的效果。针对上述问题,通常综合运用地质雷达波的运动学、动力学与物性特征进行地质雷达资料解释,并用该方法分析常见的地质雷达图像特征。

1. 地质雷达图像解释原理

地质雷达图像的地质解释是地质雷达探测的目的。然而地质雷达图像反映的是地下介质的电性分布,要把地下介质的电性分布转化为地下介质体分布,必须结合已知的资料如地质、钻探、岩土工程设计参数等,综合运用地质雷达波的运动学、动力学和物性特征进行综合分析。

1)地质雷达时间剖面的对比原则

在地质雷达记录上利用有效波的运动学特点和动力学特点来识别和追踪同一界面的波的工作叫地质雷达波的对比。在反射法的地质雷达资料解释中,反射波和某些异常波都是有效波。由于有效波总是在干扰背景下被记录下来,所以解释工作的首要任务就是在剖面上识别和追踪反射波。波的对比是解释工作中最重要的基础工作。

地质雷达剖面上识别各种波的四个标志是:同相性、振幅显著性增强、波形特征和时差变化规律。

(1)同相性。

只要在地下介质中存在电性差异,就可以在地质雷达图像剖面中找到相应的反射波与之对应。根据相邻道上反射波的对比,将不同道上同一反射波同相位连接起来的对比线称为同相轴。同一波组的相位特征即波峰、波谷的位置在时间剖面上几乎无变化。

(2)振幅显著性增强。

一个反射波振幅的强弱,还与界面的反射系数即界面两边的电性差异和界面形状等因素有关,如果沿界面无构造或岩性突变,则波的振幅沿测线应该是渐变的。

(3)波形特征。

这是反射波的主要动力学特点,由于雷达主机所发射的是同一雷达子波,同一界面反射波的传播路程相近,传播过程中所经过的地层吸收等因素的影响也相近,所以同一反射波在相邻道上的波形特征(包括主周期、相位数、振幅包络形状等)均是相似的。

(4)时差变化规律。

由于地质雷达发射与接收距离非常近,可以看作自激值自收方式。所以在地质雷达剖面上,反射波的同相轴是直线,绕射波的同相轴是曲线。这是地质雷达剖面识别波类型的重要依据。

在根据波的同相性、振幅显著性增强、波形特征和时差变化规律等标志进行波的对比分析时,还应认识到实际情况的复杂性。由于激发接收条件、干扰波等因素的变化,会使有效波的相位、振幅、波形等发生各种变化。因此要善于综合分析整个测区的资料,弄清楚记录变化的原因。

2)地质雷达图像物性的解释依据

地质雷达的物性解释是把注意力放在单个反射层或一个小的反射层组上,利用各种地质雷达技术如各种数据处理,提取各种地质雷达参数,主要是速度、振幅等。并紧密结合地质、工程资料,研究目标体的物性、含水量的变化。

影响地质雷达波速的因素是:弹性常数、密度、孔隙率及含水量等。因此,研究地质雷达波的速度变化,可确定目标体内的含水量等。

影响地质雷达波振幅的因素是:波前扩散、介质吸收、界面的反射系数与界面的反射形态等。因此,研究地质雷达波的振幅变化可用来识别防空洞等特殊目标体。

3)地质雷达图像解释的具体做法

在地质雷达图像解释进行时,除了掌握地质雷达反射波组的特点,还应掌握下述的一些具体做法。

①掌握测区内的地质、钻探、岩土工程资料,识别干扰波。

②利用时间剖面的直观性与范围大的特点,纵观整条测线,重点研究强振幅、能长距离连续追踪、波形稳定的特征波,识别剖面的主要特点。

③识别地下目标体的反射,进行地质解释。

2. 常见规则干扰波的地质雷达图像特征

识别干扰波及目标体的地质雷达图像特征是进行地质雷达图像解释的核心内容。地质雷达在地质与地表条件理想的情况下,可得到清晰、易于解释的雷达记录,但在条件不好的情况下,地质雷达在接收有效信号的同时,也不可避免地接收到各种干扰信号。引起地质雷达产生干扰信息的原因很多,常见的规则干扰波及其特征叙述如下。

1)地面上物体产生的规则干扰

地质雷达向地下发射高频电磁波时,由于天线的固有特征,会有一部分能量逸散到空气中,碰到有电性差异的界面会产生反射回波。由于地质雷达信号在地下媒介质中传播时呈指数衰减,而在空气中传播时呈几何级数衰减,因此地面上物体在地质雷达记录上产生极强的回波同相轴,这些干扰信号叠加到从地下返回的有用信号上,混淆了真实的地质情况。

(1) 地面上空电线。

地面上空电线的干扰回波同相轴是以电线在地表的投影点为顶点的双曲线，一般延续时间较长，沿测线方向的连续性较好。当电线在测线上方或在测线一侧但可观察到时，其干扰信号较易识别。但当电线不在测线上方而且观察不到时，反射波同相轴为双曲线的一支，很可能被误认为是某一倾斜岩层的反射波。

(2) 测线附近的大块金属体。

当地质雷达经过测线附近，这类的强反射体，如钻机等，会产生高振幅、密集的反射波组，延续多个相位。这种大片反射波的出现随着雷达与障碍物距离的减小而增强，随着与障碍物距离的增大而减弱。这种干扰波对雷达记录的影响和损害较大。

(3) 地面上的砾石。

地面上粒径在10cm左右的砾石也会产生干扰。当地质雷达发射天线从砾石上通过时，电磁波在砾石表面产生多次反射，形成局部的强振幅回波。由于天线发射角度的影响，砾石引起的强振幅异常范围一般大于实际砾石大小的数倍，这种多次回波可在整个记录时间内存在。

(4) 测绳和皮尺。

有金属芯的测线和某些特殊材质的皮尺是高频电磁波的良好反射体。它们用作测量标志时会对雷达记录产生影响，在图上出现的沿皮尺传播到两端并反射回来的呈"X"形的直达波同相轴。

2) 地下异常的多次波

由于地下物体产生的干扰信号主要是多次回波。这种多次波在地质体与地面间来回反射的波叠加在其他雷达信号上，干扰了真实界面的识别。例如，土层中大块砾石的雷达记录，虽然有一块砾石存在，但形成了较强的多次波。对板状体在均匀介质中的模型试验与数值模拟的结果说明，独立地质体与周围介质电性差异较大时会形成较强的多次反射波。如砾石表面形状不规则，其异常形态类似于溶洞、土洞产生的异常，并且影响了后续波的识别，降低了勘探深度。

7.6 常见特殊地质体的地质雷达图像特征

1) 潜水面的雷达波形特征

(1) 出现水平的强振幅反射波。

在地质雷达技术中利用的是相对振幅。振幅的强弱主要与反射系数有关，而反射系数主要由上下层间介电常数差异决定。地层中水在重力作用下，使上部地层与潜水面下地层之间接触面近于水平，因此在潜水面上将产生水平的强振幅反射波。

(2) 反射频率下降，脉冲周期变大。

当雷达波穿过潜水面时，其频率要显著降低，并且入射波的频率越高、脉冲周期越大，这种现象越明显。

(3) 潜水面下的反射波组较潜水面上反射波组有较大衰减。

图7.8显示了地质雷达用于寻找潜水面的实。图7.8(a)是实测的地质雷达剖面，潜水面上的反射是一个连续水平的强振幅反射，频率明显下降，雷达波周期变化大，下部出现

较快的衰减。上部是干砂与砾石层的反射,潜水面下部是湿砂与砾石层的反射。图 7.8(b)是它的地质解释剖面。

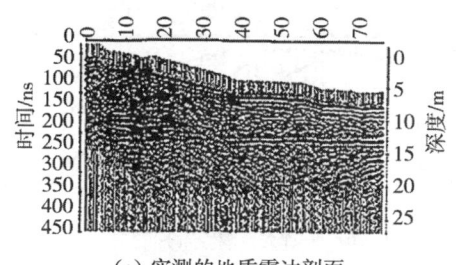
(a)实测的地质雷达剖面

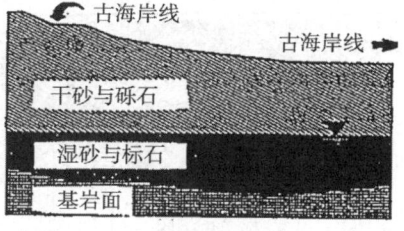
(b)地质解释剖面

图 7.8 潜水面的地质雷达探测图像

2)不同地层的波场特征

杂填土层常由各种垃圾组成,由于所含物质成分、结构不同,其对应的地质雷达波场特征是杂乱的反射波取代了正常地层的特有连续反射,常出现许多点状反射体特有的双曲线异常。各种黏土层常是在稳定的沉积环境中形成的,对应的雷达波同相轴连续,波组平行。但不同的黏土层之间反射波振幅还是存在差异的,粉质黏土层反射振幅强度中等,淤泥质黏土层中衰减较大,反射振幅强度较弱,极细砂层的地质雷达波场与黏土层相似,反射同相轴连续,波组平行。中等及粗砂层中的反射同相轴不连续,有规律地分布有许多分支短的绕射波。整合结构地层产状相同,平行接触,对应的雷达波组同相轴相互平行;不整合结构地层产状不同,倾向各异,不同波组间雷达反射波同相轴斜交。

图 7.9 给出不整合接触地层的地质雷达的图像,这是在某海岸线上探测的实例,上部砂层与下部砂层沉积方向相反,其内部沉积为平行斜交。

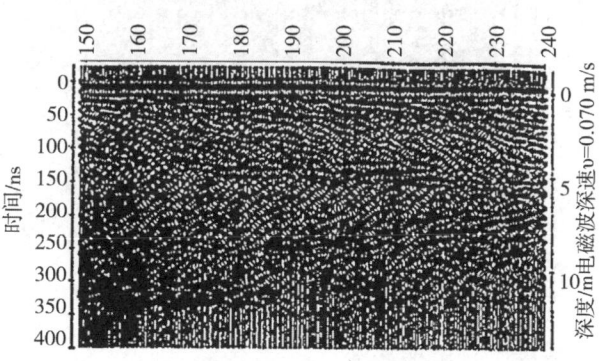

图 7.9 不整合接触地层的地质雷达的图像

3)基岩破碎带的雷达波场特征

由于受到挤压剪切力的作用,破碎带上岩石结构发生了很大的变化,岩石的内在联系受到破坏,常成糜棱状,破碎带上岩土含水率和矿化度都发生了变化,从而使破碎面上的介电常数与周围地层有较大差异,其在地质雷达波场上的特征如下。

①地层反射波的同相轴错断,但在破碎带两侧波组关系仍是相对稳定的。
②破碎面上反射波振幅能量明显比两侧基岩信号强。
③破碎面上反射波频率衰减,其反射波同相轴连线为破碎带的位置。

图 7.10 给出用 900MHz 的地质雷达探测路面基岩破碎带的实例,在该段剖面上分布

四条破碎带。

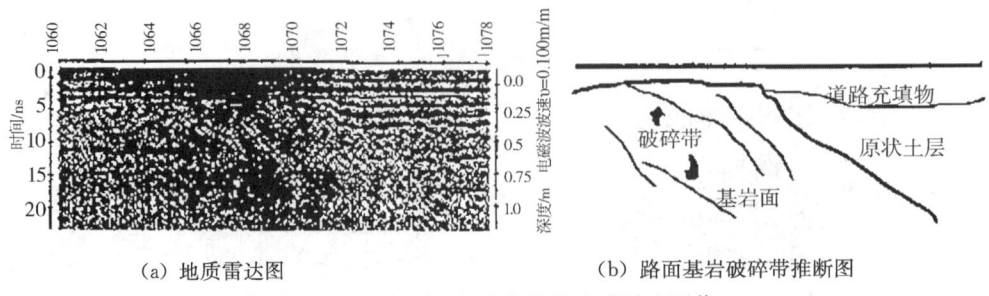

(a) 地质雷达图　　　　　　　(b) 路面基岩破碎带推断图

图 7.10　路面基岩破碎带的地质雷达图像

4) 暗浜与古河道的波场特征

暗浜与古河道是我国南方地区特殊的地质现象。浜填土的成分十分复杂，建筑垃圾、石块、金属体等均存在，内部电性差异大。古河道内沉积的是砂、淤泥等，与正常沉积相似，但其沉积的物理力学性质与正常沉积层有较大差别，尤其是沉积不均匀、孔隙大，也常会含有建筑垃圾如石块、铁器等杂物，而且古河道边常有木桩等不明障碍物等。暗浜与古河道的性质决定了它们的雷达波场相似，差别仅在于古河道分布范围较大。与周围正常沉积的地层相比，它们的雷达波场特征为：反射波振幅较大、波形粗黑、同相轴不连续、波形杂乱不规则；在暗浜与古河道的边界，波形发生明显变化，同相轴错动；时间剖面上分布形态为向下的弧形。图 7.11 为暗浜探测的地质雷达波形图，其分布的边界较清楚，内部同相轴不连续，波形杂乱、不规则。

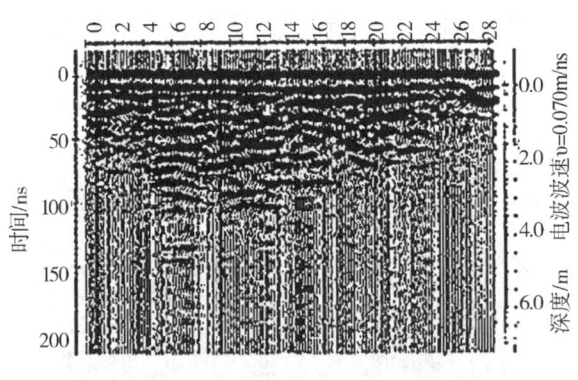

图 7.11　暗浜的地质雷达图像

5) 常见地下目标体地质雷达图像特征

(1) 管线的波场特征。

由于地下管线的种类繁多，其波场特征也表现各异，它们共同的特征是反射同相轴呈向上凸起的弧形，顶部反射振幅最强，弧形两端点反射振幅最弱，它们的差异性表现如下。

①由于金属管的相对介电常数较大，导电率极强，衰减极大，则金属管顶部反射会出现极性反转，无底部反射。而非金属管的介电常数均低，导电率小，衰减小，顶部反射极性正常。管底部反射同相轴明显。

②对非金属管而言，管内流动的物质不同，管线的波形特征也不同，当管线内部充满水时，在水界面发生极性反转，来自管底的反射需要较大的旅行时。

③管的直径越大，反射弧的曲率半径越大，对于非金属管，管顶部与管底部反射时间相差越大。

图7.12显示了典型的管线模拟的地质雷达图像，管内充满了空气。从以上分析可知，地质雷达不仅能提供各类管线的具体位置，而且，对非金属管线而言，能提供其内部流体、管线大小等信息，从而可识别各类地下管线。

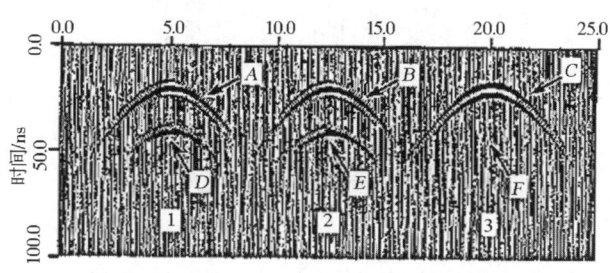

1-陶瓷管；2-PVC管；3-金属管

图7.12 典型的地下管线探测地质雷达图像

(2)废弃的防空洞、地下室、合流污水箱涵的雷达波场。

此类地下埋设体结构剖面如图7.13所示，分析混凝土、空气、水的电性特征可知三者存在明显差异，致使雷达波的振幅、频率、反射极性等动力学特征也发生变化。这类地下埋设体的反射波场特征为：①异常强的反射振幅；③出现大片空白区，速度引起的陷阱；②反射波极性反转。由表7.5可知，水的相对介电常数为80，混凝土的相对介电常数为6.4，计算反射系数，相对上部地质雷达分界面，水与混凝土分界面上的反射系数值为负。由表7.5可得，水的电磁波速为0.033m/ns，是空气电磁波速的1/10，是混凝土电磁波速的1/5，则在时间剖面上，水与混凝土分界面上的脉冲体现为相对延迟。

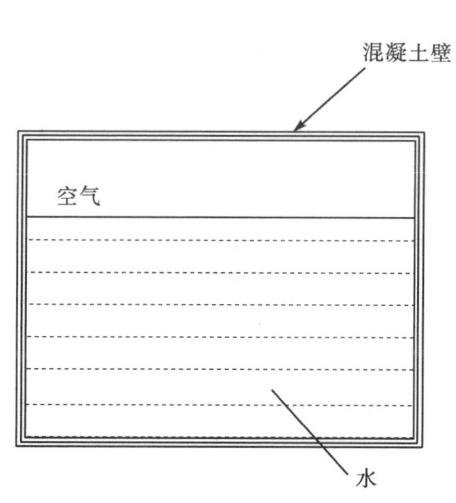

图7.13 箱形地下埋设物的结构剖面

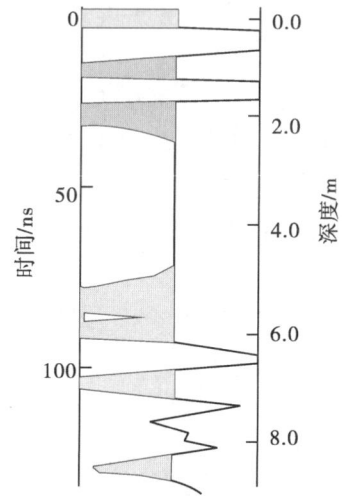

图7.14 箱涵的单道地质雷达记录
出现极性反转，脉冲延迟

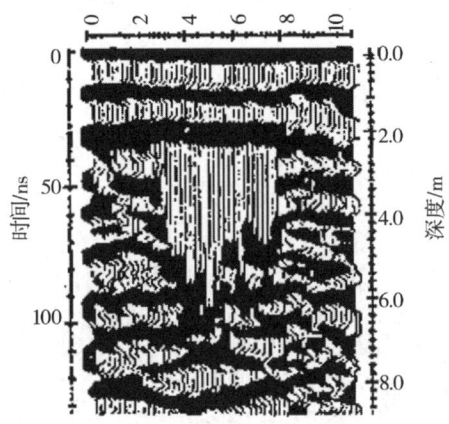

图 7.15 箱涵的地质雷达图像

图 7.14 为这类地下埋设体上单道的雷达实测记录。图 7.15 显示了某地合流污水箱涵的实测雷达波形图，出现大片空白区，方框内为污水箱涵的位置，宽为 4m，埋深 2.1m。

(3)桩体质量的波场特征。

完整性好的桩体内部混凝土的密度均匀，从上到下波形的振幅、相位等特征一致。桩体与周围地层在垂直界面两侧的电性存在明显差异，在时间剖面上，桩体两侧反射波同相轴存在明显错断。反射同相轴断点为桩体的垂直边界，其连线表示桩体的倾斜状况。波形的振幅、相位出现明显变化的位置往往是桩身缺陷的反应。

此外，上述根据电磁波的反射特性和地质雷达图像，地质雷达还可用于检测隧道与地下工程混凝土衬砌的厚度和其内部钢筋、钢拱架的间距，以便作为评价地下工程施工质量和安全的依据。

第 8 章 地面建筑物的变形监测

8.1 工程建筑物变形监测

8.1.1 变形监测的含义

地下空间的开发和利用受到地面建筑的影响，尤其是在城市范围内修建地下工程，如地铁、地下街、地下停车站(场)等均需要考虑其对地面和地下建筑的影响。地面建筑通常要依靠基础部分来传递其上部的各种荷载，在修建地面建筑尤其是高层和超高层建筑时，基础往往设置得较深。建筑物本身及其基础，也由于地基的变形及其外部荷载与内部应力的作用而产生变形。过大的变形可能导致结构开裂或失稳。因此需要对建筑物本身和基坑在建造期间的变形进行监测。尤其是在建设地下工程期间，地面建筑物的基础和性质会影响地下工程的设计与施工，同样地下工程的设计与施工也必须要考虑受其影响的地面建筑物的安全与稳定。这就要求对建筑物的变形进行监测，以便做出相应的评价。对于基础，主要监测的内容是均匀沉降与不均匀沉降。由沉降监测资料可以计算基础的绝对沉降值与平均沉降值。由不均匀沉降值可以计算出相对倾斜、相对弯曲或挠度。基础的不均匀沉降可以导致建筑物的扭转。当不均匀沉降产生的应力超过建筑物的容许应力时，可以导致建筑物产生裂缝。从某种意义上来说，建筑物本身产生的倾斜与裂缝，起因就是基础的不均匀沉降。均匀沉降不会使建筑物出现断裂、裂缝和缺口等现象，但绝对值过大的均匀沉降也会影响建筑物的正常使用。鉴于此，城市及其建筑物由于天然与人为的因素将产生各种变形，了解变形状况，分析变形原因，预报未来变形，对于预防事故和保证建筑物正常使用是很重要的。为此，为了不影响地下工程施工期间地面建筑物的正常使用，保证地下工程和地面建筑的安全，必须在兴建建筑物之前、建设过程以及交付使用期间对建筑物进行变形监测。

所谓变形监测，是用测量仪器或专用仪器测定建筑物及其地基在建筑物荷载和外力作用下随时间变形的工作。进行变形监测时，一般在建筑物特征部位埋设变形监测标志，在变形影响范围之外埋设测量基准点，定期测量监测标志相对于基准点的变形量。从历次监测结果的对比分析中了解变形随时间发展的状况。变形监测周期由单位时间内变形量的大小而定。变形量较大时监测频率宜增大，变形量小且建筑物趋向稳定时，监测的周期应适当延长。变形是个总体概念，既包括地基沉降、回弹，也包括建筑物的裂缝、倾斜、位移及扭曲等。变形按其时间长短分为以下几种。

(1) 长周期变形：由于建筑物自重引起的沉降和倾斜等。
(2) 短周期变形：由于温度的变化所引起的建筑物变形等。

(3)瞬时变形：由于风振动引起高大建筑物的变形等。

变形按其类型可分为两种。

(1)静态变形，其监测结果只表示建筑物在某一期间内的变形值，如定期沉降监测等。

(2)动态变形，其监测结果只表示建筑物在某瞬间的变形，如振动引起的变形等。

8.1.2　建筑物变形监测的项目

建筑物变形监测的项目主要有以下几个。

(1)建筑物沉降监测：建筑物的沉降是地基、基础和上层结构共同作用的结果。此项监测资料的积累是研究解决地基沉降问题和改进地基设计的重要手段。同时通过监测来分析相对沉降是否存在差异，以监视建筑物的安全。

(2)建筑物水平位移监测：指建筑物整体平面移动，其原因主要是基础受到水平应力的影响，如地基处于滑坡地带或受地震影响。测定平面位置随时间变化的移动量，以监视建筑物的安全或采取加固措施。

(3)建筑物倾斜监测：高大建筑物上部和基础的整体刚度较大，地基倾斜如差异沉降即反映出上部主体结构的倾斜，监测目的是验证地基沉降的差异和监视建筑物的安全。

(4)建筑物裂缝监测：当建筑物基础局部产生不均匀沉降时，其墙体往往出现裂缝。系统地进行裂缝变化监测，根据裂缝监测和沉降监测资料，来分析变形的特征和原因，并采取措施保证建筑物的安全。

(5)建筑物挠度监测：这是测定建筑物构件受力后的弯曲程度，对于平置的构件，在两端及中间设置沉降点进行沉降监测，根据测得某时间段内这三点的沉降量，计算其挠度；对于直立的构件，要设置上、中、下三个位移监测点，进行位移监测，利用三点的位移量可算出其挠度。

8.1.3　沉降的原因及种类

各种工程建筑物都要求坚固稳定，以延长其使用年限，但在压缩性的地基上建造建筑物时，从施工开始地基就会逐渐下沉，其沉降原因如下。

(1)荷载影响。当在砂土或黏土的地基上兴建大型的厂房、高炉、水塔及烟囱时，由于荷重的逐渐增加，土层被逐渐压缩，地基下沉，因而引起建筑物的沉降。

(2)地下水影响。地下水的升降对建筑物的沉降影响很大。

(3)地震影响。地震之后会出现大面积的地面升降现象，进而引起建筑物的沉降。

(4)地下开采影响。由于地下开采，地面下沉现象比较严重。

(5)外界动力的影响。由于爆破、重载运输或连续性的机械振动，也会引起建筑物的下沉。

(6)打桩、降水、地下工程开挖、盾构或顶管穿越等，建筑物周边或地下的施工活动引起沉降。

(7)其他影响：如地基土的冻融，建筑物附近附加荷重的影响，都有可能引起建筑物的沉降。

根据建筑物沉降的性质，可分为两类。

(1) 均匀沉降。

当受压软土分布位置和厚度相同，基础作用条件近似，沉降量虽大，但建筑物不会出现倾斜、裂缝，这种沉降属于均匀沉降，对建筑物危害不大。

(2) 不均匀沉降。

当基础下受压层土质不同，承压性能不同，或由于建筑设计不合理及施工不当等原因都会发生不均匀下沉，轻者建筑物产生倾斜或裂缝，严重的会造成建筑物的倒塌。

建筑物的沉降速度主要取决于地基土孔隙中排出空气和水的速度，砂及其他粗粒土沉降完成得较快，而饱和的黏土沉降完成得较慢。例如，建筑在砂质粉土天然地基上的建筑物沉降量较小，达到稳定的时间较短，沉降速度快，在施工期间的沉降量约占最终沉降量的70%。相反，建筑在软黏土天然地基上的建筑物沉降量较大，达到稳定的时间较长，施工期间的沉降量约占最终沉降量的25%。建筑物沉降数量一般不大，在短期内不会产生显著变化，因而要进行长期而细致的沉降监测。沉降监测工作一般在基础施工完毕后或基础垫层浇灌后开始，直到沉降稳定为止，以便得出地基和基础最全面的质量指标，由所得资料可以选择加固地基和基础的方法。在沉降监测之前，为了消除区域性的地面沉降影响必须合理布置水准点和沉降监测点。沉降监测工作内容是定期测量所设置的监测点对水准点的高差，并将不同时间的高差加以比较，准确、及时地测出建筑物地基全部或局部的变形值。平时依次监测的记录应妥善保管，并在每次外业工作完成后应进行内业整理，填入沉降量对比一览表以备使用。根据各监测点的沉降量计算建筑物的平均沉降量、相对弯曲和相对倾斜指标。最后应将沉降监测资料、结果、图标等按照工程项目管理的要求建立技术档案，进行归档保存。

8.2 变形监测的周期及其精度

要达到变形监测的预期目的，必须通过对监测对象的分析，提出应有的监测精度，合适的监测频率，制定相应的监测方案。

8.2.1 变形监测的周期

沉降监测周期应能反映出建筑物的沉降变形规律。例如，在砂类土层上的建筑物，沉降在施工期间已大部分完成。根据这种情况，沉降监测周期应是变化的。在施工过程中，频率应大些。一般有3d、7d、半月三种周期。到竣工投产后，监测频率可小一些，一般有一个月、两个月、半年与一年等不同的周期。在施工期间也可以按荷载增加的过程安排监测，即从监测点埋设稳定后进行第一次监测，当荷载增加到25%时监测一次，以后每增加15%监测一次。建筑物使用阶段的观测次数应视地基土类型和沉降速度大小而定。除有特殊要求者，一般情况下，可在第一年监测四次，第二年两次，第三年后每年一次直至稳定。观测期限一般不少于如下规定：砂土地基两年，膨胀土地基三年，黏土地基五年，软土地基十年。

在观测过程中，如有基础附近地面荷载突然增减、基础四周大量积水，长时间连续降雨等情况，均应及时增加观测次数。当建筑物突然发生大量沉降、不均匀沉降或严重裂缝时，应立即进行逐日或几天一次的连续观测。沉降是否进入稳定阶段，应由沉降量与时间关系曲线加以判定。对重点观测和科研观测工程，若最后三个周期观测中每周期沉降量不大于 $2\sqrt{2}$ 倍的测量中误差，就可认为已进入稳定阶段。一般观测工程若沉降速度低于 $0.01\sim0.04\mathrm{mm/d}$，可认为已经进入稳定阶段，具体可根据当地地基土的压缩性加以确定。

当建筑物再次出现变形或产生第二次沉降时，应对它重新进行监测。出现这些变形的原因一般是：在建筑物附近修建新的建筑物，如打桩、降水、基坑开挖；修建削弱地基承载力的地下工程，如盾构或顶管等；或者对建筑物进行加层及纠偏处理等。在这种情况下，监测周期要依据对建筑物沉降产生影响的因素来定。

8.2.2 变形监测的精度

变形监测的精度要根据该工程建筑物预计的允许变形值大小和监测的目的而定。如果监测的目的是为了使变形值不超过某一允许的数值而确保建筑物的安全，则其监测的中误差应小于允许变形值的 $1/10\sim1/20$。如果监测的目的是为了研究其变形的过程，则其精度要求更高。由于监测的精度直接影响到监测成果的可靠性，同时也涉及监测方法和仪器设备等因素。因此，有关精度的问题应综合考虑后决定。在工业与民用建筑物的变形监测中，由于其主要监测内容是基础的沉降和建筑物本身的倾斜，其监测精度应根据建筑物的允许沉降值、允许倾斜度、允许相对弯矩等来确定，同时也应考虑其沉降速度。建筑物的允许变形值大多是由设计单位提供的，一般可直接采用。有关建筑物允许变形值的规定如表 8.1 所示。根据允许变形值，可按其值的 $1/10\sim1/20$ 的要求来确定变形监测的精度。

表 8.1 建筑物的允许变形值

序号	变形特征或结构形式	允许变形值	
1	塔架挠度	任意两点之间的倾斜小于两点高差的 1/100	
2	桅杆的自振周期 T	$T\leqslant0.01L$，L 为桅杆的高度，m	
3	微波塔在风荷载作用下的变形	①在垂直平面内的偏角 $\leqslant1/100$ ②在水平面内的扭转角 $\leqslant1°\sim1.5°$	
4	框架结构高层建筑物的 δ/H	①风荷载 1/400；②地震作用 1/250	
5	框架-剪力墙结构高层建筑物的 δ/H	①风荷载 1/600；②地震作用 $1/300\sim1/350$	
6	剪力墙结构高层建筑物的 δ/H	①风荷载 1/800；②地震作用 1/500	
7	桅杆顶部位移	不大于桅杆高度的 1/100	
8	砖石承载结构基础的局部倾斜	砂土和中、低压缩性黏性土	高压缩性黏土
		0.002	0.003
	工业与民用建筑相邻柱基础的差异沉降		
9	框架结构	$0.002l$	$0.003l$
	当基础不均匀沉降时不产生附加应力的结构	$0.005l$	$0.005l$
10	桥式吊车的轨面倾斜	纵向 0.004	横向 0.003
11	高耸结构基础的倾斜	—	

续表

序号	变形特征或结构形式	允许变形值
	$h \leqslant 20$m	0.008
	0.006	20m$<h \leqslant 50$m
	0.005	50m$<h \leqslant 100$m

注：δ 为高层建筑层间位移；H 为层高；l 为相邻柱基中心的间距；h 为相对地面的建筑物高度

为便于理解建筑变形监测的精度，现举例加以说明。

设某建筑物为框架结构，高 $H=30$m，基础宽 $D=20$m，设计的允许倾斜度 $\alpha=4‰$，试确定监测建筑物安全时所需要的沉降监测精度。

根据题意，建筑物顶部允许的偏移量 $\delta=\alpha H=\dfrac{4}{1000}\times 30000=120$mm，允许误差若取允许偏移量的 $\dfrac{1}{20}$，则允许误差为 $f_\Delta=\dfrac{1}{20}\times 120=6$mm。如果取三倍的监测中误差为允许误差，则监测中误差为 $m_\Delta=\pm\dfrac{1}{3}\times f_\Delta=\pm 2$mm。当利用测定基础两端的不均匀沉降量来计算倾斜度时，则相对沉降监测的中误差为 $m_c=\dfrac{D}{H}\times m_\Delta=\pm 1.3$mm。

另有某 8 层居民楼，两沉降监测点的距离为 $L=8$m，设楼房差异沉降最大允许值为 $\delta_{\max}=\dfrac{2}{1000}L$，试计算沉降量的监测中误差。

根据题意，楼房的差异沉降最大允许值为 $\delta_{\max}=\dfrac{2}{1000}\times 8000=16$mm。如果取差异沉降监测的允许误差为 $f_\Delta=\dfrac{1}{10}\times \delta_{\max}=\dfrac{1}{10}\times 16=\pm 1.6$mm。由于差异沉降可根据两监测点的高差来确定，则取两倍中误差为允许误差，从而差异沉降的中误差为 $m_c=\dfrac{1}{2}\times f_\Delta=\pm 0.8$mm。

8.2.3 高程控制网的建立及沉降监测

地面建筑物的沉降和变形监测是采用重复精密水准测量的方法进行的，为此应建立高精度的水准测量控制网。其具体做法是：在建筑物的外围布设一条闭合水准环形路线，再由水准环中的固定点测定各测点的高程，这样每隔一定周期进行一次精密水准测量，将测量的外业成果用严密平差的方法，求出各水准点和沉降监测点的高程值。某一沉降监测点的沉降量即为首次监测求得的高程与该次复测后求得的高程之差。由此可见，用这种方法求得的沉降量中，除该点本身的沉降量，尚受到两次水准测量误差的影响，因此在分析沉降监测精度的同时，还要研究有关水准测量中的问题。

1)沉降监测水准点的布设

为沉降监测所布设的水准点是监测建筑物地基变形的基准，为此在布设时必须考虑下列因素。

(1)根据监测精度的要求，应布成网形最合理、测站数最少的监测环路，如图 8.1

所示。

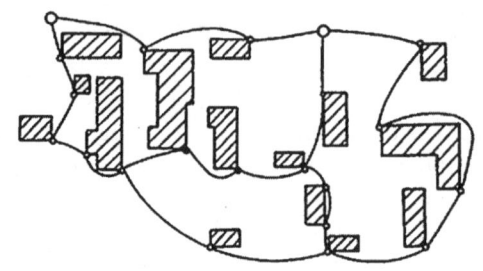

○—水准点　■—沉降点

图 8.1　水准网的设置

(2)在整个水准网里，应有四个埋设深度足够的水准基点作为起算点，其余的可埋设一般地下水准点或墙上水准点。施测时可选择一些稳定性较好的沉降点，作为水准线路基点与水准网统一监测和平差。因为施测时不可能将所有的沉降点均纳入水准线路内，大部分沉降点只能采用中视法测定，而转站则会影响成果精度，所以选择一些沉降点作为水准点极为重要。

(3)水准点应视现场情况设置在较明显而且通视良好和安全的地方，并且便于进行联测。

(4)水准点应布设在拟监测的建筑物之间，距离一般为 20~40m，工业与民用建筑物应不小于 15m，较大型并略有振动的工业建筑物应不小于 25m，高层建筑物应不小于 30m。

(5)监测单独建筑物时，至少布设三个水准点，对占地面积大于 5000m^2 或高层建筑物，则应适当增加水准点的个数。

(6)当设置水准点处有基岩露出时，可用水泥沙浆直接将水准点浇灌在岩层中。一般水准点应埋设在冻土线以下 0.5m 处，墙上水准点应埋在永久性建筑物上，离开地面高度约 0.5m。

2)水准基点的标志构造和埋设

水准基点的标志构造要根据埋设地区的地质条件、气候情况及工程的重要程度进行设计。对于一般的厂房沉降监测，可参照水准测量规范中三、四等水准的规定进行标志设计与埋设。对于高精度的变形监测，需设计和选择专门的水准基点标志。

水准基点是作为沉降监测基准的水准点，一般设置三个水准点构成一组，要求埋设在基岩上或者在沉降影响范围之外稳定的建筑物基础上，作为整个高程变形监测控制网的起始点。为了检查水准基点本身的高程是否变动，可在每组三个水准点的中心位置设置固定测站，经常测定三点间的高差，判断水准基点的高程有无变动。水准基点的标志，可根据需要与条件用下列几种标志。

(1)地面岩石标：用于地面土层覆盖很浅的地方。如有可能可直接埋设在露头的岩石上，如图 8.2 所示。

(2)下水井式混凝土标：用于土层较厚的地方，为了防止雨水灌入水准基点井内，井台必须高出地面 0.2m，如图 8.3 所示。

第8章 地面建筑物的变形监测

(3)深埋钢管标：此类标用在覆盖层很厚的平坦地区，采用钻孔穿过土层和风化岩层到达基岩内埋设钢管标志，如图8.4所示。

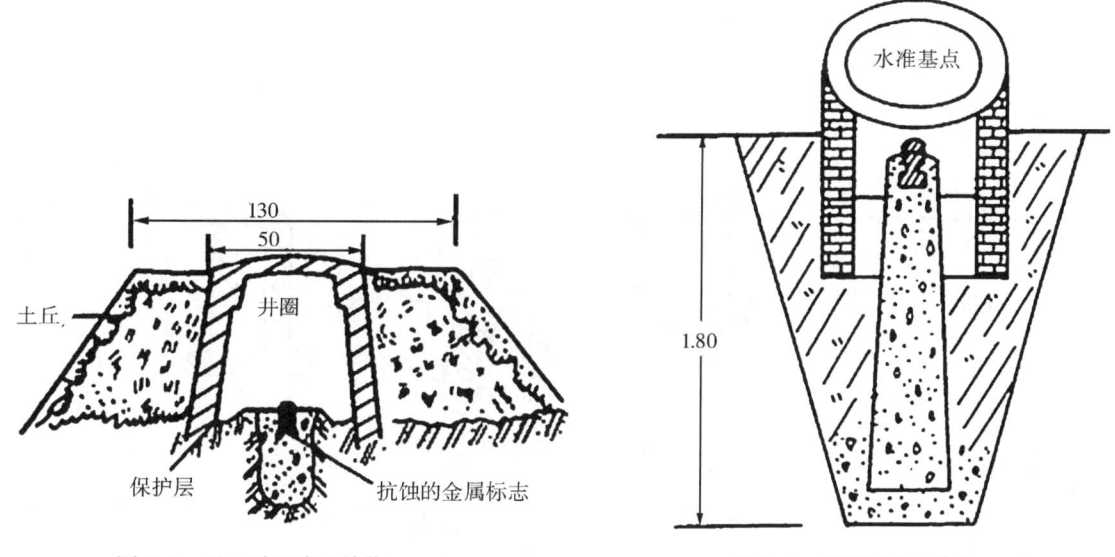

图8.2 地面岩石标(单位：cm)　　　图8.3 混凝土标(单位：m)

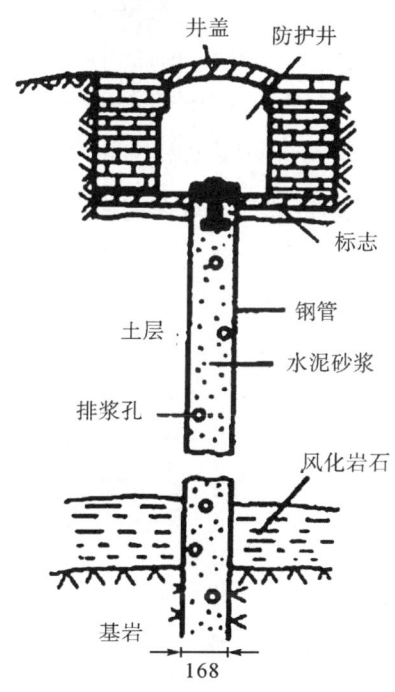

图8.4 深埋钢管标(单位：mm)

3)沉降监测点标志的构造和埋设

沉降监测点是测量沉降量的依据，监测点是固定在房屋结构基础、柱、墙上的测量标志。沉降监测点应布设在最有代表性的地点，即要埋设在真正能反映建筑物发生沉降变形的位置。

(1)监测标志构造。

①设备基础监测点:一般利用铆钉和钢筋来制作。标志形式有垫板式、弯钩式、燕尾式、U字形。尺寸及形状如图8.5所示。

②柱基础监测点:对于钢筋混凝土柱是在高程±0.000以上10~50cm处凿洞,将弯钩形的监测标志平向插入,或用角铁等成60°角斜插进去,再以1:2水泥砂浆填充,如图8.6所示。

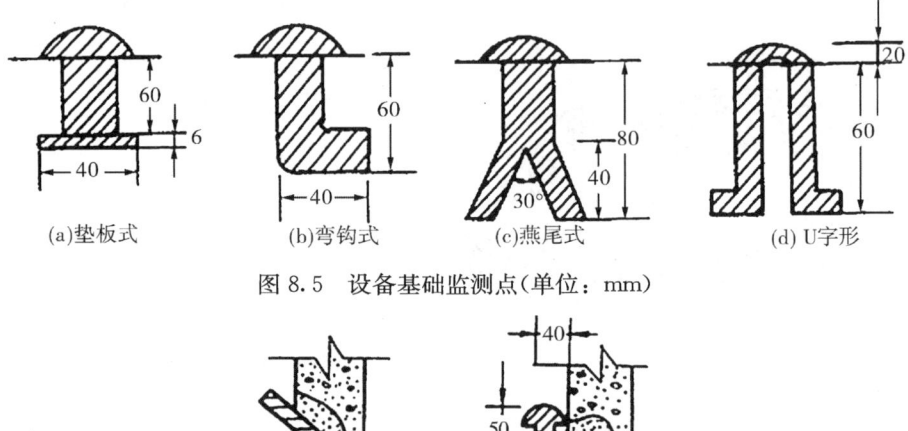

图8.5 设备基础监测点(单位:mm)

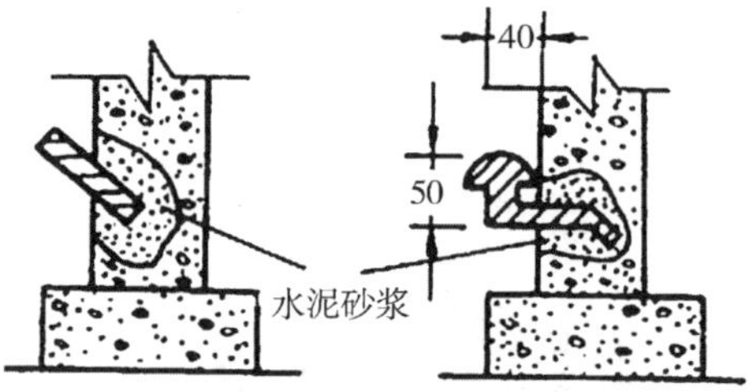

图8.6 桩基础监测点(单位:mm)

对于钢柱上的监测标志,可采用铆钉或钢筋焊在钢柱上,如图8.7所示。

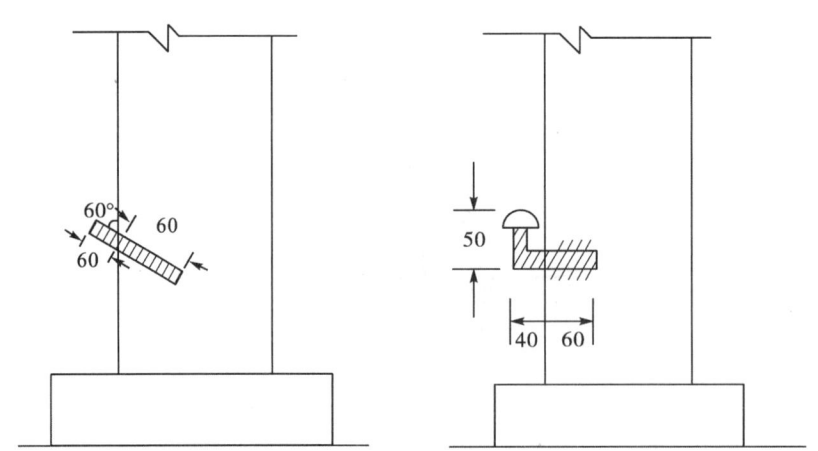

图8.7 钢柱上的监测点(单位:mm)

(2)沉降监测点的埋设。

为沉降监测而布设的监测点的位置和数量应根据建筑物大小、基础形式、结构特征及地质条件等因素确定。一般可根据下列几个方面布置。

①监测点应布置在建筑物沉降变化较显著的地方,并能满足在施工期间和竣工后的顺利监测。

②在建筑物四周角点、中点及内部承重墙(柱)上均需埋设监测点,并应沿房屋周长每隔10~12m设置一个监测点,但工业厂房的每根柱子均应埋设监测点。

③由于相邻影响的关系,在高层和低层建筑物、新老建筑物连接处以及在相接处的两边都应布设监测点。

④在人工加固地基与天然地基交接和基础砌深相差悬殊处以及在相接处的两边都应布设监测点。

⑤当基础形式不同时需在情况变化处埋设监测点。当地基土质不均匀、可压缩性土层厚度变化不一或有暗浜等情况时需适当埋设监测点。

⑥在振动中心基础上也要布设监测点,对于烟囱、水塔等刚性整体基础上应不少于三个监测点。

⑦当宽度大于15m的建筑物在设置内墙体的监测标志时,应设在承重墙上,并且要尽可能布置在建筑物的纵横轴线上,监测标志上方应有一定的空间,以保证测尺直立。

⑧重型设备基础的四周及邻近堆置重物之处,即有大面积堆荷的地方应布设监测点。

沉降监测点的埋设高程,一般在室外地坪+0.5m较为适宜,但在布置时应根据建筑物层高、管道标高、室内走廊、平顶标高等情况综合考虑,同时还应注意所埋设的监测点要让开柱间的横隔墙、外墙上的雨水管等,以免所埋设的监测点无法监测而影响监测资料的完整性。

在浇筑基础时,应根据沉降监测点的相应位置,埋设临时基础监测点。若基础本身荷载很大,可能在基础施工时就产生一定沉降,即应埋设临时的垫层监测点或基础杯口上的临时监测点,待永久监测点埋设完毕后,立即将高程引到永久监测点上。在监测期间如果发现监测点被损毁,应立即补埋。

(3)沉降监测时间。

在沉降监测时间方面,施工期间的沉降监测次数,通常不得少于四次,以便得出荷载与沉降的关系,一般可参照下列工程类型分别进行。

①工业建筑物,包括装配式钢筋混凝土结构,砖砌外墙的单层或多层的工业厂房。

a. 各柱上的沉降观测点在柱子安装就位固定后进行第一次监测。

b. 屋架、屋面板吊装完毕后监测一次。

c. 外墙高度在10m以下者,砌到顶时观测一次,外墙高度大于10m者,砌到10m时监测一次,以后每砌5m监测一次。

d. 土建工程完工时监测一次。

e. 吊车试转前后各监测一次,吊车试运转时应在设计最大负荷情况下进行,最好将吊车满载后在每一柱边停留一段时间再进行监测。

②民用建筑物及其他工业建筑物,每安装完毕一层楼后应进行一次监测。房屋完工交付使用前再监测一次。

③楼层荷重较大的建筑物如仓库或多层工业厂房,应在每加一次荷重前后各监测一次。

④水塔或油罐应在试水前后各监测一次,必要时在试水过程中根据要求进行监测。施工完毕正式交付使用后的监测是:第一年内需每月监测一次,以后可根据沉降速率适当延长,一般每2~6个月监测五次,直至沉降相对稳定。如果遇特殊情况,使基础工作条件

突变时应立即进行沉降监测工作,以便掌握沉降变化规律,采取必要的预防措施。

(4)沉降监测的技术要求。

①仪器和标尺要按照规范要求进行检查和标定。已知水准点要联测检查,以保证沉降监测成果的正确性。

②每次沉降监测工作均需要采用环形闭合方法或往返闭合方法进行检查,闭合差的大小应根据不同建筑物的监测要求确定。当用 N3 水准仪往返施测时,闭合差为 $\pm 0.4\sqrt{n}$ mm,n 为测站数量。当精度不能满足要求时,则需重新监测。

③每次沉降监测应尽可能使用同一类型的仪器和标尺。监测人员可按照监测一人、记录一人、平尺两人、照明两人、安全一人进行安排。

④厂内各水准点应严格按照二等水准测量的各项要求进行。监测时必须连续进行,全部测点需要连续一次测完。

⑤在建筑施工或安装重型设备期间,以及仓库进货的阶段进行沉降监测时,必须将监测时的状况如施工进展、进货数量、分布情况等详细记录在附注栏内,以便计算出各个相应阶段作用在地基上的压力。

8.2.4 变形监测平面控制网的建立

地面建筑物由于本身的自重、混凝土的收缩、地层的沉陷及温度变化等原因将使其本身产生平面位置的相对移动。如果建筑物建造在处于滑坡地带地基上或受地震影响时,且其基础受到水平方向应力的作用时,建筑物将产生整体移动,即绝对位移。相对位移监测的目的是为了监测建筑物的安全,由于相对位移往往是由地基产生不均匀沉降引起的,所以相对位移是与倾斜同时发生的,因此相对位移监测可采用物理方法、近景摄影测量方法及大地测量方法,如高大建筑物因风振影响进行顶部位移测量时,可采用激光位移计、电子水准仪和倾斜仪等。绝对位移监测的目的不仅是监视建筑物的安全,更重要的是为了研究整体变形的过程和原因。绝对位移往往是大面积的整体移动,因此绝对位移的监测多数采用大地测量方法和摄影测量方法。

采用大地测量方法进行变形监测的平面控制网大都是小型、专用、高精度的变形监测控制网。这种网常由三种点、两种等级的网组成。

(1)基准点。通常埋设在比较稳固的基岩上或在变形影响范围之外,尽可能长期保存,稳定不动。

(2)工作点。工作点是基准点和变形监测点之间的联系点。工作点与基准点构成变形监测的首级网,用来测量工作点相对于基准点的变形量,由于这种变形量较小,所以要求监测精度高,复测间隔时间长。

(3)变形监测点。即变形点或监测点,它们埋在建筑物上和建筑物构成一个整体,与建筑物一起变形。变形监测点与工作点组成次级网,次级网用来测量监测点相对于工作点的变形量。由于这种变形量相对前种变形量大,所以次级网复测间隔时间短,经常检查监测点的坐标变化来反映建筑物空间位置的变化。建筑物变形监测平面控制网的布局如图 8.8 所示。

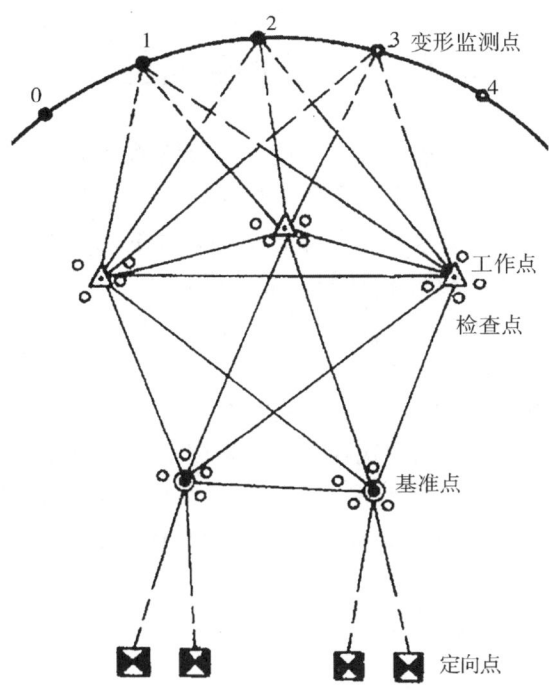

图 8.8 平面监测控制网

由于变形监测控制网是范围小、精度高的专用控制网,所以在进行设计、布网和监测时应考虑下列原则。

(1)变形监测网应为独立控制网。在测量控制网的分级布网与逐级控制中,高级控制点要作为次级控制网的起始数据,则高级网的测量误差即形成次级网的起始数据误差。一般认为起始数据误差相对于本级网的测量误差来说是比较小的。但是对于精度要求较高的变形监测控制网,对含有起始数据误差的变形监测网,即使监测精度再高、采取的平差方法再严密,也不能达到预期的精度要求,因此变形监测网应是独立控制网。

(2)变形监测控制点的埋设,应以工程地质条件为依据,因地制宜地加以埋设。埋设的位置最好能选在沉降影响范围之外,尤其是基准点一定要这样做。对于变形监测的工作点,也应设法予以检测,监视其位置的变动。但在布网时又要考虑不能将基准点处于网的边缘,因为从测量的误差传递理论和点位误差椭圆的分析可知,通常联系越直接、距离越短,精度越高。

(3)布网图形的选择。由于变形监测是查明建筑物随时间变化的微小量,因此布网的图形应与工程建筑物的形状相适应。此外,由于变形监测网的测定精度要求都为 mm 级,所以要考虑哪些点位在特定方向上的精度要求要高一些,应有所侧重。实践证明,对于由等边三角形所组成的规则网形,当边长在 900m 以内时,测角网具有较好的点精度;对于不同的网形及不同的边长,可采用三边网或边角网。但为了提高监测精度,在网中可适当加测一些对角线,以增加网的强度,有利于精度的改善。在变形监测中,由于边短,所以要尽可能减少测站和目标的对中误差。测站点应建造具有强制对中器的观测墩,用以安置测角仪器和测距仪。机械对中装置的形式很多,在选择时要考虑对中精度高、安置方便及稳定性能好的对中装置。

8.3 建筑物的倾斜监测

建筑物的倾斜是用经纬仪、水准仪或其他专用仪器测量建筑物倾斜度随时间而变化的工作。一般在建筑物立面上设置上下两个监测标志,它们的高差为 h,用经纬仪把上标志中心位置投影到下标志附近,量取它与下标志中心之间的水平距离 x,则 $x/h = i$ 就是两标志中心连线的倾斜度。定期地重复监测,就可得知在某时间内建筑物倾斜度的变化情况。测定建筑物倾斜的方法有两类:①直接测定建筑物的倾斜;②通过测量建筑物基础沉降的方法来确定建筑物倾斜。

对于高耸独立构筑物,可从附近一条固定基线出发,用前方交会法测量上、下两处水平截面中心的坐标,从而推算独立构筑物在两个坐标轴方向的倾斜度。也可以在建筑物的基础上设置一些沉降点,进行沉降监测。设 Δh 为某两沉降点在某段时间内的沉降量差值,S 为其间的平距,则 $\Delta h/S = \Delta i$ 就是该时间段内建筑物在该方向上倾斜度的变化。

8.3.1 直接测定建筑物倾斜的方法

直接测定建筑物倾斜的最简单方法就是悬吊垂球,根据其偏差值可直接确定建筑物的倾斜。但是由于有时在建筑物上面无法固定悬挂垂球的钢丝,因此对于高层建筑、水塔、烟囱等建筑物,通常采用经纬仪投影或测水平角的方法来测定它们的倾斜度。如图 8.9(a) 所示,根据建筑物的设计,A 点与 B 点位于同一竖直线上,建筑物的高度为 h。

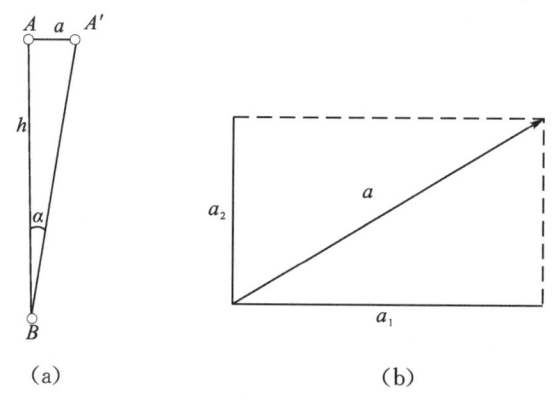

图 8.9 建筑物倾斜示意图

当建筑物发生倾斜时,A 点相对于 B 点沿水平方向移动了某一距离 a,则该建筑物的倾斜度为

$$i = \tan \alpha = \frac{a}{h} \tag{8.1}$$

因此,为了确定建筑物的倾斜度,必须量出 a 和 h 的数值,其中 h 的数值一般为已知;当 h 未知时,可对着建筑物设置一条基线,用三角测量的方法测定。这时经纬仪应设置在离建筑物较远的地方,距离最好在 1.5h 以上,以减少仪器纵轴不垂直的影响。对于 a 值,如果 A' 是屋角上的标志,可用经纬仪将其投影到 B 点的水平面上而量得。投影时经纬仪要在固定测站上很好地对中,并严格整平,用盘左、盘右两个度盘位置往下投影,

取其中点，以视线瞄准中点，并量取 B 点对视线方向的垂直偏离值 a_1；再将经纬仪移到与原观测方向约成 $90°$ 的方向上，用同样的方法可以求得对视线垂直方向的 a_2 值。然后用矢量相加的方法，即可求得该建筑物的偏斜值 a，如图 8.9(b) 所示。

另外还可用测量水平角的方法来测定倾斜度。图 8.10 即为用这种方法测定烟囱倾斜的实例。离烟囱 $50 \sim 100 \text{m}$ 处，在互相垂直方向上标定两个固定标志作为测站。在烟囱上标出作为观测用的标志点 1、2、3、4、5、6、7、8，同时选择通视良好的远方不动点 M_1 和 M_2 为方向点。然后从测站 A 用经纬仪测量水平角 (1)、(2)、(3) 和 (4)，并计算半和角 $\angle a = ((2)+(3))/2$ 及 $\angle b = ((1)+(4))/2$，它们分别表示烟囱上部中心 a 和烟囱勒脚部分中心 b 的方向。根据 a 和 b 的方向差，可计算偏斜分量 a_1。同样在测站 B 上观测水平角 (5)、(6)、(7)、(8)，重复前述计算得到另一偏歪分量 a_2。用矢量相加的方法求得烟囱上部相对于勒脚部分的偏斜值 a。还可根据相似三角形原理计算烟囱上部相对于基础底座的偏斜值 $a' = (h_1+h_2)/h_1 a$。利用式 (8.1) 即可算出烟囱的倾斜度。对于高耸圆形构筑物如烟囱、水塔等，当不便在顶部或中部设置标志时，可用照准视线直接切其边缘认定的位置或高度角控制的位置作为观测点位。

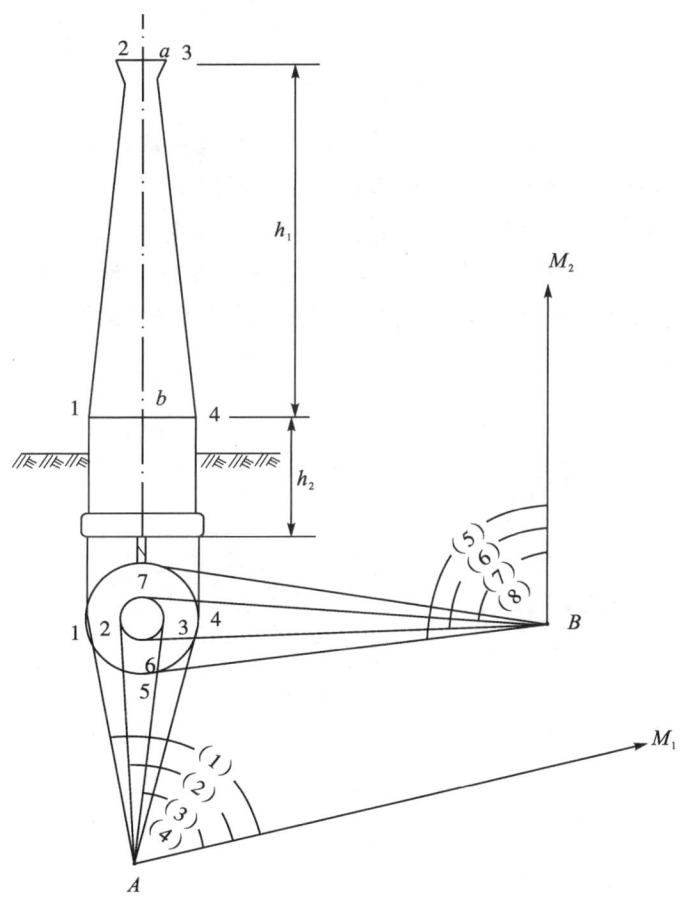

图 8.10 烟囱倾斜测量

8.3.2 测定建筑物基础相对沉降的方法

建筑物沉降量一般不大,在短期内不会产生显著变化,因而要进行长期而细致的沉降监测。沉降监测工作一般在基础施工完毕后或基础垫层浇灌后开始,直到沉降稳定为止。为尽量使系统误差保持不变,以便系统误差在沉降值中得以消除,沉降监测时宜采取以下措施。

(1)沉降监测的路线、测站点、立尺点尽量固定,使往返测或复测能在同一路线上进行。

(2)尽量缩短二等水准环线和路线的长度,以缩短监测时间。

(3)不同周期监测应固定所使用的仪器、标尺,并尽可能由同一监测人员进行相应测段的监测。

(4)在沉降量较大的地区开始,应在短时间内完成一个闭合环的监测,以确保监测数据的可靠。

8.3.3 液体静力水准测量方法

除了用几何水准测定建筑物的垂直位移,近几年在监测基础的沉降、建筑物地基和工艺设备的变形时,液体静力水准测量方法也得到了广泛的应用。这种方法的主要优点是能用比较简单和有效的方式实现测量的全部自动化。液体静力水准测量的基本原理可用图 8.11 来加以说明。图中相连接的两个容器 l 与 2 分别安置在预测的平面 A 与 B 上。当相连接的两容器中盛的是均匀液体,即同类液体并具有同样的参数时,则液体的自由表面处于同一水平面上。

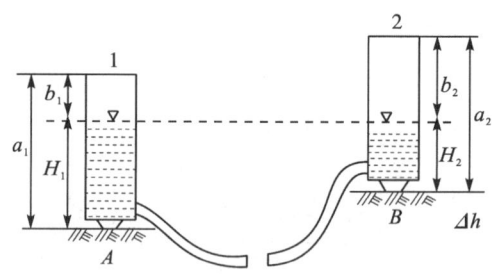

图 8.11 液体静力水准仪

如果要求的高差 $\triangle h$ 可用液面的高度 H_1 和 H_2 来计算,即

$$\Delta h = H_1 - H_2 \tag{8.2}$$

或

$$\Delta h = (a_1 - a_2) - (b_1 - b_2) \tag{8.3}$$

式中,a_1,a_2 为容器的高度或读数零点相对于工作底面的位置;b_1、b_2 为容器中液面位置的读数值,亦即读数零点至液面的距离。

由于容器的零点具有制造误差,所以由直接读取的液面读数算得的不是两平面的绝对高差。将两容器互换位置,可写出类似的等式:

$$\Delta h = (a_2 - a_1) - (b_2' - b_1') \tag{8.4}$$

式中，b_1'，b_2'为容器中液面位置的新读数值。

联立式(8.3)与式(8.4)可得

$$\Delta h = \frac{1}{2}[(b_2 - b_1) - (b_2' - b_1')] \tag{8.5}$$

$$c = a_2 - a_1 = \frac{1}{2}[(b_2 - b_1) + (b_2' - b_1')] \tag{8.6}$$

式中，c为仪器常数，即两个液体静力容器的读数零点之差，它取决于制造误差。

因而，监测头零点差这个仪器常数可以用监测头互换位置，并进行两次读数的方法求得。对于固定设置的液体静力仪器，一般不需要监测头零点位置误差的数据，因为所有的监测可以是相对于起始监测或某次监测而言的。对液体静力水准测量误差来源的分析表明，液体静力仪的主要误差来自于外界温度的变化，特别是监测头附近的局部温度变化。为了降低温度的影响，应使连接软管下垂量为最小；减少监测头中的液柱高度；液体静力仪器尽量远离强大的热辐射源。

此外，为了消除温度影响所产生的误差，可以采用测定监测头中液体的温度，并对测量结果施加相应的修正方法。若在40~50mm最小液柱高的情况下，要使液体水平面的测量误差不超过0.1mm，则温度的读数精度要求不低于0.5℃。目前在高精度液体静力水准测量中往往采用恒温系统。

8.4 建筑物裂缝与挠度监测

8.4.1 裂缝监测

建筑物的倾斜允许值与建筑物的结构体系、结构材料、构件的连接构造、建筑物的使用、荷载、自振周期等有关。所以建筑物的倾斜允许值应按地区不同而有所区别。当在建筑物中发现了裂缝现象，为了观察其现状和变化状况，应对裂缝进行监测。当建筑物多处发生裂缝时，应先对裂缝进行编号，然后分别监测裂缝的位置、走向、长度及宽度等。对于混凝土建筑物上裂缝的位置、走向及长度的监测，是在裂缝的两端用油漆画线作为标志，或在混凝土表面绘制方格坐标，用钢尺丈量。根据裂缝分布情况，对重要的裂缝可以选择在有代表性裂缝的两侧各埋设一个标点，如图8.12所示。标点系直径为20mm，长约80mm的金属棒，埋入混凝土内60mm，外露部分为标点。标点上各有一个保护盖。两标点的距离不得少于150mm，用游标卡尺定期地测定两个标点之间距离的变化值，以此来观察裂缝的发展情况。

墙面上的裂缝亦可采取在裂缝两端设置石膏薄片，使其与裂缝两侧连接牢靠，当裂缝裂开或加大时，石膏片亦裂开，监测时可测定其裂口的大小和变化。还可以采用两铁片平行固定在裂缝两侧，使一片搭在另一片上，保持密贴。其密贴部分涂红色，露出部分涂白色，如图8.13所示。这样即可定期测定两铁片错开的距离，以监视裂缝的变化状况。对于比较整齐的裂缝如伸缩缝等，可用千分尺直接量取裂缝的变化。

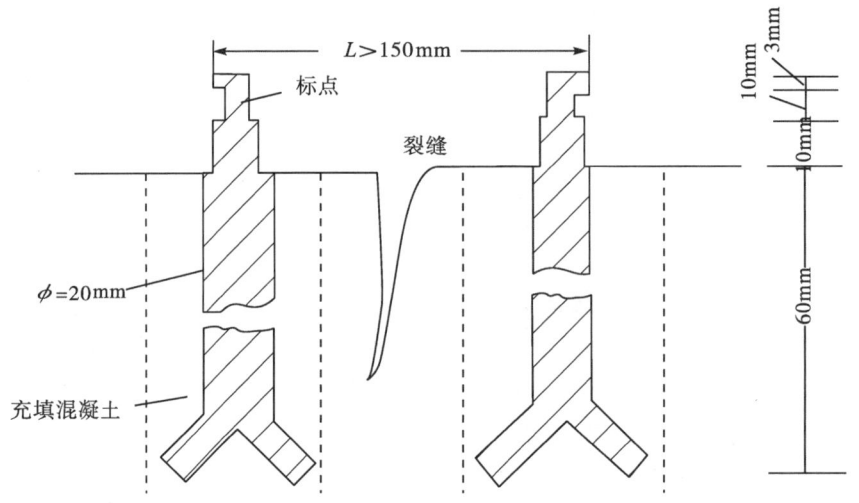

图 8.12 标志点裂缝监测

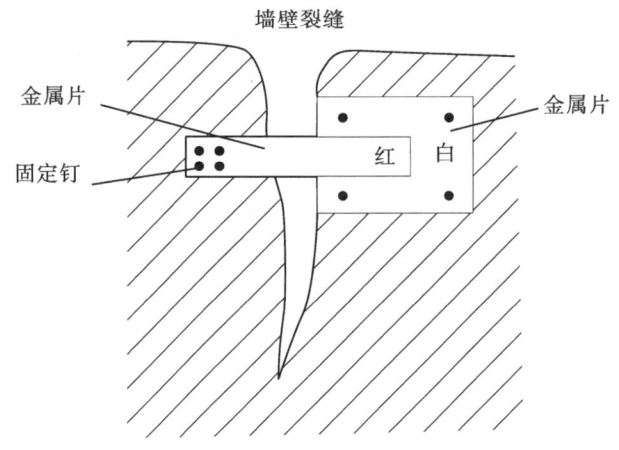

图 8.13 金属片裂缝监测

8.4.2 挠度监测

当建筑物在应力作用下产生弯曲和扭曲时应进行挠度监测。对于平置的构件，在两端及中间设置三个沉降点进行沉降监测。可以测得在某时间段内三个点的沉降量，分别为 h_a、h_b、h_c，则该构件的挠度值为：

$$\eta = \frac{1}{2}(h_a + h_c - 2h_b)\frac{1}{S_{ac}} \tag{8.7}$$

式中，h_a，h_c 为构件两端点的沉降量；h_b 为构件中间点的沉降量；S_{ac} 为两端点间的平距。

对于直立的构件，要设置上、中、下三个位移监测点进行位移监测，利用三点的位移量求出挠度。在这种情况下，将在建筑物垂直面内各不同高程点相对于底点的水平位移称为挠度。挠度监测的方法常采用正垂线法，即从建筑物顶部悬挂一根铅垂线，直通到底部。在铅垂线的不同高程上设置测点，借助光学式或机械式的坐标仪测量出各点与铅垂线最低点之间的相对位移。如图 8.14 所示。任意点 N 的挠度 S_N 为

$$S_N = S_0 - \bar{S}_N \tag{8.8}$$

式中，S_0 为铅垂线最低点与顶点之间的相对位移，mm；S_N 为任一测点 N 与顶点之间的相对位移，mm。

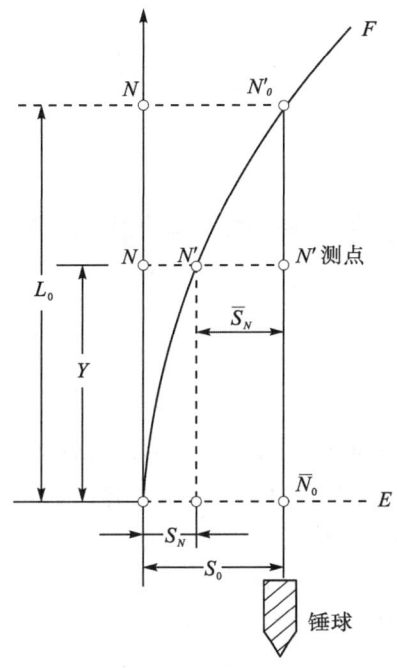

图 8.14 建筑物的挠度监测

第9章 地下工程监测实例

9.1 南京地铁1号线某盾构区间隧道工程监控

9.1.1 工程概况

南京地铁1号线某盾构区间隧道工程位于1号线北段,是1号线的控制工程。该工程位于南京市中央路下,由两个区间双孔隧道和双孔隧道之间的两个联络通道和泵房组成。沿途穿越玄武湖隧道、金川河、廖家巷密集建筑群、南京古城墙、玄武湖、龙蟠路隧道及众多地面建筑和地下管线,地表环境十分复杂。隧道开挖直径6.4m;管片内径5.5m,外径6.2m,厚度350mm,宽度1.2m。隧道埋深8.0~14.8m之间,在过古城墙段,局部最大埋深约25.6m。区间隧道穿越的地层岩性分别为淤泥质粉质黏土、粉质黏土、粉细砂。工程地质条件较为复杂,区间隧道采用两台土压平衡式盾构机进行施工。

9.1.2 监测项目及控制标准

1. 监测项目

根据区间隧道所穿越的地质条件和周边环境,确定该工程监测项目如表9.1所示。各种观测数据可相互印证,以确保监测结果的可靠性,并为合理确定盾构施工参数提供依据,起到反馈指导施工的目的。

表9.1 监测项目简表

序号	监测项目	监测仪器	监测目的	监测频率
1	地表沉降	NA2002电子水准仪,玻璃钢瓦尺	监测盾构施工引起的地表、地表建筑物以及地下管线的沉降	①盾构达到前后<20m,(1~2)次/d ②盾构到达前后<50m,1次/d ③盾构到达前后>50m,1次/周
2	地表建筑物沉降和倾斜			
3	地下管线变形			
4	地中土体垂直位移	MC-50沉降仪,分层沉降管	监测盾构施工引起的地层垂直和水平变形,调整盾构掘进参数	
5	地中土体水平位移	SINCO测斜仪,测斜管		
6	地下水位	电测水位计	了解地下水位的变化	
7	管片衬砌变形	Leica TC1800全站仪,Leica反射片	监测盾构施工期间管片的变形	

2. 监测控制标准

该项目的监测控制标准根据招标文件和有关规范以及类似工程经验确定，其控制标准如表 9.2 所示。

表 9.2 监测控制标准

序号	监测项目	控制标准	标准来源
1	地表沉降	+10～−30mm	招标文件
2	地表建筑物倾斜	倾斜 3‰	招标文件
3	地下管线位移(混凝土管)	36mm	理论计算
4	管片衬砌变形	2‰×D，D 管径	设计
5	位移速度	5mm/d	经验值

9.1.3 监测结果分析

1. 地表沉降监测

1) 纵向地表沉降统计分析

区间盾构隧道主要在粉细砂层中通过。右线隧道地表沉降在 2.8～91.9mm，平均沉降 19.5mm；左线隧道地表沉降在 2.6～58.3mm，平均沉降 20.34mm，纵向地表沉降曲线如图 9.1 所示。

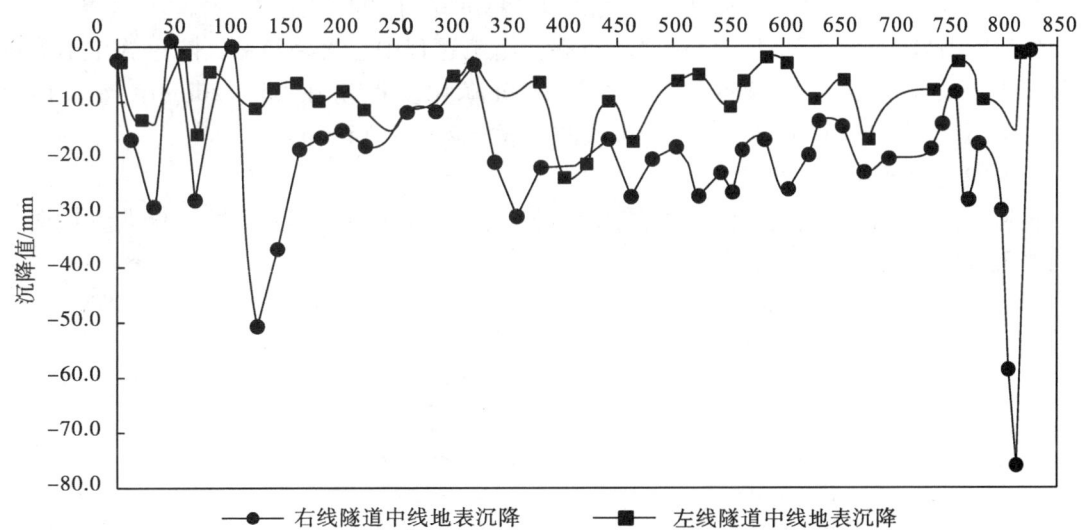

图 9.1 区间隧道中线地表沉降曲线

不同地层的沉降存在差异，淤泥质粉质黏土层、可塑性粉质黏土层、粉细砂层、硬塑性粉质黏土层平均沉降分别为 16.4mm、15.8mm、14.8mm、14.5mm。

对以上实测地表沉降分布曲线分析可以得出以下结论。

(1) 盾构掘进时引起的地表沉降得以控制，绝大多数沉降基本控制在 20mm 以内。但区间掘进到 K12＋754 时，盾构出现了铰接油缸处漏水漏砂的现象。据统计漏砂量达

5~6m³，因而引起了破坏性的地层沉降，最大沉降达到91.9mm，也使这一地段隧道上方的房屋出现大量开裂。

(2)盾构始发段和到达段地表沉降较大，但在端头加固区内的地表沉降较小。盾构始发与到达阶段，土仓压力处于不断调整阶段，始发时土压在逐渐增大，而到达时土压则减小。在土压调整过程中，未能建立真正意义上的土压平衡，因而引起部分地层损失，使地面沉降增大。但在加固区内，地层经加固处理后，其强度、止水性、均匀性和整体稳定性都得以改善，因而盾构掘进时通过此段时引起的沉降很小，一般在3mm以下。在正常掘进段，盾构掘进时基本建立了土压平衡，盾构其他掘进参数在监测的反馈指导下得以及时调整，使地面沉降得以有效控制。

(3)端头土体加固对沉降影响较大。土体加固方案、加固范围、加固效果等对始发端和到达端的地层沉降影响较大。从监测结果看，区间左线始发端出加固区后的沉降远大于其始发端和到达端，最大沉降达71.3mm；到达时沉降较小。根据监测的结果对到达端进行了补充加固，补充加固长度6m，地层加固总长度达9m，超过了盾构机长度。北端头井的地层岩性为粉细砂地层，加固长度为6m，盾构出加固区后的沉降在20mm左右，比玄武门站始发时大10mm，虽然其轴线沉降不超过30mm，但在隧道侧面地表沉降仍达到37mm，且隧道右侧的地表出现了一大塌陷坑。为此在加固区两侧各设置了一排旋喷桩代替搅拌桩。

(4)在富水软弱地层即软流塑淤泥质粉质黏土中，地面房屋等附加荷载对地表沉降值有较大影响。区间右线盾构在软流塑淤泥质粉质黏土中掘进时引起的地面沉降比左线在同一里程段的沉降大了3~4倍，主要与右线隧道上方存在房屋有关。由于这种地层的后期固结沉降很大，且在房屋附加荷载的作用下，盾构掘进对地层的扰动相对较大，导致其后期固结沉降和稳定的时间长，后期固结沉降约占总沉降的50%以上。

(5)特殊地段对地表沉降的控制要求很高，施工过程中经严格控制，隧道施工引起的沉降较小。盾构在穿越廖家巷建筑群段地表沉降大多稳定在15~20mm，最大值为26.4mm；许一南区间隧道过南京古城墙段的地表沉降小于15mm。

2)横向地表沉降

隧道开挖引起的横向地表沉降槽采用Peck公式进行回归分析。不同地层典型横向沉降曲线及其回归曲线如图9.2和图9.3所示。

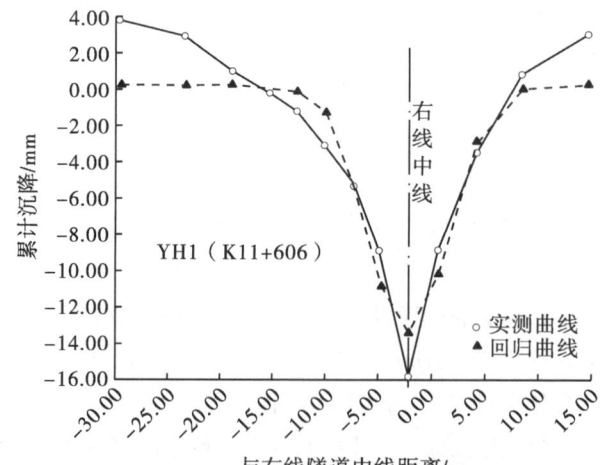

图9.2 淤泥质粉质黏土层典型横向沉降曲线及其回归曲线

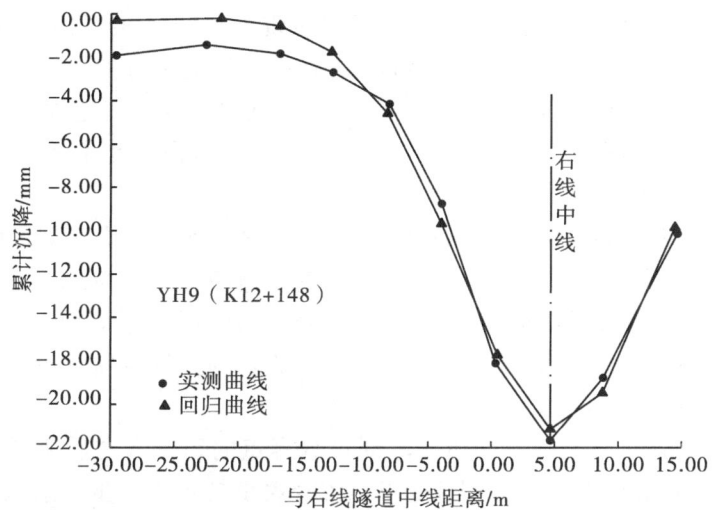

图 9.3 可塑性粉质黏土层典型横向沉降曲线及其回归曲线

3）地表隆沉历程分析

盾构在不同地层掘进时引起的地表变形可分为五个阶段，如图 9.4 所示。

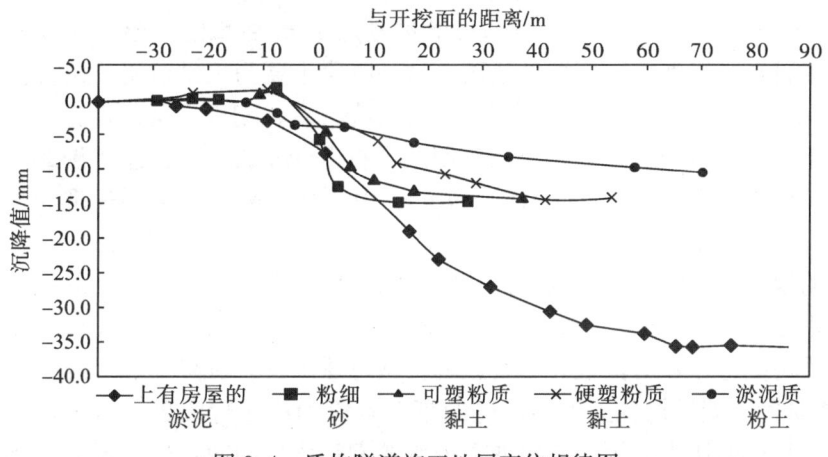

图 9.4 盾构隧道施工地层变位规律图

（1）先行沉降。自开挖面距地面观测点 10m 起直到开挖面到达观测点之前所产生的沉降，是随着盾构掘进因地下水水位降低而产生的，主要是由地基、有效上覆土厚度增加而产生的压缩、固结沉降。地层岩性软弱不同，先行沉降影响距离也不同。淤泥质粉质黏土层在地面房屋附加荷载的作用下，影响距离最远，达 30m 以上。其他依次为可塑粉质黏土、粉细砂、硬塑粉质黏土层。盾构掘进对淤泥质粉质黏土层扰动大，先行沉降约 2mm，其他地层则有 1mm 的先行沉降，但在盾构土压设置较大时，先行沉降表现为隆起，隆起值较小，在 1mm 左右。

（2）开挖面前的隆沉。自开挖面距观测点 5～10m 时起直至开挖面位于观测点正下方之间所产生的隆沉现象，多由开挖面的崩塌、盾构机的推力过大等引起的开挖面土压力失衡所致，是由土体应力释放或盾构反向土仓压力引起的地基塑性变形，隆沉大小主要与盾构正面压力平衡状态有关，盾构土仓内压力小于土体正面压力时，盾构开挖产生地层损失，盾构上方地面会出现沉降；相反，当土仓内压力高于土体正面压力，则盾构上方地面会出现隆起现象。这一阶段淤泥质粉质黏土层仍表现为-3mm的沉降,其余如粉细砂层、可硬塑粉质黏土层也有-2mm的沉降,沉降数值不大,说明盾构土压设置合理,在土压设置较大时,如粉细砂层无房地段,盾构土仓压力在22kPa,其他地层土压在20kPa以上,则稍有隆起,一般情况下,盾构土压设置应使这一阶段的地表隆起5~10mm为宜,这也说明盾构掘进时土压仍可调整得大一些。

(3) 通过沉降。从盾构机到达观测点的正下方之后直到盾构机尾部通过观测点,这一期间所产生的沉降主要是由盾构对地层的扰动引起土体应力释放所致。有房屋荷载作用的淤泥质粉质黏土层通过的沉降最大,达到6~8mm。其次为粉细砂层,有4~6mm的沉降,这两种地层在盾构通过阶段沉降速度快,数值大,与其地层特性有关。可硬塑粉质黏土层中的盾构通过沉降为2~6mm。

(4) 空隙沉降。该沉降是由盾构机尾部通过观测点的正下方之后所产生的沉降。是盾尾空隙的土体应力释放所引起的弹塑性变形,沉降大小与盾尾同步注浆压力、浆液充填率密切相关。充填较理想时,沉降就小,反之就大。有房屋荷载作用的淤泥质粉质黏土层,盾尾空隙沉降9mm;粉细砂层和可塑粉质黏土层盾尾空隙沉降分别为6mm和3~7mm;硬塑粉质黏土层地层稍硬,沉降有滞后现象,实际由盾尾空隙引起的沉降在5~6mm。

(5) 后期沉降。后期沉降主要是土体的固结和蠕变残余变形,主要是地基扰动所致。粉细砂层有2~4mm的后期沉降,盾构刀盘过测点20m后稳定。稳定时间短而快。淤泥质粉质黏土层属高灵敏度、高压缩性地层,这一阶段主要为固结沉降,沉降值大,后续沉降有15~20mm,占总沉降值的50%以上,且沉降具有长期性、缓慢性特征,刀盘过测点80m以上趋于稳定。可塑性粉质黏土层后期沉降有2~4mm,刀盘过测点20~30m后趋于稳定。硬塑性粉质黏土层后期沉降有4~6mm,由于地层较硬,沉降表现为滞后,刀盘过测点40~50m后趋于稳定。

在不同的地层中,除有房屋的淤泥质粉质黏土层的累计沉降约40mm外,其他地层的沉降总量基本在15~20mm。主要是不同阶段沉降数值有差别,各阶段沉降除与地层有重要关联外,盾构掘进参数对其也有重要影响。从总体上看,沉降值和沉降速率较大阶段发生在第2、4阶段,即盾构施工控制沉降的第2阶段和第4阶段最为关键,第2阶段变形控制要素是土仓内的压力,第4阶段变形控制要素是盾尾间隙注浆的及时性和充填率。为了能更好地描述这种动态变化规律,经过分析比较,地表沉降的纵向历程沉降规律拟用指数函数来描述,其表达式如式(9.1)所示。采用非线性最小二乘法进行回归分析,得到各类地层的地表沉降曲线回归方程的系数,如表9.3所示。其中上部有房屋的淤泥质粉质黏土地层典型地表沉降历程曲线及其回归曲线如图9.5所示。

$$S(x) = S_0 + A[1 - e^{-B(x-x_0)}] \tag{9.1}$$

表9.3 不同地层回归系数

地层类别	A/mm	B/mm	S_0/mm	x_0/mm
淤泥质黏质黏土	-11.84	0.0319	1.0	6.0
上部有房屋的淤泥质粉质黏土	-40.86	0.0315	1.5	-7.0
硬塑粉质黏土	-16.77	0.0357	1.2	6.0
可塑粉质黏土	-14.48	0.103	1.4	6.5
粉细砂层	-15.94	0.153	0.8	6.2

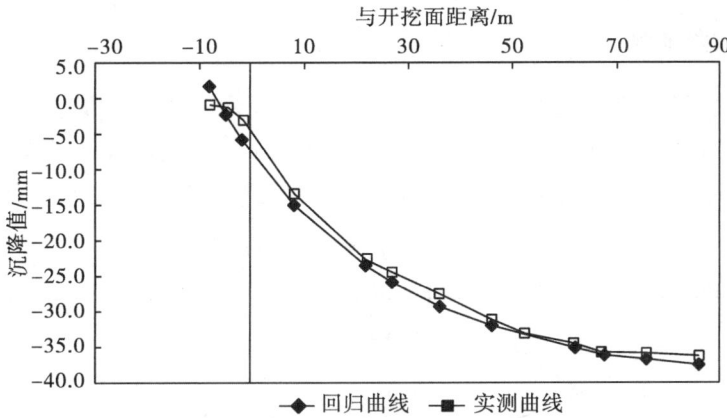

图 9.5 典型地表沉降历程曲线及其回归曲线

对特殊地段,如廖家巷建筑群段和过古城墙段,对地表沉降控制要求严格,沉降控制较好。其沉降特征是:盾构顶部土压在 22kPa 时,盾构前方有 1~2mm 的隆起量,但多数测点由于房屋荷载的影响,尽管土压值较高,虽仍未达到使刀盘前方隆起的目标,但沉降数值为 1~2mm,盾构通过沉降为 3~5mm。盾尾间隙沉降为 4~6mm,后期沉降为 2~4mm,最大变形速率为 7.8mm/d,发生在盾尾脱出阶段,盾尾通过测试断面 15~20m 后沉降趋于稳定。地表沉降历程曲线如图 9.6 所示。

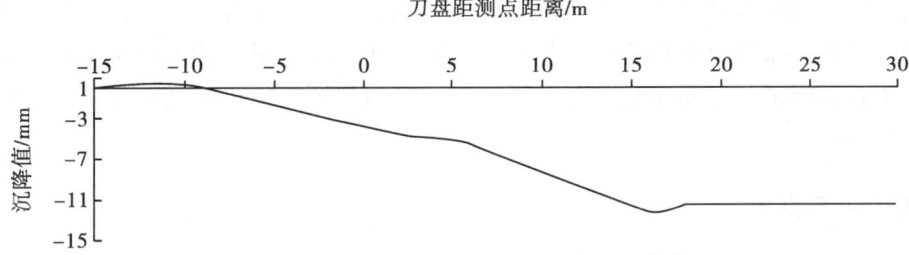

图 9.6 廖家巷建筑群段地表沉降历程曲线

过南京古城墙段沉降小于 15mm。穿越古城墙时盾构主要掘进参数:顶部土压 22kPa,中间土压 25~27kPa,掘进速度 15 环/d,注浆压力 36kPa,注浆量 3.0~3.5m³/环,注浆充填率 150%以上,出渣量 40m³/环。这一地段沉降小于 15mm,沉降控制较好,古城墙的安全得以保证。盾构过城墙时,由于城墙荷载和较厚的覆土作用,盾构前方有 2~3mm 的沉降,通过沉降 3~4mm,盾尾间隙沉降 5mm,该段地表沉降历程曲线如图 9.7 所示。

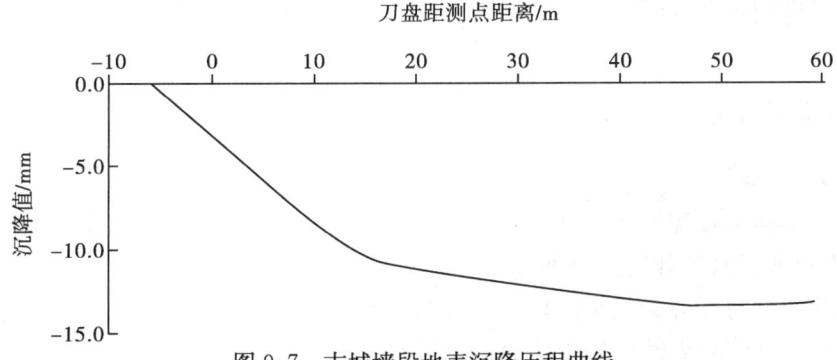

图 9.7 古城墙段地表沉降历程曲线

2. 建筑物沉降监测

地表建筑的沉降规律与地表沉降一致，如图9.8所示。最大沉降速率发生在盾尾脱出阶段，在主沉降区的房屋沉降较大，数值为15~25mm。主沉降区外的房屋沉降小，沉降值小于10mm，距隧道轴线10m以外的地段，盾构掘进对房屋基本没有影响。

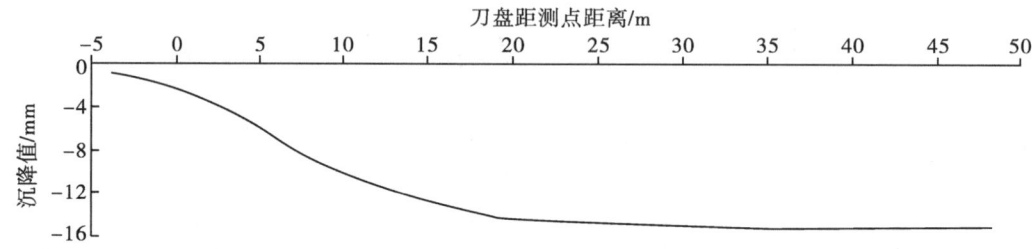

图9.8 房屋沉降与距离关系曲线

在特殊地段，如软流塑淤泥质粉质黏土层，房屋沉降较大，沉降值达到48.1mm。软流塑淤泥质地层为高压缩、高灵敏度地层，对扰动敏感，在房屋荷载和盾构掘进扰动的作用下，地层产生压缩再固结沉降，地层后期变形大。在这种地层中，盾构姿态和掘进的控制难度增大，同步注浆对控制变形的影响减弱，主要是地层呈流塑状时，盾尾空隙不能完全由浆液充填，部分被淤泥充填，因而地层损失较大。在这几处特殊地段，有部分房屋出现了墙皮脱落、墙体开裂现象。经观测，房屋出现裂缝除与沉降大有关，与房屋本身的因素如年代、结构、基础等密切相关，如在该区段，部分沉降很大的混凝土结构房屋并未出现裂缝，出现裂缝的主要是年代较久的两层砖混结构房屋，且在地表发生10~20mm沉降时即产生裂缝。

3. 管线变形监测

管线监测主要有煤气管、给水管、排污管。煤气管沉降变化在0.2~26.3mm，其在主要沉降区内的点不多，因而盾构推进对煤气管影响有限，在主要沉降范围内煤气管沉降为14.1~26.3mm，在软弱地层中最大沉降达到39.3mm。由于煤气管的材质为钢管，变形的允许控制值较大，因而虽然部分地段煤气管沉降值大，但仍小于其控制值。给水管沉降变化在22~18mm，最大沉降值22.6mm，排污管沉降变化在0.7~15.4mm。管线沉降控制较好，沉降规律与地表一致，在盾构掘进主要影响区内的管线沉降大，主影响区外沉降小，盾构掘进的主要地段管线距盾构轴线较远，不在主要沉降范围内，因而沉降较大的点不多。

4. 隧道变形监测

1）隧道纵向沉降

隧道纵向总体呈隆起趋势，许-玄区间隧道上浮20~60mm。许-南区间隧道上浮15~20mm，上浮曲线规律如图9.9所示。

隧道管片隆升特征分为三个阶段，具体如下。

第一阶段，从管片安装到脱出盾尾前，管片上浮约20mm，主要受盾构姿态和千斤顶的影响;第二阶段,管片从盾尾脱出至距离盾尾两环左右时,在同步注浆压力及其浆液的影响下,管片周围充满了浆液,在浆液充填率较大时,管片上浮也较大,这一阶段管片上浮 20~40mm,管片位移最大阶段就发生在这一阶段;第三阶段,由于浆液的渗透和固结收缩引起管片下沉,沉降值 3mm 左右,之后趋于稳定。

粉细砂层隧道上浮量相对较小,除与盾构姿态控制较好有关,与地层特性有较大关系。粉细砂层的渗透性大,浆液向地层的扩散和渗透性好,因而由浆液引起的上浮量小。

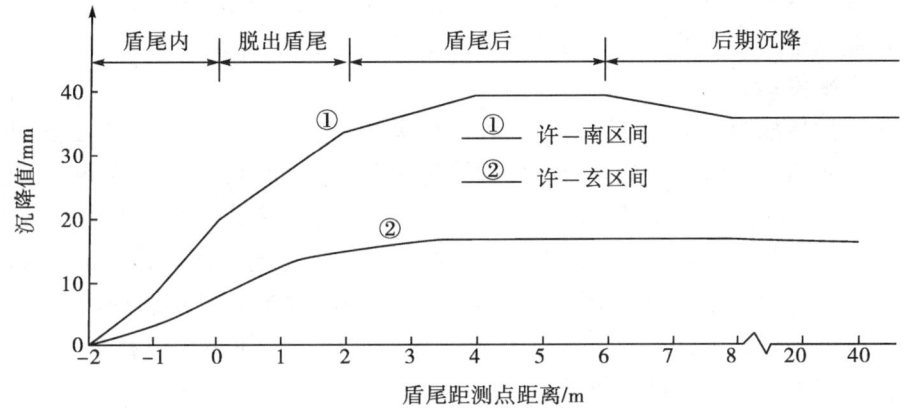

图 9.9 隧道管片上浮与距离关系曲线

2) 隧道管片水平变形

隧道管片水平变形在 1~3mm,数值较小。说明隧道管片整体性好,管片强度和刚度满足设计要求。

5. 深层土体的水平位移

盾构施工引起的土体水平位移可分为二维平面位移,即沿轴线方向的纵向位移和与之垂直的横向位移。

1) 横向水平位移

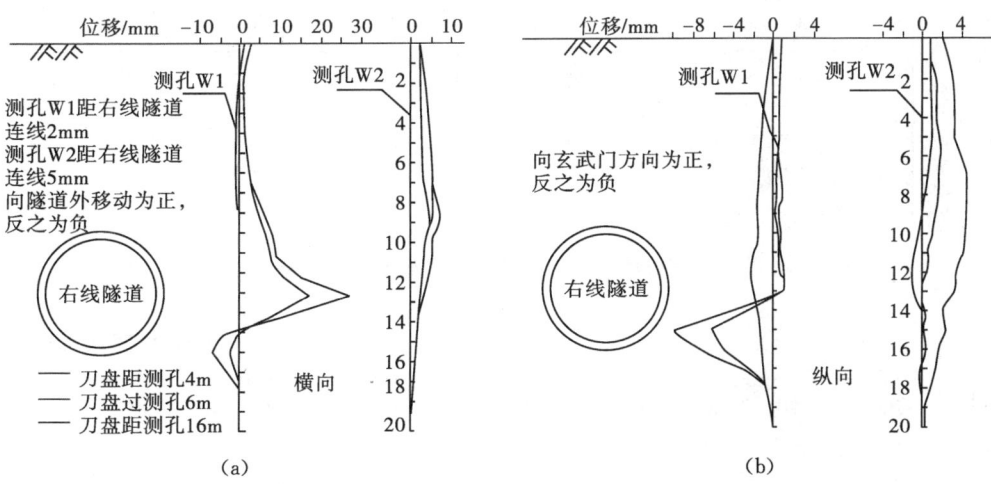

图 9.10 土体水平位移

W2 测孔横向水平位移如图 9.10(a)，盾构到达前，由于土压设置较小，前方地层有损失，土体向隧道内侧移动，但位移数值不大，最大为 1mm；盾构到达、通过阶段，盾构对两侧土体有向外的挤压作用，土体表现为向隧道外侧移动；盾尾脱出阶段，虽然地层有损失，但由于同步注浆及时充填，特别是注浆压力很大，对两侧土体有很大的向外挤压作用，因而地层向隧道外侧移动，位移最大值发生在隧道中部，最大值为 27.8mm。隧道下部土体因浆液收缩等原因使地层出现新的空隙从而引起地层损失，土体表现为向隧道内侧移动，但数值不大，最大值为 6.4mm。测孔 W2 的情况与测孔 W1 类似，由于距隧道较远，其位移数值小得多，最大位移为 7.8mm，位置在隧道中上部。

2) 纵向水平位移

纵向水平位移如图 9.10(b)所示，土体位移量较小，小于 10mm。测孔 W1 的总体位移规律是：在盾构到达前，位移方向沿盾构推进向前，最大位移发生在盾构隧道中部，数值为 2.2mm；盾构通过和盾尾脱出阶段，由于地层损失，隧道中上部土体受盾尾间隙的影响，可能上部注浆效果稍差，土体在下沉的同时发生一定的土体后移，但位移较小，最大为 1.2mm。隧道中下部土体则因中下部同步注浆充填效果好以及盾构巨大的向前推进作用带动土体移动，使得这部分土体仍沿盾构推进方向，土体最大位移为 9.8mm，这也说明地层损失有限，盾构掘进参数设置较好。

测孔 W2 位移与测孔 W1 总体规律一致，在盾构到达前，位移方向沿盾构推进向前，此时最大位移为 1.2mm。盾构通过阶段及盾尾脱出后，土体表现为后移，后移量不大，最大后移量发生在隧道中部。

6. 地下水水位监测

采用土压平衡模式开挖，对地下水位影响较小，水位变化与盾构掘进历程有关。盾构掘进过程中水位变化曲线如图 9.11 和图 9.12 所示。

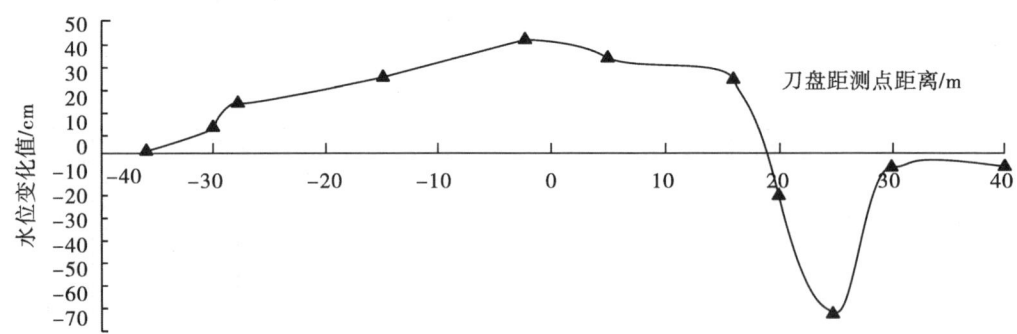

图 9.11 盾构掘进孔 W1 地下水位变化与距离关系曲线

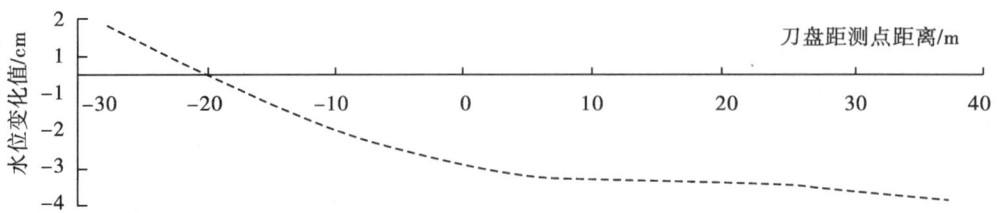

图 9.12 盾构掘进孔 W2 地下水位变化与距离关系曲线

在距盾构较近的测孔，如图 9.11 所示，盾构切口距测点 30m 左右水位开始上升，在盾构切口到达前地下水位上升幅度最大，最大上升约 43cm。主要是由于盾构土仓压力设置较大，对正面土体有压密疏干效应，从而使地下水位上升。盾构通过和盾尾脱出阶段，水位下降 15～20cm，下降幅度不大，这与同步注浆参数如压力、注浆量等设置时能及时充填盾尾间隙有关。在盾尾过后，由于浆液收缩和地层固结沉降等因素，水位总体下降 16～60cm。之后水位逐渐恢复至比原有水位略低处，距盾构较远的测孔，如图 9.12 所示。水位基本呈下降趋势，但数值不大，累计最大下降 3cm。

9.1.4　监测信息反馈

南京地铁 1 号线某盾构区间隧道工程的现场监测和信息反馈较好地指导了施工，对盾构掘进参数调整和确保安全发挥了重要的作用，其主要体现在以下几个方面。

(1) 及时调整端头土体加固方案。土体加固方案、加固范围和效果等对始发端和到达端的地层沉降影响大。从监测结果分析，某隧道始发端出加固区后的沉降远大于始发端和到达端，最大沉降达 71.3mm。最主要是受土体加固因素的影响，始发端隧道中上部主要为粉土、粉细砂层，隧道下部为粉质黏土。从地层条件分析，应按粉细砂层加固较为稳妥，因此加固区长度应大于盾构长度，但本端加固长度仅有 6m。虽然旋喷桩加固效果好，但其造价远高于搅拌桩，旋喷桩作为补强措施作了一排，主要采用深层搅拌桩加固，但搅拌桩施工时在地面下 10m 掉下两根钻头，出现了几根断桩，地层均匀性、止水性受到影响，以上原因使得盾构始发后引起大量泥水流失，地层沉降较大，地面房屋出现开裂甚至地层出现了塌陷。另外，作为首次始发，盾构掘进尚处于探索阶段，掘进参数设置不尽合理，也引起了一定的地层沉降。

根据监测信息反馈分析，在到达端及时进行了补充加固，补充加固长度 6m，地层加固总长度达 9m，超过了盾构机长度，实际盾构掘进到达后引起的沉降也较小，沉降控制在 30mm 以内。

(2) 及时调整粉细砂层中的盾构掘进土仓压力。粉细砂层中土仓压力相对较高，有利于防止地层液化。根据监测信息分析，在同等状态如埋深、水位等条件下，在粉质黏土地段，盾构土仓压力基本为 20kPa，但在粉细砂地段，掘进土压应调整到 23kPa。主要是粉细砂层侧压力系数高，同时在粉细砂层中盾构土仓设定土压力大于正面土体压力，可产生挤压效应，使盾构正面的砂性土产生疏干效应，从而有效降低正面土体和土仓内的动水压力，有利于防止盾构正面和螺旋出土器中的砂性土液化现象。

(3) 在粉细砂层中确保了同步注浆的浆液注入率和注浆的及时性。在同步注浆施工阶段时，粉质黏土等地层有隆起现象，而粉细砂性层却不能被浆液抬升。监测分析认为主要与地层性质有关。砂土的成拱作用较差，盾构周围的土体易局部塌落，且由于砂性土良好的透水性，会很快平衡周围土体与浆液的孔隙水压力，于是决定了砂土塌落后很难再被浆液抬升，浆液的再次注入只能起到减少砂土后期沉降的效果，这就要求在粉细砂性层中压浆一定要及时，减少堵管现象，确保做到同步注浆。同时由于砂层中盾构容易产生超挖、盾构纠偏难、砂层渗透性大等现象，所以同步注浆注入率应适当增大一些，一般应该在 200% 以上。

(4) 在重点、难点地段，根据监测信息，通过合理调整盾构掘进参数、提高掘进速度、防止人为机械设备故障、保持施工的均匀性和连续性等一系列工程措施，进一步有效地控制地层沉降，确保了重点、难点地段的安全施工。

在粉土和砂性地层中，土体中孔隙水压力增加和消散得都较快，在盾构推进和压浆时，土体容易被扰动，但恢复也较快，因此保持施工的均匀性和连续性使土体应力维持在一定数值时可减小土体初始应力，达到减小扰动范围的目的。

在现场监测的指导下，盾构机快速、安全、顺利地通过了廖家巷密集建筑群。盾构掘进时的地层沉降控制较好，其数值稳定在 10～20mm，房屋沉降控制在 10～15mm，实现了预期目标。

盾构在穿越廖家巷建筑群阶段，与以往相比，各项掘进参数设置较好，主要有三点：①盾构机土压保持在较高档位，减小了前方地层损失；②快速掘进，加强施工管理，优化工序衔接，提高了盾构日掘进环数，以往每天 8～9 环，调整到每天 14 环，减小了盾构机通过时的沉降；③在保持同步注浆参数与掘进速度匹配的情况下，尽量增大注浆压力和注浆量，同步注浆压力大于原先设计压力，将其控制在 30kPa 以上。既有充填注浆，又有压密劈裂注浆，有效地减小了由盾尾间隙引起的沉降，对控制后期沉降也起到了积极的作用。在南京古城墙地段，由于城墙的建设年代久远，墙砖破损严重，城墙整体抵抗变形能力差，在监测的指导下，采用上述措施使盾构快速通过这一地段，施工引起的地表沉降小于 15mm，古城墙的安全得以保证。由于城墙较薄，其厚度约有 3m，在快速掘进时，城墙两侧沉降差很小，因而其倾斜值也不大。如盾构切口在到达和通过古城墙过程中，在通过初期，城墙虽有向西侧倾斜的趋势，但数值很小，最大倾斜率仅为 0.00047，随着盾构的快速掘进，城墙两侧沉降差进一步减小，城墙渐渐向反方向挟正，倾斜率减小到 0.00009，基本恢复到了原位。

9.2 广州地铁 1 号线某区间隧道工程监测

9.2.1 工程概况

该区间隧道工程位于中山路东端南侧，周边环境复杂，有天河自来水厂和天河村密集居民区，隧道穿越Ⅳ、Ⅴ、Ⅵ级围岩，主要为强、中风化带岩层及残积土层，地下水丰富。区间内有极容易液化的流沙层，穿越常年流水的杨淇涌，是广州地铁 1 号线地层最复杂、施工难度最大的区间之一。隧道埋深 12.2～18.5m，左右线双洞隧道，左右线隧道中线间距为 13.3～16.2m。隧道断面为马蹄形，采用浅埋暗挖法施工，隧道衬砌为复合式衬砌，即初期支护为喷锚支护，永久衬砌为 C30 防水混凝土。

9.2.2 监测项目及控制基准

1. 监测项目

针对该工程的技术特点及周边环境条件，在区间隧道布设较完善的监测网络。包括地表监测与洞内监测两个方面的内容，具体的监测项目见表 9.4 所示。

表 9.4 隧道监控量测项目

监测项目	监测仪器	监测目的	监测频率
地表沉降	水准仪和水准尺	了解施工引起的地表沉降	①开挖面距离监测断面前后<2D 时，(1～2)次/d ②开挖面距离监测断面前后<5D 时，1 次/2d ③开挖面距离监测断面前后>5D 时，1 次/周。
地表建筑物沉降和倾斜	水准仪和水准尺	了解施工引起的地表建筑物沉降和倾斜，评价其安全性	
拱顶下沉	水准仪和水准尺	了解初期支护的变形，评价其安全性	
周边净空位移（收敛）	收敛计	了解初期支护的变形	
地中土体垂直位移	NC－50 型分层沉降仪，沉降管	了解地层不同深度的垂直变形	
地中土体水平位移	SINCO 测斜仪、测斜管	了解地层不同深度的水平变形	
围岩压力	压力计	了解初期支护结构的荷载分布	
钢筋格栅拱架应力	钢筋计	了解初期支护结构的内力分布	
地下水位	水位计、水位管	了解施工期地下水位的变化	
爆破振动速度	声波测振仪	了解爆破引起的地表和地表建筑物的振动	

注：D 为隧道跨度

2. 控制基准

根据设计文件和周边的环境条件，制订了该工程的位移控制标准，如表 9.5 所示。

表 9.5 控制基准

监测项目	控制范围	控制基准
地表下沉	Ⅴ、Ⅵ级围岩 Ⅲ、Ⅳ级围岩	30mm 19mm
拱顶下沉和净空收敛	Ⅵ级围岩 Ⅴ级围岩 Ⅳ级围岩	50mm 32mm 19mm
位移速度	Ⅴ、Ⅵ级围岩 Ⅲ、Ⅳ级围岩	5mm/d 3mm/d
建筑物倾斜	全线	3‰

9.2.3 监测结果分析

1. 地表沉降

1）地表纵向沉降

在隧道的开挖过程中，地表沉降随开挖面向前推进的纵向规律以Ⅴ级围岩的 ZT9 测点为例，绘制沉降曲线如图 9.13 所示。

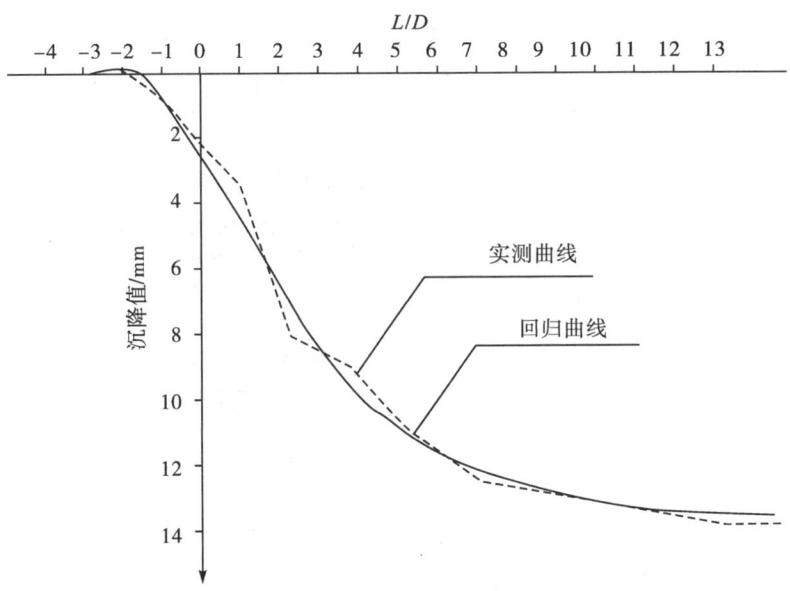

图 9.13 地表测点沉降历程曲线图
D-隧道直径；L-开挖面与测点距离

从图 9.13 可以看出，地表沉降的变化过程可分为四个阶段。

(1) 微小沉降阶段。当开挖面开挖到与测点距离 $(-2.0 \sim -1.0)D$ 时，开始对地表产生一定的影响，沉降值占总沉降值的 10%～15%。主要是由于隧道开挖引起前方地层应力场发生变化以及地下水的流失而引起的微小沉降。

(2) 沉降急剧增大阶段。随着开挖面向前推进，距测点在 $(-1.0 \sim 3.0)D$ 时，地表沉降速率加速增长，沉降值急剧增大。此阶段沉降值占总沉降值的 60%～70%。该阶段沉降主要是由于隧道的开挖而造成边界条件发生改变，对覆盖土体产生扰动引起应力场的重分布，产生卸载效应，为施工过程中的主要沉降阶段。

(3) 缓慢沉降阶段。当开挖面向前开挖超过测点 $3.0D$ 以后，沉降速率开始减小，沉降值缓慢增加，沉降曲线开始收敛，一直延续到 $5.0D$，此阶段沉降值占总沉降值的 10%～15%。

(4) 沉降基本稳定阶段。当开挖面距测点 $5.0D$ 以后，沉降增长缓慢，直至延续到 $8.0D$，地层趋向稳定状态。此阶段沉降值约占总沉降值的 5%。

2) 横向地表沉降

采用 Peck 公式对实测数据进行横向地表沉降规律进行回归分析，得到不同围岩横向地表沉降曲线，其参数如表 9.6 所示。

表 9.6 不同围岩横向地表沉降曲线参数

围岩级别	δ_{max}/mm	i/m	横向影响范围/m
Ⅲ级	4.7	4.85	19
Ⅳ级	12.8	10.51	50
Ⅴ级	16.8	9.52	50

地表沉降曲线拐点 i 位于 0.8～1.6 倍洞径处，并随围岩级别提高，影响范围减小。横向影响范围一般为 $5i$。在Ⅴ、Ⅵ级的软弱围岩中，左右线隧道开挖引起的地表沉降产生

叠加，沉降槽顶点由先行开挖隧道中线随滞后隧道的开挖略有偏移，横向影响范围也增加5~10m，后行开挖的隧道比先行开挖隧道引起的沉降增加20%~50%。不同施工方法引起的地表沉降也不相同。在同等条件下，CRD工法对抑制地表沉降有一定的效果，但效果不明显。图9.14和图9.15分别为Ⅴ、Ⅳ级围岩地表横向沉降实测曲线。

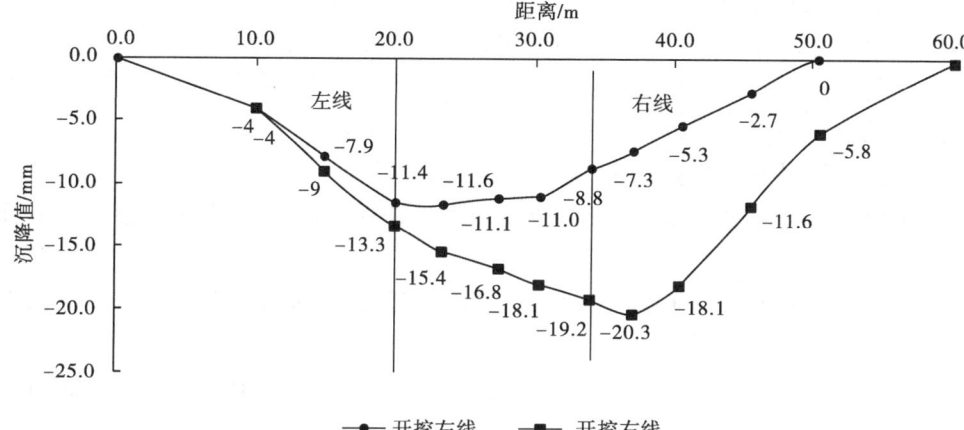

图9.14　Ⅴ级围岩地表横向沉降曲线

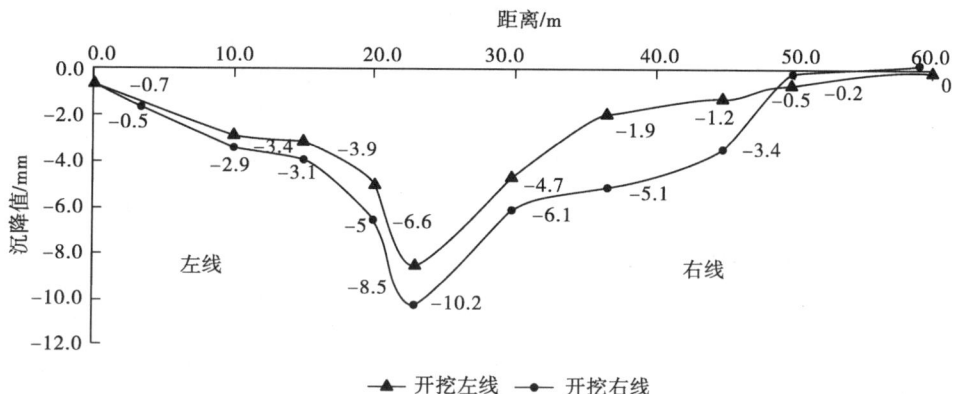

图9.15　Ⅳ级围岩地表横向沉降曲线

2. 隧道变形监测

1) 拱顶下沉

由于拱顶下沉只能在隧道开挖之后进行测量，因此部分下沉无法测得。其前期下沉可以根据监测数据的回归分析进行推算。表9.7为实测拱顶下沉统计值。

表9.7　拱顶下沉统计分析表

围岩级别	平均沉降值/mm	最大沉降值/mm
Ⅵ级	13.0	24.1
Ⅴ级（一般地段）	19.1	40.8
Ⅴ级（人工填土地段）	48.5	93.3
Ⅳ级	4.1	24.9
Ⅲ级	1.5	6.5

根据经验，拱顶下沉可以采用下面的指数函数进行回归：

$$S = A(1-e^{-Bx})(x \geqslant 0) \tag{9.2}$$

式中，S 为下沉值，mm；x 为测点距工作面的距离 L 与隧道洞径的比值，即 $x = L/D$；A 为回归常数即拱顶最大下沉值，mm；B 为回归常数。

图 9.16 为 YT4 测点典型的下沉曲线。由典型下沉曲线得出隧道拱顶下沉曲线的一般规律。

(1)除个别测点，拱顶下沉值一般小于 50mm，说明支护结构是安全的。

(2)上半断面开挖引起的下沉值占总下沉值的 60% 左右，因此，监测时测点应该紧跟工作面埋设一般不应大于 2.0m。

(3)纵向影响范围为下半断面通过后的 2～3 倍洞径。

(4)初期拱顶下沉速度较大，1 倍洞径范围内为快速沉降区，其下沉值占总下沉值的 70%～75%。

(5)1～2 倍洞径范围内，下沉速度开始减缓，该段属于缓慢下沉阶段，下沉值占总下沉值的 20%～25%。

(6)测点距开挖面超过 2 倍洞径时，下沉开始收敛。该段属于下沉基本稳定阶段，下沉值占总下沉值的 5%～10%。

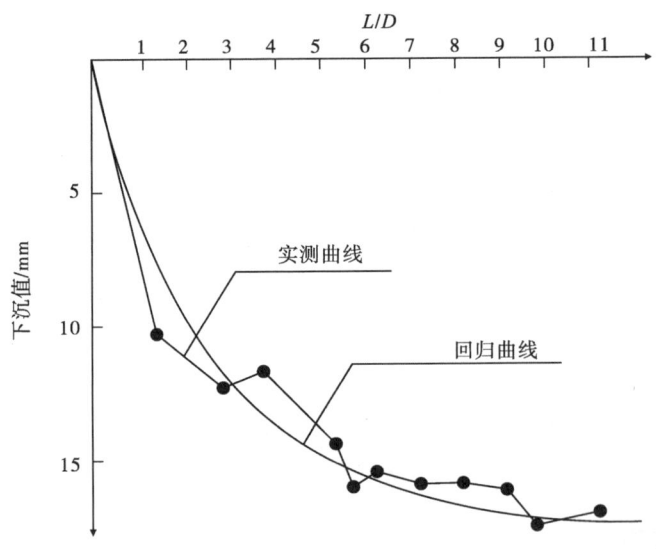

图 9.16 拱顶下沉回归曲线

D 隧道直径；L 开挖面与测点之间的距离

2)净空收敛

净空收敛监测是围岩与初期支护结构变形监测的主要项目。收敛监测结果统计分析如表 9.8 所示。

表 9.8 收敛统计分析表

围岩级别	平均收敛值/mm	最大收敛值/mm
Ⅵ级	1.07	3.18
Ⅴ级	2.74	7.68
Ⅳ级	0.85	1.12
Ⅲ级	0.50	0.83

实测结果表明：净空收敛值很小，一般小于 5mm，且差异不大。这主要是由于收敛测点一般在下台阶开挖后埋设，支护结构在封闭前表现为整体下沉，支护结构形成封闭结构后其刚度较大所致。

3. 地中垂直与水平位移

垂直位移监测在Ⅵ级、Ⅴ级、Ⅳ级围岩各布置一个断面，每个断面在隧道中线位置布置一个测孔。水平位移与垂直位移相对应布置在同一断面内，在隧道两侧各布置一个测孔。图 9.17 为Ⅴ级围岩地中位移图，由图可以看出：浅埋暗挖法施工的隧道边墙外地中土体水平位移呈向隧道内净空方向移动，在拱脚和边墙部位达到最大值，其他位置数值较小，与收敛监测结果相吻合。

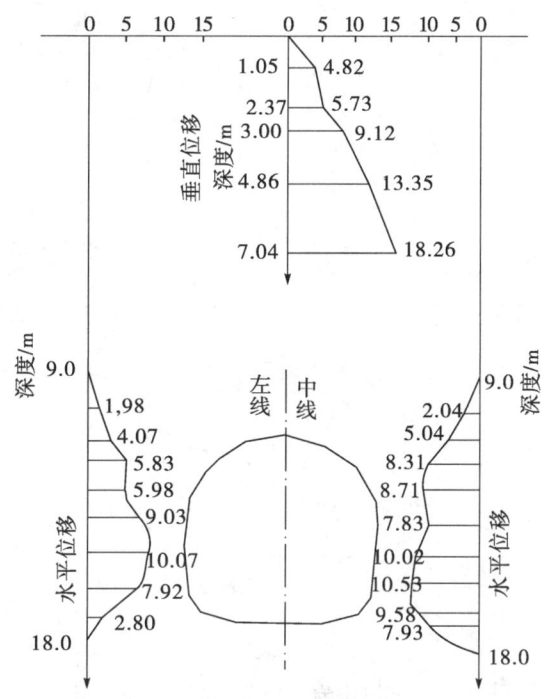

图 9.17　Ⅴ级围岩地中水平与垂直位移图

地中垂直位移由上而下呈非线性逐渐增大，孔底最大，各点沉降规律与地表沉降类似。

一般地段地表沉降值为洞内拱顶下沉值的 60%～70%。但对于 DK14+940～+980 段，地表下沉大于拱顶下沉值，可能是由地层失水固结压缩所致。

4. 地下水位监测

实测结果表明：虽然施工中造成大量失水，但水位变化很小，可能是由于地下水联通，失水的同时又有大量水源补给所致。但是在隧道过含水砂层地段，地下水丰富，地层渗透系数大，施工过程中地下水位下降较大，引起周围地层产生固结沉降，对周边环境的影响也很大。

5. 隧道支护结构压力监测

1)围岩压力

为了解不同地质条件下隧道施工过程中支护结构所承受的围岩压力分布规律,进行了围岩与支护结构之间的接触压力监测。测点布置在与地中位移监测相对应位置,在Ⅵ级、Ⅴ级和Ⅳ级围岩地段各布置一个断面。围岩压力的实测结果如图9.18所示。由图可知支护结构所受围岩压力的分布规律为:围岩压力呈明显的非对称"马蹄形"分布,与理论分析基本一致。

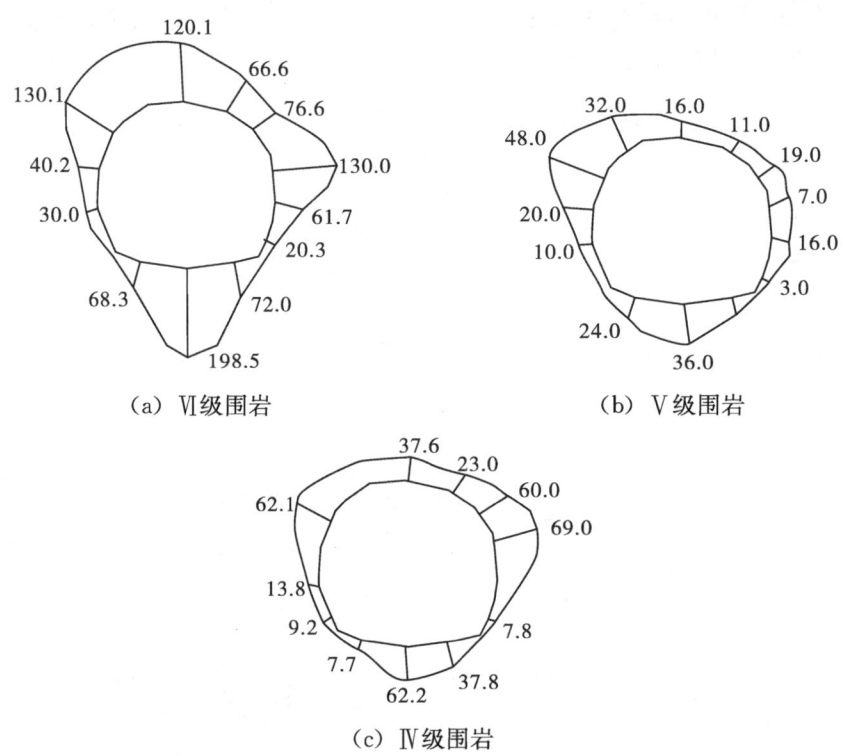

图9.18 实测围岩压力分布图(单位:kPa)

由图可知,最大应力出现在拱腰及仰拱部位,其值为0.04~0.13MPa,相当于2~3m高的岩柱。说明施工中地层存在承载拱。仰拱的设置是合理的,而结构设计中的荷载取值偏于安全。

2)初期支护应力监测

初期支护的钢拱架应力测点与围岩压力对应埋设在同一断面,实测结果如图9.19和图9.20所示。由图可以看出:①钢拱架的轴力分布以拱顶至拱腰区为受压区,上半断面支护后,其量值为140~240kN。断面封闭成环后,轴力增加不大,并很快趋于稳定;②钢拱架和喷射混凝土作为钢筋混凝土结构共同承载,换算成弯矩时,量值在1.97~15.53kN·m。支护结构弯矩远低于设计值。说明支护结构偏于安全。

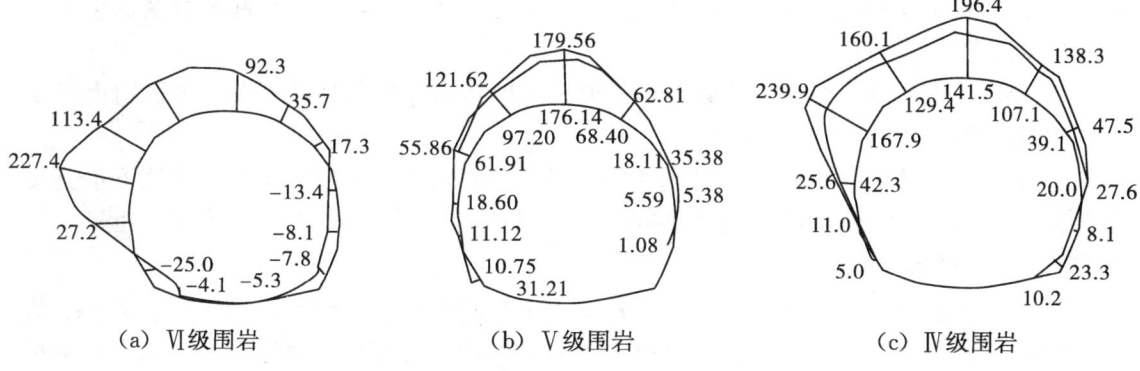

图 9.19 实测拱架轴力分布图(单位：kN)

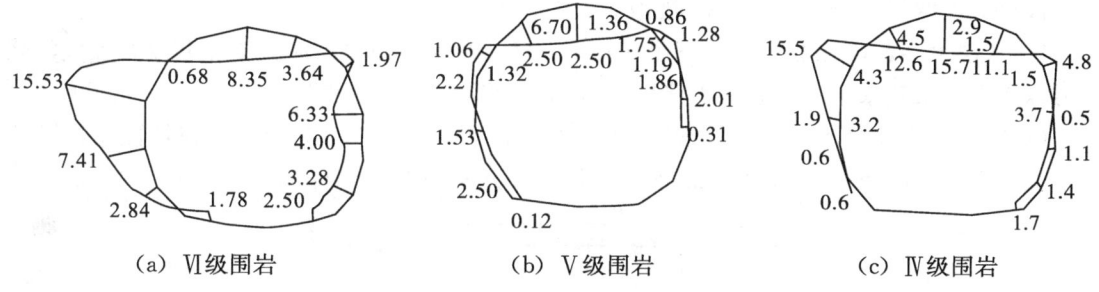

图 9.20 实测拱架弯矩分布图(单位：kN·m)

6. 爆破振动速度监测

为降低爆破振动对隧道结构及周围建筑物的影响，在施工过程中对爆破振动进行了监测，为优化爆破设计提供参数。采用萨道夫斯基经验公式对爆破振动速度监测结果进行回归，求得萨道夫斯基经验公式中地震波衰减系数 $K=110$，$\alpha=2.0$。为后续钻爆设计提供了依据，确保了微振爆破的实施。该区间隧道爆破振动监测结果如表 9.9 所示。

表 9.9 爆破振动监测结果

监测对象	最大振动速度/(cm/s)
一般地段	0.80
天河村地表房屋	1.21
立交桥	1.84
水厂蓄水池	1.31
支护结构(小于1倍洞径)	6.2
支护结构(大于1倍洞径)	4.8

9.2.4 监测信息反馈

以隧道 DK14+940～DK14+980 段 40m 长度的区间隧道施工为例，阐述信息化在施工中的重要作用。在 YDK14+940 及 ZDK14+941 以后，隧道上部穿过的地层变为淤泥状花斑土。经调查：此处为人工填塘，之后在上部盖起五层楼房若干栋，而设计文件中并未提及。在隧道开挖到该段后，地表沉降突然增大，拱顶下沉也由前段的最大 40.8mm 增加到

63.3mm。说明原来的施工方法已不能适应岩性变化的地层。经分析引起地表及拱顶下沉突增的原因有以下三点：

(1) 拱顶下沉突增，而水平收敛较小，说明支护结构表现为整体下沉，也说明上半断面的拱脚处地基承载力不足。

(2) 开挖面土体的含水量为25%～30%，同时注浆未达到预期效果，造成地下水流失而引起地表沉降增大。此外，超前开挖的左线下沉值明显大于滞后开挖的右线，也进一步说明地层失水引起地表下沉。

(3) 上半断面核心土阻碍了临时仰拱紧跟工作面的施作，一般滞后2～3m，使上半断面初期支护无法及时封闭。同时，核心土的存在也影响了止浆墙的施工质量，从而影响到注浆效果。

针对上述原因，先后采取的措施如下。

(1) 取消上半断面核心土，每三个循环做一个20cm厚的喷射混凝土止浆墙，加大注浆压力以提高注浆效果，同时确保上半断面临时仰拱紧跟工作面布设。

(2) 针对工作面失水严重的情况，除加强超前预注浆和初期支护背后充填注浆，还增加了上半断面斜向止水，如图9.21所示，以防止水从下台阶工作面流失。

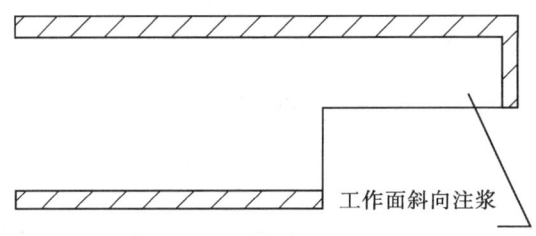

图9.21　工作面斜向止水

(3) 将超前小导管长度改为3.5m，开挖循环进尺由0.75m减小到0.6m，相应的网构钢架的间距也由原设计的1.0m调整为0.6m，临时仰拱由工字钢直仰拱变更为网构钢架曲仰拱。增加纵向连接钢筋，并喷射10cm厚混凝土，增加了仰拱的承载力。

(4) 将上半断面仰拱拱脚处锁脚锚杆长度由原2.0m改为2.5m，每侧由一根增加为两根。

(5) 在拱顶与上半断面临时仰拱及临时仰拱与底板间用Φ150mm钢管支撑，如图9.22所示。

(6) 加强对支护结构、地表及地表建筑物的变形监测，监测频率由1次/d增加为2次/d。

采用上述措施后，对拱顶下沉及地表沉降有一定的控制效果，实测拱顶下沉最大57.8mm，但地表建筑物沉降并没有明显减小。最后经多方研究后决定：在左线完善上述方案后继续施工，右线在YDK14+944～+990段采用CRD工法施工，如图9.23所示。

当右线采用CRD法施工以后，经实测拱顶下沉最大达到41.1mm，平均为28.3mm。相比前段明显减小，但地表沉降值仍然很大，超过控制标准值，说明采用CRD法施工对抑制拱顶下沉效果较为明显，但对失水等引起的地表沉降作用不大，此外因开挖断面小，采用CRD法的功效底，进度慢，并非为最有效的方案。因此，后来又采用全断面帷幕注浆，并采用台阶法进行开挖。

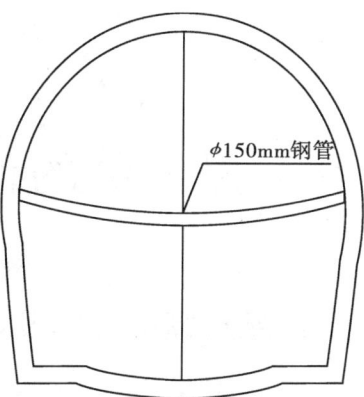

图 9.22 竖向临时支撑示意图

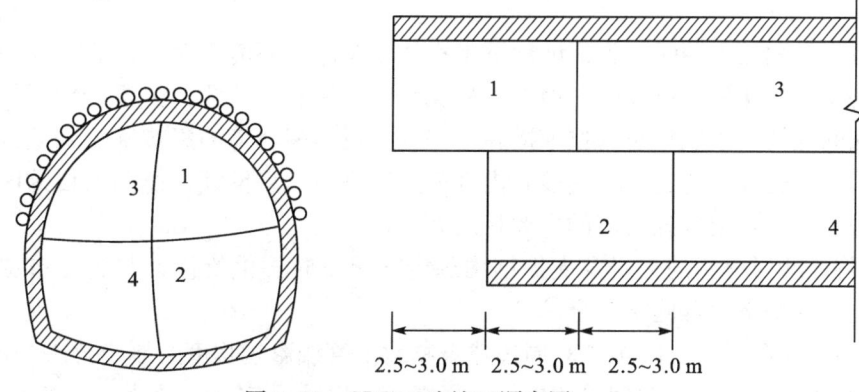

图 9.23 CRD 工法施工顺序图

第 10 章 地下工程监测的信息反馈技术

10.1 信息反馈的目的及内容

10.1.1 信息反馈的目的

在地下工程施工期间，为保证地下工程施工及周边环境安全，需要建立一套严密、科学的监测体系。在施工过程中对地下工程及周边环境进行监测，分析、判断、预测施工中可能出现的险情，采取相应的技术措施，将施工对周围环境的影响降低到最低程度，即通常所说的信息化设计与施工。其核心内容就是监测与信息反馈，监测项目的内容和方法在前面已做了介绍，而信息反馈的主要目的如下。

(1)将监测所得到的围岩及支护结构稳定状况及时提供给设计与施工单位，以便采取有效措施确保地下工程施工安全。

(2)根据监测所得到的施工对周边建筑物地下管线影响程度，制定合理的保护措施。

(3)为设计与施工、监理单位提供沟通渠道，以确保信息化设计与施工的效果。

(4)为信息化设计与施工积累资料，提高地下工程的设计和施工水平。

10.1.2 信息反馈的内容

将地下工程施工期间通过监测取得的大量围岩与支护结构的位移、支护结构内力、周边建筑物变形等信息及时反馈到设计和施工单位，对地下工程的信息化设计与施工非常重要。在地下工程施工中，需要进行反馈分析的内容很多，实际应用时可根据工程具体要求有选择地进行分析反馈与工作。

1)对设计的反馈内容

(1)通过对监测资料的反分析，修正设计采用的围岩物理力学参数。

(2)通过对监测资料的反分析，修正设计计算中的地应力、渗水压力、围岩压力等基本荷载。

(3)通过对围岩和支护结构的位移、应力、应变、地表及周边建筑的位移等监测，修正设计和计算中的变形控制基准、安全监测方法和监控判据指标。

(4)在上述修正基础上调整支护结构参数，即进行信息化设计。

2)对施工的反馈内容

在施工过程中，通过对监测结果的分析和判断，及时调整施工方案，必要时增加辅助施工措施以确保施工的安全性和经济性。

(1) 钻爆法和浅埋暗挖法施工。通过对监测结果的分析判断，及时调整施工方案，在围岩及支护结构位移、支护结构应力、周边建筑物变形等数值较小时，可简化施工方案以减少施工程序，加快施工进度，降低工程造价；在围岩及支护结构位移、支护结构应力、周边建筑物变形等数值较大时，应调整施工方案直至增加辅助施工措施，以确保工程及周边环境的安全。

(2) 明挖基坑工程施工。通过对监测结果的分析与判断，及时调整施工方案，在围岩及支护（围护）结构位移、支撑结构内力、周边建筑物变形等数值较小时，可简化施工方案以减少施工程序，加快施工进度，降低工程造价；在围岩及支护（围护）结构位移、支撑结构内力、周边建筑物变形等数值较大时，应调整施工方案直至增加辅助施工措施，以确保工程及周边环境的安全。

(3) 盾构工程施工。通过对监测结果的分析与判断，及时调整施工方案，当周边建筑物变形、地表沉降等数值较小时，可简化推进方案以加快施工进度，降低工程造价；在地表沉降、周边建筑物变形等数值较大时，应调整推进方案直至增加辅助施工措施，以确保工程及周边环境的安全。

10.2 监测数据的处理方法

地下工程监测数据的处理方法可分为统计学方法和确定性方法两大类。统计学方法主要是统计回归方法，另有近年来发展起来的灰色系统、模糊数学及神经元网络等方法。确定性方法常用的包括有限元法、边界元法、块体理论法和反分析法等。下面就实际使用过程中常用的监测数据处理方法进行简单地叙述。

10.2.1 散点图与回归分析法

地下工程地质条件和施工工序的复杂性以及具体监测环境的不同，施工导致围岩与支护结构的变形并不是单调增加，因受地质条件和施工工艺的影响，围岩与支护结构变形随时间变化，在初始阶段呈波动特性，然后逐渐趋于稳定。在监测数据整理中可将监测结果与时间的对应关系绘制成位移-时间曲线的散点图。图中纵坐标表示位移量，横坐标表示时间。在图中应注明监测时工作面施工工序和开挖工作面距监测断面的距离以及工程的具体条件，如埋深、地质条件、支护参数等，以便分析不同埋深、地质条件、支护参数等情况下，各施工工序、时间、空间与监测数据之间的关系。

根据不同工程的具体情况，也可将通过计算求得的监测间隔时间、累计监测时间、监测位移值、累计位移值、当日位移速率、平均位移速率等列成表格并绘制成相应的与时间的关系曲线。根据围岩和支护结构的位移与时间关系曲线，寻找出不同时刻围岩和支护结构的位移值和位移发展趋势，预测围岩与支护结构可能出现的最大位移值，进而判断其安全性和是否侵入净空。同时对位移速率进行分析，判断围岩与支护结构的稳定性和支护结构的可靠性。由于偶然误差的影响使监测数据具有离散性，根据实测数据而绘制的位移随时间而变化的散点图通常会出现上下波动、很不规则的形式，难以据此进行分析，因此必须应用数学方法对监测所得的数据进行回归分析，找出位移随时间变化的规律，为优化设计并指导施工提供科学依据。

1) 一元线性回归分析

一元线性回归分析是研究两个变量呈线性变化的问题。在对一组监测结果进行数据处理时，通过回归分析找出两个变量函数关系的近似表达式，即经验公式。首先将实测位移与对应的时间或与开挖面的距离列表并做散点图。如果这些点近似在一条直线附近，就可以认为位移随时间或开挖距离的变化呈线性关系，即 $y=f(x)$ 是线性函数，可用 $y=a+bx$ 函数进行回归，用最小二乘法求回归系数 a,b。最小二乘法的原理如下。

根据现场监测，可以得到不同监测时间段的位移值。令 x_i 代表监测获得的时间或掘进距离，而与其相对应的沉降或变形为 y_i。为寻求两者之间的函数关系，可令 $y_i=a+bx_i$ 是 y_i 关于自变量 x_i 的函数，y_i 是测定的数据如时间或位移等，测定值与函数计算值之间的误差为 (y_i-a-bx_i)。由于误差可以为正数也可以为负数，如果将绝对误差累加起来则很有可能相互抵消，并未反映出测试的精确度。为此，可将各个测量值与计算值的绝对误差进行平方，然后再累计相加，则其值必为正值，因而可得到

$$\varphi(a,b)=\sum_{i=1}^{n}(y_i-a-bx_i)^2 \tag{10.1}$$

如果式(10.1)取得极值，则必有

$$\frac{\partial\varphi}{\partial a}=-2\sum_{i=1}^{n}(y_i-a-bx_i)=0 \tag{10.2}$$

$$\frac{\partial\varphi}{\partial b}=-2\sum_{i=1}^{n}(y_i-a-bx_i)x_i=0 \tag{10.3}$$

由此得到待定系数 a,b 为

$$a=\frac{1}{n}\left(\sum_{i=1}^{n}y_i-b\sum_{i=1}^{n}x_i\right) \tag{10.4}$$

$$b=\frac{n\sum_{i=1}^{n}(x_iy_i)-\sum_{i=1}^{n}x_i\sum_{i=1}^{n}y_i}{n\sum_{i=1}^{n}x_i^2-\left(\sum_{i=1}^{n}x_i\right)^2} \tag{10.5}$$

从而可以得到线性方程中的待定系数 a,b。

获得待定系数后应判断回归方程的线性相关性。线性相关性可用相关系数 r 来表示。r 的绝对值越接近 1，则表明选取的回归方程或函数的线性关系越好。

$$r=a\sqrt{\frac{n\sum_{i=1}^{n}x_i^2-\left(\sum_{i=1}^{n}x_i\right)^2}{n\sum_{i=1}^{n}y_i^2-\left(\sum_{i=1}^{n}y_i\right)^2}} \tag{10.6}$$

衡量回归分析的精度可用剩余标准差进行判定，其计算表达式为

$$S=\sqrt{\frac{1}{n-2}\sum_{i=1}^{n}\left(y_i-\frac{1}{n}\sum_{i=1}^{n}y_i\right)^2} \tag{10.7}$$

当计算得到的剩余标准差 S 越小，则说明回归的精度越高。

2) 非线性回归

如果两个变量之间不是线性关系，则处理两个变量间的关系问题属于一元非线性回归

问题。一元非线性回归的步骤是：根据监测数据的散点图的特征，选择某一曲线函数，如指数函数、对数函数等进行回归。如果函数能变换为线性函数的形式，则回归时先将上述函数进行数学变换，使其变为线性函数的形式，然后用一元线性回归的方法。

常用的表示两个随机变量的函数关系如下。

(1) 对数函数。

$$y = a + \frac{b}{\lg(1+x)} \tag{10.8}$$

(2) 指数函数。

$$y = ae^{-bx} \text{ 或 } y = ae^{-\frac{b}{x}} \tag{10.9}$$

(3) 双曲函数。

$$y = \frac{x}{a+bx} \text{ 或 } y = \frac{1}{a+b \cdot e^{-x}} \tag{10.10}$$

式中，a，b 为回归常数；x 为可代表监测的时间、距离等。

现以式(10.8)所示的对数函数为例，来说明线性变换的过程。

若令 $t = 1/\lg(1+x)$，则式(10.8)可变换为

$$y = a + bt \tag{10.11}$$

从而将对数函数变换为线性函数。式中可将 t 和 y 视为监测数据，如此就可以按照一元线性回归分析的方法进行回归分析。

如果函数不能变换为线性函数的形式进行回归，可用最小二乘法进行迭代回归。具体可参阅数值计算相关的文献。

在进行回归分析时需要注意以下几点。

(1) 回归分析要有足够多的监测数据，一般应在连续测试一个月以后进行。

(2) 实际发生位移的时间 t_0 都在埋设测点前（地表沉降除外），t_0 是未知的，应考虑 t_0 的影响，使函数拟合得更真实。

(3) 实际回归分析时，还应考虑爆破开挖所造成的位移突变和影响。

① 首先绘制时间与位移曲线散点图和距离与位移曲线散点图，如图 10.1 所示。

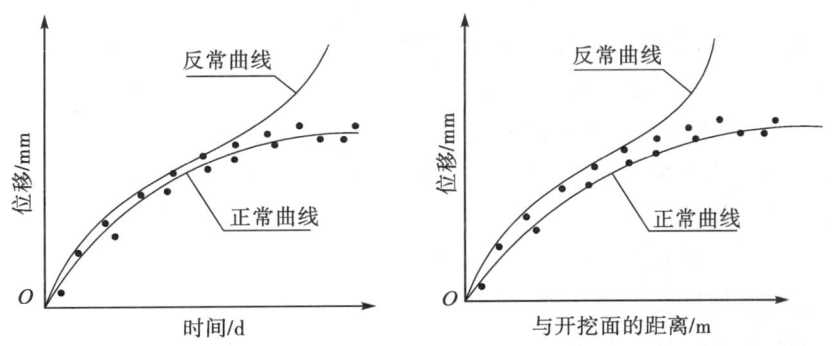

图 10.1 时间(距离)位移曲线图

② 其次，当位移-时间曲线趋于平缓时，可选取合适的函数形式进行回归分析。

③ 图 10.1 中所示的正常曲线，是位移的变化随时间和距开挖面距离向前推进而渐趋稳定，说明围岩处于稳定状态，支护系统是有效、可靠的，图 10.1 中所示的反常曲线中出现了反弯点，说明位移出现反常的急剧增长现象，表明围岩和支护结构已经呈现不稳定

10.2.2 位移监测数据分析中常用的回归函数

1) 地表横向沉降回归函数

在统计分析大量不同类型的地下工程施工引起的地表沉降实测资料基础上，Peck 在 1969 年提出了地层损失的概念，即在不考虑土体排水固结和蠕变的条件下，得出了一系列与地层有关的沉降槽宽度的近似值回归模型，即 Peck 公式为

$$S(x) = S_{max}\exp\left(-\frac{x^2}{2i^2}\right) \tag{10.12}$$

$$S_{max} = \frac{V}{\sqrt{2\pi}i} \tag{10.13}$$

$$i = \frac{H}{\sqrt{2\pi}\tan(45° - \frac{\phi}{2})} \tag{10.14}$$

式中，$S(x)$ 为距隧道中线 x 处的沉降值，mm；S_{max} 为隧道中线处最大沉降值，mm；V 为隧道单位长度地层损失，m^3/m；i 为沉降曲线变曲点；H 为隧道埋深，m。

2) 位移历时回归方程

对地表沉降、拱顶下沉、净空收敛等变形的历时曲线一般采用指数函数、对数函数或双曲线函数进行回归分析。具体参见 10.2.1 节。

3) 沉降历程回归方程

由于地下工程开挖过程中地表纵向沉降、拱顶下沉及净空收敛等位移受开挖工作面的时空效应影响，采用单个曲线进行回归时不能全面反映沉降历程，通常采用以拐点为对称的两条分段指数函数式或指数函数进行近似回归分析。

$$\begin{cases} S = A[1-e^{-B(x-x_0)}] + U_0(x > x_0) \\ S = A[1-e^{-B(x-x_0)}] + U_0(x \leqslant x_0) \end{cases} \tag{10.15}$$

$$S = A(1-e^{-Bx})(x \geqslant 0) \tag{10.16}$$

式中，A、B 均为回归参数；x 为距开挖面的距离；S 为距开挖面 x 处的地表沉降；x_0 为拐点 x 轴坐标值；U_0 为拐点 x_0 处的沉降值。

根据经验，对于地表纵向沉降回归分析一般采用式(10.15)；拱顶下沉、净空收敛变形一般采用式(10.16)。对于式(10.16)，理论上讲，当 x 较小时，S 趋于 0；若 S 不趋于 0，需要考虑监测结果的可靠性。

现以式(10.16)为例来说明确定其回归常数的两倍时差法。根据式(10.16)可得在不同时间段内测得的沉降值也不同。现假设在 t_1 和 t_2 时间段测定的对应下沉值分别为 u_1 和 u_2，其应当满足式(10.16)，即有

$$u_1 = A(1-e^{-Bt_1}) \tag{10.17}$$

$$u_2 = A(1-e^{-Bt_2}) \tag{10.18}$$

将式(10.17)和式(10.18)对比有

$$\frac{u_1}{u_2} = \frac{1-e^{-Bt_1}}{1-e^{-Bt_2}} \tag{10.19}$$

令 $t_2=2t_1$，将其代入式(10.19)，则有

$$B = \frac{1}{t_1}\ln\frac{u_1}{u_2-u_1} \tag{10.20}$$

$$A = \frac{u_1^2}{2u_1-u_2} \tag{10.21}$$

得到系数 A，B 后即可求得下沉与时间的变化关系。如果量测的时间不满足两倍时差的关系，则可以用插值法求出 $2t_1$ 的测量值，即

$$u_{2t_1} = \frac{(t_3-2t_1)u_2+(2t_1-t_2)u_3}{t_3-t_2} \tag{10.22}$$

求得 u_{2t_1} 后，再利用式(10.20)和式(10.21)即可得到系数 A，B。

10.3 信息反馈

10.3.1 监测反馈的程序

监测数据反馈指导设计与施工是指在地下工程施工过程中，根据施工信息，对施工前预设计所确定的结构形式、支护参数、施工方法、施工工艺以及各工序施作的时间等的检验和修正，贯穿于整个施工全过程。经过多年实践总结，监测反馈程序已趋完善，施工信息反馈工作流程如图10.2所示。

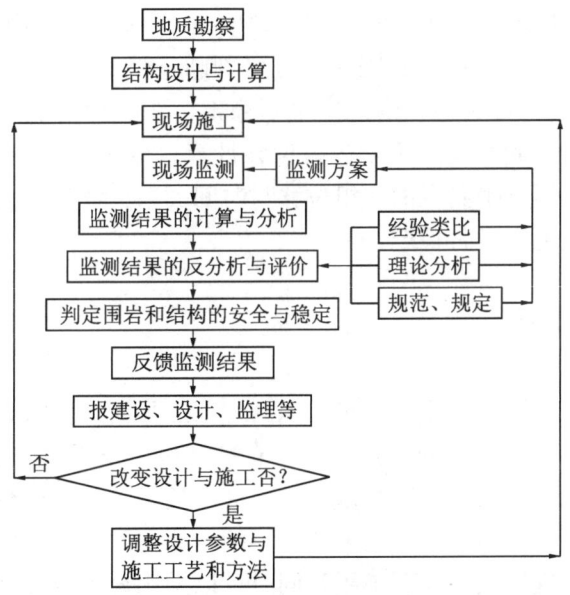

图 10.2 信息反馈程序图

地下工程监测及信息反馈因施工方法不同，如钻爆法、浅埋暗挖法、盾构法、明挖法等，其反馈的内容和方法也有所差别。但其基本思想均源于新奥地利隧道设计施工方法(简称新奥法)的基本原理：根据经验初步选定设计参数，在施工过程中通过监测地下工程净空收敛位移等数据，以判断地下工程围岩的稳定性及支护对围岩的加固效果，并据此修

正结构的组成及有关参数时适调整施工方法。

10.3.2 收敛约束法

1978年,法国首次提出了收敛法(又称特征曲线法或变形法),为新奥法的理论计算提供了方向,收敛约束法是根据地下工程周边位移监测值来反馈设计与施工。收敛约束法是一种以理论为基础、实测为依据、经验为参考的较为完善的地下工程设计方法。其基本原理如图10.3所示。图10.3中纵坐标表示结构承受的地层压力,而横坐标表示沿洞周径向位移,一般采用净空收敛值。图10.3中曲线1为地层特征线,曲线2为支护特征线,两条曲线交点的纵坐标即为作用在支护结构上的最终地层压力P_i;交点的横坐标为衬砌的最终位移u_i。P_i,u_i取值即可作为设计计算的依据。

在根据监测数据对设计进行反馈时,确定围岩收敛曲线是应用收敛约束法的关键。根据监测数据确定围岩收敛的方法有压力位移法、放松系数法和参数换算法。

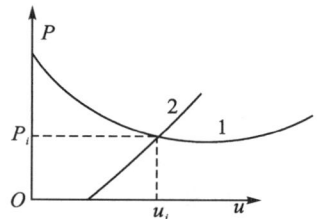

图10.3 收敛约束法原理示意图

根据收敛约束法的原理,对于衬砌结构,如果在P_i作用下结构产生位移u_i后能保持稳定,即可判断结构安全可靠;与此同时,也可判断这时地层处于稳定状态。如果在P_i作用下结构产生位移u_i后将失稳,则地层也不稳定,在这种情况下应调整结构形状和厚度等参数或调整施作衬砌的时间,重新进行设计计算。由于收敛限制曲线比较难以确定,实际应用过程中通常绘制每个测点的一组位移与时间关系曲线和压力与时间关系曲线,并以此来判断支护结构或地层是否稳定。

10.3.3 参数控制法

地下工程施工经过长期的实践,逐步认识到地下工程周边位移以及浅埋地下工程的地表沉降是可以监测到并可以控制的,是围岩与支护结构力学系统最直接、最明显的反应。基于以上认识,围岩稳定性的判据都是以周边允许收敛量和允许收敛速度等形式给出。作为评价施工、判断地下工程稳定性的主要依据,围岩稳定的判据同时还要参考围岩压力等监测数据。对于城市地铁等浅埋地下工程,同时可以采用地表沉降作为判断围岩或地层稳定的主要依据。地下工程在施工之前,根据周边环境条件制定地表沉降、周边净空收敛等参数的控制值作为判断围岩或地层稳定的标准和进行施工反馈的主要依据。

(1)根据位移判别围岩稳定与否,并做出增强和减弱支护参数的对策。

位移变化速率是判断地层和结构稳定性的重要指标,如图10.4所示。曲线1位移变化速率不断下降,最后趋于稳定,围岩是稳定的。曲线2位移变化速率大,而且收敛很慢,则应加强支护。若曲线一直发展,斜率没有下降趋势则已出现危险征兆,应采取紧急而特殊措施加以处理。如图10.4所示,曲线3代表地层即将失稳,必须立即处理以免造成塌方,在进行现场处理的同时要报各有关单位速到现场,以便研究所要采取的对策。

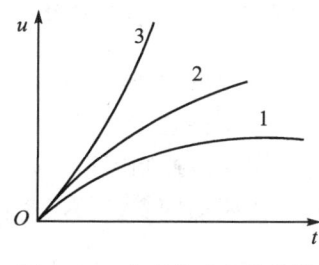

图 10.4 典型位移变化曲线

(2)根据地表沉降监测反映的地层变形规律,采取相应施工对策,确保地层安全稳定。

例如,浅埋隧道在施工过程中,对周围所产生的变形非常明显,距开挖面前方1倍洞径开始产生先向上后向下的变形,反映到地表的下沉更为明显,如图10.5所示。

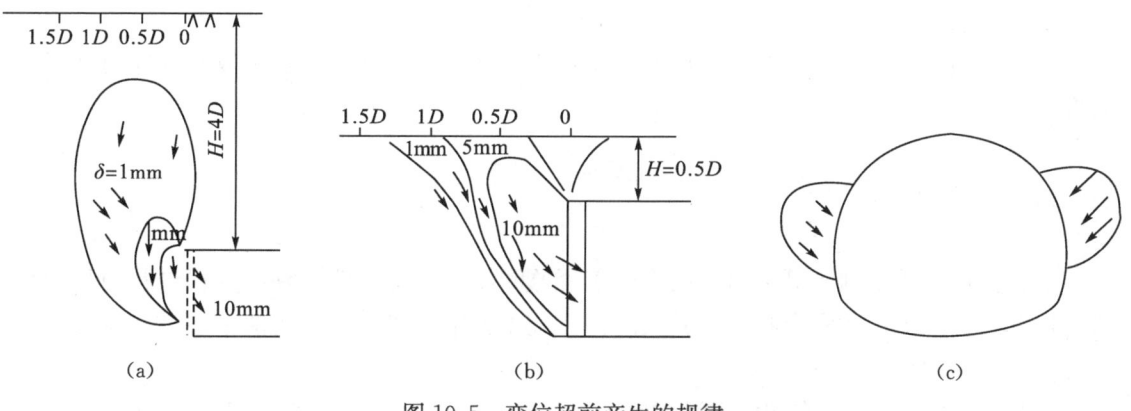

图 10.5 变位超前产生的规律

当拱脚钢支撑处理不当,衬砌背后充填注浆不及时、不密实时,地表在8~24h后会发生明显的下沉。所以用浅埋暗挖法施工时,必须将地表下沉和拱顶下沉的监测列入监控的项目,并且在地表埋设测点进行监测。从控制地表沉降的角度出发,对前方围岩进行预加固是必要的。

在施工监测中要注意松散砂砾石地层位移的滞后现象,在该地层中形成的临时摩擦拱是形成位移滞后的主要原因。所谓位移滞后现象是指围岩和支护结构的位移在某一段时间内似乎已经停滞,而后因围岩内部的变化或外来的扰动使围岩位移重新发生,这种位移发生的滞后现象会使支护承受数倍的外力,导致已施作初期支护的隧道发生坍塌。在军都山铁路隧道施工中曾出现过几次初期支护由稳定到失稳塌方的事例。在北京地铁砂卵石松散围岩地层中,地表位移的监测也有滞后现象,如一次支护封闭以后,变形出现一段时间平稳,而另一段时间增大的现象,说明受地表车辆动载的影响,发生滞后现象,为此对该区段加强了初期支护、实施背后充填注浆和2~3m的固结注浆以后地层才趋于稳定。

(3)根据监测数据确定二次衬砌施作时间。

对于采用复合式衬砌的地下工程,一般规定在初期支护基本稳定后,开始施作二次衬砌。也即是指支护所受的压力不再增加,围岩的位移值基本上不再变化。因此,可以用位

移或接触压力这两项测试结果来控制，试验证明地下工程周边点的径向位移速度为

$$v_h = \begin{cases} \dfrac{0.1\text{mm}}{d}, & \text{跨度大于 10m 时} \\ \dfrac{0.2\text{mm}}{d}, & \text{跨度小于或等于 10m 时} \end{cases}$$

地下工程支护结构的接触压力变化速度为 $v_p < 5.0\text{Pa}/d$ 时，初期支护是基本稳定的。通常在现场施工中，以采用较为简易的位移量测为主。而对浅埋的地下工程必须同时考虑地表沉降是否稳定，多数情况下地表沉降是控制因素。如果在地下工程施工中出现上述测试结果长时间不能达到基本稳定时，说明初期支护的强度和刚度不足，应采取以下措施予以加强。

①增加初期支护的强度和刚度。如果是采用喷锚支护，可以挂网加厚喷层、增加锚杆数量和长度，尤其是在变形大的部位，可增设临时仰拱、增加钢架支撑等，同时应暂停掘进作业。

②立即施作薄形钢筋混凝土套拱，该套拱可以作为今后二次衬砌的一部分，并应尽快施工二次衬砌。

③改变施工方法、调整施工工序、缩短台阶长度、开挖进尺以及采取其他应急技术措施等。

10.3.4 工程类比法

工程类比法是根据监测资料和已有的工程监测结果及稳定性评判等资料进行对比与分析，以评判当前工程的安全状态，并及时调整施工方案。在工程类比法中应重点进行以下几个方面的对比分析。

(1)工程的自然条件包括工程地质及水文地质条件、工程规模、施工方法、周边环境等。

(2)支护结构的对比分析，如支护方式、支护时机、支护参数、围岩与支护结构的位移、应力、应变、周边建(构)筑物变形等变化趋势的。

(3)周边建(构)筑物的安全稳定性条件。

在工程类比法中，根据实际需要，有时在类比选择支护方案时，还要进行局部和整体稳定的验算。一般可采用简化方法、经验性公式或解析方法，以便在工程现场进行。如果有必要，也可引入较复杂的物理力学模型，委托技术实力强的监测中心或其他专门机构完成。

工程类比法是地下工程施工中广泛采用的定性分析方法。考虑到地下工程的具体特点，按下列顺序开展工作。

1)类比工程资料的搜集

工程类比的基础是要有可比的对象，因此，类比工程的资料搜集非常重要，内容包括如下。

(1)类似工程基础资料的搜集。包括工程规模、尺寸、断面形状、工程用途、使用年限、施工方法、周边环境条件等。

(2) 类似工程围岩及支护结构资料的搜集。包括岩土体结构类型、围岩分级指标、岩体力学参数、结构面特性、地下水状态、初始地应力参数及其他围岩特性和工程地质条件等。

(3) 类似工程安全稳定性资料的搜集。包括已经发生过失稳事故的工程，被判定有失稳可能的工程，经处理后已经稳定的工程等典型工程的各项条件和各种与安全稳定相关的因素，特别是失稳事故的事后调查重要资料的搜集等。

(4) 类似工程监测资料的搜集。包括围岩与支护结构的位移、支护结构应力、围岩压力、周边建筑物的位移值及位移速率等。

(5) 相关规程、规范、设计标准、典型工程监控指标的搜集。

2) 监测资料的采集、整理、分析

监测资料的采集、整理、分析是信息反馈的基本工作。在工程类比法中，监测资料采集要以围岩与支护结构位移、地表沉降、周边建筑物变形等位移监测为主，同时根据需要还应考虑对围岩应力应变、渗透压力、支护结构应力应变、锚杆或锚索应力、支撑轴力、断层或节理裂隙张合度等进行监测。对监测数据必须进行可靠性分析，排除仪器、读数等操作过程中的误差，剔除和识别各种粗大、偶然和系统性误差，避免漏测和错测，切实保证监测数据的可靠性和完整性。对监测数据的初步分析工作包括各种物理量计算、图表制作，如物理量的时间和时间速率过程线及空间分布图的绘制等。在这些图表中应在对应位置标出相应的施工工况，并采用合理方法分离时间效应和空间效应。

类比分析法采用指标监控法：将监测结果与控制基准值进行直接对比，首先是位移和位移速率的对比，同时考虑围岩与支护结构应变应力、地下水压力、周边建筑物变形、锚杆或锚索应力、混凝土喷层及节理裂隙张合度等指标的对比。因此，应充分采集、整理、分析上述数据，为综合分析提供依据。

3) 现场地质调查、施工记录和现场观察巡视

将现场地质调查、施工记录和现场巡视等工作作为整个安全监测工作的重要组成部分，认真记录、整理、存档，以便综合分析比较。在地质调查中，应重视掘进面、监测断面、断层破碎带等重点部位的调查，详细记录围岩新生裂缝、断层夹泥、节理、裂隙、地下水等重要地质因素的变化及其他异常现象；还应记录监测断面附近开挖、支护等施工工序的详细情况，以供分析对比；必要时还应记录混凝土喷层及其他支护结构的崩塌、掉块、裂缝等详细情况。

4) 综合定性分析评判

在具备上述基础资料后即可对工程及周边环境进行综合分析评判，实施过程中应注意以下几点：

(1) 对地下工程稳定状态进行全面分析。根据上述资料的综合对比分析，对已施工的不同区段和部位的稳定性进行分区分类。如分为稳定、基本稳定、暂时稳定、不稳定、危险等区段。对不稳定和危险区段，按主次列出不稳定的形式、特性、因素，说明不稳定程度和特征，提出对施工、安全监测工作的要求，提出可能采取的防范和治理措施。

(2) 重点区段的安全监控。对于暂时稳定、不稳定及危险区段应进行重点安全监控。根据已有资料的工程类比和综合分析，调整修改预先设定的失稳判据，确定安全监控管理的分级和监控指标，并按所制定的分级指标，严格进行施工、安全监测和现场管理工作。

(3)安全稳定性评判和安全预报。对各种监测资料和相关信息，根据以上因素的综合对比分析，及时地、分阶段地对不同区段和部位做出安全预报。以满足工程需要。因此有必要将安全预报分为安全通报、安全预报、安全警报和紧急警报等四级管理。对于紧急警报，必须及时通知有关部门，以便采取工程对策。

(4)围岩与支护结构稳定性评判。采用人工观察、位移监测、应力监测的结果对围岩稳定状态和支护工作状态进行评价，当出现异常情况时，必须立即采取措施：优化设计参数与调整施工方法。由于围岩和周围环境条件多样性，用位移或位移变化速率来判别围岩及结构的稳定性时很难制定统一的判据，需要根据大量的工程实践经验并结合具体工程制定相应的标准。

工程实践表明，只有配备具有工程地质、施工、设计和安全监测专业知识和一定工作经验的人员，严格按照要求，认真做好各项相关工作，特别是地质调查，现场监测及综合分析与对比工作，才能做好综合分析评判，确保工程及周边建筑物的安全与稳定。在大多数情况下，可以对各种围岩失稳事故做出事先的安全预报，满足实际工程需要。但是必须明确，对于许多围岩失稳机理比较复杂的情况，如板裂、块体失稳及流变等，单纯依靠经验性的工程类比和定性分析方法来进行安全预报是不可靠的。发展定量的模型分析方法是地下工程安全监测技术的趋势和迫切要求。

10.3.5 有限元法

长期以来，地下结构的计算和设计都采用结构力学中的载荷结构法。应用该方法的最大缺点就是没有考虑地层与结构的相互作用，更无法模拟地下工程施工过程。近20年来计算机的普遍使用使数值计算方法有了很大的发展，极大地推进了岩土工程问题的计算理论。其中，有限单元法是一种发展最快的数值方法。

有限单元法可用于处理很多复杂的岩土力学和工程问题。例如，岩土介质和混凝土材料的非线性问题；岩体中节理、裂隙等不连续面对计算的影响；土体的固结和次固结；地层和地下结构的相互作用；地下工程位移和应力随时间增长变化的黏性特征；分步开挖作业对围岩稳定性的影响；渗流场与初始地应力和开挖应力的耦合效应；以及地下结构的抗爆和抗震计算等。这些问题的合理解决对地下工程的优化设计和围岩与地层的稳定性评价有了较为可靠的理论依据。采用有限单元法进行地下工程的模拟计算，主要包括岩土材料和混凝土的非线性本构关系模型及弹塑性问题的求解方法，渗流场与地层位移的耦合效应计算，正交节理岩体中地下工程准平面问题的研究，初始地应力的反馈原理以及地下结构静力分析的一般方法等。利用有限元法来计算地下工程中的问题时需要考虑以下内容。

1)计算的基础资料

计算分析所需要的资料有以下7个方面：

(1)地形及周边环境资料。地形、周边建筑物等地表超载情况。

(2)地质资料。主要包括：①地应力实测值或推测的地应力，侧压力系数；②工程地质剖面图，包括岩层分布、断层及软弱结构面的分布；③岩体物理力学特性，包括容重、弹性模量、泊松比、线胀系数、抗压强度、抗拉强度、抗剪断及残余抗剪强度、应力应变全过程曲线、流变特性等。

(3) 水文地质。包括施工期地下水位线、岩土体渗透系数。

(4) 地下工程的位置、尺寸、开挖顺序等。

(5) 支护形式、支护尺寸、刚性衬砌的厚度、锚杆直径、长度及其间距、喷层厚度、围护墙形式、混凝土及锚杆的物理力学特性如弹性模量、线胀系数、拉压强度等以及支护顺序。

(6) 地温、气温。

(7) 地下水位及地下水的压力。

2) 有限元计算分析应明确的基本要求

(1) 计算模型拟采用的维数，如二维模型还是三维模型。

(2) 线性还是非线性。

(3) 是否需要考虑流变、动态荷载和其他特殊技术问题。

(4) 荷载组合和计算方案。必要时，对以下说明的各项工作要提出具体要求。

① 计算域和边界条件的选定。地下工程的一个突出特点是其计算域是无界的。应优先选用配有无界单元的有限元计算程序，并采用其中的无界单元，模拟无穷远处位移为零的边界条件。在采用无界单元时，也可在内层节点施加初始地应力。当前仍有部分计算的计算域选为有限域，这时计算域的范围尽可能为洞径的 5~6 倍，并根据需要在边界施加初始地应力边界或固定位移边界。

② 计算荷载的确定。

a. 初始地应力场及初始地应力是分析围岩稳定最重要也是最主要的荷载之一。地下工程应进行地应力测试，采用反分析方法反演地应力场。近年来，回归分析方法得到了广泛应用。如计算初始地应力场，也可按下述方法分两步进行。第一步，先计算初始地应力场。计算时，一侧边界给出地质构造力，另一侧施加水平约束，底边施加铅直约束。第二步，地下工程计算可从大范围的地应力计算域中取出地下工程附近的小范围，边界位移值自地应力场的计算值所取的边界应在地下工程影响范围以外，可取 3~5 倍的洞径。

b. 开挖边界应力释放荷载。开挖施工活动对地下工程围岩稳定状态的影响包括静态影响和动态影响两个方面。其中静态影响主要表现为：代表开挖面初始地应力的开挖荷载在施工过程中的突然释放，并由此导致围岩应力和变形的重新调整。开挖施工静态影响的正确模拟方法是将开挖边界在开挖过程中视为应力边界，其上作用开挖荷载。开挖荷载的计算是利用地下工程周边各单元应力，并通过高斯积分计算开挖临空面各节点的等效节点力，可利用将其四周开挖单元对该点贡献的等效节点力的叠加求得。

开挖荷载是地下工程施工过程中最重要的荷载之一。在计算时，不仅对开挖边界，而且对整个开挖施工程序，包括平面计算条件下断面的分步开挖方式和三维计算分析中工作面沿洞轴线的推进过程，均应采取正确模拟方法；否则，就难以正确评价地下工程在施工过程中的安全稳定性，也无法对至关重要的施工期安全监测资料做出合理解释。

开挖活动对地下工程围岩稳定状态的动态影响主要表现为形成松动圈和对围岩施加振动荷载两个方面。在有限元计算分析中，松动圈通过降低松动范围内岩体单元的物理力学参数的方法模拟，而关于振动荷载，在静力计算中一般通过定性分析加以考虑。

③ 有限元模型中单元类型与单元格划分。在平面问题中最常用的单元形式是三角形单元和四边形等参单元。等参单元精度高、计算工作量大，网格划分可粗一些，但进行弹塑

性计算时仍以单元形心应力作为判据，结果仍相当粗略。在空间问题中最常采用的是 8 节点或 20 节点六面体等参单元。网格划分应根据计算精度、经费及计算机容量选定。地下工程附近的网格应细一些，然后逐步向外加粗。网格划分还要考虑地下工程开挖顺序，开挖边界应是单元边界。

④材料模拟和物理力学参数的选取。由于地下工程围岩物理力学特性十分复杂，在有限元计算程序中提供了多种材料本构模式。材料本构模式选取的基本原则是考虑主要因素，简化次要因素，既能反映工程面临的基本问题，又要避免过于复杂。

对于质量和整体性较好的岩体，一般情况可采用线弹性材料本构模式；对于时间效应明显的岩体，需要采用黏弹性模式，如三单元黏弹性模型。对于质量较差的岩体和软弱夹层等，必要时应使用弹塑性模式，应注意的是屈服准则宜选用 Drucker-Prager 准则，否则将与工程实际产生较大差异。对于各类土层，则根据需要往往选择 Boit 固结理论、黏弹性模型、邓肯－张非线性弹性或 Mohr-Coulomb 屈服准则。材料本构模式选定后，再根据反映围岩特性的有关试验资料，给出其物理力学参数。由于岩体参数测试成果普遍存在离散型和随机性，因此在可能的条件下，应采用反分析方法给出有限元计算的材料物理力学参数。

⑤支护数值模拟方法。支护措施对地下工程围岩安全与稳定性有至关重要的影响。数值模拟方法主要有有限元法和有限差分法。在计算时可考虑围岩和支护结构共同承受各种荷载作用。对于混凝土衬砌结构，一般可作为混凝土或钢筋混凝土结构处理，一些通用有限元程序，如 ANSYS、ADINA 等给出了混凝土或钢筋混凝土材料模式，通用有限差分法软件，如 FLAC 可以很好地模拟地下工程施工引起的大应变问题。在浅埋暗挖法隧道中锚杆、喷射混凝土、钢筋网、钢拱架或预应力锚索等临时支护措施对于确保施工期地下工程安全与稳定具有十分重要的作用，但其作用机理和计算模拟方法目前仍需要进一步研究。一般情况下，预应力锚杆或锚索对岩体所施加的顶应力可采用大小相等、方向相反、分别作用于内、外锚头部位节点的等效节点力加以模拟。锚杆的作用可用有限元计算程序中的杆式单元加以模拟。锚喷网联合支护形式对表层岩体物理力学性能的改善作用，可采用提高其所加固区域岩体单元物理力学参数的方法加以模拟。

3)荷载组合和计算方案

根据工程实际条件，确定荷载组合、地层条件的变化、开挖和支护、施工工序来编制计算方案。例如，在一些情况可按照开挖、支护考虑随时间变化的各种因素进行全过程仿真计算。计算步骤如下。

(1)初始地应力场的计算。

(2)分步开挖及分步支护计算。

(3)特殊荷载的计算，如水击、地震及温度荷载等。只要提供的计算数据可靠，其计算结果通常与实际情况较为接近。

10.3.6　反分析法

1)反分析法的基本原理

所谓反分析法，就是利用现场监测获得的信息，或者说监测得到的来自工程施工引起的结构与介质的扰动量,包括位移、应变、二次应力或地层应力,根据给定的材料本构模型,来反演工程介质材料的物理力学参数和初始荷载。根据监测信息的类型,反分析法可分为位移反分析法、应变反分析法和应力反分析法三类。在地层材料物理力学参数与初始地应力参数之间,常以后者作为待求参数,因为初始地应力参数的现场监测难度较大,所需费用也远远高于弹性模量和泊松比的测定。相对而言,位移特别是相对位移较容易获得。反分析法有正反分析法和逆反分析法之分,两者的主要区别在于求解过程不同。

正反分析法是借助由正演分析法计算所得的结果,再在此基础上建立反演分析计算方法,包括弹性叠加法和优化直接逼近法。逆反分析法则是依据矩阵求逆原理建立反演分析计算方法,其特点是在待求未知量和已知输入量之间直接建立关系式,通过求解依据矩阵求逆原理建立的方程组得出结果。

反分析过程中,可利用的数值方法主要有有限元、边界元、有限元-无界元耦合法和有限元-边界元耦合法。其中边界元主要用于解决二维、三维空间的弹性、黏弹塑性模型的反分析问题。与有限元反分析法相比,边界元反分析法具有其独特的优点,尤其是在对复杂的岩土工程介质做出"等效均匀介质"的假说后,边界元反分析法常因实用简便而被广泛采用。

首先是在监测信息处理方面,边界元法可根据监测位置的设置有选择性地计算出某些区域点的位移和应力,而无须像有限元法那样,不加选择地将所有结点、单元高斯点或中点的位移和应力都计算出来,再将这些特征点的信息转换成监测点的信息。其次在数据准备方面,由于边界元法有可使问题降一维的特性,数据准备工作量大为减少,在工程现场可快速、灵活地由反分析法计算求出未知参数,便于在工程施工监控分析中采用。

反分析方法是首先从地下工程中发展起来的求取围岩材料物理力学参数的计算分析方法。目前该方法已较广泛地应用于线弹性、黏弹性和弹塑性等不同特性的地下工程中,求取初始地应力分量和其他物理力学参数,并可校核所选用材料本构模式的合理性。但是当前还没有较广泛适用不同类别材料本构模式的地下工程通用反分析程序和方法,需要用户根据工程特点和要求,在掌握反分析方法和原理的基础上,选取适宜的反分析方法。

2)反分析法简介

(1)弹性介质围岩。

①弹性物理力学参数的反分析。较广泛应用的弹性物理力学参数的反分析法主要是Sakurai的反算法和其他各种反算法,即可计算初始地应力沿竖直方向的线性分布情况,也可计算水平地应力的状况。在现场观测断面数量充分且设置合理时,如假定已知初始地应力竖直分量P_y完全由自重引起,即沿垂直方向线性分布,利用该方法可反算求得岩体弹性模量E和断面内其余初始地应力分量P_x、P_{xy};若假定已知岩体弹性模量E,则由该法可求得所有断面内初始地应力分量P_x、P_y、P_{xy}。

②初始地应力的反分析。初始地应力场通常由自重应力场和构造应力场组成。埋深较大时,初始地应力场的分布可近似假设为均布;埋深较浅时竖向自重应力明显随深度的增加而呈线性规律增加,构造应力则仍可近似为均布应力。

(2)弹塑性介质围岩的反分析方法。

对弹塑性问题已经建立的位移反分析计算方法,可分为正算逆解逼近法和优化反分析计算法两类。两类方法都是可利用原有弹塑性问题正分析计算的原理,充分模拟介质塑性性态的发展历程，并可利用各种成熟的正分析程序或普遍适用的优化程序等。这些方法在理论上都可考虑选用任意形式的屈服准则和流动法则，包括对材料应变硬化、软化、理想弹塑性模型及横向各向同性材料性态的模拟等。采用数值法计算时常需采用增量迭代法，初始地应力场分量的反演计算也可依据类似的原理借助迭代逼近过程求得解答。优化反分析方法就是前面提到的正算法。

(3)黏弹性介质围岩。

黏弹性模型可由一根弹簧和一个凯尔文元件串联而成。由于这一模型常能较好地模拟围岩受力变形的黏弹性性态，且比较简单，因而较为常用。由现场监测可得到一系列的相对位移量 Δu 和围岩内的应力增量 $\Delta \sigma$ 随时间而变化的曲线。虽然围岩的应力应变关系常呈非线性特征，但当计算某一时刻的应力和位移时，仍可在采用等效弹模的概念进行简化计算，而忽略路径的影响。据此可建立二维黏弹性平面应变问题的反分析计算方法。

现以圆形洞室为例说明反分析的过程。对于完整、均匀和坚硬的岩体，采用弹性力学的方法可以分析其内部任意一点的应力和应变状态。如图 10.6 所示，在岩体中开挖一个半径为 r_0 的圆形洞室，其应力状态可以用弹性力学中的 Kirsch 公式进行表示。

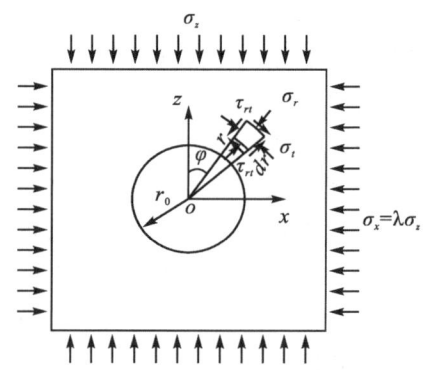

图 10.6 圆形隧道力学模型

根据图 10.6 的模型，并由弹性力学可得围岩中任意一点的应力状态为

径向应力

$$\sigma_r = \frac{\sigma_z}{2}[(1-\alpha^2)(1+\lambda) + (1-4\alpha^2+3\alpha^4)(1-\lambda)\cos2\varphi] \tag{10.23}$$

切向应力

$$\sigma_t = \frac{\sigma_z}{2}[(1+\alpha^2)(1+\lambda) + (1+3\alpha^4)(1-\lambda)\cos2\varphi] \tag{10.24}$$

剪应力

$$\tau_{rt} = -\frac{\sigma_z}{2}(1-\lambda)(1+2\alpha^2-3\alpha^4)\sin2\varphi \tag{10.25}$$

式中，γ, φ 为围岩内任意一点的极坐标；σ_z 为初始地应力，MPa；λ 为围岩侧压力系数；$\alpha = r_0/r$。

根据以上应力状态可得到在无支护条件下围岩内任意一点的位移。

径向位移：

$$u = \frac{\sigma_z(1+\mu)}{2E} r_0 \alpha \{(1+\lambda) + (1-\lambda)[4(1-\mu) - \alpha^2]\cos2\varphi\} \tag{10.26}$$

切向位移：

$$v = -\frac{\sigma_z(1+\mu)}{2E} r_0 \alpha (1-\lambda)[2(1-2\mu) + \alpha^2]\sin2\varphi \tag{10.27}$$

式中，u 为因开挖引起的围岩径向位移；v 为因开挖引起的围岩切向位移；E，μ 为围岩的弹性模量和泊松比。

根据图 10.6 所示的模型，利用式(10.26)可得隧道拱顶和边墙的位移分别为

隧道的拱顶下沉：

$$u_{r_0}\big|_{\varphi=0°} = \frac{\sigma_z(1+\mu)}{2E} r_0 [(1+\lambda) + (1-\lambda)(3-4\mu)] \tag{10.28}$$

隧道边墙的位移：

$$u_{r_0}\big|_{\varphi=90°} = \frac{\sigma_z(1+\mu)}{2E} r_0 [(1+\lambda) - (1-\lambda)(3-4\mu)] \tag{10.29}$$

如果现场监测获得了围岩因隧道开挖的拱顶下沉和边墙位移值，就可以计算出应力场的状况。令

$$\eta = \frac{u_{r_0}\big|_{\varphi=0°}}{u_{r_0}\big|_{\varphi=90°}} \tag{10.30}$$

则有

$$\lambda = \frac{2(1-\mu) + (1-2\mu)\eta}{(1-2\mu) + 2(1-\mu)\eta} \tag{10.31}$$

利用式(10.31)就可以根据隧道现场监测所得到的位移来计算围岩应力场的表达式。当 λ 求得以后，可以用式(10.28)和式(10.29)计算出围岩的弹性模量。设隧道的拱顶下沉和边墙位移分别为 u_0 和 v_0，则围岩的弹性模量为

$$E = \frac{\sigma_z(1+\mu)}{2u_0} r_0 [(1+\lambda) + (1-\lambda)(3-4\mu)] \tag{10.32}$$

或

$$E = \frac{\sigma_z(1+\mu)}{2v_0} r_0 [(1+\lambda) - (1-\lambda)(3-4\mu)] \tag{10.33}$$

由此可以根据现场监测得到的围岩位移和沉降来反分析围岩的应力状态以及围岩的基本物理力学参数。

10.4 稳定围岩与支护结构的技术措施

根据现场监测获得的各种位移等信息可判断是否超过其控制基准，并且可分析围岩与支护结构及周边建筑物是否稳定与安全，即是否出现过大变形。如果出现围岩及支护结构失稳预兆，应及时采取相应的技术措施，以确保围岩和支护结构的稳定与安全。经过大量的工程实践，稳定围岩与支护结构的工程措施主要内容如下：

10.4.1 钻爆法施工的围岩与支护结构稳定技术措施

1. 一般措施

钻爆法施工引起的围岩与支护结构位移、地表沉降及建筑物变形等与围岩条件、隧道结构跨度、结构埋深、支护参数、施工方法等密切相关。因此，在施工中应采用相应的技术措施，并加强施工管理，保持开挖面稳定、减少开挖对围岩的扰动、确保支护结构强度。必要时采用辅助施工措施来抑制支护结构和围岩失稳，确保结构及周围建筑物的安全。

(1) 选择合理的开挖方法，保持开挖面稳定、减少对地层的扰动。根据水文地质及工程地质条件、隧道断面尺寸等选择合理的开挖方法，在相同条件下，断面越大，施工引起的变形就越大，施工中变大断面为小断面，尽快使支护结构封闭成环。

对大断面地下工程，尤其是软岩中的地下工程，即使采取了地层预加固措施，仍应采取变大跨为小跨的开挖方法。对浅埋隧道和软弱破碎的围岩，常用的分部开挖方法有台阶法、CD 法、CRD 法、双侧壁导坑法、留核心土环形开挖法等。应根据地下工程的具体条件慎重选择。在台阶法施工中也可根据围岩变化情况，采用环形开挖留核心土等变通形式，必要时增设锁脚锚杆、锚管、临时仰拱等措施来抑制围岩发生的过大变形。通常，中隔墙法、侧壁导坑法在控制地表沉降方面优于台阶法；而双侧壁导坑法控制地表沉降又优于中隔壁法，因此，一般台阶法适宜于地层较好、断面面积为 70~100m^2 的隧道；中隔壁法适宜于地层较好、断面面积为 90~120m^2 的隧道；而双侧壁导坑法则适宜于地层较差、断面面积大于 100m^2 以上的隧道。如联邦德国 20 世纪 80 年代修建的两座地铁车站分别采用了图 10.7 中①、④两种开挖方法，监测结果表明图 10.7①法地表沉降为 21mm，而图 10.7④法的地表沉降为 14mm。图 10.8 为采用图 10.7 中①纽伦堡、圣保罗地铁施工方法、④埃森、慕尼黑地铁施工方法时用有限元分析得到的地表沉降，从沉降曲线可看出④法优于①法。为了说明有限元分析的可靠性，图 10.9 为圣保罗地铁地层用①法施工实测结果与计算分析结果的比较图。从图 10.8 和图 10.9 可以看出，导洞开挖引起的地表沉降占全部地表沉降的比例较大，达到 50%~60%。

此外，软土隧道中分部开挖宜尽早闭合断面，尽可能缩短仰拱的闭合距离对控制地表沉降尤其重要。例如，北京地铁复兴门折返线在下台阶通过且封闭仰拱后，地表沉降速率由大于 1.0mm/d 减为 0.4mm/d，且沉降逐渐趋于稳定。

(2) 提高初期支护强度并及时施作。采用钻爆法施工的地下工程一般采用复合式衬砌。初期支护通常采用喷射混凝土、钢筋网、锚杆、钢支撑等组成联合支护。喷射混凝土能及时提供较强的支撑能力。当支护结构出现较大的变形时，可优先考虑增加喷射混凝土的厚度来提高支护刚度，以抑制围岩发生的过大变形。为了提高喷射混凝土的抗裂能力，可增添钢纤维予以补强。如果仍然无法抑制围岩的变形，可考虑增设锚杆、架设钢格栅或型钢钢架的方法增加初期支护刚度。

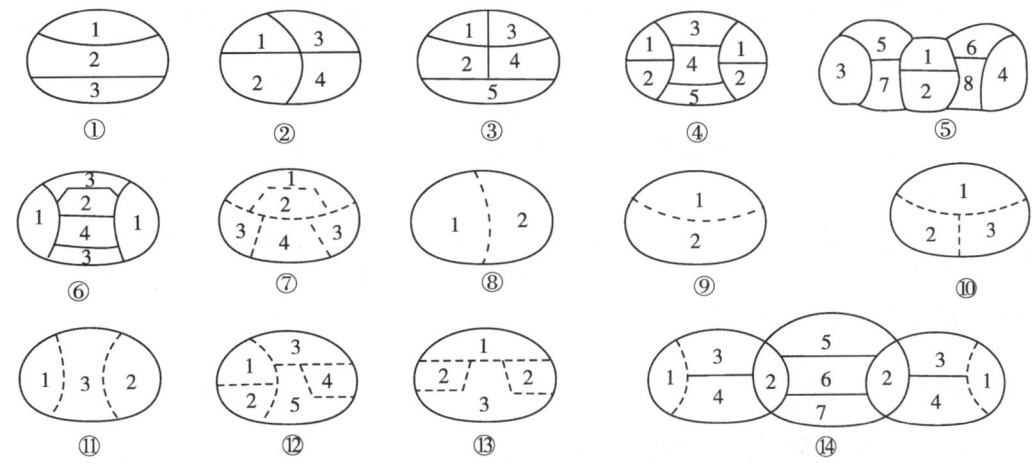

图 10.7 常用的分部开挖方法

①纽伦堡、圣保罗地铁；②慕尼黑地铁；③波恩、法兰克福地铁；④埃森、慕尼黑地铁；⑤慕尼黑地铁；⑥东京地铁；⑦圣保罗地铁；⑧慕尼黑地铁；⑨慕尼黑地铁；⑩，⑪东京、慕尼黑地铁；⑫北京复兴门折返线渡线工程；⑬北京复兴门折返线工程；⑭北京西单地铁站

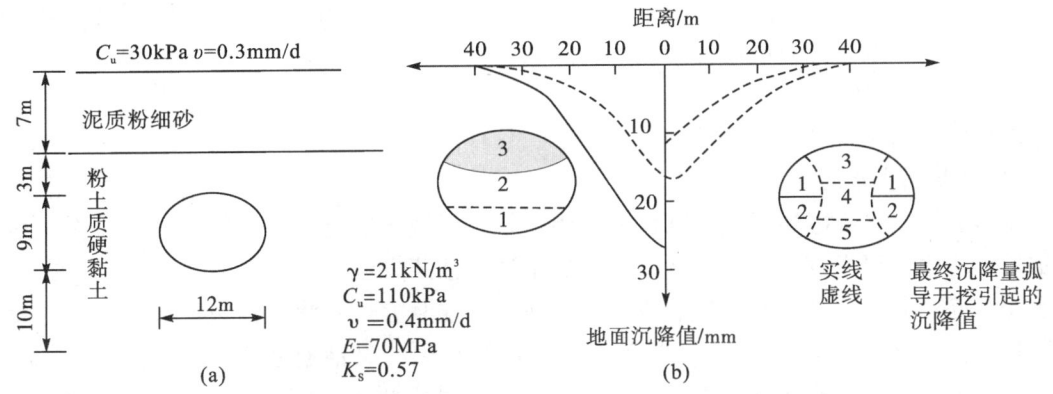

图 10.8 两种开挖方法的有限元计算结果

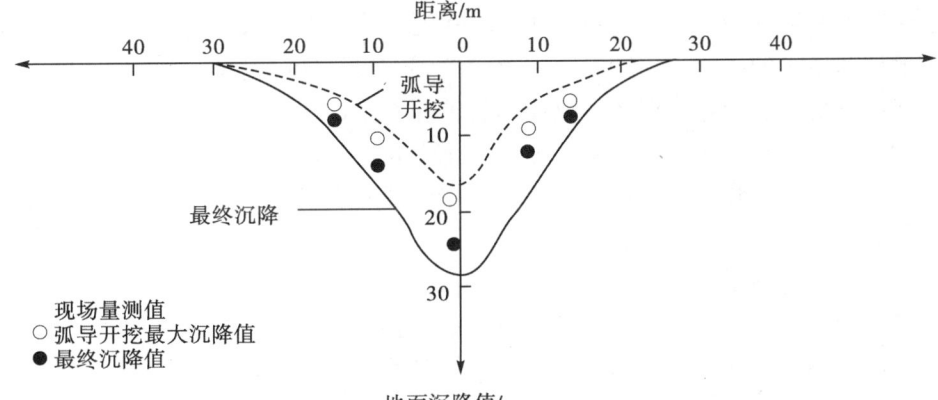

图 10.9 计算分析值与实测值的比较

(3)减小爆破振动的影响。采用钻爆法开挖时，爆破振动也可引起拱顶下沉和地表沉降，施工中应采取综合措施，降低爆破振动的影响，包括选择合理的爆破器材、合理的掏

槽型式、分段起爆和严格控制单段的起爆药量等,并通过爆破振动监测来优化爆破网络的设计等。

(4) 围岩与支护结构间回填注浆。围岩与支护结构间的空隙是造成围岩变形和地表沉降的主要原因之一,施工中应通过预埋注浆管或钻注浆孔的方式进行回填注浆,防止产生过大下沉和地表沉降。

(5) 稳定掘进工作面。掘进工作面的稳定是施工安全的重要保障。应根据围岩条件,依次选择喷射混凝土封闭工作面,必要时加设正面锚杆、增加超前支护并注浆如采用小导管、管棚等或全断面注浆加固等措施。

2. 辅助施工措施

对于地下工程,其地质条件和水文地质条件复杂多变,当埋置深度浅且周边环境比较复杂时,施工的风险极高。为了确保施工及周边环境的安全,在地层及支护结构位移过大时,采取一般技术措施不能抑制过大变形,此时需要采取辅助施工措施。在某些特殊情况下,如软弱地层、临近有重要建筑物等,辅助施工措施更是起到决定性作用,甚至影响整个工程建设的成败。

目前常用的辅助施工措施可以分为两大类:①地层改良和预加固,以改善整体围岩;②超前支护,以改善工作面前方和上部的围岩。

1) 地层预处理法

对地层进行改良和预加固的处理措如下。

(1) 全断面注浆法。

全断面注浆是在隧道开挖轮廓范围及周边一定区域的地层中内注浆,其主要作用是加固围岩和止水。可根据地层性质选择合适的浆液和注浆方法,以达到加固地层的目的。

全断面注浆可从开挖面、地表或导洞内注浆,注浆方式有渗透注浆、劈裂注浆、喷射注浆等。注浆材料有化学浆液和非化学浆液两类。化学浆液有水玻璃类(悬浊型、溶液型)、高分子类(酰胺类、树脂类等)及水泥、黏土和药剂配合液。非化学浆液有水泥浆、黏土浆、水泥与黏土、水泥与膨润土、砂浆等。

渗透注浆使浆液均匀地充填到地层的空隙和裂隙中,将松散的地层黏结在一起,从而达到加固地层和堵水的目的。它适用于松散的砂层、砂卵(砾)石层及裂隙岩层。对于空隙较大的中、粗砂地层、砂卵石层及裂隙较大的破碎岩层,采用非化学类浆液;对于孔隙较小的中、细砂层以及裂隙较小的岩层,可采用化学浆液注浆。

劈裂注浆是用高压浆液将地层劈开,浆液在劈开的裂缝中充填固结,将地层挤密,从而改善原状地层的结构,并将地层中的游离水挤出,提高地层的各项物理力学性能,达到改良地层的目的。它适用于致密的粉细砂层、黏(粉)土层及断层泥地层。劈裂注浆一般均采用非化学浆液。相对于渗透注浆,其加固堵水具有离散性,效果较差。

由于地层的不均匀性,在实际施工过程中,渗透注浆和劈裂注浆并无严格的界限,经常是相互交错,互为补充。为提高加固地层和堵水效果,应尽量增加渗透注浆的成分。

喷射注浆是意大利首先发展起来的一种地层改良技术,实施时空气、水、稀浆液被喷进地层,并在适当位置与土颗粒、水泥和化学浆液混合,然后固结成较高强度的固结体。喷射注浆用于隧道时,通过长距离控制注浆在开挖轮廓外形成强度较高的固结保护壳,再在其保护下安全地进行隧道开挖。喷射注浆可竖直、水平或倾斜进行。

上述三种注浆为预注浆,此外,还有压密注浆,它是在支护施作以后,利用高压注入坍落度小于5cm的稠浆液,以置换和压实松散地层。注浆体为一均质体,随着注浆的注入,其体积增大,逐渐减小地表沉降,将地表沉降控制在允许范围内。压密注浆不适合高压缩性的淤泥质黏土。地层注浆加固也可根据实际情况同时采用多种注浆方式。

例如,意大利米兰市,地层为冲积层,由砂、砾石、淤泥层组成,地铁施工中采用喷射注浆结合渗透注浆的预加固方法。射流注浆在垂直方向形成叠加柱状挡土墙,在水平方向形成顶部防护,注浆柱直径一般2.5m,长6~9m。米兰地铁预加固后,地下隧道施工引起的地表沉降仅直5mm。又例如,北京地铁复兴门折返线位于永定河冲积扇中部,地表为人工填土,其下部为第四纪冲、洪积层,拱部为粉细砂层,边墙为砾石、砾砂层。采用小导管超前预注浆法在开挖轮廓线外形成0.6~1.2m厚度的加固带,注浆体7d强度为5~16MPa;部分双线及渡线采用8m、17m全断面劈裂注浆。经过现场监测比较,全断面注浆较小导管注浆可减少1/2~1/3的地表沉降值,如图10.10所示。

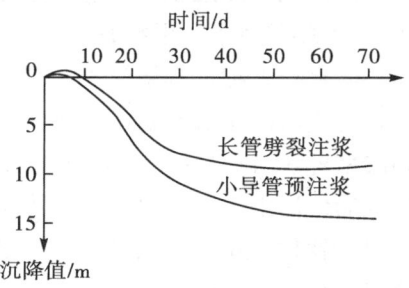

图10.10 不同注浆方式地表引起的沉降比较

(2)冻结法。

冻结法是在地层中按设计布设一定数量的冻结管,将制冷设备提供的低温冷冻液在冻结管内循环,由此将地层中的热量带走进而降低地层温度,使地层形成不透水且具有一定强度的人工冻结体。冻结法改良围岩和止水效果非常好,可靠性高,特别适合饱和含水的粉细砂、粉土及亚黏土、砂土等注浆效果较差的地层。但其缺点是:设备投入较大,冻结的施工周期长,特别在地下水流速大于10m/d时的冻结成本剧增。

(3)地表锚杆法。

地表锚杆一般采用全长砂浆锚杆,锚杆与砂浆共同组成锚固体,即它的锚固作用是通过锚杆与砂浆之间的摩擦力来实现的。这可以从加固时的施工过程和施工完成后锚杆与砂浆共同发挥作用的两个阶段来认识。前者的主要功能在于提高岩土体的整体强度和刚度,而后者则在于增强岩土体的摩擦阻力和抑制岩土体的沉降滑移,进而达到减少地层压力的效果。锚杆预加固法具有以下作用机理。

①提高岩土体的整体强度和刚度。首先向锚杆孔中灌注砂浆,由于灌浆压力,会使部分浆液以一定的扩散半径r沿岩土体的裂隙或孔隙渗透扩散。当锚杆孔间距S布置合理时,会使各孔的注浆扩散范围相互搭接,形成网状胶质结构体,如图10.11所示,从而提高了岩土体的强度和刚度。由此,为保证较为理想的加固效果,锚杆的布置间距应保证在注浆扩散半径范围之内。

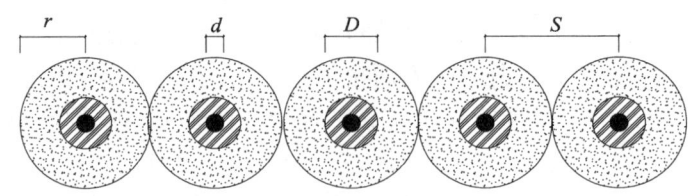

图 10.11　锚杆预加固效果示意图

②抑制岩土体沉降和减少压力。在隧道开挖过程中，锚杆通过砂浆对它的握裹力以及砂浆与周围孔壁岩体之间的黏结力发挥串挂和固结作用，形成一个以锚杆为中心的加固区，提高锚杆周围岩土的抗剪强度。另外，由于锚杆的弹性模量远高于岩土体的弹性模量，因而锚固体还可以约束岩土体。由于剪切引起的剪胀作用，从而使岩土体与锚固体之间的摩阻力提高。正是由于地表锚杆群组成的这种整体串挂固结效应，才能有效地抑制和阻碍地层的下沉，使地层的整体性和稳定性得以加强。

综上所述，地表砂浆锚杆预加固的主要作用是通过砂浆对锚杆的握裹力以及砂浆与周围孔壁之间的黏结力实现的，因此，孔内砂浆灌注的饱满程度会直接影响到锚杆作用的发挥。锚杆直径的合理选择是另一个重要因素，根据现场施工经验，一般以 18～22mm 为宜，直径过粗，造成成本增加，而直径太细，其钢筋的柔度大，起不到加固地层的目的。

根据已有的工程实践经验，对于软弱松散地层，为保证锚固孔的形成，可利用其孔隙比较大的特性，采用一种空心的钻杆，将钻杆的下半段改成带孔的滤管，施工注浆时加一定的压力，使高压砂浆渗入松散的地层中，以确保能形成图 10.11 所示的扩散半径，从而提高岩土的自稳程度。此外，由于锚固孔的直径并不大，一般仅为 6～8cm，故在锚固孔形成的过程中，其内部一部分岩土被挤向孔周地层，剩余的需要排出的岩土量并不多。

(4)压缩空气法。

压缩空气法就是在地下工程开挖面保持一定的空气压力，然后进行开挖掘进的方法。其目的是有效稳定开挖面。采用压缩空气法可减少对地层的预加固，且可在有预加固措施配合的情况下进行全断面或大断面开挖，特别适合于有地下水和松散破碎的地层。因施工水下大断面地下工程具有很高的风险，而有时降水非常困难甚至是不可能的。例如，德国慕尼黑地铁施工中发生的坍塌有 95% 是由地下水引起的。因此采用压缩空气法具有优势。下面以工程实例说明压缩空气法对于地表沉降控制的效果。日本名古屋的一座 275kV 的电力隧道，其断面为 5.56m×5.56m，埋深 5.46m，隧道处于积水的第四纪洪积层强风化含黏土的砂砾层中，标准贯入度 $N=1～15$，圆砾 $\Phi 10～30cm$，地下水位 2～6m。对开挖面进行化学注浆后采用压气法，气压为 20～300kPa。采用新奥法全断面施工，实测地表下沉仅 1.7mm。若不用气压法，经弹塑性有限元分析地表下沉的数值达到 11.0mm。德国慕尼黑地铁隧道穿过第三纪砂岩沉积层，为含水的厚层状中细云母砂层和不透水的泥质黏土层，地下水位为 -3～10m，地下工程大部分处于含水地层中。图 10.12 为双线区间隧道在大气压下和压缩空气下开挖时地表的不同沉降槽，从图中可以看出在压缩空气下开挖可减小地表沉降约 50%。

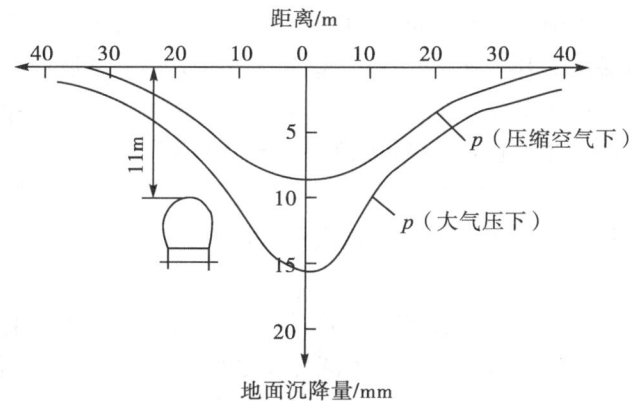

图 10.12 在大气压和压缩空气条件下开挖隧道引起的地表沉降

2) 超前支护法

(1) 管棚法。

根据所使用钢管直径的大小以及受力特征,可分为小直径管棚($\leqslant \Phi 150mm$)、中直径管棚($\Phi 158 \sim 299mm$)和大直径管棚($\Phi 299 \sim 600mm$)三种类型。管棚法一般多用在山岭隧道洞口段,也常用在隧道埋深较浅或正上方有建筑物的条件下。常采用直径为 $\Phi 70mm \sim 150mm$ 的小钢管以一定间距(如 0.1~0.3m)沿隧道开挖轮廓线外侧以 5°~10° 的外插角倾斜打入地层而形成管棚支护。小钢管上常钻有小孔,作为注浆时浆液扩散的通道。通过注浆将钢管周围的松散地层进行加固,起到稳定开挖面的作用。大管棚一般用专门钻机将直径大于 200mm 或者 700~800mm 甚至 1000mm 以上的钢管通过钻孔推入地层,其长度常在 20m 以上,有的工程已达百米。并在钢管内注入水泥浆,钢管之间的空隙通常采用水泥浆充填,以增大整体刚度。管棚法应用灵活,钢管长度、直径可根据需要选择。管棚法通常与注浆法一并使用以达到更有效地保持开挖面稳定的目的。一般大管棚、长管棚控制地表沉降的效果更佳。北京西单地铁车站施工时采用了 18m 的长管棚对地表沉降进行控制,同时也对开挖面的稳定发挥了重要作用。此外日本某城市隧道采用 $\Phi 700mm$、长 100m 的大管棚,在浅埋、有地下水的不稳定地层中而施工获得了成功,经监测地表沉降为 8mm。

(2) 超前插桩法。

超前插桩法是在开挖面前方的地层中用钢管连续加固而形成的"伞"形防护棚,其桩径可达到 150~250mm。该法曾在意大利的多座软土隧道中使用。如意大利某地铁隧道采用超前插桩法施工,先在地层中钻孔,然后将钢管顶入孔内。钢管壁厚 7mm,外径 140mm,长 12m,搭接 3m,钢管上每 0.5m 钻 4 个 $\Phi 8mm$ 的孔。孔内安设有一个单向阀门,其在注浆压力达到 3MPa 时被冲开。钢管顶入完成后在地层中留下一排由空心钢管形成的伞拱,然后将水泥浆在 3MPa 的压力下泵入钢管。通过注浆把管外侧与地层间的环形空间填满,起到支撑围岩和控制地层沉降的作用。超前插桩法控制地表沉降的效果与长管棚相当,但施工速度更快,更经济。

(3) 超前插板法或超前锚杆。

超前插板法是沿开挖面拱部轮廓将插板以一定倾斜角度打入或顶入地层中,沿纵向两环插板之间进行搭接。在超前插板的支护下进行开挖。超前插板法可适用于砂质地层、硬黏土地层或有地下水时用于稳定开挖面。例如,慕尼黑地铁采用超前插板支护法,在有地下水的情况下有效地保持了开挖面的稳定。超前锚杆对于软土隧道而言,因为地层软弱松散,其效果和作用一致存在争议。但工程实践表明:只要锚杆沿开挖面前方地层的最小主应变方向进行设置,就可较好的控制地表沉降。此外,模型试验也表明:对松散砂性地层,超前锚杆沿倾斜30°方向设置可有效控制地表沉降。如果将超前锚杆与其他预加固方法组合使用,更能起到稳定开挖面、控制地表沉降的效果。

(4) 水平高压旋喷法。

水平高压旋喷法一般用于加固开挖面顶部的围岩。用特殊机械钻孔,同时高压喷射水泥浆液,在开挖面拱部形成$\Phi 50 \sim 70mm$的圆柱体加固层,起到改良围岩的效果,是改善开挖面自稳性和控制地表沉降的一种方法。但施工期间的设备较多,而且设备庞大。如果洞口附近施工场地狭小,则施工难度较大。

(5) 隔断墙法。

隔断墙法一般作为止水的辅助施工方法,但目前较多地用于控制地表沉降,并对周围建筑物进行隔断保护,可以减小开挖引起的地表沉降和控制地表沉降向周围传播。

(6) 机械预切槽法。

机械预切槽法是用专门机械沿开挖面拱部外轮廓预切一定宽度的沟槽,其纵向成槽长度可视地层情况而定,一般可达数米。成槽后立即向槽内喷射混凝土,充填沟槽并经过3~4h使槽内混凝土硬化而形成预成拱,即可在其保护下进行开挖。为了能进行下一步切槽,预成拱形状稍向外倾斜,以便沿纵向互相搭接。机械预切槽法的优点是对地层的扰动小,不改变地层的自然特性和应力分布规律,可在预成拱的保护下进行安全、快速地开挖,而不产生过大的地表沉降。与其他方法开挖上部弧形导坑所引起的沉降相比,采用机械预切槽法开挖可减少50%~60%的沉降。机械预切槽法适用于具有一定稳定性和能充分成槽的地层。机械预切槽法是法国巴黎地铁首先采用的一种开挖方法,该法首先用于巴黎塞纳河下的两条地铁隧道的施工,而后在法国北部的里尔地铁区间隧道施工中也被采用,不仅在开挖面的拱部进行预切槽,还在边墙部位也采用了预切槽法施工,取得了良好的效果。

(7) 帷幕注浆法。

帷幕注浆法是在隧道开挖轮廓线外一定范围内布孔,向孔内压注非化学浆液或化学浆液,使浆液在预定范围内扩散、固结,形成一层强度较高的浆液结石体,从而限制地层的变形。

(8) 超前小导管注浆。

将直径为30~70mm的钢管制成长度为2~6m的桩管,并以10°~15°的仰角打入开挖面外轮廓的地层中,然后向管内注浆。其作用与大管棚相似,有改良和棚架地层的作用,但其承受的荷载有限。施工超前小导管所需的设备简单,且操作方便,因此对软弱地层非常适用。

10.4.2 盾构法施工时围岩与支护结构的稳定措施

1. 一般措施

盾构法施工所引起的地表沉降及建筑物变形与地层地质条件、盾构形式、断面大小、掘进模式、回填注浆等因素有关。因此，在采用盾构法施工时必须选择适当的掘进模式，同时加强施工管理。采用盾构法施工期间，对周围环境具有保护作用的措施主要有：保持开挖过程中开挖面水土压力的平衡、减少开挖过程中对地层的扰动、加强管片壁后注浆的管理、防止管片变形与渗漏水等。

(1)保持开挖过程中水土压力平衡。

根据周围地层的水土压力调整开挖面压力。对于土压平衡盾构，控制出渣量以保持压力仓内的压力与开挖面水土压力平衡。保持开挖面平衡的主要措施有：控制和计量土仓的出土量、控制与监测开挖面的水土压力、合理选择添加剂与添加量。对于泥水盾构，主要措施有保持泥水仓的压力与开挖面水土压力平衡。而保持开挖面平衡的主要措施包括调整泥水压力、泥浆特性、控制进排泥浆量等。

(2)减少开挖过程中对地层的扰动。

在盾构机的开挖过程中，盾构对地层的扰动主要是由其掘进过程中盾构外侧壁与地层之间的摩擦引起的。因此在施工过程中必须合理选择盾构机的推进速度和刀盘的转速，保持盾构掘进方向，特别是在圆曲线、竖曲线地段尽可能减少盾构机的偏转，控制盾构机的掘进姿态，防止盾构机发生"蛇行"。

(3)加强管片壁后注浆管理。

为防止盾尾间隙引起的沉降与壁后注浆所引起的凸起，应根据地层状况选择渗透性好、固结强度适中的壁后注浆材料，并采用同步注浆技术，控制注浆压力。根据工程地质条件和隧道的覆土厚度，结合推进速度及时调整注浆时间、注浆方法、注浆压力以及注浆量。

(4)防止管片变形与渗漏水。

盾构机在掘进期间，隧道管片发生的变形和地下水位的下降是引起地表沉降的主要原因之一，因此在实际施工期间，提高管片拼装质量及确保接头防水对隧道的安全施工和建设质量均具有重要的意义。

2. 辅助施工措施

在正常施工管理的情况下，如果地下工程施工仍然不能达到控制地表沉降与保护建筑物安全的要求，应考虑采用辅助工法，对地层进行加固、改良或对建筑物进行保护，以保证地层的稳定和建筑物的安全。目前在盾构法施工中常用的辅助施工措施主要有以下几个。

(1)降低地下水位。

该措施主要适合于渗透系数为 $10^{-3} \sim 10^{-6}$ m/s 的粉土、砂砾地层。从地表进行降水时，一般采用轻型井点和深井井点降水。当隧道覆土厚度小于 7m 时，采用轻型井点效果较好。而隧道覆土厚度超过 10m 时，往往采用排水配管的路下式井点或深井点降水。如果受地表条件的限制不能采用地表降水，则可采用隧道内降水的方法或利用水平钻孔、导洞等来降低地下水位。从隧道内实施井点降水时，向隧道下方或斜前方设置井点进行抽水。实施降水时应注意：由于地层岩性和水位不同，有时会发生地基下沉或周围水井水位下降等现象，所以，施工前应对地下水位下降对周围地层产生的影响进行周密的调查和评估。

(2) 注浆加固法。

注浆加固法的主要目的是增加地基土的强度和止水性。盾构始发或到达时，由于拆除施工竖井上的洞门，使开挖面处于暴露状态。如果开挖面暴露状态的持续时间较长，必须采用注浆加固的方式来增加土层的强度和止水性。另外，当盾构机需要从重要的建筑物或地下结构物的附近或下方通过，或者接近或穿过河流、湖泊时，盾构推进势必影响到其他建筑物的安全，此时就需要对地层实施注浆加固和改良的技术措施，以达到保护周边环境的目的。另外，在隧道覆土浅、地中接合位置或换刀位置、扩挖位置等处均需要采用注浆以加固围岩。采用注浆方式加固地层时，必须根据围岩条件、盾构形式来选择合理和经济的注入方法、注浆材料，以达到注浆加固地层的目的。

(3) 高压旋喷桩或搅拌桩法。

高压旋喷桩或搅拌桩法是用高压喷射流或机械切削围岩，将切削下来的土砂与硬化材料进行混合搅拌，在设计范围内形成圆柱加固体的施工方法，其与一般注浆加固施工的目的相同，但加固更均匀，止水性更好。高压旋喷施工可分为单管法、双重管法和三重管法等，而搅拌桩施工有单足搅拌桩法、双足搅拌桩法及三足搅拌桩法等。

(4) 冻结法。

冻结法一般在其他施工方法难以到达稳定围岩的目的时采用。由于冻土的强度和止水性高，而且可以通过测定地中温度，判断冻土的形成状态，所以只要进行良好的施工管理，其是一种较可靠性的施工方法。冻结施工有盐水方式（间接方式）和液氮方式（直接方式）。由于盾构工程冻结规模较大，通常采用盐水方式。但采用冻结法加固围岩时应注意以下问题：①根据测定的地层温度来确定地层的冻结状态，通常隧道内气温较高，需要盐水循环设备及对冻结地表采取保温措施；②需要注意由冻结管损坏等原因引起的盐水泄漏，通常冻结管铺设后需要进行耐压试验，开挖冻结管附近的冻土时，应在确定冻结管的位置后进行；③地下水的流动会影响冻结效果，在地下水丰富且渗透性好的砂及砂砾层中，要注意地下水流的流向，特别是流速为 $1\sim5\mathrm{m/d}$ 时，可根据实际情况先采用注浆加固法截断地下水流或降低流速，然后再进行冻结；④当冻土接触地下结构物时，地下结构物成为妨碍冻结的热源，需要研究地下结构物的冷却措施。

(5) 压气法。

由于覆土厚度、地层土质、地下水等条件不同，有时压气施工法难以达到预期的效果。使用闭胸式盾构施工时，如果开挖面前方出现障碍物，为清除障碍物，可以用压气法来控制开挖面的涌水。压气对开挖面的稳定作用可分为三类：①阻止开挖面涌水，防止开挖面坍塌；②压气本身的挡土作用使开挖面保持稳定；③由压气产生的围岩脱水作用增加了粉砂、黏土层、或含有粉砂黏土成分的砂质土的强度。

压气的效果受围岩条件影响，应在充分调查土的颗粒级配、透水性、透气性、地下水的状态等基础上确定。在施工过程中，需要观察开挖面的状态，测定并记录涌水量、空气消耗量，并与原设计资料进行比较，反馈到下一步的施工中。压气效果与地层土质的关系如下。

① 砂砾地层。

由于地层的透气性好，压气效果不明显，达不到预期的支护效果。

② 砂质地层。

由于地层的透气性好，所以空气消耗量也大。隧道覆土浅时，如果气压太高，则可能发生喷发。虽然涌水量比砂砾地层少，但要完全避免是非常困难的，而且涌水处发生开挖面坍塌的危险性也很大。

③ 粉砂质地层。

地层的透气性差，压气效果较好，是适合压气施工的地层。但要注意气压与覆土厚度之间的关系，防止发生喷发现象。其基本可以防止地层涌水，气压使围岩的脱水作用也会大大增加。

④ 黏土质地层。

土质较软，开挖面不稳定时，可依靠气压本身的脱水作用使地基得到加固，压气效果较好。

⑤ 互层地层。

一般围岩都是由各种地层构成的，岩性比较复杂，地下水压也往往被不透水层所隔断。例如，即使是砂砾或砂质地层，如果开挖面的上部有粉砂或黏土等透气差的地层时，压气施工的效果较好。而当开挖面的渗透系数大于 1×10^{-4} m/s 时，不适合采用压气法施工。

现以某地铁区间隧道的盾构始发与到达工作井端头加固实例说明辅助施工方法的应用。

(1) 工程概况。

某地铁工程的盾构始发与到达工作井位于富水软弱地层中，地层稳定性差，地下水位高，地层透水量大。工程周边环境复杂，需要严格控制地表沉降。始发与到达地段的线路从多栋二层建筑物下穿越。该建筑物大多年代久远，基础较差；地下分布有煤气管、排水管、给水管、电缆沟槽等众多地下管线，因此对地表沉降的变化非常敏感。尤其是始发到达地段，在施工车站时地层已受过扰动，且隧道覆盖层薄，要确保地面房屋及地下管线的安全，其施工难度极大且风险极高。为使盾构始发及到达时不发生地下水和土的涌入及工作面的坍塌，保证始发的顺利进行，采用深层搅拌桩对盾构工作井周围土体进行加固处理，使端头土体具有较高的强度和稳定性与防水性。

(2) 地质条件。

盾构始发和到达地段地层主要为杂填土、粉土、淤泥质粉质黏土及粉砂夹细砂，土质极不均匀，压缩性高且极易变形。开挖面极不稳定，对水土压力的变化非常敏感，从而加大了开挖面水、土压力平衡控制以及其稳定性的难度。此外，地下水位位于地表以下 1~2m，洞门止水密封的难度较大。

(3) 加固方案。

始发与到达推进前需凿除车站洞门范围内的围护结构，主要是凿除洞门范围的钢筋混凝土围护结构，凿除围护结构后，洞口附近的土体应保持一定时间的自稳状况，不能发生水土流失。此外，盾构始发时土压逐渐加大而到达时土压不断减小，盾构土仓内的压力处于调整阶段，不能建立有效的土压平衡体系，会有较大的土体损失。经过对搅拌桩、旋喷桩、注浆法、冷冻法等地层加固技术的适用性、经济性分析，结合工程类比法，对盾构始发与到达车站的工作井周围土体全部采用深层搅拌桩法进行加固。始发端采用$\Phi550mm$的单轴深层搅拌桩机，桩间距450mm，梅花形布置。而到达端采用$\Phi600mm$的单轴深层搅拌桩机，桩间距500mm。搅拌桩与车站连续墙之间的间隙采用一排高压旋喷桩进行加固，桩径1.2m，间距0.8m。盾构始发和达到端头土体的加固如图10.13所示。

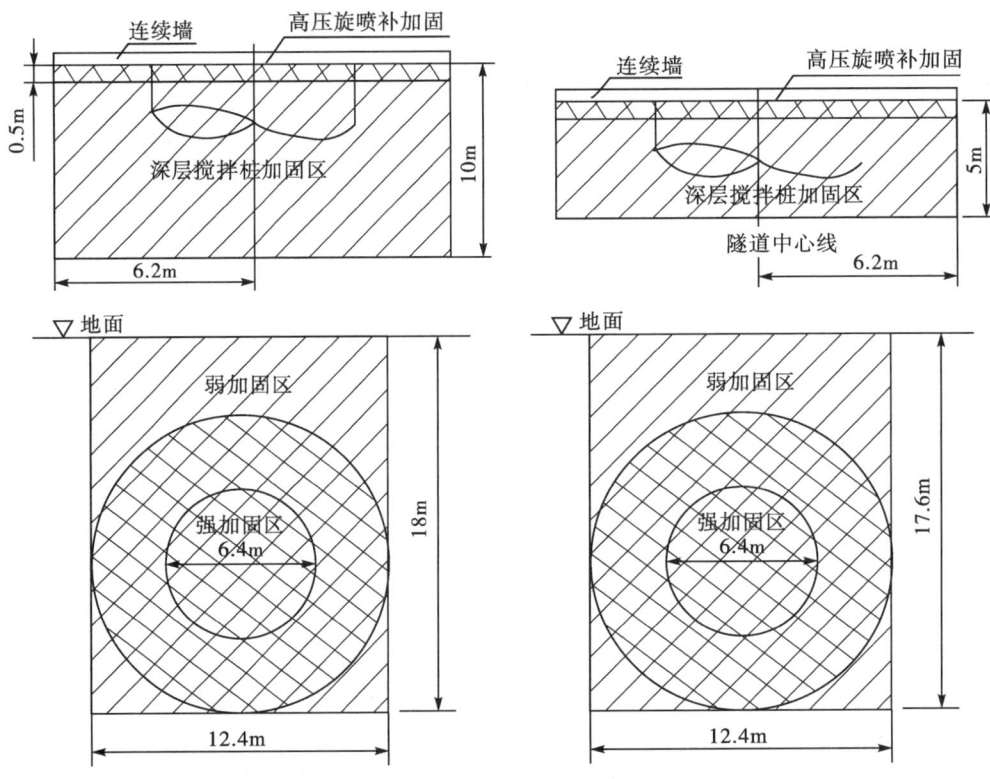

图10.13　盾构始发和到达端头加固示意图

加固范围与土质情况及止水因素有关，一般根据强度计算和以往的工程经验加以确定。南京地铁许府巷南端头盾构始发端和玄武门站北端头的盾构到达端加固的范围是：以隧道中心为圆心，半径为6.2m的圆形，加固长度始发端、到达端分别为10m、5m。加固后地层的强度达到1MPa。通过地层加固，许府巷站南端头盾构始发段地表总沉降在45mm左右，而玄武门站北端头地表最大的沉降为20mm，土体加固达到了预定的效果。

10.4.3　明挖法施工时地层与围护结构的稳定措施

1. 一般措施

明挖基坑对周围环境的影响及围护结构的稳定与围护结构的形式、基坑宽度、基坑深度、地层条件、围护结构的入土深度、支撑方式、施工速度、施工技术措施等有关。因此，为减少明挖基坑对周围环境的影响以及确保围护结构的稳定可采取如下措施：

(1) 及时设置支撑或拉锚并预加轴力。

日本东京曾对某基坑工程支撑设置的及时性和效果进行了现场测试。试验结果表明：未及时施作第一道支撑时，地下连续墙墙体的最大水平位移达到3cm，而及时设置支撑后的墙体最大水平位移只有1cm。由此可见，及时设置支撑可抑制基坑围护结构发生的变形。此外，支撑设置以后必须及时对其施加轴力。其目的不仅能保证支撑能顶紧墙体，减少墙体变形量，而且还可改善墙体的受力条件。施加到支撑的预加轴力主要取决于基坑的地质和施工条件，原则上应施加到最大限度。日本曾规定施加到支撑的轴力应相当于基坑引起的静止土压力。基于我国的实际情况，应加到支撑设计轴力的70%左右。同时，为了尽量减少各种变形，第一道支撑位置可偏高设置，而底撑应尽量偏低设置。

(2) 分段分层开挖及开槽架设支撑。

基坑开挖时应充分考虑基坑开挖时的"时空效应"。针对基坑工程，开挖应遵循"分层、分段、对称、平衡、适时"的原则。严禁超挖，减少基坑暴露的时间，缩短开挖的周期。当基坑长度较大时，不宜采用大面积的长条形开挖方式，而应该采取分段开挖、分段支撑的方式。以利用基坑的空间效应达到减少变形、提高基坑稳定性的目的。分段长度视具体情况而定，一般为20~30m。在对地表沉降有严格控制的场合下，应采取开槽设支撑的方式，即在未挖到该层支撑水平面时，应先挖安装支撑的沟槽，待安装好支撑并施加轴力后，再将沟槽旁的土层挖去，然后再继续开挖。

(3) 增加围护结构的入土深度。

增加围护结构的入土深度无疑能减少围护结构的水平变形、基底隆起和地表沉降，从而可减少对周围环境的影响。围护结构的嵌入深度可通过计算和工程类比，并结合地层条件加以确定。

(4) 加快施工速度。

加快施工速度，减少基坑暴露时间能有效地减小地层变形，尽可能减小意外因素对基坑的影响，同时可以减小因地层蠕变、流变等引起的地表沉降。因此，在基坑开挖到设计高程后应立即敷设垫层。绑轧钢筋浇注底板混凝土。如果施工速度过慢，软土层的流变性将使地层移动明显增加，引起过大地表沉降。根据某软土地区基坑实测资料统计，如果支撑架设时间超过8h，在架设第二道支撑时地表沉降增加2.3mm/d；再如日本现场实测资料表明，基坑开挖后不到10d的时间，基坑隆起量增加约50%。

(5) 逆作法施工。

逆作法的最大优点就是能减少围护结构变形及地层移动，从而达到减少施工对环境的影响。例如，日本上野地铁车站，地下5层，开挖深度达27m。如此深度的地下连续墙工程如果采用顺作法，必然会产生较大的地层移动。该工程采用了逆作法施工，围护结构入土深度为$0.2H$。墙体的最大水平位移只有2cm左右，仅为开挖深度的0.08%。上海地铁2号线，在淮海路上有三个车站，淮海路马路狭窄，而且路面两侧有密集的建筑物，为了减少对建筑物的影响和尽早恢复路面交通，这三个地铁车站均采用逆作法施工，达到了预期的效果。

2. 辅助施工措施

(1) 基底加固。

基底加固的方法很多，如井点降水、压密注浆、搅拌桩、旋喷桩、石灰桩、树根桩、地下连续墙等。无论采用何种方法都需在基坑开挖两周以前完成，以避免因扰动地层而增加变形。地基加固可在基坑外或基坑内进行。基坑外加固可以减少对挡墙的主动土压力，但因工程造价关系，一般只是当基坑邻近有建筑物或地下管线时才进行。在基坑内加固，特别是对基底以下的地层进行加固，能达到既经济又有效的目的。

据 Broms 的计算，对基底进行了 3m 厚的压浆加固，基底为软黏土时能使墙体的水平位移及地表沉降减少约 50%，支撑内力减少 40%，基底隆起量减少 35%。他还做了 6m 厚加固的比较，发现加固 6m 厚的各项指标仅比加固 3m 的减少 10%～20%，因而得出结论为加固 3m 厚是经济合适的。但是根据上海工程实践经验表明，延安东路越江隧道 106 号地下连续墙工程与地铁区间隧道 109 号地下墙工程相比，墙外都有建筑物，109 号工程基底只加固了 3m，它的地表沉降值与深度之比为 0.54%，而 106 号工程的基底加固 9～10m，它的沉降值大为减少，仅有 0.1%～0.2%。由此可见，对于上海这样的软弱土层，特别是当地下连续墙底以下的土体很软弱时，地层加固厚度的增加，其效果更加明显。沿基坑宽度方向，间隔地在各幅地下墙接头处，在基底标高以下修筑深度略超过地下墙底的支撑地下墙时，对减少墙体变形、基底隆起、地表沉降是很有效的均具有良好的效果。

(2) 基坑内降水。

在基坑内部实施降水不仅有利于施工操作，更因降水使土体固结而提高了基底下土体的强度，因此能减少基坑的隆起和墙体变形，提高基坑稳定性。但是需要注意的是，坑内的降水漏斗不宜低于墙底，以免造成墙外地层的固结沉降。按以往工程经验，井点滤管底至少高于地下墙底面 1.5～2.0m。对于可能会产生较大隆起或突涌的基坑，还应降低承压水头。

(3) 帷幕注浆。

为了保护基坑围护结构地下连续墙外的地下管线、构筑物和地表建筑物，可在墙外修筑一道帷幕。帷幕可采用灌注桩、旋喷桩、树根桩、压力灌浆、冻结法等形成。当需要进行地下连续墙外降水处理时，可在帷幕内降水，帷幕外回灌水，以减少地层的移动范围。

第11章　地下工程现场监测的组织与实施

11.1　监测方案的编制

监测方案是指导地下工程现场监测实施的主要技术文件，其主要包括监测目的和监测项目、监测仪器及传感器的安装、数据采集方法、数据分析及信息反馈。在地下工程施工前，应组织专业技术人员认真研究建设工程的规模、技术难点、施工监控与保护对象的特点和周边环境条件，并在此基础之上编写监测实施方案。

11.1.1　监测方案的设计原则

监测方案的编制应符合国家、行业现行的有关规范和技术规定。监测方案的编制一般应遵循以下原则。

(1) 监测方案应以安全监测为目的，根据特定的工程项目和所采用的施工方法确定监测对象，主要包括基坑、建筑物、地下管线、地下结构等，应针对监测对象安全与稳定的主要指标进行方案设计。

(2) 根据监测对象的重要性确定监测的规模和内容，监测项目和测点的布置应能够比较全面地反映监测对象的工作状况。

(3) 应尽量采用先进的测试技术，如计算机技术、遥测技术，积极选用或研制效率高、可靠性高的先进仪器和设备，以确保监测的效率与精度。

(4) 为确保监测信息的可靠和连续性，各个监测项目之间应能够相互校验。

(5) 监测方案在满足监测性能和精度要求的前提下，力求减少监测传感器的数量和电缆长度，降低监测频率，以降低监测费用。

(6) 监测方案中确定的临时监测项目应与永久监测项目对应衔接。

(7) 在满足地下工程安全施工的前提下，确定传感器的布设位置和测量时间，尽量减少监测对工程施工的干扰和影响。

(8) 根据设计要求及周边环境条件，确定各监测项目的控制基准值。

(9) 按照国家现行的有关规范、规程编制监测方案。

11.1.2　监测项目的确定

在地下工程施工期间，监测项目的选择应考虑以下因素。
(1) 地下工程所处区域的工程地质与水文地质条件。
(2) 地下工程建设的规模与施工技术难点，包括地下工程的结构设计形式、施工方法等。

(3)地下工程监测对象的周边环境条件,主要包括所处的位置、周边建筑物的结构形式、现状及其与地下工程之间的相互关系。

11.1.3 监测方案的编制

编制地下工程施工监测方案的步骤如下:
(1)收集编制监测方案所需的基础资料。
(2)现场踏勘,了解周围环境。
(3)编制初步监测方案。
(4)会同工程勘察、设计、建设、施工、监理等有关部门对初步监测方案进行审查,确定各类监测项目的控制基准值。
(5)根据审查意见修改和完善监测方案。
(6)将监测方案上报相关单位,审批后实施。

11.1.4 监测方案的主要内容

监测方案是指导监测工作的主要技术文件,其主要内容如下:
(1)工程概况。
(2)监测的目的和意义。
(3)监测的项目和测点数量。
(4)测点布置平面图。
(5)测点布置剖面图。
(6)各监测项目的监测周期和频率。
(7)监测仪器、设备及选型。
(8)监测人员的组成与分工安排。
(9)监测项目控制基准值。
(10)监测资料的整理与分析。
(11)监测报告报送对象和运转的流程与时限。
(12)监测注意事项。

11.1.5 编制监测方案的基础资料

与地下工程相关的基础资料和结构设计与施工文件是编制监测方案的主要依据。为了选择最优的监测技术和方案,采用科学的监测方法,必须对基础资料进行详细的分析和总结。在编制监测方案前应熟悉的基础资料主要包括以下内容:
(1)地下工程的设计文件和图纸。
(2)地下工程的地质勘察报告和文件。
(3)地下工程所处区域的地表建筑物分布及其平面图。

(4)地下工程所处区域的地下和地面管线平面图。
(5)地下工程施工影响区域的被保护对象的建筑结构图。
(6)地下工程的主体结构设计图。
(7)地下工程围护结构和主体结构的施工方案。
(8)新型监测设备和传感器的信息。
(9)类似工程取得的监测经验和监测资料。
(10)国家现行的有关规范、规定、工程监测合同、协议等。

11.2 监测的组织与实施

地下工程的监测应该作为施工建设的重要工序纳入施工组织设计中,并组织专业技术人员负责监测的组织与实施。

11.2.1 监测的前期准备

1)技术准备

监测工作实施前应组织监测和施工相关技术负责人对监测方案进行技术交底。组织监测人员熟悉监测方案,明确个人的分工和职责。此外,应开展基础资料的调查与分析。需要调查的基础资料包括监测区域的气象、地形、工程地质和水文地质、地下管线状况、周围建筑物的现状以及临近地下工程的建筑物和构筑物等。基础资料的调查分析还应包括类似监测项目在国内外的实施情况、施工单位进行类似工程施工监测所取得的经验和教训、现场水电供应情况,主要监测设备和传感器的生产厂商以及供货情况。

2)设备及物资准备

(1)设备及物资准备。

①根据每项工程的特殊要求,购置必要的仪器设备和传感器,了解和熟悉新购仪器、仪表和传感器的使用方法。对原有设备进行保养、标定和维修。

②监测传感器及材料的准备。根据监测方案所提供的传感器和材料的规格、数量编制相应的计划,以满足不同施工阶段对传感器和材料的需求。

(2)设备及物资准备工作的程序。

①根据监测方案中确定的仪器、仪表、传感器、辅助材料等的规格和数量,编制各种设备、物资需求量的计划,包括规格、数量等。

②与相关厂商签订设备、物资供应和租赁的合同,保证所需设备和传感器的及时供应。

③确定设备与物资进场时间及使用计划。

3)人员组织与安排

(1)组建现场监测机构和人员。

根据监测工程的规模、特点和复杂程度,确定现场监测技术人员的数量和结构组成,依据合理分工与密切协作的原则,建立具有监测经验丰富、工作效率高的现场监测机构。

(2)人员培训。

为顺利完成监测方案所规定的各项监测任务,应对现场监测与操作人员进行技术方案交底和技术培训。其内容包括传感器埋设计划、现场监测计划、技术标准和质量保证措施、数据整理与分析以及监测报告的形式等。

4) 现场准备

(1) 设立现场监测控制网点。

根据监测方案拟定的控制网点,设置区域永久性控制测量基点。完成监测传感器辅助材料的订货和加工。

(2) 做好拟保护建筑物、构筑物的调查与鉴定工作。

对地下工程施工区域以及影响范围内的建筑物的现状进行全面调查。如果存在需要重点保护的建(构)筑物,可委托具有资质的相关单位进行技术鉴定。

11.2.2 监测工作的实施

监测工作的实施一般可分三个阶段,即测点布设、监测及资料分析与整理。监测资料的整理与分析可参见本书11.3节。

1) 监测点的布设原则

①监测点的位置和数量应结合工程性质、地质条件、设计要求以及施工特点等确定。

②为验证设计参数而设置的测点应布置在施工中的最不利位置,如预测最大变形、最大内力处。为指导施工而设置的测点应布置在相同工况下的最先施工部位,其目的是及时获得信息并加以反馈,以便修改设计参数和指导施工。

③在设置结构或构件表面的变形测点时,既要考虑测点能反映监测对象的变形特征,又要便于观测和保护。

④结构内测点如拱顶下沉、边墙相对位移、钢支撑的内力以及测斜管等的设置不能影响和妨碍结构的正常受力,不能影响结构的变形刚度和强度。

⑤在实施多项测试时,各类测点的布置在时间和空间上应有机结合,力求使同一位置能同时反映不同的物理量变化,以便找出其内在联系和变化规律。

⑥深层测点如土体水平位移、土体垂直位移等应提前埋设,其时间一般不少于30d,以便监测工作开始时测点处于稳定的工作状态。

⑦测点在施工过程中若遭到破坏,应尽快在原位或其附近补设测点,以保证该点观测数据的连续性。

2) 传感器的检验与标定

常用的监测传感器主要有土压力计、钢筋应力计、混凝土应变计、应力计、轴力计、孔隙水压力计、渗水压力计、水位计、多点位移计等,无论采用何种类型的传感器,在埋设前都应从以下几方面进行检验和标定。

(1) 外观检验。

监测传感器从出厂至现场安装一般要经过装卸、运输、存放等环节。由于环境条件的变化极易使其性能和稳定性发生改变或损坏,因此在使用前应进行外观检验和检查,包括其几何尺寸是否符合要求,金属外壳是否锈蚀,测量的线缆连接是否牢固、绝缘材料是否破损等。

(2) 防水性检验。

多数监测传感器在正常工作状态时要承受一定的水压力。因此，其防水密封性能的高低会直接影响测试性能的发挥。检验传感器防水性能的方法是将传感器置入正常工作状态水压力值的 1.5~2.0 倍的压力罐中，经 24h 后再检查其测试性能，如果其工作正常，则密封性好，否则传感器的防水密封性差，需要更换或采取措施提高其防水性。

(3) 压力标定。

将传感器放在专门的标定设备上，一般用油压标定，也可用水标或砂标。根据传感器的量程，按 1/10~1/20 的终值分级进行加载，并按每级加载值的 2 倍跳级卸载，如此反复进行两次加卸载试验，然后绘制出压力与电阻或压力与频率的关系曲线，并利用最小二乘法求出压力标定系数。

(4) 温度标定。

将传感器放在恒温箱内或浸入不同温度的恒温水中，改变箱体内温度或水温，并测定传感器的频率值，根据测定结果绘制温度与电阻或温度与频率的关系曲线，得出温度标定系数。

3) 监测系统的选择、调试和管理

(1) 人工测试系统。

由人工变换时间和地点进行测试或读取信息的系统称为人工测试系统。

①传感器。传感器是埋设在地层或结构内部的监测元器件。传感器通过测量被测对象的物理量，并将被测物理量转化为电量参数如电压、电流或频率，形成便于仪器接收和传输的电信号。

②采集箱。采集箱是连接传感器与测读仪表之间的装置。利用采集箱的切换开关可以实现多个传感器与一个测读仪器之间的连接。

③测读仪器。测读仪器的功能是将传感器传输的电信号转变成可测读的数字符号，便于记录和后处理。被接收的数字称为观测量。运用相应的计算公式，由观测量计算得出的物理量称为观测成果。

④计算机。在人工测试系统中，计算机主要用于数据汇总、计算、分析、制表和绘图与打印。

(2) 自动测试系统。

①传感器。其功能与人工测试系统中的相同。

②遥测采集器。对于自动化测试系统，通过计算机或自动检测仪表的自动切换可实现一台测读仪表能速读数十甚至数百个传感器，从而可节约大量传输电缆，提高测读的可靠性和工作效率。

③自动测读仪表。其功能与人工测试系统中的测试仪表相似。自动测读仪表能够自动切换测点，定时、定点地测读数据，具有数据的切换、存储和显示功能，并可连接多种外围设备如打印机、绘图仪等。

④计算机系统。计算机系统包括主机、外围设备和软件系统。其在自动测试系统中的作用不仅可以实现对整个测试系统的控制，而且能够对测试数据进行实时处理，提高检测数据的处理与分析功效。

(3) 测试系统的调试和管理。

无论是人工测试系统还是自动测试系统，在进入正常工作状态前都应进行系统的调试。系统的调试可分为两个部分。

①室内单项和联机多项调试，它包括利用试验室内各种调试手段和设备对测量传感器、仪器仪表以及连成后的系统进行模拟试验。

②在监测现场安装完毕后的调试。调试目的在于检查系统各部分功能是否正常，重点检查传感器、二次仪表和通信设备等是否正常，采集的数据是否可靠，精度能否达到安全监测控制指标的要求等。

测试系统的管理是指除了严格地按照测试系统的操作方法进行监测以外，还必须对数据的采集实行现场质量控制。为确保监测信息的可靠性，应定期检查监测系统的工作性能，主要检查的内容如下。

①传感器或表面测点是否遭受人为或自然的损坏，性能是否稳定。

②各种测试仪表是否按期校验鉴定，以确定功能是否正常。

③仪表设备的工作环境是否符合测试条件。

④电缆电线是否完好，绝缘性能是否达到设计要求。

⑤对采集获得的数据进行分析，并剔除由仪器本身引起较大误差的数据。

4）传感器和仪器的选用

地下工程的监测是一项长期和连续的工作，监测仪器、设备和传感器选用是否得当是做好监测工作的重要环节。由于监测传感器和仪器的工作环境大多是处在室外或地下，而且埋设后的传感器不能置换。因此，如果传感器和仪器选用不当，不仅造成人力、物力的浪费，还会因监测数据的失真而误判支护与围岩受力状态，甚至引起严重的后果。

在选择监测设备和传感器时，需要重点从以下几个方面进行考虑。

(1) 可靠性。

可靠性是指监测设备、传感器在按设计规定的工作条件和工作时间内保持原有技术性能的程度。可靠性包括耐久、坚固和易于检修三个方面，它是评价传感器、仪器性能的首要因素。

(2) 坚固性。

坚固性通常是指传感器、仪器在运输、埋设过程中承受外荷载作用的能力，包括运输期间的颠簸、搬运冲击等。精密的测量传感器和仪表一经损坏，在现场条件下常难以修复，因此坚固性是选用传感器和仪表时考虑的另外一个重要因素。

(3) 通用性。

监测仪器和传感器必须配套使用。如果在同一个监测项目中使用不同厂商提供的监测传感器时，必须要配置对应厂家的监测仪表，这样必然会增加监测费用，并给日后的使用和管理带来不便。因此合理的方法是选用通用性较强的监测传感器和仪表。

(4) 经济性。

选用精度高和可靠性好的监测传感器和仪器是实现预期监测目标的首要条件。在保证达到这一条件的前提下，需要进行技术经济比较，选择性价比高的仪器设备。

(5) 测量原理和方法。

对于测试系统，利用简单机械原理的仪器进行测试，其测试结果的可靠性要高于电测仪器。同样，简单的直接测量法比复杂的间接测量法有更高的可信度。这是因为，使用电测法测量非电量，与直接方法测量非电量相比，前者在测试过程中又增加了将非电量转化成电量的环节，而且在测试过程中，难以完全消除测试系统中温度、湿度、电压、电阻、电容等的变化对测试结果的影响。

(6)精度和量程。

在选用监测传感器和仪器时，其精度必须满足监测精度的要求，这是进行测试的必要条件，否则，将会导致监测数据的失真，进而会得出错误的结论。但选择过高精度的传感器和仪器，不仅要增加监测的费用，而且提供的信息也不会有更高的实用价值。监测传感器的量程和精度是两个相互制约的指标，量程越大，则精度较低，而精度越高则量程越小。因此，通常是优先满足测量对量程的要求。

5)监测控制基准值的确定

监测控制基准值是监测工作实施前，为确保监测对象安全而设定的各项监测指标的最大值。由建设、设计、监理、施工、市政和监测等有关部门共同协商确定。在监测实施过程中，一旦发现监测数据超越控制基准值，监测部门应及时提出预警，并向施工、监理、建设等相关部门进行报告。关于监测项目的控制基准值的制定参见本书第 4 章的有关内容。

11.3 监测资料的整理与分析

11.3.1 监测资料的种类

(1)监测方案。

监测方案是贯彻监测工作始终的指导性文件，因而是重要的监测资料之一。工程竣工后，根据监测方案实际施作情况，对原监测方案进行补充和修改。

(2)监测日志。

记载监测实施阶段每日的气象、完成的测试项目、现场异常情况、文件收发记录等。

(3)监测数据。

监测数据是监测资料中最基础、最原始的资料，它是编制监测报表、绘制监测曲线、计算与分析、撰写监测报告的重要依据。

(4)监测报表。

每次测试完成后应及时向相关单位报送监测分析的图表，按日期和项目内容进行编排、装订，包括监测日报表、周表报及月报表。

(5)监测报告。

监测报告是指对某一段时间或某一监测项目实施情况的总结，找出监测项目变化的规律，提出指导施工和建议或措施。每一个监测工程都有一个监测总报告，根据工程规模和时间，也可以提出阶段报告或分报告。

(6)监测工程联系单。

联系单是监测部门就监测过程中遇到的技术问题、特殊情况或测试内容、时间的变更等与委托方进行联系或达成协议的书面记载。

(7)监测会议纪要。

监测会议纪要包括监测方案评审会、现场监测工作例会、定期或不定期举行的专家评审会、施工协调会等涉及监测内容的会议记录。

11.3.2 监测数据的整理

1)数据采集

监测数据是整个地下工程监测工作进行与分析和判断的基础,因此必须重视数据的采集工作。数据的采集应严格按照监测传感器、仪表的工作原理及确定的监测方案进行,同时应坚持长期、连续、定人、定时、定仪器的原则进行。监测人员应各负其责,并采用专用表格做好数据的记录和整理,保留原始资料。每次监测数据汇总时,现场测量、记录、审核和整理人员应在记录和汇总表上签名,以提高监测人员的责任心,确保监测数据的真实性与可靠性。在现场监测期间,若发现监测数据异常时,应及时进行复测,加密观测次数和频率,以免误报或漏报施工中可能出现的险情。当人工录入测量数据时,应对录入计算机的数据进行二次校核,确保录入数据的正确性。

2)数据采集的质量控制

根据不同监测仪器的原理和不同的采集方法,采用相应的检查和鉴定手段加强现场监测数据采集质量的控制,包括严格遵守操作规程、定期检查、鉴定和维修监测系统以及加强对监测人员的培训。对监测仪器和数据采集质量的控制应从以下几个方面进行。

(1)确定监测基准点的稳定性。
(2)定期检验和鉴定仪器设备。
(3)保护好现场测点。
(4)严格遵守仪器操作规程。
(5)做好监测数据的误差分析。

3)误差产生的原因和检验方法

详细内容参见本书第12章。

11.3.3 监测数据的分析与反馈

在地下工程施工过程中,应对监测数据进行分析与反馈。监测数据的分析可分为实时分析和阶段分析,均以报告形式加以反馈。

(1)实时分析。

根据每天的监测数据分析地下工程施工对结构和周边环境的影响,及时发现安全隐患,及时采取措施进行处理。实时分析一般采用日报表的形式加以反馈。

(2)阶段分析。

经过一段时间的监测工作后,可根据大量的监测数据及相关资料等进行综合分析,总结地下工程施工对周围地层影响的一般规律,指导下一阶段的施工。阶段分析一般采用周报、月报形式或根据工程施工需要不定期进行反馈,提出指导施工和优化设计参数的建议。

在工程竣工后,应提交监测工作总结报告。对监测数据进行系统分析,分析地下结构、围岩或监测对象在施工期间的变形规律,总结工程施工的经验与教训,为以后类似工程的设计、施工以及规范的修订提供参考。

第12章　测量误差分析与数据处理

12.1　概　　述

试验和监测的目的或是测定某个物理量的数值及其分布规律，或是探求物理量之间的相互关系。因此，需要对测试得到的大量实验数据运用适当的力学理论和数学工具进行处理与分析，以期得到能真实描述被测对象性质的物理参数或物理量与物理量之间变化规律的函数关系。在试验、工程测试或监测中的物理量有单随机变量和多变量之分，依据物理量的不同，对其所进行测试或监测的目的也不同。

(1)单随机变量。

对于单随机变量的测试，如围岩压力的监测数据，常采用统计分析法得到围岩压力的平均值及其表征其离散程度的均方差。

(2)多变量数据。

对于多变量参数的测试或监测，如隧道拱顶下沉与开挖距离通常需要建立它们之间的函数关系式。

根据初等数学知识可知，函数的表达有三种方法：①列表法；②图示法；③解析法。

测试过程中人工读数、自动采集仪等记录的数据文件往往是一系列的数据组，即为列表法的一种。而由函数记录仪、绘图仪记录的试验曲线则为图示法。显然，列表法数据容易查找，图示法则更为直观，容易把握其变化的趋势。但就数值计算与应用的便利性而言，用解析函数则更为方便，而且解析函数有时还能从物理机理上进行进一步探讨，便于分析其变化的规律性。回归方法则是利用试验或监测数据建立解析函数形式的经验公式的最基本方法。

任何试验或监测手段都有其局限性，反映在测试数据上就是必定存在着误差。因而有误差是绝对的，而没有误差是相对的。科学的研究方法应是将试验或监测得到的数据经过处理后，在得到物理量特征参数和物理量之间的经验公式中，再注明它们的误差范围或精确程度。

12.2　测量误差及其分类

所谓的测量就是将被测的物理量与所规定的参考标准进行比较的过程。例如，测量地下结构的内部净空尺寸，就是用米尺与其净空进行比较。而对测量仪器的标定就是为了提供进行比较的参考标准。

测量方法分为直接测量和间接测量。前者是指被测量与标准量直接进行比较。而后者就是被测物理量不能或不易直接与标准量进行比较，而是通过另外几个可以直接测得的其他物理量与其构成某种函数关系计算得到。通过测量只能得到一定程度上接近于真实值的测量值,有主观和客观条件的限制,真值是无法得到的,因此,在测试和监测过程中就会存在误差。

12.2.1 误差分类

测量值与真实值之间的差值叫作测量误差,它是由使用仪器、测量方法、周围环境、人的技术熟练程度和人的感官条件等技术水平和客观条件的限制所引起的,在测量过程中它是不可能完全消除的,但可通过分析误差的来源、研究误差的规律来减小误差,进而提高测量精度。并用科学的方法处理实验数据,以便使测量值更接近于真实值。根据误差性质和产生的原因,其可分为随机误差、系统误差和疏失误差。

(1)随机误差。

随机误差的发生是随机的,其数值变化的规律符合一定的统计规律,通常为正态分布规律。因此,随机误差是用标准偏差来度量的。随着对同一量的测量次数的增加,标准偏差的值变得更小,从而该物理量的值更加可靠。随机误差通常是由环境条件的波动以及观察者的精神状态等测量条件所引起。

(2)系统误差。

系统误差是在一组测量中,常保持同一数值和同一符号的误差,因而系统误差有一定的大小和方向。它是由测量原理或测量方法本身的缺陷、测试系统的性能、外界环境如温度、湿度、压力等的改变、个人习惯偏向等因素所引起的误差。有些系统误差是可以消除的,其方法是改进测试仪器性能、标定仪器常数、改善观测条件和操作方法以及对测定值进行合理修正等。

(3)疏失误差。

疏失误差又称过失误差或粗大误差,它是由设计错误、接线错误或操作者粗心大意看错、读错、记错等原因造成的,在测量过程中应尽量避免。

12.2.2 精密度、准确度和精度

精密度表征在相同条件下多次重复测量中测量结果的互相接近和互相密集的程度,它反映随机误差的大小。准确度则表征测量结果与被测量真值的接近程度,它反映系统误差的大小。而精度则反映测量的总误差。

精密度、准确度和精度的概念以及三者之间的关系可用图12.1加以表示。

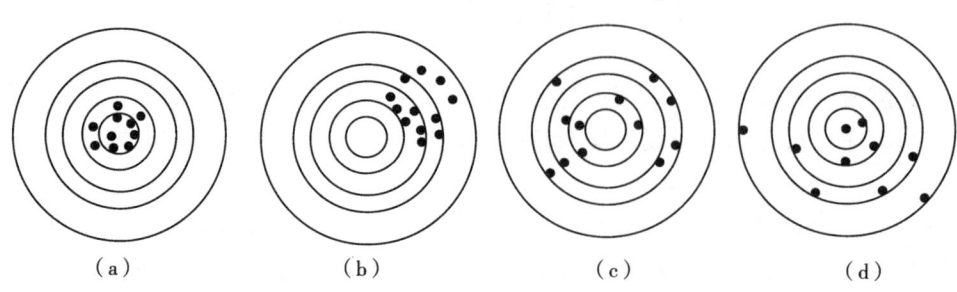

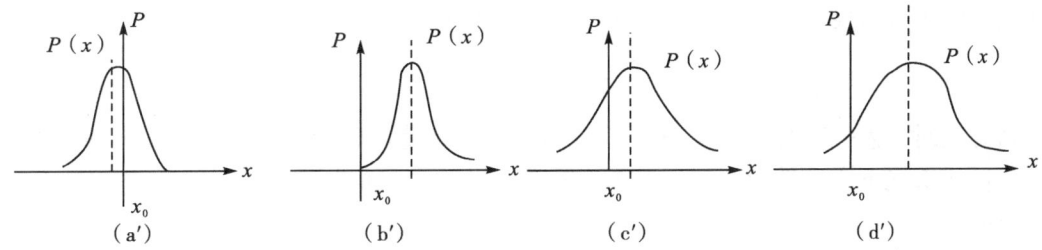

图 12.1 精密度、准确度和精度的关系
$P(x)$-概率密度函数；x_0-真值

图 12.1 表达了这三个概念的关系。图中圆的中心代表真值的位置，各小黑点表示测量值的位置。图(a)表示精密度和准确度都好，因而精度也高。图(b)表示精密度好，但准确度差的情况。图(c)表示精密度差而准确度好的情况。图(d)则表示精密度和准确度都差的情况。图中还示出了概率分布密度函数的形状及其与真值 x_0 的相对位置。很显然，在消除了系统误差的情况下，测量的精度和精密度才是一致的。

12.3 单随机变量的数据处理

12.3.1 误差估计

由于在测量过程中存在误差，因此得到的测量结果与被测量的实际量之间始终存在着一个差值，即测量误差。若以 T 表示被测量的真值，x 为测量值，则测量误差 δ 将等于测量值与真值之差，即

$$\delta = T - x \tag{12.1}$$

测量误差 δ 可为正数也可为负数，其大小完全决定于 x 的大小。若不考虑其符号的正负，而以绝对值表示其大小，即为绝对误差

$$\delta = |x - T| \tag{12.2}$$

则有

$$T = x \pm \delta \tag{12.3}$$

绝对误差只能用来判断对同一测量的测量精确度，如果对不同的测量，它就难以比较它们的精确程度，这需要借助于相对误差来判断。相对误差 E_r 是绝对误差与测量值的比值。

$$E_r = \frac{\delta}{x} \approx \frac{\delta}{T} \tag{12.4}$$

相对误差是一个没有单位的数值，常以百分数表示。如果测量值的相对误差相等，则其测量的精确度也相等。在实际测量中，测量误差是随机变量，因而测量值也是随机变量。由于真值无法测得，所以用大量的观测次数的平均值近似地予以表示，并对误差的特性和范围做出估计。

1)算术平均值

当未知量 x_0 被测量 n 次，并被记录为 $x_1, x_2, x_3, \cdots, x_n$，则 $x_r = x_0 + e$，其中 e

是观测中的不确定度,它或正或负。则 n 次测量的算术平均值 $\bar{x}$ 为

$$\bar{x} = \frac{x_1 + x_2 + x_3 + \cdots + x_n}{n} = x_0 + \frac{e_1 + e_2 + e_3 + \cdots + e_n}{n} \tag{12.5}$$

因为绝对误差一部分可为正值,另一部分可为负值,数值$(e_1 + e_2 + e_3 + \cdots + e_n)$将很小,在任何情况下它在数值上均小于各个独立误差的最大值。因此,如果 ζ 是测量中某一最大误差,则

$$\frac{e_1 + e_2 + e_3 + \cdots + e_n}{n} < \zeta \tag{12.6}$$

故有

$$\bar{x} - x_0 < \zeta \tag{12.7}$$

因此,$\bar{x}$ 将接近 x_0 值,并可以认为是该物理量的最佳值。通常 n 越大,$\bar{x}$ 越接近 x_0。应该指出,x_0 是未知的,因此通常分析是围绕平均值 $\bar{x}$ 而不是 x_0 的分散程度。

2)标准误差 σ

算术平均值是一组数据的重要标志,它反映了被测量的平均状况。但仅用此值还不能反映数据的分散程度。表示数据波动或分散程度的方法有多种,最常用的是标准误差,其计算表达式为

$$\sigma = \sqrt{\frac{\sum_{i=1}^{n}(x_i - \bar{x})^2}{n-1}} \tag{12.8}$$

式中,σ 为标准误差或称样本均方差、标准离差、标准差,它是方差的正平方根值。

显然,标准误差 σ 反映了测量值在算术平均值附近的分散和偏离程度。它对一组数据中的较大误差或较小误差反映比较灵敏。σ 越大,波动越大,σ 越小则波动越小,用它来表示测量误差或测量精度是一个较好的指标。

3)变异系数 C_v

如果两组同性质的数据标准误差相同,则可知两组数据各自围绕其平均数的偏差程度是相同的,它与两个平均数大小是否相同完全无关。而实际上考虑相对偏差是很重要的,因此,把样本的变异系数 C_v 定义为

$$C_v = \frac{\sigma}{\bar{x}} \tag{12.9}$$

12.3.2 误差的分布规律

测量误差服从统计规律,其概率分布服从正态分布。随机误差的分布可用正态分布曲线表示为

$$p(x) = \frac{1}{\sigma\sqrt{2\pi}} e^{-\frac{(x-\bar{x})^2}{2\sigma^2}} \tag{12.10}$$

式中,$p(x)$ 为测量误差 $(x-\bar{x})$ 出现的概率密度。

其概率密度的分布图如图 12.2 所示。

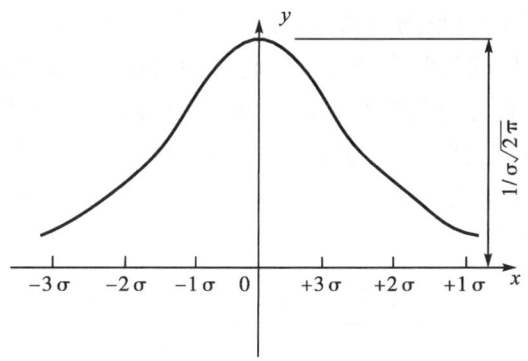

图 12.2 误差概率密度图

由图 12.2 可以看出误差值分布有四个特征。

(1) 单峰值。

绝对值小的误差出现的次数比绝对值大的误差出现的次数多。曲线形状似钟状,所以大误差一般不会出现。

(2) 对称性。

大小相等且符号相反的误差出现的概率密度相等。

(3) 抵偿性。

在相同条件下对同一量进行测量,其误差的算术平均值随着测量次数无限次的增大而趋于零,即误差平均值的极限为零。凡具有抵偿性的误差,原则上都可以按随机误差处理。

(4) 有界性。

在一定测量条件下的有限测量值中,其误差的绝对值不会超过一定的界限。计算误差落在某一区间内的测量值出现的概率,在此区间内将 $p(x)$ 积分即可,计算结果表明:

① 误差在 $-\sigma$ 与 σ 之间的概率为 68%;

② 误差在 -2σ 与 $+2\sigma$ 之间的概率为 95%;

③ 误差在 -3σ 与 $+3\sigma$ 之间的概率为 99.7%。

在一般情况下,99.7% 已可认为代表多次测量的全体,所以把 $\pm 3\sigma$ 叫作极限误差。因此,若将某多次测量数据记为 $\bar{x} \pm 3\sigma$,则可认为对该物理量所进行的任何一次测量值都不会超出该范围。

12.3.3 可疑数据的舍弃

在多次测量试验中,有时会遇到极个别测量值和其他多数测量值之间相差较大的情况,这些极个别数据就是所谓的可疑数据。

对于可疑数据的剔除,可以利用正态分布来决定取舍。因为在多次测量中,误差在 -3σ 与 $+3\sigma$ 之间时,其出现概率为 99.7%,也就是说,在此范围之外误差出现的概率只有 0.3%,即测量 300 多次才可能遇上 1 次。于是对于通常只进行 10~20 次的有限测量,就可以认为超出的 $\pm 3\sigma$ 误差已不属于随机误差,应将其舍去。如果测量了 300 次以上,就有可能遇到超出 $\pm 3\sigma$ 的误差。因此,有的大的误差仍属于随机误差,不应该舍去。由此可见，对数据保留的合理误差范围与测量次数 n 有关。

表 12.1 中推荐了一种试验值舍弃标准，超过的可以舍去，其中 n 是测量次数，d_i 是合理的误差限，σ 是根据测量数据算得的标准误差。使用时，先计算一组测量数据的均值 $\bar{x}$ 和标准误差 σ，再计算可疑值 x_k 的误差 $d = |x_k - \bar{x}|$ 与标准差的比值。并将之与表中的 d_i/σ 相比，若大于表中值则应当舍弃，舍弃后再对下一个可疑值进行检验，若小于表中值，则可疑值是合理的。

表 12.1 试验值舍弃标准

n	5	6	7	8	9	10	12	14	16	18
d_i/σ	1.68	1.73	1.79	1.86	1.92	1.99	2.03	2.10	2.16	2.20
n	20	22	24	26	30	40	50	100	200	500
d_i/σ	2.24	2.28	2.31	2.35	2.39	2.50	2.58	2.80	3.02	3.29

这种方法只适合误差只是由测试技术原因引起的样本代表性不足数据的处理。对现场测试和探索性试验中出现的可疑数据的舍弃，必须要有严格的科学依据而不能简单地用数学方法来舍弃。

12.3.4 处理结果的表示

1）实例分析

现结合一个实例来说明单随机变量测试数据的处理过程和表示方法。

通过室内材料试验机的测试，花岗岩 10 个岩石试件的弹性模量测量值分别为 34.5，35.2，35.6，34.8，34.9，35.8，33.3，34.7，35.1，35.6，单位为 GPa。对数据的分析处理如下。

(1) 计算平均值。

$$\bar{E} = \frac{\sum_{i=1}^{10} E_i}{10} = \frac{349.5}{10} = 34.95 \approx 35.0 (\text{GPa})$$

(2) 计算标准误差 σ。

$$\sigma = \sqrt{\frac{\sum_{i=1}^{n}(E_i - \bar{E})^2}{n-1}} = \sqrt{\frac{4.89}{9}} = 0.737 (\text{GPa})$$

(3) 剔除可疑数值，第 7 个数据 33.3 与平均值 35.0 的偏差最大，疑为可疑值。

$$\frac{d_i}{\sigma} = \frac{35.0 - 33.3}{0.737} = 2.31 > \frac{d_{10}}{\sigma} = 1.99$$

故 33.3 可以剔除。

(4) 再计算剩余 9 个值的算术平均值和标准误差。

$$\bar{E} = \frac{\sum_{i=1}^{9} E_i}{9} = \frac{316.2}{9} = 35.1 (\text{GPa})$$

$$\sigma = \sqrt{\frac{\sum_{i=1}^{n}(E_i - \overline{E})^2}{n-1}} = \sqrt{\frac{1.65}{8}} = 0.454$$

在剩余的数据中再检查可疑数据,取与平均值偏差最大的第 6 个数据 35.8 为可疑值。

$$\frac{d_i}{\sigma} = \frac{35.8 - 35.1}{0.454} = 1.54 < \frac{d_0}{\sigma} = 1.92$$

则 35.8 这个数值是合理的。

(5)处理结果用算术平均值和极限误差表示为

$$E = \overline{E} \pm 3\sigma = 35.1 \pm 3 \times 0.454 = 35.1 \pm 1.36 (\text{GPa})$$

根据误差的分布特征,该种花岗岩的弹性模量值在 33.74~36.46GPa 的概率是 99.7%,正常情况下的测试结果不会超出该范围。

2)保证极限法

保证极限法是根据数理统计中的推断理论提出的。如上所述,在 $\overline{E} \pm k\sigma$ 区间内数据出现的概率与所取的 k 有关。例如,$k=2$,相当于保证率为 95%,即在 $\overline{E} \pm 2\sigma$ 区间内数据出现的概率为 95%。依据子样推断区间估计的理论,k 值与抽样的子样个数 n 无关。在实用上,保证值不是用某一区间来表示,而是以偏于安全为原则来选取最大值或最小值。如承载力等指标采用最小值 $\overline{E} - k\sigma$,含水量等指标采用最大值 $\overline{E} + k\sigma$。对于采用最小值的指标,保证值表示大于该值的数据出现的概率等于所选取的保证率;对于采用最大值的指标,保证值表示小于该值的数据出现的概率等于所选取的保证率。显然,保证率越大则采用值的安全度越大。根据随机误差的分布规律,可计算出 k 与保证率的关系,如表 12.2 所示。

表 12.2 k 与保证率

k	0.00	0.67	1.00	2.00	2.58	3.00
保证率/%	0.00	50.0	68.0	95.0	99.0	99.7

因此,在上例中,若花岗岩弹性模量采用最小值,则

$k=1$,$E = \overline{E} - \sigma = 35.1 - 0.454 = 34.6$ GPa,岩石弹性模量大于 34.6GPa 的保证率为 50%。

$k=2$,$E = \overline{E} - 2\sigma = 35.1 - 2 \times 0.454 = 34.2$ GPa,岩石弹性模量大于 34.2GPa 的保证率为 95%。

$k=3$,$E = \overline{E} - 3\sigma = 35.1 - 3 \times 0.454 = 33.74$ GPa,岩石弹性模量大于 33.74GPa 的保证率为 99.7%。

而对于含水量,则采用最大值,如果一组土样的含水量平均值为 $\overline{w} = 0.40$,标准误差为 $\sigma = 0.05$,则

$k=1$,$w = \overline{w} + \sigma = 0.40 + 0.05 = 0.45$,含水量小于 0.45 的保证率为 50%。

$k=2$,$w = \overline{w} + 2\sigma = 0.40 + 2 \times 0.05 = 0.5$,含水量小于 0.50 的保证率为 95%。

$k=3$,$w = \overline{w} + 3\sigma = 0.40 + 3 \times 0.05 = 0.55$,含水量小于 0.55 的保证率为 99.7%。

12.4 多变量数据的处理

在试验研究中,不仅要测量随机变量的平均值和分布特性,更重要的是通过试验研究一些变量之间的相互关系,从而探求这些物理量之间相互变化的内在规律。对于这类两个以上变化着的物理量的试验数据处理,通常有如下三种方法。

(1)列表法。

根据试验的预期目的和内容,合理地设计数表的规格和形式,使其具有明确的名称和标题,能够对重要的数据和计算结果醒目表示,有清楚的分项栏目、必要的说明和备注,试验数据易于填写等。

列表法的优点是简单易做,数据易于参考比较,形式紧凑,在同一表内可以同时表示几个变量的变化而不混乱。缺点是对数据变化的趋势不如图解法明了直观,利用数表求取相邻两数据的中间值时,还需借助于插值公式进行计算。

(2)图形表示法。

在选定的坐标系中,根据试验数据绘制出几何图形来表示试验结果,通常采用散点图。其优点是数据变化的趋向能够得到直观、形象的反映。缺点是超过三个变量就难以用图形来表示,绘图含有人为的因素,同一原始数据因选择的坐标和比例尺不同也有较大的差异。

(3)解析法。

该方法也称方程表示法和计算法。就是通过对试验数据的计算,求出表示各变量之间关系的经验公式。其优点是结果的统一性克服了图解法存在的主观因素的影响。

最简单的情况是对于两个或多个存在着统计相关的随机变量,根据大量有关的测量数据来确定它们之间的回归方程即经验公式。这种数学处理过程就称为拟合过程或回归分析。

回归方程的求解包括三个内容:
① 确定回归方程的数学表达式;
② 确定回归方程中所含参数的估计值;
③ 评价回归分析的精度。

对于一元函数的归回分析可参见本书第 10 章 10.2 节的内容。在多元回归分析中,以多元线性回归分析为最简单。实际上,一元线性回归分析的方法可以用来解决多元线性回归分析。此外,许多一元非线性回归问题和多元非线性回归问题均可以转化为多元线性回归问题。多元线性回归分析的原理与一元线性回归分析完全相同。但在计算上较为复杂和烦琐,通常需要借助计算机进行求解。现以二元二次方程为例来说明多元回归的基本方法。

若现场测试的自变量分别为 x_i 和 y_i,需要与之建立关系的物理量为 z_i,则回归的二元二次函数关系式为

$$z_i = a + bx_i + cx_i^2 + dy_i + ey_i^2 \quad (i = 1,2,3,\cdots,n) \tag{12.11}$$

利用最小二乘法的原理,其误差的平方和为

$$Q(a,d,c,d,e) = \sum_{i=1}^{n}\delta_i^2 = \sum_{i=1}^{n}(z_i - a - bx_i - cx_i^2 - dy_i - ey_i^2)^2 \quad (12.12)$$

根据多元函数的极值问题,函数 $Q(a,d,c,d,e)$ 是一个非负的二次型,因此其最小值是存在的,可令

$$\begin{cases} \dfrac{\partial Q}{\partial a} = 2\sum_{i=1}^{n}(z_i - a - bx_i - cx_i^2 - dy_i - ey_i^2)^{2-1}(-1) = 0 \\ \dfrac{\partial Q}{\partial b} = 2\sum_{i=1}^{n}(z_i - a - bx_i - cx_i^2 - dy_i - ey_i^2)^{2-1}(-x_i) = 0 \\ \dfrac{\partial Q}{\partial c} = 2\sum_{i=1}^{n}(z_i - a - bx_i - cx_i^2 - dy_i - ey_i^2)^{2-1}(-x_i^2) = 0 \\ \dfrac{\partial Q}{\partial d} = 2\sum_{i=1}^{n}(z_i - a - bx_i - cx_i^2 - dy_i - ey_i^2)^{2-1}(-y_i) = 0 \\ \dfrac{\partial Q}{\partial e} = 2\sum_{i=1}^{n}(z_i - a - bx_i - cx_i^2 - dy_i - ey_i^2)^{2-1}(-y_i^2) = 0 \end{cases} \quad (12.13)$$

整理式(12.13)可得正规方程组为

$$\begin{cases} \sum_{i=1}^{n}z_i - an - b\sum_{i=1}^{n}x_i - c\sum_{i=1}^{n}x_i^2 - d\sum_{i=1}^{n}y_i - e\sum_{i=1}^{n}y_i^2 = 0 \\ \sum_{i=1}^{n}z_i x_i - a\sum_{i=1}^{n}x_i - b\sum_{i=1}^{n}x_i^2 - c\sum_{i=1}^{n}x_i^3 - d\sum_{i=1}^{n}x_i y_i - e\sum_{i=1}^{n}x_i y_i^2 = 0 \\ \sum_{i=1}^{n}z_i x_i^2 - a\sum_{i=1}^{n}x_i^2 - b\sum_{i=1}^{n}x_i^3 - c\sum_{i=1}^{n}x_i^4 - d\sum_{i=1}^{n}x_i^2 y_i - e\sum_{i=1}^{n}x_i^2 y_i^2 = 0 \\ \sum_{i=1}^{n}z_i y_i - a\sum_{i=1}^{n}y_i - b\sum_{i=1}^{n}x_i y_i - c\sum_{i=1}^{n}x_i^2 y_i - d\sum_{i=1}^{n}y_i^2 - e\sum_{i=1}^{n}y_i^3 = 0 \\ \sum_{i=1}^{n}z_i y_i^2 - a\sum_{i=1}^{n}y_i^2 - b\sum_{i=1}^{n}x_i y_i^2 - c\sum_{i=1}^{n}x_i^2 y_i^2 - d\sum_{i=1}^{n}y_i^3 - e\sum_{i=1}^{n}y_i^4 = 0 \end{cases} \quad (12.14)$$

由式(12.14)中的第1式可得

$$a = \frac{1}{n}\left(\sum_{i=1}^{n}z_i - b\sum_{i=1}^{n}x_i - c\sum_{i=1}^{n}x_i^2 - d\sum_{i=1}^{n}y_i - e\sum_{i=1}^{n}y_i^2\right) \quad (12.15)$$

将式(12.15)代入式(12.14)得以常数 b, c, d, e 为未知数的正规方程组,即

$$\begin{bmatrix} S_{11} & S_{12} & S_{13} & S_{14} \\ S_{21} & S_{22} & S_{23} & S_{24} \\ S_{31} & S_{32} & S_{33} & S_{34} \\ S_{41} & S_{42} & S_{43} & S_{44} \end{bmatrix} \begin{Bmatrix} b \\ c \\ d \\ e \end{Bmatrix} = \begin{Bmatrix} T_1 \\ T_2 \\ T_3 \\ T_4 \end{Bmatrix} \quad (12.16)$$

式中,

$S_{11} = (\sum_{i=1}^{n}x_i)^2 - n\sum_{i=1}^{n}x_i^2$; $S_{12} = \sum_{i=1}^{n}x_i\sum_{i=1}^{n}x_i^2 - n\sum_{i=1}^{n}x_i^3$; $S_{13} = \sum_{i=1}^{n}x_i\sum_{i=1}^{n}y_i - n\sum_{i=1}^{n}x_i y_i$;

$S_{14} = \sum_{i=1}^{n}x_i\sum_{i=1}^{n}y_i^2 - n\sum_{i=1}^{n}x_i y_i^2$; $T_1 = \sum_{i=1}^{n}x_i\sum_{i=1}^{n}z_i - n\sum_{i=1}^{n}x_i z_i$;

$S_{21} = \sum_{i=1}^{n}x_i\sum_{i=1}^{n}x_i^2 - n\sum_{i=1}^{n}x_i^3$; $S_{22} = (\sum_{i=1}^{n}x_i^2)^2 - n\sum_{i=1}^{n}x_i^4$; $S_{23} = \sum_{i=1}^{n}x_i^2\sum_{i=1}^{n}y_i - n\sum_{i=1}^{n}x_i^2 y_i$;

$$S_{24} = \sum_{i=1}^{n} x_i^2 \sum_{i=1}^{n} y_i^2 - n \sum_{i=1}^{n} x_i^2 y_i^2 ; T_2 = \sum_{i=1}^{n} x_i^2 \sum_{i=1}^{n} z_i - n \sum_{i=1}^{n} x_i^2 z_i ;$$

$$S_{31} = \sum_{i=1}^{n} x_i \sum_{i=1}^{n} y_i - n \sum_{i=1}^{n} x_i y_i ; S_{32} = \sum_{i=1}^{n} x_i^2 \sum_{i=1}^{n} y_i - n \sum_{i=1}^{n} x_i^2 y_i ; S_{33} = (\sum_{i=1}^{n} y_i)^2 - n \sum_{i=1}^{n} y_i^2 ;$$

$$S_{34} = \sum_{i=1}^{n} y_i \sum_{i=1}^{n} y_i^2 - n \sum_{i=1}^{n} y_i^3 ; T_3 = \sum_{i=1}^{n} y_i \sum_{i=1}^{n} z_i - n \sum_{i=1}^{n} y_i z_i ;$$

$$S_{41} = \sum_{i=1}^{n} x_i \sum_{i=1}^{n} y_i^2 - n \sum_{i=1}^{n} x_i y_i^2 ; S_{42} = \sum_{i=1}^{n} x_i^2 \sum_{i=1}^{n} y_i^2 - n \sum_{i=1}^{n} x_i^2 y_i^2 ; S_{43} = \sum_{i=1}^{n} y_i \sum_{i=1}^{n} y_i^2 - n \sum_{i=1}^{n} y_i^3 ;$$

$$S_{44} = (\sum_{i=1}^{n} y_i^2)^2 - n \sum_{i=1}^{n} y_i^4 ; T_4 = \sum_{i=1}^{n} y_i^2 \sum_{i=1}^{n} z_i - n \sum_{i=1}^{n} y_i^2 z_i .$$

根据两个自变量 x_i 和 y_i 的 n 个测试值，利用上述方法可分别计算出式(12.16)中的各个求和参数，然后利用矩阵的逆变换就可以求得四个常数 b, c, d, e，即

$$\begin{Bmatrix} b \\ c \\ d \\ e \end{Bmatrix} = \begin{bmatrix} S_{11} & S_{12} & S_{13} & S_{14} \\ S_{21} & S_{22} & S_{23} & S_{24} \\ S_{31} & S_{32} & S_{33} & S_{34} \\ S_{41} & S_{42} & S_{43} & S_{44} \end{bmatrix}^{-1} \begin{Bmatrix} T_1 \\ T_2 \\ T_3 \\ T_4 \end{Bmatrix} \quad (12.17)$$

将计算获得的 b, c, d, e 代入式(12.15)就可以求得常数 a 的值。从而回归分析得到了关于二元二次方程的表达式。此外从式(12.16)系数矩阵中各个元素的数值分析，可得系数矩阵是一个对称矩阵。以上为二元二次方程的线性回归分析过程，对于三个以上的多元线性回归分析，其回归的方法和步骤与此相同。

附录A 测区混凝土强度值换算表

平均回弹值 R_m	测区混凝土强度换算值 $f_{cu,i}^c$/MPa 平均碳化深度值 d_m/mm												
	0	0.5	1.0	1.5	2.0	2.5	3.0	3.5	4.0	4.5	5.0	5.5	≥6.0
20.0	10.3	10.1	—	—	—	—	—	—	—	—	—	—	—
20.1	10.4	10.2	—	—	—	—	—	—	—	—	—	—	—
20.2	10.5	10.3	10.0	—	—	—	—	—	—	—	—	—	—
20.3	10.6	10.4	10.1	—	—	—	—	—	—	—	—	—	—
20.4	10.7	10.5	10.2	—	—	—	—	—	—	—	—	—	—
20.5	10.9	10.7	10.3	—	—	—	—	—	—	—	—	—	—
20.6	11.0	10.8	10.4	10.1	—	—	—	—	—	—	—	—	—
20.7	11.1	10.9	10.5	10.2	—	—	—	—	—	—	—	—	—
20.8	11.2	11.0	10.6	10.3	—	—	—	—	—	—	—	—	—
20.9	11.3	11.1	10.7	10.4	—	—	—	—	—	—	—	—	—
21.0	11.4	11.2	10.8	10.5	10.0	—	—	—	—	—	—	—	—
21.1	11.5	11.3	10.9	10.6	10.1	—	—	—	—	—	—	—	—
21.2	11.6	11.4	11.0	10.7	10.2	—	—	—	—	—	—	—	—
21.3	11.7	11.5	11.1	10.8	10.3	—	—	—	—	—	—	—	—
21.4	11.8	11.6	11.2	10.9	10.4	10.0	—	—	—	—	—	—	—
21.5	11.9	11.7	11.3	11.0	10.5	10.1	—	—	—	—	—	—	—
21.6	12.0	11.8	11.4	11.0	10.6	10.2	—	—	—	—	—	—	—
21.7	12.2	12.0	11.6	11.2	10.7	10.4	—	—	—	—	—	—	—
21.8	12.3	12.1	11.7	11.3	10.8	10.5	10.1	—	—	—	—	—	—
21.9	12.4	12.2	11.8	11.4	10.9	10.6	10.2	—	—	—	—	—	—
22.0	12.5	12.2	11.9	11.5	11.0	10.6	10.2	—	—	—	—	—	—
22.1	12.6	12.3	12.0	11.6	11.1	10.7	10.3	—	—	—	—	—	—
22.2	12.7	12.4	12.1	11.7	11.2	10.8	10.4	10.0	—	—	—	—	—
22.3	12.9	12.6	12.3	11.9	11.3	10.9	10.6	10.2	—	—	—	—	—
22.4	13.0	12.7	12.4	12.0	11.4	11.0	10.7	10.3	10.0	—	—	—	—
22.5	13.1	12.8	12.5	12.1	11.5	11.1	10.8	10.4	10.1	—	—	—	—
22.6	13.2	12.9	12.5	12.1	11.6	11.2	10.8	10.4	10.2	—	—	—	—
22.7	13.3	13.0	12.6	12.2	11.7	11.3	10.9	10.5	10.3	—	—	—	—
22.8	13.4	13.1	12.7	12.3	11.8	11.4	11.0	10.6	10.3	—	—	—	—
22.9	13.6	13.3	12.9	12.5	12.0	11.5	11.1	10.7	10.4	—	—	—	—
23.0	13.7	13.4	13.0	12.6	12.1	11.6	11.2	10.8	10.5	10.1	—	—	—
23.1	13.8	13.5	13.1	12.7	12.2	11.7	11.3	10.9	10.6	10.2	—	—	—
23.2	13.9	13.6	13.2	12.8	12.2	11.8	11.4	11.0	10.7	10.3	10.0	—	—
23.3	14.0	13.7	13.3	12.9	12.3	11.9	11.5	11.1	10.8	10.4	10.1	—	—
23.4	14.1	13.8	13.4	13.0	12.4	12.0	11.6	11.2	10.9	10.4	10.2	—	—
23.5	14.3	14.0	13.6	13.1	12.6	12.1	11.7	11.3	11.0	10.6	10.3	—	—
23.6	14.4	14.1	13.7	13.2	12.7	12.2	11.8	11.4	11.1	10.7	10.4	10.1	—
23.7	14.5	14.2	13.8	13.3	12.8	12.3	11.9	11.5	11.2	10.8	10.5	10.2	—
23.8	14.6	14.3	13.9	13.4	12.8	12.4	12.0	11.5	11.2	10.8	10.5	10.2	—
23.9	14.8	14.5	14.1	13.6	13.0	12.6	12.1	11.7	11.4	10.9	10.6	10.3	—
24.0	14.9	14.6	14.2	13.7	13.1	12.7	12.2	11.8	11.5	11.0	10.7	10.4	10.1

续表

平均回弹值 R_m	测区混凝土强度换算值 $f^c_{cu,i}$/MPa												
	平均碳化深度值 d_m/mm												
	0	0.5	1.0	1.5	2.0	2.5	3.0	3.5	4.0	4.5	5.0	5.5	≥6.0
24.1	15.0	14.7	14.3	13.8	13.2	12.8	12.3	11.9	11.6	11.1	10.8	10.5	10.2
24.2	15.1	14.8	14.3	13.9	13.3	12.8	12.4	11.9	11.6	11.2	10.9	10.6	10.3
24.3	15.3	15.0	14.5	14.1	13.5	13.0	12.5	12.1	11.8	11.3	11.0	10.7	10.4
24.4	15.4	15.1	14.6	14.2	13.6	13.1	12.6	12.2	11.9	11.4	11.1	10.8	10.4
24.5	15.5	15.2	14.7	14.3	13.7	13.2	12.7	12.3	12.0	11.5	11.2	10.9	10.5
24.6	15.6	15.3	14.8	14.4	13.7	13.3	12.8	12.3	12.0	11.5	11.2	10.9	10.6
24.7	15.8	15.5	15.0	14.5	13.9	13.4	12.9	12.5	12.1	11.7	11.3	11.0	10.7
24.8	15.9	15.6	15.1	14.6	14.0	13.5	13.0	12.6	12.2	11.8	11.4	11.1	10.7
24.9	16.1	15.8	15.3	14.8	14.2	13.7	13.2	12.7	12.4	11.9	11.6	11.2	10.8
25.0	16.2	15.9	15.4	14.9	14.3	13.8	13.3	12.8	12.5	12.0	11.7	11.3	10.9
25.1	16.3	16.0	15.5	15.0	14.4	13.9	13.4	12.9	12.6	12.1	11.8	11.4	11.0
25.2	16.4	16.1	15.6	15.1	14.4	13.9	13.4	13.0	12.6	12.1	11.8	11.5	11.0
25.3	16.6	16.3	15.8	15.3	14.6	14.1	13.6	13.1	12.8	12.3	11.9	11.6	11.1
25.4	16.7	16.4	15.9	15.4	14.7	14.2	13.7	13.2	12.9	12.4	12.0	11.7	11.2
25.5	16.8	16.5	16.0	15.6	14.8	14.3	13.8	13.3	13.0	12.5	12.1	11.8	11.3
25.6	16.9	16.6	16.1	15.7	14.9	14.4	13.9	13.4	13.0	12.5	12.2	11.8	11.3
25.7	17.1	16.8	16.2	15.8	15.0	14.5	14.0	13.5	13.1	12.6	12.3	11.9	11.4
25.8	17.2	16.9	16.3	15.8	15.1	14.6	14.1	13.6	13.2	12.7	12.4	12.0	11.5
25.9	17.4	17.1	16.5	16.0	15.3	14.8	14.3	13.7	13.4	12.9	12.5	12.1	11.6
26.0	17.5	17.2	16.6	16.1	15.4	14.9	14.4	13.8	13.5	13.0	12.6	12.2	11.6
26.1	17.7	17.3	16.8	16.3	15.6	15.0	14.5	13.9	13.6	13.1	12.7	12.3	11.7
26.2	17.8	17.4	16.9	16.4	15.7	15.1	14.6	14.0	13.7	13.2	12.9	12.4	11.8
26.3	17.9	17.5	17.0	16.5	15.8	15.2	14.7	14.1	13.8	13.3	12.9	12.5	11.9
26.4	18.0	17.6	17.1	16.6	15.8	15.3	14.8	14.2	13.9	13.3	13.0	12.6	12.0
26.5	18.2	17.8	17.3	16.7	16.0	15.5	14.9	14.3	14.0	13.4	13.1	12.7	12.1
26.6	18.3	17.9	17.4	16.8	16.1	15.6	15.0	14.4	14.1	13.5	13.2	12.8	12.1
26.7	18.5	18.1	17.6	17.0	16.3	15.7	15.2	14.5	14.2	13.7	13.3	12.9	12.2
26.8	18.6	18.2	17.7	17.1	16.4	15.8	15.3	14.6	14.3	13.8	13.4	12.9	12.3
26.9	18.8	18.4	17.9	17.3	16.5	16.0	15.4	14.7	14.5	13.9	13.5	13.0	12.4
27.0	18.9	18.5	18.0	17.4	16.6	16.1	15.5	14.8	14.6	14.0	13.6	13.1	12.4
27.1	19.0	18.6	18.1	17.5	16.7	16.2	15.6	14.9	14.7	14.1	13.7	13.2	12.5
27.2	19.1	18.7	18.1	17.6	16.8	16.3	15.0	14.7	14.1	13.8	13.3	12.6	
27.3	19.3	18.9	18.3	17.7	16.9	16.3	15.8	15.1	14.8	14.2	13.9	13.4	12.7
27.4	19.4	19.0	18.4	17.8	17.0	16.4	15.9	15.2	14.9	14.3	14.0	13.4	12.7
27.5	19.6	19.2	18.6	17.9	17.1	16.5	16.0	15.3	15.0	14.4	14.1	13.5	12.8
27.6	19.7	19.3	18.7	18.0	17.2	16.6	16.1	15.4	15.1	14.5	14.1	13.6	12.9
27.7	19.9	19.5	18.9	18.1	17.3	16.7	16.2	15.5	15.2	14.6	14.2	13.7	13.0
27.8	20.0	19.6	19.0	18.2	17.4	16.8	16.3	15.5	15.3	14.7	14.2	13.7	13.0
27.9	20.2	19.7	19.1	18.3	17.5	16.9	16.4	15.7	15.4	14.8	14.3	13.8	13.1
28.0	20.3	19.7	19.2	18.4	17.6	17.0	16.5	15.8	15.4	14.8	14.4	13.9	13.2
28.1	20.5	19.9	19.4	18.5	17.7	17.1	16.6	15.9	15.5	14.9	14.5	14.0	13.3

附录A 测区混凝土强度值换算表

续表

平均回弹值 R_m	测区混凝土强度换算值 $f^c_{cu,i}$/MPa 平均碳化深度值 d_m/mm												
	0	0.5	1.0	1.5	2.0	2.5	3.0	3.5	4.0	4.5	5.0	5.5	≥6.0
28.2	20.6	20.0	19.5	18.6	17.8	17.2	16.7	16.0	15.6	15.0	14.6	14.0	13.3
28.3	20.8	20.2	19.6	18.7	17.9	17.3	16.8	16.1	15.7	15.1	14.7	14.1	13.4
28.4	20.9	20.3	19.7	18.8	18.0	17.4	16.9	16.2	15.8	15.2	14.8	14.2	13.5
28.5	21.1	20.5	19.9	19.0	18.1	17.5	17.0	16.3	15.9	15.3	14.9	14.3	13.6
28.6	21.2	20.6	20.0	19.1	18.2	17.6	17.1	16.4	16.0	15.4	15.0	14.3	13.6
28.7	21.4	20.8	20.1	19.3	18.4	17.7	17.2	16.5	16.1	15.5	15.1	14.4	13.7
28.8	21.5	20.9	20.2	19.4	18.5	17.8	17.3	16.6	16.2	15.6	15.2	14.5	13.8
28.9	21.7	21.0	20.4	19.5	18.6	18.0	17.4	16.7	16.3	15.7	15.3	14.6	13.9
29.0	21.8	21.1	20.5	19.6	18.7	18.1	17.5	16.8	16.4	15.8	15.4	14.6	13.9
29.1	22.0	21.3	20.7	19.8	18.9	18.2	17.6	16.9	16.5	15.9	15.5	14.7	14.0
29.2	22.1	21.4	20.8	19.9	19.0	18.3	17.7	17.0	16.6	16.0	15.6	14.8	14.1
29.3	22.3	21.6	21.0	20.1	19.2	18.5	17.8	17.1	16.7	16.1	15.7	14.9	14.2
29.4	22.4	21.7	21.1	20.2	19.3	18.6	17.9	17.2	16.8	16.2	15.8	15.0	14.2
29.5	22.6	21.9	21.2	20.3	19.4	18.7	18.1	17.4	16.9	16.3	15.9	15.1	14.3
29.6	22.7	22.0	21.3	20.4	19.5	18.8	18.2	17.5	17.0	16.4	16.0	15.1	14.4
29.7	22.9	22.2	21.5	20.6	19.7	19.0	18.3	17.6	17.1	16.5	16.1	15.2	14.5
29.8	23.0	22.3	21.6	20.7	19.8	19.1	18.4	17.7	17.2	16.6	16.2	15.3	14.5
29.9	23.2	22.5	21.8	20.9	19.9	19.2	18.5	17.8	17.3	16.7	16.3	15.4	14.6
30.0	23.3	22.6	21.9	21.0	20.0	19.3	18.6	17.9	17.4	16.8	16.4	15.4	14.7
30.1	23.5	22.8	22.1	21.1	20.2	19.5	18.8	18.1	17.5	16.9	16.5	15.5	14.8
30.2	23.6	22.9	22.2	21.2	20.3	19.6	18.9	18.2	17.6	17.0	16.6	15.6	14.9
30.3	23.8	23.1	22.4	21.4	20.5	19.7	19.0	18.3	17.7	17.1	16.7	15.7	15.0
30.4	23.9	23.2	22.5	21.5	20.6	19.8	19.1	18.4	17.8	17.2	16.8	15.8	15.1
30.5	24.1	23.4	22.7	21.7	20.8	20.0	19.3	18.6	17.9	17.4	16.9	15.9	15.2
30.6	24.3	23.6	22.8	21.9	20.9	20.2	19.4	18.7	18.0	17.5	17.0	16.0	15.2
30.7	24.5	23.8	23.0	22.0	21.1	20.3	19.6	18.8	18.1	17.6	17.1	16.1	15.3
30.8	24.6	23.9	23.1	22.1	21.2	20.4	19.7	18.9	18.2	17.7	17.2	16.2	15.4
30.9	24.8	24.1	23.3	22.3	21.3	20.6	19.8	19.1	18.3	17.8	17.3	16.3	15.5
31.0	24.9	24.2	23.4	22.4	21.4	20.7	19.9	19.2	18.4	17.9	17.4	16.4	15.5
31.1	25.1	24.3	23.6	22.6	21.6	20.8	20.1	19.3	18.5	18.0	17.5	16.5	15.6
31.2	25.2	24.4	23.7	22.7	21.7	20.9	20.2	19.4	18.6	18.1	17.6	16.6	15.7
31.3	25.4	24.6	23.9	22.9	21.9	21.1	20.4	19.6	18.8	18.3	17.7	16.8	15.8
31.4	25.6	24.8	24.1	23.0	22.0	21.2	20.5	19.7	18.9	18.4	17.8	16.9	15.8
31.5	25.8	25.0	24.2	23.2	22.2	21.4	20.6	19.8	19.1	18.5	17.9	17.0	15.9
31.6	25.9	25.1	24.3	23.3	22.3	21.5	20.7	19.9	19.2	18.6	18.0	17.1	16.0
31.7	26.1	25.3	24.5	23.5	22.4	21.6	20.9	20.1	19.3	18.8	18.1	17.2	16.1
31.8	26.2	25.4	24.6	23.6	22.5	21.7	21.0	20.2	19.4	18.9	18.2	17.3	16.2
31.9	26.4	25.6	24.8	23.8	22.7	21.9	21.1	20.3	19.5	19.0	18.3	17.4	16.3
32.0	26.5	25.7	24.9	23.9	22.8	22.0	21.2	20.4	19.6	19.1	18.4	17.5	16.4
32.1	26.7	25.9	25.1	24.1	23.0	22.2	21.4	20.6	19.8	19.3	18.5	17.6	16.5
32.2	26.9	26.1	25.3	24.2	23.1	22.3	21.5	20.7	19.9	19.4	18.6	17.7	16.6

续表

平均回弹值 R_m	测区混凝土强度换算值 $f_{cu,i}^c$/MPa											
	平均碳化深度值 d_m/mm											
	0	0.5	1.0	1.5	2.0	2.5	3.0	3.5	4.0	4.5	5.0	5.5	≥6.0
32.3	27.1	26.3	25.5	24.4	23.3	22.5	21.7	20.8	20.0	19.5	18.7	17.8	16.7
32.4	27.2	26.4	25.6	24.5	23.4	22.6	21.8	20.9	20.1	19.6	18.8	17.9	16.8
32.5	27.4	26.6	25.8	24.7	23.6	22.8	22.0	21.1	20.3	19.8	18.9	18.0	16.9
32.6	27.6	26.8	25.9	24.8	23.7	22.9	22.1	21.3	20.4	19.9	19.0	18.1	17.0
32.7	27.8	27.0	26.1	25.0	23.9	23.1	22.2	21.4	20.5	20.0	19.1	18.2	17.1
32.8	27.9	27.1	26.2	25.1	24.0	23.2	22.3	21.5	20.6	20.1	19.2	18.3	17.2
32.9	28.1	27.3	26.4	25.3	24.2	23.3	22.5	21.6	20.8	20.2	19.3	18.4	17.3
33.0	28.2	27.4	26.5	25.4	24.3	23.4	22.6	21.7	20.9	20.3	19.4	18.5	17.4
33.1	28.4	27.6	26.7	25.6	24.5	23.6	22.8	21.9	21.1	20.4	19.5	18.6	17.5
33.2	28.6	27.7	26.8	25.7	24.6	23.7	22.9	22.0	21.2	20.5	19.6	18.7	17.6
33.3	28.8	27.9	27.0	25.9	24.8	23.9	23.0	22.2	21.3	20.6	19.7	18.8	17.7
33.4	28.9	28.0	27.1	26.0	24.9	24.0	23.1	22.3	21.4	20.7	19.8	18.9	17.8
33.5	29.1	28.2	27.3	26.2	25.1	24.1	23.2	22.5	21.6	20.8	19.9	19.0	17.9
33.6	29.3	28.4	27.4	26.4	25.2	24.2	23.3	22.6	21.7	20.9	20.0	19.1	18.0
33.7	29.5	28.6	27.6	26.5	25.3	24.3	23.4	22.7	21.8	21.0	20.1	19.2	18.1
33.8	29.6	28.7	27.7	26.6	25.4	24.4	23.5	22.8	21.9	21.1	20.2	19.3	18.2
33.9	29.8	28.9	27.9	26.7	25.5	24.5	23.6	22.9	22.0	21.2	20.3	19.4	18.3
34.0	30.0	29.1	28.0	26.8	25.6	24.6	23.7	23.0	22.1	21.3	20.4	19.5	18.3
34.1	30.2	29.3	28.2	26.9	25.7	24.7	23.8	23.1	22.2	21.4	20.5	19.6	18.4
34.2	30.3	29.4	28.3	27.0	25.8	24.8	23.9	23.2	22.3	21.5	20.6	19.7	18.4
34.3	30.5	29.6	28.5	27.1	25.9	24.9	24.0	23.3	22.4	21.6	20.7	19.8	18.5
34.4	30.7	29.8	28.6	27.2	26.0	25.0	24.1	23.4	22.5	21.7	20.8	19.8	18.6
34.5	30.9	30.0	28.8	27.3	26.1	25.1	24.2	23.5	22.6	21.8	20.9	19.9	18.7
34.6	31.1	30.2	28.9	27.4	26.2	25.2	24.3	23.6	22.7	21.9	21.0	20.0	18.8
34.7	31.3	30.4	29.1	27.5	26.3	25.3	24.4	23.7	22.8	22.0	21.1	20.1	18.9
34.8	31.4	30.5	29.2	27.6	26.4	25.4	24.5	23.8	22.9	22.1	21.2	20.2	19.0
34.9	31.6	30.7	29.4	27.8	26.6	25.6	24.7	23.9	23.1	22.2	21.3	20.3	19.1
35.0	31.8	30.8	29.6	28.0	26.7	25.8	24.8	24.0	23.2	22.3	21.4	20.4	19.2
35.1	32.0	31.0	29.8	28.1	26.9	25.9	24.9	24.1	23.3	22.4	21.5	20.5	19.3
35.2	32.1	31.1	29.9	28.2	27.0	26.0	25.0	24.2	23.4	22.5	21.6	20.6	19.4
35.3	32.3	31.3	30.1	28.4	27.2	26.2	25.2	24.3	23.6	22.7	21.7	20.7	19.5
35.4	32.5	31.5	30.2	28.6	27.3	26.3	25.4	24.4	23.7	22.8	21.8	20.8	19.6
35.5	32.7	31.7	30.4	28.8	27.5	26.5	25.6	24.6	23.9	22.9	21.9	20.9	19.7
35.6	32.9	31.9	30.6	29.0	27.6	26.6	25.7	24.7	24.0	23.0	22.0	21.0	19.8
35.7	33.1	32.1	30.8	29.2	27.8	26.8	25.9	24.9	24.2	23.2	22.1	21.1	19.9
35.8	33.3	32.3	31.0	29.3	28.0	27.0	26.0	25.0	24.3	23.3	22.2	21.2	20.0
35.9	33.5	32.5	31.1	29.5	28.1	26.1	25.2	24.4	23.4	22.3	21.3	20.1
36.0	33.6	32.6	31.2	29.6	28.2	27.2	26.2	25.2	24.5	23.5	22.4	21.4	20.2
36.1	33.8	32.8	31.4	29.8	28.4	27.4	26.4	25.4	24.7	23.7	22.5	21.5	20.3
36.2	34.0	33.0	31.6	29.9	28.6	27.5	26.5	25.5	24.8	23.8	22.6	21.6	20.4
36.3	34.2	33.2	31.8	30.1	28.8	27.7	26.7	25.7	25.0	24.0	22.7	21.7	20.5

附录 A 测区混凝土强度值换算表

续表

| 平均回弹值 R_m | 测区混凝土强度换算值 $f^c_{cu,i}$/MPa |||||||||||||
| | 平均碳化深度值 d_m/mm |||||||||||||
	0	0.5	1.0	1.5	2.0	2.5	3.0	3.5	4.0	4.5	5.0	5.5	≥6.0
36.4	34.4	33.4	32.0	30.3	28.9	27.9	26.8	25.8	25.1	24.1	22.8	21.8	20.6
36.5	34.6	33.6	32.2	30.5	29.1	28.1	27.0	26.0	25.3	24.3	22.9	21.9	20.8
36.6	34.8	33.8	32.4	30.6	29.2	28.2	27.1	26.1	25.4	24.4	23.0	22.0	20.9
36.7	35.0	34.0	32.6	30.8	29.4	28.4	27.3	26.3	25.6	24.5	23.1	22.1	21.0
36.8	35.2	34.1	32.7	31.0	29.6	28.5	27.5	26.4	25.7	24.6	23.2	22.2	21.1
36.9	35.4	34.3	32.9	31.1	29.7	28.7	27.6	26.5	25.8	24.7	23.3	22.3	21.2
37.0	35.5	34.4	33.0	31.2	29.8	28.8	27.7	26.6	25.9	24.8	23.4	22.4	21.3
37.1	35.7	34.6	33.2	31.4	30.0	29.0	27.9	26.8	26.1	25.0	23.6	22.5	21.4
37.2	35.9	34.8	33.4	31.6	30.2	29.1	28.0	26.9	26.2	25.1	23.7	22.6	21.5
37.3	36.1	35.0	33.6	31.8	30.4	29.3	28.2	27.1	26.4	25.3	23.9	22.8	21.7
37.4	36.3	35.2	33.8	31.9	30.5	29.4	28.3	27.2	26.5	25.4	24.0	22.9	21.8
37.5	36.5	35.4	34.0	32.1	30.7	29.6	28.5	27.4	26.7	25.6	24.1	23.0	21.9
37.6	36.7	35.6	34.1	32.3	30.8	29.7	28.6	27.5	26.8	25.7	24.2	23.1	22.0
37.7	36.9	35.8	34.3	32.5	31.0	29.9	28.8	27.7	27.0	25.9	24.4	23.3	22.2
37.8	37.1	36.0	34.5	32.6	31.2	30.0	28.9	27.8	27.1	26.0	24.5	23.4	22.3
37.9	37.3	36.2	34.7	32.8	31.4	30.2	29.1	28.0	27.3	26.1	24.7	23.5	22.4
38.0	37.5	36.4	34.9	33.0	31.5	30.3	29.2	28.1	27.4	26.2	24.8	23.6	22.5
38.1	37.7	36.6	35.1	33.2	31.7	30.5	29.4	28.3	27.6	26.4	24.9	23.8	22.6
38.2	37.9	36.8	35.2	33.4	31.8	30.6	29.5	28.4	27.7	26.5	25.0	23.9	22.7
38.3	38.1	37.0	35.4	33.6	32.0	30.8	29.7	28.6	27.9	26.7	25.2	24.0	22.9
38.4	38.3	37.2	35.6	33.7	32.1	30.9	29.8	28.7	28.0	26.8	25.3	24.1	23.0
38.5	38.5	37.4	35.8	33.9	32.3	31.1	30.0	28.9	28.2	26.9	25.4	24.3	23.1
38.6	38.7	37.5	36.0	34.1	32.4	31.2	30.1	29.0	28.3	27.0	25.5	24.4	23.2
38.7	38.9	37.7	36.2	34.3	32.6	31.4	30.3	29.2	28.4	27.1	25.7	24.5	23.4
38.8	39.1	37.9	36.4	34.4	32.7	31.5	30.4	29.3	28.5	27.2	25.8	24.6	23.5
38.9	39.3	38.1	36.6	34.6	32.9	31.7	30.5	29.5	28.7	27.3	25.9	24.7	23.6
39.0	39.5	38.2	36.7	34.7	33.0	31.8	30.6	29.6	28.8	27.4	26.0	24.8	23.7
39.1	39.7	38.4	36.9	34.9	33.2	32.0	30.7	29.7	28.9	27.5	26.1	24.9	23.9
39.2	39.9	38.5	37.0	35.0	33.3	32.1	30.8	29.8	29.0	27.6	26.2	25.0	24.0
39.3	40.1	38.7	37.2	35.2	33.5	32.3	30.9	29.9	29.1	27.7	26.3	25.1	24.1
39.4	40.3	38.8	37.3	35.3	33.6	32.4	31.0	30.0	29.2	27.8	26.4	25.2	24.2
39.5	40.5	39.0	37.5	35.5	33.8	32.6	31.1	30.1	29.3	27.9	26.5	25.3	24.3
39.6	40.7	39.1	37.6	35.6	33.9	32.7	31.2	30.2	29.4	28.0	26.6	25.4	24.4
39.7	41.0	39.4	37.8	35.8	34.1	32.9	31.3	30.4	29.6	28.1	26.7	25.5	24.6
39.8	41.2	39.6	38.0	35.9	34.2	33.0	31.4	30.5	29.7	28.2	26.8	25.6	24.7
39.9	41.4	39.8	38.2	36.1	34.4	33.2	31.6	30.7	29.9	28.3	26.9	25.7	24.9
40.0	41.6	39.9	38.3	36.2	34.5	33.3	31.7	30.8	30.0	28.4	27.0	25.8	25.0
40.1	41.8	40.1	38.5	36.4	34.7	33.5	31.9	31.0	30.1	28.5	27.2	25.9	25.1
40.2	42.0	40.3	38.6	36.5	34.8	33.6	32.0	31.1	30.2	28.6	27.3	26.0	25.2
40.3	42.2	40.5	38.8	36.7	35.0	33.8	32.2	31.3	30.4	28.7	27.5	26.1	25.3
40.4	42.4	40.7	39.0	36.9	35.1	33.9	32.3	31.4	30.5	28.8	27.6	26.2	25.4

续表

平均回弹值 R_m	测区混凝土强度换算值 $f_{cu,i}^c$/MPa											
	平均碳化深度值 d_m/mm											
	0	0.5	1.0	1.5	2.0	2.5	3.0	3.5	4.0	4.5	5.0	5.5	≥6.0
40.5	42.6	40.9	39.2	37.1	35.3	34.1	32.5	31.6	30.7	29.0	27.7	26.4	25.6
40.6	42.8	41.1	39.4	37.2	35.4	34.2	32.6	31.7	30.8	29.1	27.8	26.5	25.7
40.7	43.1	41.4	39.6	37.5	35.6	34.4	32.8	31.9	31.0	29.3	28.0	26.7	25.9
40.8	43.3	41.6	39.8	37.7	35.7	34.5	32.9	32.0	31.2	29.4	28.1	26.8	26.0
40.9	43.5	41.8	40.0	37.9	35.9	34.7	33.1	32.2	31.4	29.6	28.3	27.0	26.1
41.0	43.7	42.0	40.2	38.0	36.0	34.8	33.2	32.3	31.5	29.7	28.4	27.1	26.2
41.1	43.9	42.2	40.4	38.2	36.2	35.0	33.4	32.5	31.7	29.9	28.6	27.2	26.4
41.2	44.1	42.3	40.6	38.4	36.3	35.1	33.5	32.6	31.8	30.0	28.7	27.3	26.5
41.3	44.3	42.5	40.8	38.6	36.5	35.3	33.7	32.8	31.9	30.2	28.8	27.5	26.6
41.4	44.5	42.7	40.9	38.7	36.6	35.4	33.8	32.9	32.0	30.3	28.9	27.6	26.7
41.5	44.8	43.0	41.2	39.0	36.8	35.6	34.0	33.1	32.2	30.5	29.1	27.8	26.9
41.6	45.0	43.2	41.4	39.2	36.9	35.7	34.2	33.3	32.4	30.6	29.2	27.9	27.0
41.7	45.2	43.4	41.6	39.4	37.1	35.9	34.4	33.5	32.6	30.8	29.4	28.0	27.1
41.8	45.4	43.6	41.8	39.5	37.2	36.0	34.5	33.6	32.7	30.9	29.5	28.1	27.2
41.9	45.7	43.9	42.0	39.7	37.4	36.2	34.7	33.8	32.9	31.1	29.7	28.3	27.4
42.0	45.9	44.1	42.2	39.9	37.6	36.3	34.9	34.0	33.0	31.2	29.8	28.5	27.5
42.1	46.1	44.3	42.4	40.1	37.8	36.5	35.1	34.2	33.2	31.4	30.0	28.6	27.7
42.2	46.3	44.4	42.6	40.3	38.0	36.6	35.2	34.3	33.3	31.5	30.1	28.7	27.8
42.3	46.5	44.6	42.8	40.5	38.2	36.8	35.4	34.5	33.5	31.7	30.3	28.9	27.9
42.4	46.7	44.8	43.0	40.6	38.3	36.9	35.5	34.6	33.6	31.8	30.4	29.0	28.0
42.5	47.0	45.1	43.2	40.9	38.5	37.1	35.7	34.8	33.8	32.0	30.6	29.2	28.2
42.6	47.2	45.3	43.4	41.1	38.7	37.3	35.9	34.9	34.0	32.1	30.7	29.3	28.3
42.7	47.4	45.5	43.6	41.3	38.9	37.5	36.1	35.1	34.2	32.3	30.8	29.4	28.5
42.8	47.6	45.7	43.8	41.4	39.0	37.6	36.2	35.2	34.3	32.4	30.9	29.5	28.6
42.9	47.9	46.0	44.0	41.6	39.2	37.8	36.4	35.4	34.5	32.6	31.1	29.7	28.8
43.0	48.1	46.2	44.2	41.8	39.4	38.0	36.6	35.6	34.6	32.7	31.3	29.9	28.9
43.1	48.3	46.4	44.4	42.0	39.6	38.2	36.8	35.8	34.8	32.9	31.4	30.0	29.0
43.2	48.5	46.6	44.6	42.2	39.8	38.3	36.9	35.9	34.9	33.0	31.5	30.1	29.1
43.3	48.8	46.8	44.9	42.4	40.0	38.5	37.1	36.1	35.1	33.2	31.7	30.3	29.3
43.4	49.0	47.0	45.1	42.6	40.2	38.7	37.2	36.3	35.3	33.3	31.8	30.4	29.4
43.5	49.2	47.2	45.3	42.8	40.4	38.9	37.4	36.5	35.5	33.5	32.0	30.5	29.5
43.6	49.4	47.4	45.4	43.0	40.5	39.0	37.5	36.6	35.6	33.6	32.1	30.6	29.6
43.7	49.7	47.7	45.7	43.2	40.7	39.2	37.7	36.8	35.7	33.8	32.3	30.8	29.8
43.8	49.9	47.9	45.9	43.4	40.9	39.4	37.9	36.9	35.9	33.9	32.4	30.9	29.9
43.9	50.2	48.2	46.2	43.6	41.1	39.6	38.1	37.1	36.1	34.1	32.6	31.1	30.1
44.0	50.4	48.4	46.4	43.8	41.3	39.8	38.3	37.3	36.3	34.3	32.8	31.2	30.2
44.1	50.6	48.6	46.6	44.0	41.5	40.0	38.5	37.5	36.5	34.4	32.9	31.4	30.4
44.2	50.8	48.8	46.7	44.2	41.7	40.1	38.6	37.6	36.6	34.5	33.0	31.5	30.5
44.3	51.1	49.0	47.0	44.4	41.9	40.3	38.8	37.8	36.8	34.7	33.2	31.7	30.7
44.4	51.3	49.2	47.2	44.6	42.1	40.5	39.0	38.0	36.9	34.9	33.3	31.8	30.8
44.5	51.5	49.4	47.4	44.8	42.3	40.7	39.2	38.2	37.1	35.1	33.5	32.0	30.9

附录A 测区混凝土强度值换算表

续表

平均回弹值 R_m	测区混凝土强度换算值 $f^c_{cu,i}$/MPa											
	平均碳化深度值 d_m/mm											
	0	0.5	1.0	1.5	2.0	2.5	3.0	3.5	4.0	4.5	5.0	5.5	≥6.0
44.6	51.7	49.6	47.6	45.0	42.4	40.8	39.3	38.3	37.2	35.2	33.6	32.1	31.0
44.7	52.0	49.9	47.8	45.2	42.6	41.0	39.5	38.5	37.4	35.4	33.8	32.3	31.2
44.8	52.2	50.1	48.0	45.4	42.8	41.2	39.7	38.6	37.6	35.5	33.9	32.4	31.3
44.9	52.5	50.4	48.3	45.6	43.0	41.4	39.9	38.8	37.8	35.7	34.1	32.6	31.5
45.0	52.7	50.6	48.5	45.8	43.2	41.6	40.1	39.0	37.9	35.8	34.3	32.7	31.6
45.1	53.0	50.9	48.7	46.1	43.4	41.8	40.3	39.2	38.1	36.0	34.5	32.9	31.8
45.2	53.2	51.1	48.9	46.3	43.6	42.0	40.4	39.4	38.3	36.2	34.6	33.0	31.9
45.3	53.4	51.3	49.2	46.5	43.8	42.2	40.6	39.6	38.5	36.3	34.7	33.1	32.1
45.4	53.6	51.5	49.4	46.6	44.0	42.3	40.7	39.7	38.6	36.4	34.8	33.2	32.2
45.5	53.9	51.7	49.6	46.9	44.2	42.5	40.9	39.9	38.8	36.6	35.0	33.4	32.4
45.6	54.1	51.9	49.8	47.1	44.4	42.7	41.1	40.0	39.0	36.8	35.2	33.5	32.5
45.7	54.4	52.2	50.0	47.3	44.6	42.9	41.3	40.2	39.2	37.0	35.4	33.7	32.7
45.8	54.6	52.4	50.2	47.5	44.8	43.1	41.5	40.4	39.3	37.1	35.5	33.9	32.8
45.9	54.8	52.6	50.4	47.7	45.0	43.3	41.7	40.6	39.5	37.3	35.7	34.1	33.0
46.0	55.0	52.8	50.6	47.9	45.2	43.5	41.9	40.8	39.7	37.5	35.8	34.2	33.1
46.1	55.3	53.1	50.9	48.1	45.4	43.7	42.1	41.0	39.9	37.6	36.0	34.3	33.2
46.2	55.5	53.3	51.1	48.3	45.5	43.8	42.2	41.1	40.0	37.7	36.1	34.4	33.3
46.3	55.8	53.6	51.3	48.5	45.7	44.0	42.4	41.3	40.2	37.9	36.3	34.6	33.5
46.4	56.0	53.8	51.5	48.7	45.9	44.2	42.6	41.4	40.3	38.1	36.4	34.7	33.6
46.5	56.3	54.0	51.8	49.0	46.1	44.4	42.8	41.6	40.5	38.3	36.6	34.9	33.8
46.6	56.5	54.2	52.0	49.2	46.3	44.6	42.9	41.8	40.7	38.4	36.7	35.0	33.9
46.7	56.8	54.5	52.2	49.4	46.5	44.8	43.1	42.0	40.9	38.6	36.9	35.2	34.1
46.8	57.0	54.7	52.4	49.6	46.7	45.0	43.3	42.2	41.0	38.8	37.0	35.3	34.2
46.9	57.3	55.0	52.7	49.8	47.0	45.1	43.5	42.4	41.2	39.0	37.2	35.5	34.4
47.0	57.5	55.2	52.9	50.0	47.2	45.2	43.7	42.6	41.4	39.1	37.4	35.6	34.5
47.1	57.8	55.5	53.2	50.3	47.4	45.5	43.9	42.8	41.6	39.3	37.6	35.8	34.7
47.2	58.0	55.7	53.4	50.5	47.6	45.8	44.1	42.9	41.8	39.4	37.7	36.0	34.8
47.3	58.3	56.0	53.6	50.7	47.8	46.0	44.3	43.1	42.0	39.6	37.9	36.2	35.0
47.4	58.5	56.2	53.8	50.9	48.0	46.2	44.5	43.3	42.1	39.8	38.0	36.3	35.1
47.5	58.8	56.4	54.1	51.1	48.2	46.4	44.7	43.5	42.3	40.0	38.2	36.5	35.3
47.6	59.0	56.6	54.3	51.3	48.4	46.6	44.8	43.7	42.5	40.1	38.4	36.6	35.4
47.7	59.3	46.9	54.5	51.6	48.6	46.8	45.0	43.9	42.7	40.3	38.6	36.8	35.6
47.8	59.5	37.1	54.7	51.8	48.8	47.0	45.2	44.0	42.8	40.5	38.7	36.9	35.7
47.9	59.8	47.4	55.0	52.0	49.0	47.2	45.4	44.2	43.0	40.7	38.9	37.1	35.9
48.0	60.0	57.6	55.2	52.2	49.2	47.4	45.6	44.4	43.2	40.8	39.0	37.2	36.0
48.1	—	57.8	55.5	52.4	49.4	47.6	45.8	44.6	43.4	41.0	39.2	37.4	36.2
48.2	—	58.0	55.7	52.6	49.6	47.8	46.0	44.8	43.6	41.1	39.3	37.5	36.3
48.3	—	58.3	55.9	52.9	49.8	48.0	46.2	45.0	43.8	41.3	39.5	37.7	36.5
48.4	—	58.6	56.1	53.1	50.0	48.2	46.4	45.1	43.9	41.5	39.6	37.8	36.6
48.5	—	58.8	56.4	53.3	50.2	48.4	46.6	45.3	44.1	41.7	39.8	38.0	36.8
48.6	—	59.0	56.6	53.5	50.4	48.6	46.7	45.5	44.3	41.8	40.0	38.1	36.9

续表

平均回弹值 R_m	测区混凝土强度换算值 $f^c_{cu,i}$/MPa											
	平均碳化深度值 d_m/mm											
	0	0.5	1.0	1.5	2.0	2.5	3.0	3.5	4.0	4.5	5.0	5.5	≥6.0
48.7	—	59.3	56.9	53.8	50.7	48.8	46.9	45.7	44.5	42.0	40.2	38.3	37.1
48.8	—	59.5	57.1	54.0	50.9	49.0	47.1	45.9	44.6	42.2	40.3	38.4	37.2
48.9	—	59.8	57.3	54.2	51.1	49.2	47.3	46.1	44.8	42.4	40.5	38.6	37.4
49.0	—	60.0	57.5	54.4	51.3	49.4	47.5	46.2	45.0	42.5	40.6	38.8	37.5
49.1	—	—	57.8	54.6	51.5	49.6	47.7	46.4	45.2	42.7	40.8	39.0	37.7
49.2	—	—	58.0	54.8	51.7	49.8	47.9	46.6	45.4	42.8	41.0	39.1	37.8
49.3	—	—	58.3	55.1	51.9	50.0	48.1	46.9	45.6	43.0	41.2	39.3	38.0
49.4	—	—	58.5	55.3	52.1	50.2	48.3	47.1	45.8	43.2	41.3	39.4	38.2
49.5	—	—	58.7	55.5	52.3	50.4	48.5	47.3	46.0	43.4	41.5	39.6	38.4
49.6	—	—	58.9	55.7	52.5	50.6	48.7	47.4	46.2	43.6	41.7	39.7	38.5
49.7	—	—	59.2	56.0	52.8	50.8	48.9	47.6	46.4	43.8	41.9	39.9	38.7
49.8	—	—	59.4	56.2	53.0	51.0	49.1	47.8	46.5	43.9	42.0	40.1	38.8
49.9	—	—	59.7	56.5	53.2	51.2	49.3	48.0	46.7	44.1	42.2	40.3	39.0
50.0	—	—	59.9	56.7	53.4	51.4	49.5	48.2	46.9	44.3	42.3	40.4	39.1
50.1	—	—	—	56.9	53.6	51.7	49.7	48.4	47.1	44.5	42.5	40.6	39.3
50.2	—	—	—	57.1	53.8	51.9	49.9	48.5	47.2	44.6	42.6	40.7	39.4
50.3	—	—	—	57.4	54.1	52.1	50.1	48.8	47.5	44.8	42.8	40.9	39.6
50.4	—	—	—	57.6	54.3	52.3	50.3	49.0	47.7	45.0	43.0	41.0	39.7
50.5	—	—	—	57.8	54.5	52.5	50.5	49.2	47.9	45.2	43.2	41.2	39.9
50.6	—	—	—	58.0	54.7	52.7	50.7	49.4	48.0	45.4	43.4	41.4	40.0
50.7	—	—	—	58.3	54.9	52.9	50.9	49.6	48.2	45.6	43.6	41.6	40.2
50.8	—	—	—	58.5	55.1	53.1	51.1	49.8	48.4	45.7	43.7	41.7	40.3
50.9	—	—	—	58.8	55.4	53.3	51.3	50.0	48.6	45.9	43.9	41.9	40.5
51.0	—	—	—	59.0	55.6	53.5	51.5	50.1	48.8	46.1	44.1	42.0	40.7
51.1	—	—	—	59.2	55.8	53.8	51.7	50.3	49.0	46.3	44.3	42.2	40.9
51.2	—	—	—	59.4	56.0	54.0	51.9	50.5	49.2	46.4	44.4	42.3	41.0
51.3	—	—	—	59.7	56.2	54.2	52.1	50.7	49.4	46.6	44.6	42.5	41.2
51.4	—	—	—	59.9	56.4	54.4	52.3	50.9	49.6	46.8	44.7	42.7	41.3
51.5	—	—	—	—	56.7	54.6	52.5	51.1	49.8	47.0	44.9	42.9	41.5
51.6	—	—	—	—	56.9	54.8	52.7	51.3	50.0	47.2	45.1	43.0	41.6
51.7	—	—	—	—	57.1	55.0	52.9	51.5	50.2	47.4	45.3	43.2	41.7
51.8	—	—	—	—	57.3	55.2	53.1	51.7	50.3	47.5	45.4	43.3	41.8
51.9	—	—	—	—	57.6	55.5	53.4	51.9	50.5	47.7	45.6	43.5	42.1
52.0	—	—	—	—	57.8	55.7	53.6	52.1	50.7	47.9	45.8	43.7	42.3
52.1	—	—	—	—	58.0	55.9	53.8	52.3	50.9	48.1	46.0	43.9	42.5
52.2	—	—	—	—	58.2	56.1	54.0	52.5	51.1	48.3	46.2	44.0	42.6
52.3	—	—	—	—	58.5	56.3	54.2	52.8	51.3	48.5	46.4	44.2	42.8
52.4	—	—	—	—	58.7	56.5	54.4	53.0	51.5	48.7	46.5	44.4	43.0
52.5	—	—	—	—	58.9	56.8	54.6	53.2	51.7	48.9	46.7	44.6	43.2
52.6	—	—	—	—	59.1	57.0	54.8	53.4	51.9	49.0	46.9	44.7	43.3
52.7	—	—	—	—	59.4	57.2	55.0	53.6	52.1	49.2	47.1	44.9	43.5

附录A 测区混凝土强度值换算表

续表

| 平均回弹值 R_m | 测区混凝土强度换算值 $f_{cu,i}^c$/MPa |||||||||||||
| | 平均碳化深度值 d_m/mm |||||||||||||
	0	0.5	1.0	1.5	2.0	2.5	3.0	3.5	4.0	4.5	5.0	5.5	≥6.0
52.8	—	—	—	—	59.6	57.4	55.2	53.8	52.3	49.4	47.3	45.1	43.6
52.9	—	—	—	—	59.8	57.6	55.4	54.0	52.5	49.6	47.5	45.3	43.8
53.0	—	—	—	—	60.0	57.8	55.6	54.2	52.7	49.8	47.6	45.4	43.9
53.1	—	—	—	—	—	58.1	55.9	54.4	52.9	50.0	47.8	45.6	44.1
53.2	—	—	—	—	—	58.3	56.1	54.6	53.1	50.2	48.0	45.8	44.3
53.3	—	—	—	—	—	58.5	56.3	54.8	53.3	50.4	48.2	46.0	44.5
53.4	—	—	—	—	—	58.7	56.5	55.0	53.5	50.5	48.3	46.1	44.6
53.5	—	—	—	—	—	59.0	56.7	55.2	53.7	50.7	48.5	46.3	44.8
53.6	—	—	—	—	—	59.2	56.9	55.4	53.9	50.9	48.7	46.4	44.9
53.7	—	—	—	—	—	59.4	57.1	55.6	54.1	51.1	48.9	46.6	45.1
53.8	—	—	—	—	—	59.6	57.3	55.8	54.3	51.3	49.0	46.8	45.3
53.9	—	—	—	—	—	—	57.6	56.1	54.5	51.5	49.2	47.0	45.5
54.0	—	—	—	—	—	—	57.8	56.3	54.7	51.7	49.4	47.1	45.6
54.1	—	—	—	—	—	—	58.0	56.5	54.9	51.9	49.6	47.3	45.8
54.2	—	—	—	—	—	—	58.2	56.7	55.1	52.1	49.8	47.5	46.0
54.3	—	—	—	—	—	—	58.4	56.9	55.4	52.3	50.0	47.7	46.2
54.4	—	—	—	—	—	—	58.6	57.1	55.6	52.5	50.2	47.9	46.3
54.5	—	—	—	—	—	—	58.9	57.3	55.8	52.7	50.4	48.1	46.5
54.6	—	—	—	—	—	—	59.1	57.5	56.0	52.9	50.5	48.2	46.6
54.7	—	—	—	—	—	—	59.3	57.7	56.2	53.1	50.7	48.4	46.8
54.8	—	—	—	—	—	—	59.5	57.9	56.4	53.2	50.9	48.5	47.0
54.9	—	—	—	—	—	—	59.7	58.2	56.6	53.4	51.1	48.7	47.2
55.0	—	—	—	—	—	—	59.9	58.4	56.8	53.6	51.3	48.9	47.3
55.1	—	—	—	—	—	—	—	58.6	57.0	53.8	51.5	49.1	47.5
55.2	—	—	—	—	—	—	—	58.8	57.2	54.0	51.6	49.3	47.7
55.3	—	—	—	—	—	—	—	59.0	57.4	54.2	51.8	49.5	47.9
55.4	—	—	—	—	—	—	—	59.2	57.6	54.4	52.0	49.6	48.0
55.5	—	—	—	—	—	—	—	59.5	57.8	54.6	52.2	49.8	48.2
55.6	—	—	—	—	—	—	—	59.7	58.0	54.8	52.4	50.0	48.4
55.7	—	—	—	—	—	—	—	—	58.3	55.0	52.6	50.2	48.6
55.8	—	—	—	—	—	—	—	—	58.5	55.2	52.8	50.3	48.7
55.9	—	—	—	—	—	—	—	—	58.7	55.4	53.0	50.5	48.9
56.0	—	—	—	—	—	—	—	—	58.9	55.6	53.2	50.7	49.1
56.1	—	—	—	—	—	—	—	—	59.1	55.8	53.4	50.9	49.3
56.2	—	—	—	—	—	—	—	—	59.3	56.0	53.5	51.1	49.4
56.3	—	—	—	—	—	—	—	—	59.5	56.2	53.7	51.3	49.6
56.4	—	—	—	—	—	—	—	—	59.7	56.4	53.9	51.4	49.8
56.5	—	—	—	—	—	—	—	—	—	56.6	54.1	51.6	50.0
56.6	—	—	—	—	—	—	—	—	—	56.8	54.3	51.8	50.1
56.7	—	—	—	—	—	—	—	—	—	57.0	54.5	52.0	50.3
56.8	—	—	—	—	—	—	—	—	—	57.2	54.7	52.2	50.5

续表

| 平均回弹值 R_m | 测区混凝土强度换算值 $f^c_{cu,i}$/MPa |||||||||||||
| | 平均碳化深度值 d_m/mm |||||||||||||
	0	0.5	1.0	1.5	2.0	2.5	3.0	3.5	4.0	4.5	5.0	5.5	≥6.0
56.9	—	—	—	—	—	—	—	—	—	57.4	54.9	52.4	50.7
57.0	—	—	—	—	—	—	—	—	—	57.6	55.1	52.5	50.8
57.1	—	—	—	—	—	—	—	—	—	57.8	55.3	52.7	51.0
57.2	—	—	—	—	—	—	—	—	—	58.0	55.5	52.9	51.2
57.3	—	—	—	—	—	—	—	—	—	58.2	55.7	53.1	51.4
57.4	—	—	—	—	—	—	—	—	—	58.4	55.9	53.3	51.6
57.5	—	—	—	—	—	—	—	—	—	58.7	56.1	53.5	51.8
57.6	—	—	—	—	—	—	—	—	—	58.9	56.3	53.7	51.9
57.7	—	—	—	—	—	—	—	—	—	59.1	56.5	53.9	52.1
57.8	—	—	—	—	—	—	—	—	—	59.3	56.7	54.0	52.3
57.9	—	—	—	—	—	—	—	—	—	59.5	56.9	54.2	52.5
58.0	—	—	—	—	—	—	—	—	—	59.7	57.0	54.4	52.7
58.1	—	—	—	—	—	—	—	—	—	—	57.2	54.6	52.9
58.2	—	—	—	—	—	—	—	—	—	—	57.4	54.8	53.0
58.3	—	—	—	—	—	—	—	—	—	—	57.6	55.0	53.2
58.4	—	—	—	—	—	—	—	—	—	—	57.8	55.2	53.4
58.5	—	—	—	—	—	—	—	—	—	—	58.0	55.4	53.6
58.6	—	—	—	—	—	—	—	—	—	—	58.2	55.6	53.8
58.7	—	—	—	—	—	—	—	—	—	—	58.4	55.8	54.0
58.8	—	—	—	—	—	—	—	—	—	—	58.6	55.9	54.1
58.9	—	—	—	—	—	—	—	—	—	—	58.8	56.1	54.3
59.0	—	—	—	—	—	—	—	—	—	—	59.0	56.3	54.5
59.1	—	—	—	—	—	—	—	—	—	—	59.2	56.5	54.7
59.2	—	—	—	—	—	—	—	—	—	—	59.4	56.7	54.9
59.3	—	—	—	—	—	—	—	—	—	—	59.6	56.9	55.1
59.4	—	—	—	—	—	—	—	—	—	—	59.8	57.1	55.2
59.5	—	—	—	—	—	—	—	—	—	—	—	57.3	55.4
59.6	—	—	—	—	—	—	—	—	—	—	—	57.5	55.6
59.7	—	—	—	—	—	—	—	—	—	—	—	57.7	55.8
59.8	—	—	—	—	—	—	—	—	—	—	—	57.9	56.0
59.9	—	—	—	—	—	—	—	—	—	—	—	58.1	56.2
60.0	—	—	—	—	—	—	—	—	—	—	—	58.3	56.4

附录 B 泵送混凝土测区混凝土强度值换算表

平均回弹值 R_m	测区混凝土强度换算值 $f^c_{cu,i}$/MPa 平均碳化深度值 d_m/mm												
	0	0.5	1.0	1.5	2.0	2.5	3.0	3.5	4.0	4.5	5.0	5.5	≥6.0
18.6	10.0	—	—	—	—	—	—	—	—	—	—	—	—
18.7	10.1	—	—	—	—	—	—	—	—	—	—	—	—
18.8	10.2	10.0	—	—	—	—	—	—	—	—	—	—	—
18.9	10.3	10.1	—	—	—	—	—	—	—	—	—	—	—
19.0	10.4	10.2	10.0	—	—	—	—	—	—	—	—	—	—
19.1	10.5	10.3	10.1		—	—	—	—	—	—	—	—	—
19.2	10.6	10.4	10.2	10.0	—	—	—	—	—	—	—	—	—
19.3	10.8	10.6	10.3	10.1		—	—	—	—	—	—	—	—
19.4	10.9	10.7	10.4	10.2	10.0	—	—	—	—	—	—	—	—
19.5	11.0	10.8	10.5	10.3	10.1		—	—	—	—	—	—	—
19.6	11.1	10.9	10.6	10.4	10.2	10.0	—	—	—	—	—	—	—
19.7	11.2	11.0	10.8	10.5	10.3	10.1		—	—	—	—	—	—
19.8	11.3	11.1	10.9	10.6	10.4	10.2	10.0	—	—	—	—	—	—
19.9	11.4	11.2	11.0	10.8	10.5	10.3	10.1		—	—	—	—	—
20.0	11.5	11.3	11.1	10.9	10.6	10.4	10.2	10.0	—	—	—	—	—
20.1	11.6	11.4	11.2	11.0	10.8	10.5	10.3	10.1		—	—	—	—
20.2	11.8	11.5	11.3	11.1	10.9	10.6	10.4	10.2	10.0	—	—	—	—
20.3	11.9	11.6	11.4	11.2	11.0	10.7	10.5	10.3	10.1		—	—	—
20.4	12.0	11.7	11.5	11.3	11.1	10.8	10.6	10.4	10.2	10.0	—	—	—
20.5	12.1	11.8	11.6	11.4	11.2	10.9	10.7	10.5	10.3	10.1		—	—
20.6	12.2	12.0	11.7	11.5	11.3	11.0	10.8	10.6	10.4	10.2	10.0	—	—
20.7	12.3	12.1	11.8	11.6	11.4	11.2	10.9	10.7	10.5	10.3	10.1		—
20.8	12.4	12.2	12.0	11.7	11.5	11.3	11.0	10.8	10.6	10.4	10.2	10.0	—
20.9	12.6	12.4	12.2	11.9	11.7	11.5	11.2	11.0	10.8	10.6	10.4	10.2	
21.0	12.7	12.5	12.3	12.1	11.9	11.7	11.5	11.3	11.1	10.9	10.7	10.5	10.0
21.1	12.8	12.6	12.4	12.2	12.0	11.8	11.6	11.4	11.2	11.0	10.8	10.6	10.1
21.2	12.9	12.7	12.5	12.3	12.1	11.9	11.7	11.5	11.3	11.1	10.9	10.7	10.2
21.3	13.0	12.8	12.6	12.4	12.2	12.0	11.8	11.6	11.4	11.2	11.0	10.8	10.2
21.4	13.1	12.9	12.7	12.5	12.3	12.1	11.9	11.7	11.5	11.3	11.1	10.9	10.3
21.5	13.2	13.0	12.8	12.6	12.4	12.2	12.0	11.8	11.6	11.4	11.2	11.0	10.4
21.6	13.4	13.2	13.0	12.8	12.6	12.4	12.2	12.0	11.8	11.6	11.4	11.2	10.5
21.7	13.5	13.3	13.1	12.9	12.7	12.5	12.3	12.1	11.9	11.7	11.5	11.3	10.6
21.8	13.6	13.4	13.2	13.0	12.8	12.6	12.4	12.2	12.0	11.8	11.6	11.4	10.7
21.9	13.8	13.5	13.3	13.1	12.9	12.7	12.5	12.3	12.1	11.9	11.7	11.5	10.8
22.0	13.9	13.6	13.4	13.2	13.0	12.8	12.6	12.4	12.2	12.0	11.8	11.6	10.9
22.1	14.0	13.7	13.5	13.3	13.1	12.9	12.7	12.5	12.3	12.1	11.9	11.7	11.0
22.2	14.1	13.8	13.6	13.4	13.2	13.0	12.8	12.6	12.4	12.2	12.0	11.8	11.1
22.3	14.2	14.0	13.7	13.4	13.2	13.0	12.7	12.4	12.2	12.0	11.7	11.4	11.2
22.4	14.4	14.1	13.8	13.5	13.2	12.9	12.6	12.3	12.0	11.7	11.4	11.1	11.3

续表

平均回弹值 R_m	测区混凝土强度换算值 $f^c_{cu,i}$/MPa												
	平均碳化深度值 d_m/mm												
	0	0.5	1.0	1.5	2.0	2.5	3.0	3.5	4.0	4.5	5.0	5.5	≥6.0
22.5	14.5	14.2	13.9	13.6	13.3	13.0	12.7	12.4	12.1	11.8	11.5	11.2	11.4
22.6	14.6	14.3	14.0	13.7	13.4	13.1	12.8	12.5	12.2	11.9	11.6	11.3	11.5
22.7	14.8	14.4	14.2	13.8	13.6	13.2	13.0	12.6	12.4	12.0	11.8	11.4	11.6
22.8	14.9	14.6	14.3	14.0	13.7	13.4	13.1	12.8	12.5	12.2	11.9	11.6	11.7
22.9	15.0	14.7	14.4	14.1	13.8	13.5	13.2	12.9	12.6	12.3	12.0	11.7	11.8
23.0	15.1	14.8	14.5	14.2	13.9	13.6	13.3	13.0	12.7	12.4	12.1	11.8	11.9
23.1	15.2	15.0	14.6	14.4	14.0	13.8	13.4	13.2	12.8	12.6	12.2	12.0	12.0
23.2	15.4	15.1	14.8	14.5	14.2	13.9	13.6	13.3	13.0	12.7	12.4	12.1	12.1
23.3	15.5	15.2	14.9	14.6	14.3	14.0	13.7	13.4	13.1	12.8	12.5	12.2	12.2
23.4	15.6	15.3	15.0	14.7	14.4	14.1	13.8	13.5	13.2	12.9	12.6	12.3	12.3
23.5	15.8	15.4	15.2	14.8	14.6	14.2	14.0	13.6	13.4	13.0	12.8	12.4	12.4
23.6	15.9	15.6	15.3	15.0	14.7	14.4	14.1	13.8	13.5	13.2	12.9	12.6	12.5
23.7	16.0	15.8	15.4	15.2	14.8	14.6	14.2	14.0	13.6	13.4	13.0	12.8	12.6
23.8	16.2	15.9	15.6	15.3	15.0	14.7	14.4	14.1	13.8	13.5	13.2	12.9	12.7
23.9	16.3	16.0	15.7	15.4	15.1	14.8	14.5	14.2	13.9	13.6	13.3	13.0	12.8
24.0	16.4	16.1	15.8	15.5	15.2	14.9	14.6	14.3	14.0	13.7	13.4	13.1	12.9
24.1	16.5	16.2	16.0	15.6	15.4	15.0	14.8	14.4	14.2	13.8	13.6	13.2	13.0
24.2	16.7	16.4	16.1	15.8	15.5	15.2	14.9	14.6	14.3	14.0	13.7	13.4	13.1
24.3	16.8	16.5	16.2	16.0	15.6	15.4	15.0	14.8	14.4	14.2	13.8	13.6	13.2
24.4	17.0	16.7	16.4	16.1	15.8	15.5	15.2	14.9	14.6	14.3	14.0	13.7	13.3
24.5	17.1	16.8	16.5	16.2	15.9	15.6	15.3	15.0	14.7	14.4	14.1	13.8	13.4
24.6	17.2	16.9	16.6	16.3	16.0	15.7	15.4	15.1	14.8	14.5	14.2	13.9	13.6
24.7	17.4	17.0	16.8	16.5	16.2	15.8	15.6	15.2	15.0	14.6	14.4	14.0	13.7
24.8	17.5	17.2	16.9	16.6	16.3	16.0	15.7	15.4	15.1	14.8	14.5	14.2	13.8
24.9	17.6	17.4	17.0	16.8	16.5	16.2	15.8	15.6	15.2	15.0	14.6	14.4	13.9
25.0	17.8	17.5	17.2	16.9	16.6	16.3	16.0	15.7	15.4	15.1	14.8	14.5	14.0
25.1	17.9	17.6	17.3	17.0	16.7	16.4	16.1	15.8	15.5	15.2	14.9	14.6	14.1
25.2	18.0	17.7	17.4	17.1	16.8	16.5	16.2	15.9	15.6	15.3	15.0	14.7	14.2
25.3	18.2	17.8	17.5	17.2	17.0	16.6	16.4	16.0	15.8	15.4	15.2	14.8	14.3
25.4	18.3	18.0	17.7	17.4	17.1	16.8	16.5	16.2	15.9	15.6	15.3	15.0	14.4
25.5	18.5	18.2	17.8	17.5	17.2	17.0	16.6	16.4	16.0	15.8	15.4	15.2	14.6
25.6	18.6	18.3	18.0	17.7	17.4	17.1	16.8	16.5	16.2	15.9	15.6	15.3	14.7
25.7	18.8	18.5	18.2	17.8	17.5	17.2	17.0	16.6	16.4	16.0	15.8	15.4	14.8
25.8	18.9	18.6	18.3	18.0	17.7	17.4	17.1	16.8	16.5	16.2	15.9	15.6	14.9
25.9	19.0	18.8	18.5	18.2	17.8	17.5	17.2	17.0	16.6	16.4	16.0	15.8	15.0
26.0	19.2	18.9	18.6	18.3	18.0	17.7	17.4	17.1	16.8	16.5	16.2	15.9	15.1
26.1	19.4	19.0	18.8	18.5	18.2	17.8	17.5	17.2	17.0	16.6	16.4	16.0	15.2
26.2	19.5	19.2	18.9	18.6	18.3	18.0	17.7	17.4	17.1	16.8	16.5	16.2	15.3
26.3	19.6	19.4	19.0	18.8	18.5	18.2	17.8	17.5	17.2	17.0	16.6	16.4	15.4
26.4	19.8	19.5	19.2	18.9	18.6	18.3	18.0	17.7	17.4	17.1	16.8	16.5	15.6

附录B 泵送混凝土测区混凝土强度值换算表

续表

| 平均回弹值 R_m | 测区混凝土强度换算值 $f^c_{cu,i}$/MPa |||||||||||||
| | 平均碳化深度值 d_m/mm |||||||||||||
	0	0.5	1.0	1.5	2.0	2.5	3.0	3.5	4.0	4.5	5.0	5.5	≥6.0
26.5	19.9	19.6	19.3	19.0	18.7	18.4	18.1	17.8	17.5	17.2	16.9	16.6	15.7
26.6	20.0	19.7	19.4	19.1	18.8	18.5	18.2	17.9	17.6	17.3	17.0	16.7	15.8
26.7	20.2	19.8	19.4	19.1	18.8	18.4	18.0	17.7	17.4	17.0	16.6	16.3	15.9
26.8	20.3	19.9	19.5	19.1	18.7	18.3	17.9	17.5	17.1	16.7	16.3	15.9	16.0
26.9	20.5	20.0	19.6	19.2	18.8	18.5	18.0	17.6	17.2	16.8	16.5	16.0	16.1
27.0	20.6	20.2	19.8	19.4	19.0	18.6	18.2	17.8	17.4	17.0	16.6	16.2	16.2
27.1	20.8	20.4	20.0	19.5	19.2	18.8	18.4	18.0	17.5	17.2	16.8	16.4	16.4
27.2	20.9	20.5	20.1	19.7	19.3	18.9	18.5	18.1	17.7	17.3	16.9	16.5	16.5
27.3	21.0	20.6	20.2	19.8	19.5	19.0	18.6	18.2	17.8	17.5	17.0	16.6	16.6
27.4	21.2	20.8	20.4	20.0	19.6	19.2	18.8	18.4	18.0	17.6	17.2	16.8	16.7
27.5	21.4	21.0	20.5	20.2	19.8	19.4	19.0	18.5	18.2	17.8	17.4	17.0	16.8
27.6	21.5	21.1	20.7	20.3	19.9	19.5	19.1	18.7	18.3	17.9	17.5	17.1	17.0
27.7	21.6	21.2	20.8	20.5	20.0	19.6	19.2	18.8	18.5	18.0	17.6	17.2	17.1
27.8	21.8	21.4	21.0	20.6	20.2	19.8	19.4	19.0	18.6	18.2	17.8	17.4	17.2
27.9	22.0	21.5	21.2	20.8	20.4	20.0	19.5	19.2	18.8	18.4	18.0	17.5	17.3
28.0	22.1	21.7	21.3	20.9	20.5	20.1	19.7	19.3	18.9	18.5	18.1	17.7	17.4
28.1	22.2	21.8	21.5	21.0	20.6	20.2	19.8	19.5	19.0	18.6	18.2	17.8	17.5
28.2	22.4	22.0	21.6	21.2	20.8	20.4	20.0	19.6	19.2	18.8	18.4	18.0	17.7
28.3	22.6	22.2	21.8	21.4	21.0	20.6	20.2	19.8	19.4	19.0	18.6	18.2	17.8
28.4	22.8	22.4	22.0	21.6	21.2	20.8	20.4	20.0	19.6	19.2	18.8	18.4	17.9
28.5	23.0	22.5	22.2	21.8	21.4	21.0	20.5	20.2	19.8	19.4	19.0	18.5	18.0
28.6	23.1	22.7	22.3	21.9	21.5	21.1	20.7	20.3	19.9	19.5	19.1	18.7	18.2
28.7	23.2	22.8	22.5	22.0	21.6	21.2	20.8	20.5	20.0	19.6	19.2	18.8	18.3
28.8	23.4	23.0	22.6	22.2	21.8	21.4	21.0	20.6	20.2	19.8	19.4	19.0	18.4
28.9	23.5	23.2	22.8	22.4	22.0	21.5	21.2	20.8	20.4	20.0	19.5	19.2	18.5
29.0	23.7	23.3	22.9	22.5	22.1	21.7	21.3	20.9	20.5	20.1	19.7	19.3	18.7
29.1	23.8	23.5	23.0	22.6	22.2	21.8	21.5	21.0	20.6	20.2	19.8	19.5	18.8
29.2	24.0	23.6	23.2	22.8	22.4	22.0	21.6	21.2	20.8	20.4	20.0	19.6	18.9
29.3	24.2	23.8	23.4	23.0	22.5	22.2	21.8	21.4	21.0	20.5	20.2	19.8	19.0
29.4	24.3	23.9	23.5	23.1	22.7	22.3	21.9	21.5	21.1	20.7	20.3	19.9	19.2
29.5	24.5	24.1	23.7	23.3	22.9	22.5	22.1	21.7	21.3	20.9	20.5	20.1	19.3
29.6	24.7	24.3	23.9	23.5	23.1	22.7	22.3	21.9	21.5	21.1	20.7	20.3	19.4
29.7	24.8	24.5	24.0	23.6	23.2	22.8	22.5	22.0	21.6	21.2	20.8	20.5	19.5
29.8	25.0	24.6	24.2	23.8	23.4	23.0	22.6	22.2	21.8	21.4	21.0	20.6	19.7
29.9	25.2	24.8	24.4	24.0	23.5	23.2	22.8	22.4	22.0	21.5	21.2	20.8	19.8
30.0	25.3	24.9	24.5	24.1	23.7	23.3	22.9	22.5	22.1	21.7	21.3	20.9	19.9
30.1	25.5	25.0	24.6	24.2	23.8	23.5	23.0	22.6	22.2	21.8	21.5	21.0	20.0
30.2	25.6	25.2	24.8	24.4	24.0	23.6	23.2	22.8	22.4	22.0	21.6	21.2	20.2
30.3	25.8	25.4	24.9	24.4	24.0	23.6	23.1	22.6	22.2	21.8	21.4	20.8	20.3
30.4	26.0	25.5	25.0	24.5	24.0	23.5	23.0	22.5	22.0	21.5	21.0	20.5	20.4

续表

平均回弹值 R_m	测区混凝土强度换算值 $f^c_{cu,i}$/MPa											
	平均碳化深度值 d_m/mm											
	0	0.5	1.0	1.5	2.0	2.5	3.0	3.5	4.0	4.5	5.0	5.5	≥6.0
30.5	26.2	25.6	25.2	24.6	24.2	23.6	23.2	22.6	22.2	21.6	21.2	20.6	20.5
30.6	26.3	25.8	25.3	24.8	24.3	23.8	23.3	22.8	22.3	21.8	21.3	20.8	20.7
30.7	26.4	26.0	25.5	25.0	24.5	24.0	23.5	23.0	22.5	22.0	21.5	21.0	20.8
30.8	26.6	26.1	25.6	25.1	24.6	24.1	23.6	23.1	22.6	22.1	21.6	21.1	21.0
30.9	26.8	26.3	25.8	25.3	24.8	24.3	23.8	22.8	22.3	21.8	21.3	21.1
31.0	27.0	26.5	26.0	25.5	25.0	24.5	24.0	23.5	23.0	22.5	22.0	21.5	21.2
31.1	27.2	26.6	26.2	25.6	25.2	24.6	24.2	23.6	23.2	22.6	22.2	21.6	21.4
31.2	27.3	26.8	26.3	25.8	25.3	24.8	24.3	23.8	22.8	22.3	21.8	21.5
31.3	27.5	27.0	26.5	26.0	25.5	25.0	24.5	24.0	23.5	23.0	22.5	22.0	21.6
31.4	27.7	27.2	26.7	26.2	25.7	25.2	24.7	24.2	23.7	23.2	22.7	22.2	21.8
31.5	27.8	27.4	26.8	26.4	25.8	25.4	24.8	24.4	23.8	23.4	22.8	22.4	21.9
31.6	28.0	27.5	27.0	26.5	26.0	25.5	25.0	24.5	24.0	23.5	23.0	22.5	22.0
31.7	28.2	27.6	27.2	26.6	26.2	25.6	25.2	24.6	24.2	23.6	23.2	22.6	22.2
31.8	28.3	27.8	27.3	26.8	26.3	25.8	25.3	24.8	24.3	23.8	23.3	22.8	22.3
31.9	28.5	28.0	27.5	27.0	26.5	26.0	25.5	25.0	24.5	24.0	23.5	23.0	22.5
32.0	28.7	28.2	27.7	27.2	26.7	26.2	25.7	25.2	24.7	24.2	23.7	23.2	22.6
32.1	28.8	28.4	27.8	27.4	26.8	26.4	25.8	25.4	24.8	24.4	23.8	23.4	22.8
32.2	29.0	28.5	28.0	27.5	27.0	26.5	26.0	25.5	25.0	24.5	24.0	23.5	22.9
32.3	29.2	28.7	28.2	27.7	27.2	26.7	26.2	25.7	25.2	24.7	24.2	23.7	23.0
32.4	29.4	28.9	28.4	27.9	27.4	26.9	26.4	25.9	25.4	24.9	24.4	23.9	23.1
32.5	29.6	29.0	28.6	28.0	27.6	27.0	26.6	26.0	25.5	25.0	24.5	24.0	23.2
32.6	29.7	29.2	28.7	28.2	27.7	27.2	26.7	26.2	25.7	25.2	24.7	24.2	23.4
32.7	29.9	29.4	28.9	28.4	27.9	27.4	26.9	26.4	25.9	25.4	24.9	24.4	23.5
32.8	30.1	29.6	29.1	28.6	28.1	27.6	27.1	26.6	26.1	25.6	25.1	24.6	23.7
32.9	30.2	29.8	29.2	28.8	28.2	27.8	27.2	26.8	26.2	25.8	25.2	24.8	23.9
33.0	30.4	29.9	29.4	28.9	28.4	27.9	27.4	26.9	26.4	25.9	25.4	24.9	24.1
33.1	30.6	30.1	29.6	29.1	28.6	28.1	27.6	27.1	26.6	26.1	25.6	25.1	24.2
33.2	30.8	30.3	29.8	29.3	28.8	28.3	27.8	27.3	26.8	26.3	25.8	25.3	24.3
33.3	31.0	30.4	29.9	29.4	28.8	28.2	27.7	27.2	26.6	26.0	25.5	25.0	24.4
33.4	31.2	30.6	30.0	29.4	28.8	28.2	27.6	27.0	26.4	25.8	25.2	24.6	24.5
33.5	31.4	30.8	30.2	29.6	29.0	28.4	27.8	27.2	26.6	26.0	25.4	24.8	24.6
33.6	31.5	30.9	30.3	29.7	29.1	28.5	27.9	27.3	26.7	26.1	25.5	24.9	24.8
33.7	31.7	31.1	30.5	29.9	29.3	28.7	28.1	27.5	26.9	26.3	25.7	25.1	25.0
33.8	31.9	31.3	30.7	30.1	29.5	28.9	28.3	27.7	27.1	26.5	25.9	25.3	25.1
33.9	32.1	31.5	30.9	30.3	29.7	29.1	28.5	27.9	27.3	26.7	26.1	25.5	25.2
34.0	32.3	31.7	31.1	30.5	29.9	29.3	28.7	28.1	27.5	26.9	26.3	25.7	25.4
34.1	32.4	31.8	31.2	30.6	30.0	29.4	28.8	28.2	27.6	27.0	26.4	25.8	25.5
34.2	32.6	32.0	31.4	30.8	30.2	29.6	29.0	28.4	27.8	27.2	26.6	26.0	25.7
34.3	32.8	32.2	31.6	31.0	30.4	29.8	29.2	28.6	28.0	27.4	26.8	26.2	25.8
34.4	33.0	32.4	31.8	31.2	30.6	30.0	29.4	28.8	28.2	27.6	27.0	26.4	26.0

附录B 泵送混凝土测区混凝土强度值换算表

续表

平均回弹值 R_m	测区混凝土强度换算值 $f^c_{cu,i}$/MPa 平均碳化深度值 d_m/mm												
	0	0.5	1.0	1.5	2.0	2.5	3.0	3.5	4.0	4.5	5.0	5.5	≥6.0
34.5	33.2	32.6	32.0	31.4	30.8	30.2	29.6	29.0	28.4	27.8	27.2	26.6	26.2
34.6	33.4	32.8	32.2	31.6	31.0	30.4	29.8	29.2	28.6	28.0	27.4	26.8	26.3
34.7	33.6	33.0	32.4	31.8	31.2	30.6	30.0	29.4	28.8	28.2	27.6	27.0	26.4
34.8	33.8	33.2	32.6	32.0	31.4	30.8	30.2	29.6	29.0	28.4	27.8	27.2	26.6
34.9	34.0	33.4	32.8	32.2	31.6	31.0	30.4	29.8	29.2	28.6	28.0	27.4	26.8
35.0	34.1	33.5	32.9	32.3	31.7	31.1	30.5	29.9	29.3	28.7	28.1	27.5	26.9
35.1	34.3	33.7	33.1	32.5	31.9	31.3	30.7	30.1	29.5	28.9	28.3	27.7	27.0
35.2	34.5	33.9	33.3	32.7	32.1	31.5	30.9	30.3	29.7	29.1	28.5	27.9	27.2
35.3	34.7	34.1	33.5	32.9	32.3	31.7	31.1	30.5	29.9	29.3	28.7	28.1	27.4
35.4	34.9	34.3	33.7	33.1	32.5	31.9	31.3	30.7	30.1	29.5	28.9	28.3	27.5
35.5	35.1	34.5	33.9	33.3	32.7	32.1	31.5	30.9	30.3	29.7	29.1	28.5	27.6
35.6	35.3	34.7	34.1	33.5	32.9	32.3	31.7	31.1	30.5	29.9	29.3	28.7	27.8
35.7	35.5	34.9	34.3	33.7	33.1	32.5	31.9	31.3	30.7	30.1	29.5	28.9	28.0
35.8	35.7	35.1	34.5	33.9	33.3	32.7	32.1	31.5	30.9	30.3	29.7	29.1	28.1
35.9	35.8	35.2	34.6	34.0	33.4	32.8	32.2	31.6	31.0	30.4	29.8	29.2	28.2
36.0	36.0	35.4	34.8	34.2	33.6	33.0	32.4	31.8	31.2	30.6	30.0	29.4	28.4
36.1	36.2	35.6	35.0	34.4	33.8	33.2	32.6	32.0	31.4	30.8	30.2	29.6	28.6
36.2	36.4	35.8	35.2	34.6	34.0	33.4	32.8	32.2	31.6	31.0	30.4	29.8	28.7
36.3	36.6	36.0	35.4	34.8	34.2	33.6	33.0	32.4	31.8	31.2	30.6	30.0	28.8
36.4	36.8	36.2	35.6	35.0	34.4	33.8	33.2	32.6	32.0	31.4	30.8	30.2	29.0
36.5	37.0	36.4	35.7	35.0	34.4	33.8	33.1	32.4	31.8	31.2	30.5	29.8	29.2
36.6	37.2	36.5	35.8	35.1	34.4	33.7	33.0	32.3	31.6	30.9	30.2	29.5	29.3
36.7	37.4	36.7	36.0	35.3	34.6	33.9	33.2	32.5	31.8	31.1	30.4	29.7	29.4
36.8	37.6	36.9	36.2	35.5	34.8	34.1	33.4	32.7	32.0	31.3	30.6	29.9	29.6
36.9	37.8	37.1	36.4	35.7	35.0	34.3	33.6	32.9	32.2	31.5	30.8	30.1	29.8
37.0	38.0	37.3	36.6	35.9	35.2	34.5	33.8	33.1	32.4	31.7	31.0	30.3	29.9
37.1	38.2	37.5	36.8	36.1	35.4	34.7	34.0	33.3	32.6	31.9	31.2	30.5	30.0
37.2	38.4	37.7	37.0	36.3	35.6	34.9	34.2	33.5	32.8	32.1	31.4	30.7	30.2
37.3	38.6	37.9	37.2	36.5	35.8	35.1	34.4	33.7	33.0	32.3	31.6	30.9	30.4
37.4	38.8	38.1	37.4	36.7	36.0	35.3	34.6	33.9	33.2	32.5	31.8	31.1	30.6
37.5	39.0	38.3	37.6	36.9	36.2	35.5	34.8	34.1	33.4	32.7	32.0	31.3	30.8
37.6	39.2	38.5	37.8	37.1	36.4	35.7	35.0	34.3	33.6	32.9	32.2	31.5	30.9
37.7	39.4	38.7	38.0	37.3	36.6	35.9	35.2	34.5	33.8	33.1	32.4	31.7	31.0
37.8	39.6	38.9	38.2	37.5	36.8	36.1	35.4	34.7	34.0	33.3	32.6	31.9	31.2
37.9	39.8	39.1	38.4	37.7	37.0	36.3	35.6	34.9	34.2	33.5	32.8	32.1	31.4
38.0	40.0	39.3	38.6	37.9	37.2	36.5	35.8	35.1	34.4	33.7	33.0	32.3	31.5
38.1	40.2	39.5	38.8	38.1	37.4	36.7	36.0	35.3	34.6	33.9	33.2	32.5	31.6
38.2	40.4	39.7	39.0	38.3	37.6	36.9	36.2	35.5	34.8	34.1	33.4	32.7	31.8
38.3	40.6	40.0	39.2	38.6	37.8	37.2	36.4	35.8	35.0	34.4	33.6	33.0	32.0
38.4	40.9	40.2	39.5	38.8	38.1	37.4	36.7	36.0	35.3	34.6	33.9	33.2	32.2

续表

平均回弹值 R_m	测区混凝土强度换算值 $f^c_{cu,i}$/MPa											
	平均碳化深度值 d_m/mm											
	0	0.5	1.0	1.5	2.0	2.5	3.0	3.5	4.0	4.5	5.0	5.5	$\geqslant$6.0
38.5	41.1	40.4	39.7	39.0	38.3	37.6	36.9	36.2	35.5	34.8	34.1	33.4	32.4
38.6	41.3	40.6	39.9	39.2	38.5	37.8	37.1	36.4	35.7	35.0	34.3	33.6	32.5
38.7	41.5	40.8	40.1	39.4	38.7	38.0	37.3	36.6	35.9	35.2	34.5	33.8	32.6
38.8	41.7	41.0	40.3	39.6	38.9	38.2	37.5	36.8	36.1	35.4	34.7	34.0	32.8
38.9	41.9	41.2	40.5	39.8	39.1	38.4	37.7	37.0	36.3	35.6	34.9	34.2	33.0
39.0	42.1	41.4	40.7	40.0	39.3	38.6	37.9	37.2	36.5	35.8	35.1	34.4	33.2
39.1	42.3	41.6	40.8	40.1	39.3	38.6	37.8	37.1	36.4	35.6	34.8	34.1	33.4
39.2	42.5	41.8	41.0	40.2	39.4	38.6	37.8	37.0	36.2	35.4	34.6	33.8	33.5
39.3	42.7	42.0	41.2	40.4	39.6	38.8	38.0	37.2	36.4	35.6	34.8	34.0	33.6
39.4	42.9	42.1	41.3	40.5	39.7	38.9	38.1	37.3	36.5	35.7	34.9	34.1	33.8
39.5	43.2	42.4	41.6	40.8	40.0	39.2	38.4	37.6	36.8	36.0	35.2	34.4	34.0
39.6	43.4	42.6	41.8	41.0	40.2	39.4	38.6	37.8	37.0	36.2	35.4	34.6	34.2
39.7	43.6	42.8	42.0	41.2	40.4	39.6	38.8	38.0	37.2	36.4	35.6	34.8	34.4
39.8	43.8	43.0	42.2	41.4	40.6	39.8	39.0	38.2	37.4	36.6	35.8	35.0	34.5
39.9	44.0	43.2	42.4	41.6	40.8	40.0	39.2	38.4	37.6	36.8	36.0	35.2	34.6
40.0	44.2	43.4	42.6	41.8	41.0	40.2	39.4	38.6	37.8	37.0	36.2	35.4	34.8
40.1	44.4	43.6	42.8	42.0	41.2	40.4	39.6	38.8	38.0	37.2	36.4	35.6	35.0
40.2	44.7	43.9	43.1	42.3	41.5	40.7	39.9	39.1	38.3	37.5	36.7	35.9	35.2
40.3	44.9	44.1	43.3	42.5	41.7	40.9	40.1	39.3	38.5	37.7	36.9	36.1	35.4
40.4	45.1	44.3	43.5	42.7	41.9	41.1	40.3	39.5	38.7	37.9	37.1	36.3	35.5
40.5	45.3	44.5	43.7	42.9	42.1	41.3	40.5	39.7	38.9	38.1	37.3	36.5	35.6
40.6	45.5	44.7	43.9	43.1	42.3	41.5	40.7	39.9	39.1	38.3	37.5	36.7	35.8
40.7	45.8	45.0	44.2	43.4	42.6	41.8	41.0	40.2	39.4	38.6	37.8	37.0	36.0
40.8	46.0	45.2	44.4	43.6	42.8	42.0	41.2	40.4	39.6	38.8	38.0	37.2	36.2
40.9	46.2	45.4	44.6	43.8	43.0	42.2	41.4	40.6	39.8	39.0	38.2	37.4	36.4
41.0	46.4	45.6	44.8	44.0	43.2	42.4	41.6	40.8	40.0	39.2	38.4	37.6	36.5
41.1	46.6	45.8	45.0	44.2	43.4	42.6	41.8	41.0	40.2	39.4	38.6	37.8	36.7
41.2	46.8	46.0	45.2	44.4	43.6	42.8	42.0	41.2	40.4	39.6	38.8	38.0	36.9
41.3	47.0	46.2	45.4	44.6	43.8	43.0	42.2	41.4	40.6	39.8	39.0	38.2	37.0
41.4	47.3	46.5	45.7	44.9	44.1	43.3	42.5	41.7	40.9	40.1	39.3	38.5	37.2
41.5	47.5	46.7	45.9	45.1	44.3	43.5	42.7	41.9	41.1	40.3	39.5	38.7	37.4
41.6	47.7	46.9	46.1	45.3	44.5	43.7	42.9	42.1	41.3	40.5	39.7	38.9	37.6
41.7	48.0	47.1	46.2	45.4	44.6	43.7	42.8	42.0	41.2	40.4	39.4	38.6	37.8
41.8	48.2	47.3	46.4	45.5	44.6	43.7	42.8	41.9	41.0	40.1	39.2	38.3	37.9
41.9	48.4	47.5	46.6	45.7	44.8	43.9	43.0	42.1	41.2	40.3	39.4	38.5	38.1
42.0	48.6	47.7	46.8	45.9	45.0	44.1	43.2	42.3	41.4	40.5	39.6	38.7	38.3
42.1	48.8	48.0	47.0	46.2	45.2	44.4	43.4	42.6	41.6	40.8	39.8	39.0	38.4
42.2	49.1	48.2	47.3	46.4	45.5	44.6	43.7	42.8	41.9	41.0	40.1	39.2	38.6
42.3	49.3	48.4	47.5	46.6	45.7	44.8	43.9	43.0	42.1	41.2	40.3	39.4	38.8
42.4	49.5	48.6	47.7	46.8	45.9	45.0	44.1	43.2	42.3	41.4	40.5	39.6	39.0

附录B 泵送混凝土测区混凝土强度值换算表

续表

平均回弹值 R_m	测区混凝土强度换算值 $f^c_{cu,i}$/MPa												
	平均碳化深度值 d_m/mm												
	0	0.5	1.0	1.5	2.0	2.5	3.0	3.5	4.0	4.5	5.0	5.5	≥6.0
42.5	49.8	48.8	48.0	47.0	46.2	45.2	44.4	43.4	42.6	41.6	40.8	39.8	39.2
42.6	50.0	49.1	48.2	47.3	46.4	45.5	44.6	43.7	42.8	41.9	41.0	40.1	39.3
42.7	50.2	49.3	48.4	47.5	46.6	45.7	44.8	43.9	43.0	42.1	41.2	40.3	39.5
42.8	50.4	49.5	48.6	47.7	46.8	45.9	45.0	44.1	43.2	42.3	41.4	40.5	39.7
42.9	50.6	49.8	48.8	48.0	47.0	46.2	45.2	44.4	43.4	42.6	41.6	40.8	39.9
43.0	50.9	50.0	49.1	48.2	47.3	46.4	45.5	44.6	43.7	42.8	41.9	41.0	40.1
43.1	51.1	50.2	49.3	48.4	47.5	46.6	45.7	44.8	43.9	43.0	42.1	41.2	40.2
43.2	51.3	50.4	49.5	48.6	47.7	46.8	45.9	45.0	44.1	43.2	42.3	41.4	40.4
43.3	51.6	50.6	49.8	48.8	48.0	47.0	46.2	45.2	44.4	43.4	42.6	41.6	40.6
43.4	51.8	50.9	50.0	49.1	48.2	47.3	46.4	45.5	44.6	43.7	42.8	41.9	40.8
43.5	52.0	51.2	50.2	49.4	48.4	47.6	46.6	45.8	44.8	44.0	43.0	42.2	41.0
43.6	52.3	51.4	50.5	49.6	48.7	47.8	46.9	46.0	45.1	44.2	43.3	42.4	41.2
43.7	52.5	51.6	50.7	49.8	48.9	48.0	47.1	46.2	45.3	44.4	43.5	42.6	41.4
43.8	52.7	51.8	50.9	50.0	49.1	48.2	47.3	46.4	45.5	44.6	43.7	42.8	41.5
43.9	53.0	52.0	51.2	50.2	49.4	48.4	47.6	46.6	45.8	44.8	44.0	43.0	41.7
44.0	53.2	52.3	51.4	50.5	49.6	48.7	47.8	46.9	46.0	45.1	44.2	43.3	41.9
44.1	53.4	52.6	51.6	50.8	49.8	49.0	48.0	47.2	46.2	45.4	44.4	43.6	42.1
44.2	53.7	52.8	51.9	51.0	50.1	49.2	48.3	47.4	46.5	45.6	44.7	43.8	42.3
44.3	53.9	53.0	52.0	51.0	50.1	49.2	48.2	47.2	46.3	45.4	44.4	43.4	42.4
44.4	54.1	53.1	52.1	51.1	50.1	49.1	48.1	47.1	46.1	45.1	44.1	43.1	42.6
44.5	54.4	53.4	52.4	51.4	50.4	49.4	48.4	47.4	46.4	45.4	44.4	43.4	42.8
44.6	54.6	53.6	52.6	51.6	50.6	49.6	48.6	47.6	46.6	45.6	44.6	43.6	43.0
44.7	54.8	53.8	52.8	51.8	50.8	49.8	48.8	47.8	46.8	45.8	44.8	43.8	43.2
44.8	55.1	54.1	53.1	52.1	51.1	50.1	49.1	48.1	47.1	46.1	45.1	44.1	43.4
44.9	55.4	54.4	53.4	52.4	51.4	50.4	49.4	48.4	47.4	46.4	45.4	44.4	43.6
45.0	55.6	54.6	53.6	52.6	51.6	50.6	49.6	48.6	47.6	46.6	45.6	44.6	43.8
45.1	55.8	54.8	53.8	52.8	51.8	50.8	49.8	48.8	47.8	46.8	45.8	44.8	44.0
45.2	56.1	55.1	54.1	53.1	52.1	51.1	50.1	49.1	48.1	47.1	46.1	45.1	44.1
45.3	56.3	55.3	54.3	53.3	52.3	51.3	50.3	49.3	48.3	47.3	46.3	45.3	44.3
45.4	56.5	55.5	54.5	53.5	52.5	51.5	50.5	49.5	48.5	47.5	46.5	45.5	44.5
45.5	56.8	55.8	54.8	53.8	52.8	51.8	50.8	49.8	48.8	47.8	46.8	45.8	44.7
45.6	57.0	56.0	55.0	54.0	53.0	52.0	51.0	50.0	49.0	48.0	47.0	46.0	44.9
45.7	57.2	56.2	55.2	54.2	53.2	52.2	51.2	50.2	49.2	48.2	47.2	46.2	45.1
45.8	57.5	56.5	55.5	54.5	53.5	52.5	51.5	50.5	49.5	48.5	47.5	46.5	45.3
45.9	57.8	56.8	55.8	54.8	53.8	52.8	51.8	50.8	49.8	48.8	47.8	46.8	45.5
46.0	58.0	57.0	56.0	55.0	54.0	53.0	52.0	51.0	50.0	49.0	48.0	47.0	45.7
46.1	58.2	57.2	56.2	55.2	54.2	53.2	52.2	51.2	50.2	49.2	48.2	47.2	45.9
46.2	58.5	57.5	56.5	55.5	54.5	53.5	52.5	51.5	50.5	49.5	48.5	47.5	46.1
46.3	58.8	57.8	56.8	55.8	54.8	53.8	52.8	51.8	50.8	49.8	48.8	47.8	46.2
46.4	59.0	58.0	57.0	56.0	55.0	54.0	53.0	52.0	51.0	50.0	49.0	48.0	46.4

续表

平均回弹值 R_m	测区混凝土强度换算值 $f^c_{cu,i}$/MPa 平均碳化深度值 d_m/mm												
	0	0.5	1.0	1.5	2.0	2.5	3.0	3.5	4.0	4.5	5.0	5.5	≥6.0
46.5	59.2	58.2	57.2	56.1	55.0	54.0	53.0	51.9	50.8	49.8	48.8	47.7	46.6
46.6	59.5	58.4	57.3	56.2	55.1	54.0	52.9	51.8	50.7	49.6	48.5	47.4	46.8
46.7	59.8	58.6	57.6	56.4	55.4	54.2	53.2	52.0	51.0	49.8	48.8	47.6	47.0
46.8	60.0	58.9	57.8	56.7	55.6	54.5	53.4	52.3	51.2	50.1	49.0	47.9	47.2
46.9	60.2	59.1	58.0	56.8	55.7	54.6	53.6	52.4	51.4	50.3	49.2	48.2	47.4
47.0	—	59.3	58.1	57.0	55.8	54.7	53.7	52.6	51.6	50.5	49.5	48.6	47.6
47.1	—	59.6	58.4	57.2	56.0	55.0	53.9	52.8	51.8	50.8	49.8	48.8	47.8
47.2	—	59.8	58.6	57.4	56.3	55.2	54.1	53.0	52.0	51.0	50.0	49.0	48.0
47.3	—	59.9	58.8	57.6	56.6	55.4	54.3	53.2	52.2	51.2	50.2	49.2	48.2
47.4	—	60.0	59.1	57.9	56.8	55.6	54.5	53.5	52.4	51.4	50.4	49.4	48.4
47.5	—	60.1	59.4	58.2	57.0	55.8	54.8	53.7	52.6	51.6	50.6	49.6	48.6
47.6	—	—	59.6	58.4	57.2	56.1	55.0	53.9	52.8	51.8	50.8	49.8	48.8
47.7	—	—	59.8	58.6	57.4	56.4	55.2	54.2	53.0	52.0	51.0	50.0	49.0
47.8	—	—	60.0	58.9	57.7	56.6	55.4	54.4	53.3	52.2	51.2	50.2	49.2
47.9	—	—	60.2	59.1	58.0	56.8	55.6	54.6	53.5	52.4	51.4	50.4	49.4
48.0	—	—	—	59.3	58.2	57.0	55.9	54.8	53.7	52.7	51.6	50.6	49.6
48.1	—	—	—	59.6	58.4	57.2	56.1	55.0	53.9	52.9	51.8	50.8	49.8
48.2	—	—	—	59.8	58.6	57.5	56.3	55.2	54.1	53.1	52.0	51.0	50.0
48.3	—	—	—	59.9	58.8	57.7	56.6	55.4	54.4	53.3	52.2	51.2	50.2
48.4	—	—	—	60.0	59.1	57.9	56.8	55.7	54.6	53.5	52.5	51.4	50.4
48.5	—	—	—	60.1	59.4	58.2	57.0	55.9	54.8	53.7	52.7	51.6	50.6
48.6	—	—	—	—	59.6	58.4	57.3	56.1	55.0	53.9	52.9	51.8	50.8
48.7	—	—	—	—	59.8	58.6	57.5	56.4	55.2	54.2	53.1	52.0	51.0
48.8	—	—	—	—	60.0	58.9	57.7	56.6	55.5	54.4	53.3	52.2	51.2
48.9	—	—	—	—	60.2	59.1	58.0	56.8	55.7	54.6	53.5	52.4	51.4
49.0	—	—	—	—	—	59.3	58.2	57.0	55.9	54.8	53.7	52.7	51.6
49.1	—	—	—	—	—	59.6	58.4	57.2	56.1	55.0	53.9	52.9	51.8
49.2	—	—	—	—	—	59.8	58.6	57.5	56.3	55.2	54.1	53.1	52.0
49.3	—	—	—	—	—	59.9	58.8	57.7	56.6	55.4	54.4	53.3	52.2
49.4	—	—	—	—	—	60.0	59.1	57.9	56.8	55.7	54.6	53.5	52.4
49.5	—	—	—	—	—	60.1	59.4	58.2	57.0	55.9	54.8	53.7	52.6
49.6	—	—	—	—	—	—	59.6	58.4	57.2	56.1	55.0	53.9	52.9
49.7	—	—	—	—	—	—	59.8	58.6	57.4	56.4	55.2	54.1	53.1
49.8	—	—	—	—	—	—	60.0	58.8	57.7	56.6	55.4	54.3	53.3
49.9	—	—	—	—	—	—	60.2	59.0	57.9	56.8	55.6	54.6	53.5
50.0	—	—	—	—	—	—	—	59.3	58.1	57.0	55.9	54.8	53.7
50.1	—	—	—	—	—	—	—	59.6	58.4	57.2	56.1	55.0	53.9
50.2	—	—	—	—	—	—	—	59.8	58.6	57.4	56.3	55.2	54.1
50.3	—	—	—	—	—	—	—	59.9	58.8	57.6	56.5	55.4	54.3
50.4	—	—	—	—	—	—	—	60.0	59.0	57.9	56.7	55.6	54.5

附录B 泵送混凝土测区混凝土强度值换算表

续表

平均回弹值 R_m	测区混凝土强度换算值 $f_{cu,i}^c$/MPa 平均碳化深度值 d_m/mm												
	0	0.5	1.0	1.5	2.0	2.5	3.0	3.5	4.0	4.5	5.0	5.5	≥6.0
50.5	—	—	—	—	—	—	—	60.1	59.2	58.1	57.0	55.8	54.7
50.6	—	—	—	—	—	—	—	—	59.5	58.3	57.2	56.0	54.9
50.7	—	—	—	—	—	—	—	—	59.8	58.6	57.4	56.2	55.2
50.8	—	—	—	—	—	—	—	—	60.0	58.8	57.6	56.5	55.4
50.9	—	—	—	—	—	—	—	—	60.2	59.0	57.8	56.7	55.6
51.0	—	—	—	—	—	—	—	—	—	59.2	58.1	56.9	55.8
51.1	—	—	—	—	—	—	—	—	—	59.4	58.3	57.1	56.0
51.2	—	—	—	—	—	—	—	—	—	59.7	58.5	57.3	56.2
51.3	—	—	—	—	—	—	—	—	—	59.8	58.7	57.6	56.4
51.4	—	—	—	—	—	—	—	—	—	60.0	58.9	57.8	56.6
51.5	—	—	—	—	—	—	—	—	—	60.2	59.2	58.0	56.8
51.6	—	—	—	—	—	—	—	—	—	—	59.4	58.2	57.1
51.7	—	—	—	—	—	—	—	—	—	—	59.6	58.4	57.3
51.8	—	—	—	—	—	—	—	—	—	—	59.8	58.7	57.5
51.9	—	—	—	—	—	—	—	—	—	—	59.9	58.9	57.7
52.0	—	—	—	—	—	—	—	—	—	—	60.0	59.1	57.9
52.1	—	—	—	—	—	—	—	—	—	—	60.1	59.3	58.2
52.2	—	—	—	—	—	—	—	—	—	—	—	59.5	58.4
52.3	—	—	—	—	—	—	—	—	—	—	—	59.8	58.6
52.4	—	—	—	—	—	—	—	—	—	—	—	60.0	58.8
52.5	—	—	—	—	—	—	—	—	—	—	—	60.2	59.0
52.6	—	—	—	—	—	—	—	—	—	—	—	—	59.2
52.7	—	—	—	—	—	—	—	—	—	—	—	—	59.4
52.8	—	—	—	—	—	—	—	—	—	—	—	—	59.7

主要参考文献

丁汉哲. 试验技术 [M]. 北京：机械工业出版社，1982.
关宝树. 隧道工程设计要点集 [M]. 北京：人民交通出版社，2003.
黄成光. 公路隧道施工 [M]. 北京：人民交通出版社，2001.
林宗元. 岩土工程试验检测手册 [M]. 沈阳：辽宁科学技术出版社，1994.
刘招伟，赵云臣. 城市地下工程施工监测与信息反馈技术 [M]. 北京：科学出版社，2006.
王树理，孙世国，杨万斌，等. 地下建筑结构设计 [M]. 北京：清华大学出版社，2007.
夏才初，李永盛. 地下工程测试理论与监测技术 [M]. 上海：同济大学出版社，1998.
夏才初，潘国荣. 土木工程监测技术 [M]. 北京：中国建筑工业出版社，2002.
夏明耀，曾进伦. 地下工程设计施工手册 [M]. 北京：中国建筑工业出版社，1999.
徐萃薇. 计算方法引论 [M]. 北京：高等教育出版社，1985.
徐芝伦. 弹性力学 [M]. 北京：高等教育出版社，1991.
庄楚强，吴亚森. 应用数理统计基础 [M]. 广州：华南理工大学出版社，1993.
Jaeger J C, Cook N G W, Zimmerman R W. Fundamentals of Rock Mechanics [M]. 4th. Malden：Blackwell Publishing Ltd，2007.
Gioda G, Locatelli L. Back analysis of the measurements performed during the excavation of a shallow tunnel in sand [J]. International Journal for Numerical and Analytical Methods in Geomechanics，1999，23：1407－1425.
Lee I K , White W, Ingles O G. Geotechnical Engineering [M]. Boston：Pitman Publishing Inc，1983.
Willems N, Easley J T, Rolfe S T. Strength of Materials [M]. New York：McGraw-Hill Book Company，1981.